Karlheinz Deschner

Der Moloch

Eine kritische Geschichte der USA

WILHELM HEYNE VERLAG
MÜNCHEN

HEYNE SACHBUCH
19/859

Dieser Titel ist bereits unter der Bandnummer 19/316 erschienen.

Umwelthinweis:
Dieses Buch wurde auf chlor- und säurefreiem Papier gedruckt.

11. Auflage
2. Auflage dieser Auflage

Überarbeitete Neuausgabe 12/2002

Wilhelm Heyne Verlag
Heyne ist ein Unternehmen des Verlagshauses
Ullstein Heyne List GmbH & Co. KG, München
http://www.heyne.de
Printed in Germany 2003
Umschlagillustration: Getty Images/John Millar, München und
The Image Bank, München
Umschlagkonzept und -gestaltung:
Hauptmann und Kampa Werbeagentur, München-Zürich
Herstellung: Udo Brenner
Satz: ew print & medien service gmbh, Würzburg
Druck und Verarbeitung: Ebner & Spiegel, Ulm

ISBN 3-453-86836-6

Inhalt

»Ich bin bekannt für meine Ironie. Aber auf den Gedanken, im Hafen von New York eine Freiheitsstatue zu errichten, wäre selbst ich nicht gekommen.«

Bernhard Shaw

»Ich kenne kein Land, in dem allgemein weniger geistige Unabhängigkeit und weniger wahre Freiheit herrscht als in Amerika«

A.C. Graf de Tocqueville

»Obgleich Amerika immer überzeugt gewesen ist, das Land der Freiheit par excellence zu sein (…) so gibt es doch kein zweites, in dem die Menschen unter einem mehr überwältigenden Zwang leben (...). Man hat einen tödlichen Hass für unzähmbare Menschen und reine Seelen (absolute souls).«

George de Santayana

»Ich meine, dass Amerika der größte Misserfolg der Geschichte ist. Es ist ihm mehr, viel mehr gegeben worden als irgendeinem Land der Welt; aber wir haben unsere Seele verloren.«

Eugene O'Neill

»Amerika ist eine Missgeburt.« »Ich hasse es nicht. Ich bedauere, dass Kolumbus es entdeckt hat.«

Sigmund Freud

»L'Amérique? C'est l'évolution de la barbarie à la décadence, sans toucher la culture.«

Georges Clemenceau

»The same procedure« ... oder »The american way of history«

Seit Ende des letzten Golfkrieges, des so genannten zweiten, womit dieses Buch schließt, ist ein Jahrzehnt vergangen, und nun droht ein dritter Golfkrieg. Dabei wurden während des zweiten Krieges am Persischen Golf bei den ersten Attacken der USA und ihrer Komplizen 200 000 Menschen zusammengebombt, dann durch weitere Angriffe und ein stetig fortgesetztes, äußerst effizientes Embargo, durch einen stillen Massenmord, so schätzt man, vielleicht bis zu zwei Millionen Menschen getötet, darunter 500 000 irakische Kinder. Nach ihren Gefühlen befragt, kommentierte die damalige US-Außenministerin Madeleine Albright: »Das ist der Preis«. Das gegenwärtige Haupt der »Neuen Weltordnung« aber avisiert uns inzwischen immer wieder den nächsten, den dritten Golfkrieg, als werde er ein wahrhaft weltbeschenkendes Werk. Und zumindest das Walten der Vorsehung ist wunderbar, scheint es doch, als habe Bush-Vater bei all den Blutopfern am Golf den schlimmsten Schurken dort nur deshalb überleben lassen, damit Bush-Sohn ihn abermals bekriegen kann (s. S. 361 Mitte).

Anlässlich der zehnten Auflage dieser Taschenbuchausgabe wurde angeregt, wenigstens in einem Vorwort, und sei es auch bloß skizzenhaft, den jüngsten Spuren des »Molochs« zu folgen, was ich umso lieber tue, als dieser seine krummen Wege nur allzu yankeehaft fortsetzt.

Denn die »Neue Weltordnung« ist immer noch die alte! Die Geschichte wiederholt sich. Wiederholt sich, im Wesentlichen, stets und überall. Und seit dem »11. September« ist nicht, wie seinerzeit Schwachköpfe und Situationisten rund um den Erdkreis papageiten, »alles anders«. Es ist genauso. Es ist kein Jota anders. Es ist wie immer.

Zunächst bereinigte man gegen Ende des zweiten christlichen Jahrtausends das Balkanproblem – denn wofür haben wir eine Armee, wie die Außenministerin sagte, wofür steckt man mehr Geld in die Rüstung als die ganze westliche Welt zusammen? Im Kosovo errichteten die USA die größte Waffenbasis seit dem Vietnamkrieg, die Anlage »eines Sprungbretts für künftige Interventionen ...«, nicht nur für regionale. Worum es geht, lehrt ein Blick in den Atlas (die meisten Amerikaner, verrät uns Gore Vidal, der Sprössling der amerikanischen power elite, wissen gar nicht, was das Wort Atlas bedeutet, geschweige denn, sie hätten einen), lehrt ein Blick auf die »neue Seidenstraßen-Strategie«, das heißt auf das ökonomische und geostrategische Interesse der USA, der NATO, an Zentralasien, am Kaukasus, am Kaspischen Meer. Denn dort wartet Beute, warten Schätze in verlockender Fülle, Uran, Gold, Erdgas und ungeheure Ölvorkommen (schon im Vietnamkrieg spielte das Öl eine große Rolle), mögen es nun 14 oder 30 Milliarden Tonnen sein, »die wahrscheinlich letzten noch nicht angezapften Erdölreserven der Welt«, wie ein Wirtschaftsjournal schreibt.

Einer der wichtigsten Transitwege dorthin führt durch den »Korridor« des Balkans. Und nicht zuletzt deswegen musste Jugoslawien aufgebrochen und zerstückelt werden – Jugoslawien, dieser störrische Riegel auf dem Weg zum Glück, zur ökonomischen Globalisierung, überdies ein Außenseiter der »Völkergemeinschaft«, die Serben eine Rasse des Abschaums, die gar nicht zur »Völkergemeinschaft« zählen.

Dabei leistete Deutschland, die Regierung Kohl/Genscher, Schrittmacherdienste im Verfolgen einer freilich älteren traditionell antiserbischen Teufelei Österreich-Ungarns und des Papsttums. Und 1914 forderte Wilhelm II.: »Mit den Serben muss aufgeräumt werden, und zwar bald. Jetzt oder nie!« Jahrzehnte später suchte Hitler die »serbische Verbrecherclique« endgültig zu beseitigen. Ein halbes Jahrhundert darauf, am 24. Mai 1992, nannte Außenminister Klaus Kinkel die Aufgabe der deutschen Politik: »Wir müssen Serbien in die Knie zwingen«.

Der diplomatische Versuch, die Bundesrepublik Jugoslawien zu destabilisieren, in möglichst viele Gebiete und Gruppen aufzulösen, zu zerbrechen, war durch die USA und Deutschland spätestens zu Beginn der achtziger Jahre erfolgt, die faktische Zerschlagung der jugoslawischen Souveränität aber zu Beginn der neunziger Jahre. Deutschland hatte damals Slowenien und Kroatien im Alleingang – gegen EU, UNO, KSZE – anerkannt; Kanzler Kohl konstatierte »einen großen Erfolg für uns«.

Es war der Schritt, der zum Krieg führte, zum Sezessionskrieg, zu einer Reihe von Sezessionskriegen. »Es war das erste Mal«, so seinerzeit ein deutscher Diplomat, »dass Deutschland andere dazu brachte, zu tun, was sie nicht wollten. Wir hatten ein paar Verbündete, nicht sehr viele, plus den Papst."

Und die USA.

»The war in Bosnia was America's war in every sense of the world«, schreibt Sir Alfred Sherman. »Die US-Regierung sorgte für seinen Beginn, sorgte für seinen Fortgang und verhinderte sein frühes Ende.«

Die US-Regierung aber war auch weiterhin besorgt. Und weil sie besorgt war, folgte dem Bosnien-Krieg der Kosovo-Krieg, dem Kosovo-Krieg der Krieg gegen Serbien, alles – in guter alter Piratenmanier – ohne Kriegserklärung. Und alles traf viel weniger die serbische Armee, deren Attrappen einmal beiseite, als die Zivilbevölkerung, denn man wollte ja humanitäre Hilfe leisten!

Dabei missachtete und verletzte man schwer internationales und nationales Recht, internationale und nationale Verträge, Deklarationen, Konventionen, den Internationalen Pakt über bürgerliche und politische Rechte, den Internationalen Pakt über wirtschaftliche, soziale und kulturelle Rechte, die Allgemeine Erklärung der Menschenrechte, die Konvention über Verhütung und Bestrafung des Völkermordes, die Haager Abkommen, die Genfer Abkommen, die UNO-Charta, den NATO-Vertrag, die Bundesverfassung und Gesetze der USA, die Grundgesetze anderer Staaten, zum Beispiel das Grundgesetz für die deutsche Bundesrepublik, das deutsche Soldatengesetz, den Zwei-plus-Vier-Vertrag. Und dieses Vorgehen erfuhr zynisch die Rechtfertigung, halt mal weniger de lege lata als de lege ferenda ausgegangen zu sein, weniger vom bereits geschaffenen als vom erst noch zu schaffenden Recht.

Das alles aber negierte man der humanitären Hilfe wegen. Und eben deshalb auch tötete und verwundete man in einem »Fernkrieg«, einem »feigen Krieg«, ganz nach bewährter US-Methode, tausende Serben, Albaner, Roma, Moslems, Katholiken und andere, wobei nach einer UNICEF-Erhebung jedes dritte Todesopfer der NATO-Bombardements ein Kind war.

Man warf zu Beginn des Überfalls aus 350, gegen Ende aus fast 1200 Flugzeugen, darunter zwei Drittel amerikanische Maschinen, zigtausende von Bomben auf Krankenhäuser, Kirchen, Schulen, Moscheen, Wohnbezirke und dicht bevölkerte Plätze. Der Einsatz von Streu-, Splitter-, Clusterbomben ist an sich schon völkerrechtswidrig, da diese laut UNO-Konvention (1980) zu den »inhumanen Waffen« zählen und seit 1949 ohnehin durch die Genfer Konvention verboten sind. Dabei schließt die NATO selbst nicht aus, dass noch immer bis zu 30000 »scharfe«, das heißt nicht explodierte Splitterbomben »auf dem früheren Kriegsschauplatz« liegen – jene nicht mitgerechnet, die wegen der Gefahr der Bomber beim Landen massenweise in der italienischen Adria verschwanden. (UNO-Angaben zufolge verloren nach Ende des Golfkrieges im Irak durch herumliegende Splitterbomben noch mindestens 2600 Zivilisten, zumeist Kinder, ihr Leben.)

Als besonders menschenverachtend erwiesen sich die Angriffe der Verteidiger der Menschenrechte auf die Lebensgrundlagen Jugoslawiens, auf alles, was für seine Bevölkerung einfach unerlässlich war, in der Absicht, diese abzuschneiden von Wasser, Lebensmitteln, elektrischer Energie und medizinischer Versorgung. So ruinierte und zerstörte man systematisch durch Raketenbeschuss, durch Bombardements aus der Luft, wie Ramsey Clark ausführt, Einrichtungen der Nahrungsmittelproduktion und -lagerung, Wasserwerke und landwirtschaftliche Bewässerungsanlagen, Fabriken für Düngemittel und Pflanzenschutz, pharmazeutische Betriebe sowie sonstige für das menschliche Überleben notwendige Objekte.

Auch geißelt Clark, einst Justizminister der USA, dann Organisator von Tribunalen gegen US-Kriegsverbrechen an Bertrand Russels Seite, die zahlreichen Umweltvergehen – zumal die von den Vereinigten Staaten im Kosovo und im übrigen Serbien mit angereichertem Uran eingesetzten Raketen, Bomben und Geschosse radioaktive Substanzen in der Atmosphäre, im Boden, im Grundwasser und damit in der Nahrungskette verbreiten. »Dadurch setzen sie die jugoslawische Bevölkerung für Generationen der Gefahr von Tod, genetischen Schäden, Krebs, Tumorerkrankungen, Leukämie und anderen gesundheitlichen Schäden aus.«

Für den kanadischen Wissenschaftler Michel Chossudovsky war deshalb der NATO-Krieg gegen Jugoslawien nicht nur »ein moderner Kolonialkrieg«, sondern auch – so lässt sich Altes und Neues schön verbinden – ein »Atomkrieg niedriger Intensität«. Und Alexander Solschenizyn brachte das Ganze auf den Punkt: Nachdem man die Vereinigten Nationen auf den Müll geschmissen und ihre Charta mit

Füßen getreten hatte, proklamierte die NATO der Welt für das 21. Jahrhundert »ein altes Gesetz – das des Dschungels: Der Stärkere hat immer Recht«.

Während aber die meisten Serben, vom Westen freilich kaum beachtet, in der Nachkriegszeit in noch tiefere Not gerieten als zuvor, kam der »11. September«, der Tag des terroristischen Angriffs unter bisher noch unbewiesener Führung des angeblich in Afghanistan operierenden Bin Laden auf das World Trade Center, das Symbol westlicher Wirtschaftsmacht. Und nun schrie man auf. Begreiflich. Denn jedes einzelne Opfer war zu viel.

Wer aber kannte die tieferen Ursachen? Wer von all den Aufschreienden kannte die Geschichte dahinter? Die verbrechensreiche Kette durch die Jahrhunderte? Die der letzten Jahrzehnte? Wer weiß schon, dass allein in dieser Zeit von den USA weit über zweihundert Militärinterventionen ohne UNO-Mandat ausgeführt, dass durch ihren Geheimdienst CIA zwischen 1949 und 1987 etwa sieben Millionen Menschen getötet worden sind? Ein Mitarbeiter von Untersuchungsausschüssen des US-Kongresses hat eine Mordliste der US-Spitzeldienste erstellt, die zwischen 1949 und 1991 mehrere dutzend ausländischer Staatschefs entweder umgebracht oder umzubringen versucht haben; darunter Fidel Castro nach Berichten des US-Kongresses 8-mal, nach kubanischen Angaben 24-mal.

Nicht wenige dieser Leute wurden erst gemästet, dann geschlachtet. Investitionen müssen sich lohnen. Auch Hitler bekam Geld aus der Wallstreet. Auch John Foster Dulles, nachmaliger Adenauer-Freund und US-Außenminister, überbrachte dem »Führer« eine Milliarde Dollar. Zuvor schon hatte natürlich die US-Großfinanz in ihrer Fürsorge die italienischen Faschisten eingeschlossen. Und die Russische Revolution. Wie man ja auch den langen Krieg Iraks gegen Iran und selbst Saddam Hussein in jeder Weise gefördert hat. Und wie sogar Bin Laden und seine Organisation »Al-Qaida« unter der Ägide der CIA ausgebildet und von ihr – sowie dem pakistanischen Geheimdienst mithilfe von Drogenanbau in Pakistan – finanziert worden ist, während seinerzeit US-Präsident Ronald Reagan »mit ihnen für ein Gruppenfoto posierte und sie als moralisches Ebenbild der amerikanischen Gründungsväter hinstellte.«

Erst mästen, dann schlachten.

Vielleicht auch haben gewisse Kreise der USA den Schock des »11. September« besser verschmerzt als so mancher meint? Ich erinnere eindringlich an Pearl Harbor (s. S. 238f.). Vielleicht kam ihnen die Tragödie, wie die vom 7. Dezember 1941, gar zugute? Afghanistan war ein schöner Anfang, sozusagen. Dann in Kürze wieder der Irak? Ende August 2002, als ich dies schrieb, erklärte gerade US-Vizepräsident Dick Cheney in betonter Übereinstimmung mit der Regierung »einen Präventivschlag« gegen Saddam Hussein für »zwingend notwendig«.

Erleichtert der »11. September« nicht sogar eine unabsehbare Serie von Präventivschlägen? Von Angriffskriegen? Eroberungskriegen? Raubkriegen? Überall da, wo es den USA passt? Wo der Terrorismus durch Staatsterrorismus ausgerottet werden kann, angetrieben von immer offenkundigerer Gier, einem hypertrophen Größenwahn, einem schamlosen Schlachter-Kapitalismus, der doch allzu sehr an das Marx-Wort erinnert: »Das Kapital hat ein Grauen vor Abwesenheit von Profit, wie die Natur vor der Leere. Zehn Prozent und man kann sie haben. Zwanzig Prozent und sie werden lebhaft. 50 Prozent positiv waghalsig. Für 100 Prozent stampft man alle menschlichen Gesetze unter den Fuß. 300 Prozent und es gibt kein Verbrechen, das man nicht wagt, selbst auf die Gefahr des Galgens.«

Wobei die Galgen freilich für ihre Gegner vorgesehen sind. Der Welt aber drohen immer größere Armut, soziale Apartheid, Rassismus, ethnische Zwietracht; und dem eigenen Land schließlich stets neue Katastrophen auf dem Arbeits- und Aktienmarkt, Pleiten über Pleiten, immer weitere Enthüllungen zumal über Konzerne von geradezu ikonenhafter Reputation, Durchstechereien, Anlegerbetrug, Bilanzfälschungen, Gaunereien schändlichen Ausmaßes. Auch 200 Millionen Schusswaffen der US-Bürger schützen davor nicht. Aber eine riesige Massenverblödung erleichtert vieles.

Die indische Autorin Arundhati Roy hat die internationale Koalition gegen den Terror pointiert als Intrige der reichsten und mächtigsten Länder bezeichnet: »Sie produzieren und verkaufen fast alle Waffen der Welt, sie besitzen den größten Bestand an chemischen, biologischen und nuklearen Massenvernichtungswaffen. Sie haben die meisten Kriege geführt, sind die Hauptverantwortlichen der modernen Geschichte für Völkermorde, Unterwerfungen, ethnische Säuberungen und Menschenrechtsverletzungen, haben ungezählte Diktatoren und Despoten gefördert, bewaffnet und finanziert. Sie huldigen einem Kult der Gewalt, sie haben den Krieg förmlich zum Gott erhoben.«

Die Schriftstellerin erinnert an die gewaltigen Gasvorkommen und Ölreserven in dem an Afghanistan angrenzenden Turkmenistan, erinnert daran, dass sowohl Präsident George Bush junior als auch Vizepräsident Dick Cheney ihr Vermögen der Ölindustrie verdanken, und ruft ins Gedächtnis, dass die Sowjetunion und Amerika seit mehr als zwei Jahrzehnten Kriegsmaterial im Wert von etwa 45 Milliarden Dollar nach Afghanistan schafften – und dass in dieser Zeit eineinhalb Millionen Afghanen ihr Leben verloren. Und sie zitiert Präsident Bush: »Wir sind eine friedliche Nation ... Dies ist unsere Berufung. Die Berufung der Vereinigten Staaten von Amerika. Der freiesten Nation der Welt. Einer Nation, die sich auf fundamentale Werte gründet, gegen Hass, gegen Gewalt, gegen Mörder und gegen das Böse.«

Doch während man einerseits, die »Staatengemeinschaft« hinter sich, voranprescht und blutig die Hauptgewinne einstreicht, schließt man sich andererseits strikt aus. Denn obwohl die USA der größte Umweltverbrecher sind, obwohl sie verantwortlich zeichnen für ein Viertel aller CO2-Emissionen (bei fünf Prozent der Weltbevölkerung) und für einen neunmal höheren Pro-Kopf-Verbrauch an Benzin als der Weltdurchschnitt, ignorieren sie jede neue Regelung zum Schutz von Klima, Natur und der so genannten Drittweltländer; und dies trotz drastischer Verschlechterung der sozialen und ökologischen Lage rund um den Globus. Auch boykottieren sie das neu gegründete Weltstrafgericht (ICC), ein für die Ahndung von Völkermord und anderen Kriegsvergehen zuständiges Tribunal. Jeden einzelnen ihrer Soldaten wollen die USA – wie begreiflich – einer gerechten Strafjustiz entziehen, sie wollen Generalimmunität für alle Schandtaten, die sie begehen. Kurz, im Frieden wie im Krieg: keinerlei Beschränkung ihrer nationalen Souveränität und globalen »Handlungsfreiheit«.

Als die *Süddeutsche Zeitung* 1999 in einem Interview den amerikanischen Schriftsteller Gore Vidal, Verwandter eines früheren US-Präsidenten und eines US-Vizepräsidenten, fragte, ob er den Abbruch seiner eigenen politischen Karriere nicht bedauere, könnte er doch heute statt seines Cousins Al Gore der nächste Präsidentschaftskandidat der Demokraten sein, erklärte er dies für unmöglich: »Weil ich das ganze System ablehne. Es ist durch und durch korrupt.«

»Das einzigartige Volk«

Der Moloch – das ist laut Bibel der Gott der Bösen, der Gott der Kanaaniter, Ammoniter, der Götze, dem man Menschen schlachtet. Der Moloch – so definieren unsere Wörterbücher – ist jene Macht, die unersättlich Opfer heischt, immer neue Opfer, die alles zu verschlingen sucht. Der Moloch – das können also nicht sie sein, sie, das Heil, das Licht der Welt, »das helle Leuchtfeuer der Hoffnung«, das »auserwählte Volk«, »das Volk Israel unserer Zeit«, das »neue Jerusalem«, das seine »manifest destiny«, seinen göttlichen Auftrag hat, als Vormund der Menschheit, als Führer zur Vollkommenheit, als etwas ganz Edles, Besonderes, über alle Länder Erhobenes und Erhabenes.

Doch all dies nicht etwa zu ihrem Segen nur, zu ihrem Vorteil und Profit, oh nein, zum Heil und Vorteil und Profit der ganzen Welt. Und das, obwohl die Welt doch rundum übel, verrottet ist, Verbrechen über Verbrechen häuft, obwohl sie Spitzel umherschickt, Terroristen stützt, kleine, große Konflikte schürt, Weltkriege entfesselt und die besten aller Staaten mit Kokain überschwemmt: sie, die Edelauslese der Nationen, »das einzigartige Volk« (Hermann Melville), das zwar, gewiss doch, auch Schwächen hat, Minimaldefekte sozusagen, beiläufige Schatten bloß in seiner lauteren Geradheit, Unschuld; während das Ausland, das lernen ihre Kleinsten schon, immer schuldig ist und eben deshalb von seinem Dreck durch sie gesäubert, erzogen, verschönt, mit ihren Idealen veredelt werden muss. Denn sie, sie bestehen darauf, nie Kolonien gehabt zu haben, sie, die Unabhängigen, sie wollen auch andere nicht abhängig, sie, die Freien, sie wollen auch andere nicht unfrei machen, nein. Stets Bewacher nur der Welt sind sie, Beschützer, Retter, wahre Engel der Gerechtigkeit. Der Teufel, nun, das war zuletzt der Russe. Doch gibt's der Teufel viele, die Fülle, und sie nehmen gar mannigfache Formen, Verkörperungen, Nationalitäten an ... Nur einer bleibt fast immer rein: der Yankee.

So war es stets. So ist es noch. Kaum einer ihrer Präsidenten, der das nicht klar erkannt, der Welt nicht klar bekannt, beteuert hätte.

Schon für John Adams (1797–1801), ihren zweiten Führer, sind die USA »ein herrlicher Plan der Vorsehung«, ganz offenkundig bestimmt, den Teil der Menschheit, den Sklaverei noch knebelt, aufzuklären, frei zu machen. Nicht durch Krieg, oh nein, den führt ein Adams nicht. Rein defensiv bloß geht er gegen die bösen Franzosen vor und verliert so in einem Jahr mehr als 300 Kriegsschiffe.

Unter Thomas Jefferson, dem Nachfolger (1801–1809), der an den ewigen Frieden glaubt, der den Krieg überhaupt beseitigen will, wird am 16. März 1802 denn auch eines der ehrwürdigsten Kulturinstitute der Menschheit errichtet: die Militärakademie von West Point. Und jahrelang wird der Pascha von Tripolis bekämpft, der seinen Tribut erhöht, sodass auch Jefferson, leider, leider Kriegsschiffe ins Mittelmeer schicken muss. Ist doch, so Jefferson, Gründer gleichsam der Demokratischen Partei und einer der gefeiertsten, folgenreichsten Redner seiner Zeit, die »Bewahrung des heiligen Feuers« den Vereinigten Staaten anvertraut; »und Funken«, schreibt Jefferson, »die von ihm sprühen, werden immer dazu dienen, es in anderen Bereichen des Erdkreises zu entfachen.« Vier Jahre Tripolis-Krieg also. Doch führt ihn der Präsident nur wegen des Friedens, der schönen »Funken«. Gibt er Feuerbefehl nur wegen des »heiligen Feuers«. Zwar verachtet er mitunter die Alte Welt ein bisschen. Aber bloß weil die Neue so viel besser ist, weil Europa beispielsweise »keinen Herrscher« hat, »dessen Talente oder Verdienste ausreichen würden, ihm auch nur den Anspruch auf eine Stellung in einem amerikanischen Kirchspiel zu verschaffen.« So ist das.

Jefferson, mit George Washington, mit Abraham Lincoln einer der wichtigsten Begründer der modernen US-Gesellschaft und Gedankenwelt, wünschte, »ein Ozean voll Feuer würde zwischen uns und der alten Welt liegen.« Doch konnte er auch wieder generöser sein und dann dem »alten Europa« gestatten, sich auf die starken Schultern Amerikas zu stützen, »um so gut es kann, gefesselt an Pfaffen und Könige, neben uns herzuhumpeln.« Ein Samariter. Ein Edelmensch. Ein Halt wollte er dem alten, elenden, unter Pfaffen und Königen krankenden Kontinent sein, ein Helfer auf dem Weg in bessere Zeiten. Und so empfahl er in *A Summery View of the Rigths of British America* Seiner Majestät König Georg III. von England Liberalität und Fortschritt – er, Jefferson, der dritte Präsident der USA und Besitzer von 200 schwarzen Sklaven, die er Abend für Abend zählen ließ; er, Jefferson, der sich regelmäßig mit einer seiner Sklavinnen, der attraktiven Sally Hemings, ergötzte. So zerschlug er die Rassenschranken und rief, während man allüberall in seinem Staat die Sklaven noch in Eisen legte: »Amerika wird für die Welt ein Signal sein, das die Menschen aufruft, die Ketten zu brechen ...«

Der Jeffersonismus setzte sich in ihren Edelköpfen fest. Amerika war friedlich. Es führte keine Kriege. Es stellte allenfalls, wenn es denn sein musste – und oft musste es sein, je größer es wurde, desto mehr –, die Ordnung wieder her. Nicht durch Kriege, durch Kreuzzüge, Katastrophen, oh nein. Durch große Polizeiaktionen sozusagen. Als Freund und Helfer aller. Als Ordnungsmacht. Immer gab es gute, beste Gründe zum Eingreifen, Schlichten, zum Friedenstiften gleichsam. Und natürlich greift man bloß ein, wenn alle humanen Mittel am bösen Feind versagen. Derart beginnt man 1812, nur kurz nach dem Tripolis-Krieg, den Krieg gegen England für die »Freiheit der Meere«. 1845 kämpft man gegen Mexiko für »die Zivilisation«. 1861 führt man den Bürgerkrieg für »die Einheit«, 1898 den Krieg gegen Spanien für »die Demokratie«. 1917 und 1941 streitet man gegen Deutschland und für den »Weltfrieden« schlechthin.

»... das gesetzloseste Volk der Erde«

Natürlich intervenieren die USA in ganz unterschiedlicher Weise. Das hängt vom Regierungssystem der anderen, ihrem ökonomischen Zustand ab, dem Grad ihrer Stärke oder Schwäche. Je beeinflussbarer, unselbständiger, je machtloser sie sind, desto massiver, rücksichtsloser werden gewöhnlich der Druck, die Drohungen, die Strafmittel Washingtons sein.

Denn seit es die USA gibt, schützen sie mehr die Gewalt, als dass sie vor Gewalt schützen. Wenig kennzeichnet sie mehr. Gewalt grassiert dort seit Anbeginn. Alles verdankt man ihr. Farm, Stadt, Staat, Nation, sie kamen bereits durch Gewalt und nichts als Gewalt zustande, sieht man vom Betrug ab. Alles ist ein Produkt von Eroberung und Krieg. Alles entstand durch einen riesigen Raubzug, wie ihn die Geschichte noch kaum gekannt, entstand durch Kriminalität und nichts als Kriminalität, wenn man auf das Wesentliche, das Ausschlaggebende dieses Werdegangs blickt.

Das Recht wurde kontinuierlich ignoriert, verachtet. Gewalt aber war beliebt, sie galt als männlich, als schön, sie wurde epidemisch verbreitet. Was war, was ist die allgemeine, die »nationale Attitüde« der USA? John Brademas, Präsident der New York University, skizziert sie so: »Nimm, was du für dich selbst nehmen kannst, und nimm es, solange die Gelegenheit da ist.«

In der Tat: alles war eine einzige Aufforderung für sie zuzugreifen und ihr »Glück« zu machen. Und während die »pioneers«, die »settlers« lahm legten, ausschalteten, auslöschten, was ihnen in den Weg trat, was sie vorfanden – nicht nur die Ureinwohner, die sie um alles brachten, nicht nur die Natur, die sie einzig und allein um ihres Profites willen ausplünderten, sondern auch ihre christlichen Nächsten, ihre Mitbewerber –, war jeder von ihnen, vielleicht mehr als irgendwo auf der Welt, sich selbst der Nächste. Und jeder sonst war Rivale, war Feind und rücksichtslos zu bekämpfen, trat er dem eigenen Egoismus zu nah. »You are on your own, man«, hieß es da von Anbeginn. Und »Be what you want to be.«

Diese Nation war, seit ihrer Entstehung, um mit dem US-Historiker Henry Steele Commager zu sprechen, »das gesetzloseste Volk der Erde«. Und sie blieb es. Der gewalttätige Kampf hatte sich viel zu sehr eingebürgert, hatte viel zu sehr Erfolg, als dass man bei dem verzehrenden Streben nach Profit, nach Profit um jeden Preis, darauf verzichten konnte und wollte. Ist es doch sprichwörtlich seit den Tagen der »robber barons«, der »Raubbarone«, dass es »kein großes Vermögen gibt, hinter dem sich nicht ein Verbrechen verbirgt«. Und selbst dies, was für ein Euphemismus noch – als stünde hinter einem großen Vermögen nur *e i n* Verbrechen!

Ja, alles war eine einzige Aufforderung für sie zuzugreifen und ihr Glück zu machen: durch Ausbeuten und Ausmorden der Indianer, vom »Western«-Film dann tausendfach verkitscht, verklärt; durch Vertreibung der Holländer, Briten, Spanier, Franzosen; durch die Greuel des Bürgerkriegs. Und mit dauernden Bluttaten, Gewaltakten setzt ihre Geschichte sich fort, nach den »Selbstschutzmaßnahmen« der Siedler mit den Arbeitskämpfen, den Brutalitäten der Polizei und den Brutalitäten gegen die Polizei, mit Justizmorden, Lynchmorden, mit förmlichen Familienkriegen, kurz, so der amerikanische Historiker Richard Maxwell Brown, »Patrioten, Humanisten, Nationalisten, Pioniere, Grundbesitzer, Farmer, Arbeiter und Kapitalisten – alle haben sie Gewalt als Mittel zum höheren Zweck angewendet.« Mit vergangenen Zeiten allein hat das nichts zu tun. So geht es weiter, Brown selbst nennt es »unabweisbar, dass wir eine unverbesserlich gewalttätige Nation sind.«

Zur Gewalt aber kommt als eigentliches Merkmal ihrer Geschichte: Ein Expansionsdrang ohnegleichen, eine unersättliche Gier nach Land, Macht, Märkten, ein Hunger, der die Yankees über Kontinente und Ozeane treibt, weshalb sie die Eingeborenen ausrotten, weshalb sie Louisiana von Frankreich, Florida von Spanien, Alaska von Russland erwerben, weshalb sie gewaltige Gebiete von sich abhängig machen, durch diplomatischen und monetären Einfluss, durch private Investitionen, Staatskredite, wirtschaftliche Sanktionen, durch eine Politik der Darlehen, um Empfänger noch mehr zu binden, durch Errichtung militärischer Stützpunkte, durch Drohungen, durch den Einsatz von Waffen zu Wasser, zu Land, in der Luft, durch Krieg im Norden, im Süden.

Keinem Kolonialismus wollten sie frönen, wie die entmenschten Europäer. Aber polypenartig streckten sie ihre Raubarme aus nach allem, was mehr Macht, mehr Reichtum versprach, was Zugang zu profitablen Absatzmärkten, zu Rohstoffgebieten verschaffte, nach den Plantagen Mittelamerikas, den Ressourcen Lateinamerikas, den Ölquellen Saudiarabiens. Man braucht Kupfer aus Chile, Jute aus Indien, Kautschuk aus Indonesien. Man ist geschäftig, gefräßig, verschlingend. Fast nichts noch im entlegendsten Erdenwinkel, das der Moloch nicht in seinen Einflussbereich zerrt, fast nichts, was seiner Einflussnahme Grenzen setzt. Er schickt seine Truppen aus und seine Diplomaten, seine Missionare und Bankiers. Er scheut keine fromme Phrase, keine Lüge, kein Drohen und kein Diffamieren, keine Bestechung, keinen heimtückischen Mord, keine noch so blutige Intervention und keine noch so schmutzigen Geschäfte, nichts. Man schützt Dienst, uneigennützigen Dienst, an der internationalen Ordnung vor (einer ohnedies bloß äußeren Ordnung), agiert in Wirklichkeit aber nur nationalistischer Ziele, nur der eigenen Macht, des eigenen Vorteils wegen – warum auch sonst!

Dabei war selbst einem Jefferson klar, dass auch Amerika schlimme Tage, sogar Kriege drohen, dass der »Baum der Freiheit von Zeit zu Zeit mit dem Blut von Patrioten und Tyrannen begossen werden muss!« Doch wie immer die Dinge in »Gottes eignem Land« auch standen – und sie standen generell schlimm für viele, oft grauenhaft, gekennzeichnet durch Bürger-, Banden-, Indianerkriege, durch Negerverfolgung, Gewaltkriminalität, durch Arbeitslosigkeit, Wirtschaftsbankrotte, Rüstungsskandale, durch Beamtenkorruption – immer wusste sich die Nation von Gott berufen, als Vorbild für alle und bestimmt zur Führung der Welt.

»... muss Heuchelei dort weit verbreitet sein«

Schon Mitte des 19. Jahrhunderts sah US-Finanzminister Robert Walker die Expansion der Vereinigten Staaten von einer »höheren Macht« geleitet, sah er dies große und glückliche Land als Modell »für alle Nationen« erwählt. Und ähnlich erschienen Präsident Woodrow Wilson (1913–1921) die USA durch die Vorsehung »zur einzigen idealistischen Nation auf Erden ausersehen« und mit dem »Vorrecht« begnadet, »die Welt zu retten«. Fast mit der Attitüde des biblischen Jesus in dem – gefälschten – Taufbefehl bei Matthäus – darum gehet hin und lehret alle Völker – animiert Wilson im Weißen Haus US-Unternehmer: »... und dann gehen Sie hinaus in die Welt, verkaufen Sie Güter, mit denen die Welt glücklicher werden kann, und bekehren Sie die Welt zu amerikanischen Prinzipien.«

Denn nie denken sie nur an das eigene Land, in dem es bekanntlich von Armen wimmelt, von Armeen von Armen, in dem die Unterschiede zwischen Reich und Arm größer sind als irgendwo sonst. Nein, sie denken generös stets an den ganzen Planeten (mitunter gar, im »Krieg der Sterne«-Projekt etwa, darüber hinaus). So versicherte Präsident Johnson den Völkern, seine ganze Kraft »der Schaffung einer großen, weltweiten Gesellschaft zu widmen, in der alle Menschen vom Hunger befreit und gegen Krankheit geschützt sind, in der sie sich geistig entfalten können und nicht mehr der Entwürdigung durch körperliches Elend ausgesetzt sind.« Nicht genug, der Prasident wollte sogar die Trennung in reiche und arme, in weiße und farbige Völker gänzlich aufheben ... Der »American way of life« soll die Welt genesen lassen mit Lucky Strike, mit Ketchup, mit Coke und Pop und Rock und anderen Ausgeburten ihrer geistigen Überlegenheit. Mit Raketen.

Fast durch das ganze 20. Jahrhundert beanspruchen ihre Präsidenten die Führung der Welt, gelegentlich auch unter der Flagge des Evangeliums. Ja, weil, wie Woodrow Wilson betont, sogar Jesus Christus die Welt nicht gerettet, nicht bisher jedenfalls, schlägt er,

Wilson, ein »praktisches Schema« der Nachfolge Jesu vor, eine gute, die beste Sache, Jesu Ziel zu erreichen. »Ich weiß, dass die ganze Welt ihr Herz verliert, wenn sich Amerika weigert, ihr den Weg zu weisen ... Wir können nicht zurück ... Wir folgen der Vision. Dies ist, wovon wir seit unserer Geburt träumten: Amerika soll in Wahrheit den Weg weisen ... Amerika wurde geschaffen, um die Welt zu führen.«

Um aber dies Ziel, Jesu Ziel, zu erlangen, beansprucht Wilson für die USA (nicht nur einmal) das Recht von Gewaltanwendung – natürlich bloß der Freiheit, des Guten, Schönen, der Menschenrechte wegen. »Wenn Menschen die Waffen ergreifen, um andere Menschen zu befreien ..., dann ist der Kriegszug heilig und gesegnet. Ich will nicht nach Frieden rufen, solange es in der Welt die Sünde und das Böse gibt.«

Ja, solange Sünde und Böses hier herrschen, ist Frieden selber Sünde, braucht man den Krieg. Nur um den Frieden zu schaffen, versteht sich, Frieden und Gerechtigkeit. Das wusste auch Wilsons Vorgänger Theodore Roosevelt: »Am Ende kann der zivilisierte Mann nur Frieden finden, wenn er seinen barbarischen Nachbarn unterdrückt.« Und in diesem Sinn, dem hehrsten und nur scheinbar verheerenden, fordert auch Atombombenwerfer Truman 1952 für die Macht des Guten die »Führungsrolle«, die »Gott der Allmächtige uns anvertraute«. Doch habe Amerika, das »helle Leuchtfeuer der Hoffnung«, so Präsident Kennedy, auch »das Recht auf die moralische Führung dieses Planeten«. Und, versichert Watergate-Strolch Nixon, seine »Nation unter Gott« könne auch »der Welt geistige Führung geben ...«

Politische, moralische, geistige Führung – fehlt da nicht immer noch was? Die geschäftliche vielleicht? Oh nein. Die religiöse Seite der Sache fehlt natürlich; das heißt sie fehlte, träten die US-Menschheitsbeglücker nicht auch als Weltmissionare auf, nicht zuletzt in allen Kriegen. Denn gerade da muss Gott, der Allgütige, mitkämpfen, dabei sein, bei viel geringeren Nationen schon, bei ihnen aber besonders. Bei ihnen, höhnt der Franzose Julien, spielt Gott »die Hauptrolle in diesem großen Kampf um die Freiheit«. Und da bei ihnen sogar »das Staatsoberhaupt gläubig« ist, schloss Juliens berühmter Landsmann bereits, der Historiker A. C. Graf de Tocqueville, der »démocratie en Amérique« immerhin vier Bände widmend, »muss Heuchelei dort weit verbreitet sein.«

Natürlich braucht Nordamerika heute Raketen und Atombomben, das Beste vom Besten – das schafft Arbeitsplätze (und schließlich, im Ernstfall, schafft es auch Raum, viel Raum auf dieser ohnehin immer engeren Welt). Und stets schon brauchte man Handel und Wandel, stets auch ein bisschen Krieg – »a nice little war«! »Der Welthandel muss uns gehören«, verlangt schon US-Senator Beveridge. »Mit unseren Handelsschiffen werden wir die Ozeane befahren, und werden eine Kriegsmarine schaffen, die unserer Größe entspricht.« Und unmittelbar darauf – denn Handel, Krieg und Religion kohärieren da noch inniger als anderwärts: »Das amerikanische Gesetz, die amerikanische Ordnung, die amerikanische Zivilisation werden an jenen Ufern Wurzeln schlagen, die bis heute blutbesudelt waren und in der Finsternis der Unwissenheit leben, doch sie werden gesegnet und glücklich sein unter dem Wirken dieser Kräfte, die aus Gott fließen.«

Die Nation unter Gott

Wirklich erfüllt ein erhabener Messianismus ihren Geist und ihre Welt – besonders aber ihren Wortschatz. Wie fast nirgendwo versteht man es da, die Politik, die Geschäfte, den Frieden und den Krieg in würdige Worte zu wickeln – Neville Chamberlain, der britische Premierminister, meinte gar immer wieder, dass US-Politik bloß aus »Worten« bestehe. Ja, nirgends auf Erden – Rom ausgenommen – versteht man es so, alles und jedes derart auf hohle Phrasen zu pfropfen, dass jeder, der da nicht mitspielt, der Zweifel bekommt, Verdacht schöpft, sich wie ein Schuft vorkommen muss.

Mit hehrsten Gedanken begleiten US-Präsidenten ihr Tun, ihre Taten oder Untaten (hier meist identisch), mit ausdrücklichem Bezug auf Gott, die Bibel, das Christentum – von Benjamin Franklin, der göttlichen Beistand erfleht für das Gelingen einer Krämer-Revolution, über McKinley, der zur Eroberung der Philippinen auszieht, um sie »zu christianisieren«, bis zu dem Atombombenschmeißer Truman, der in der Bibel »die Grundlagen« der amerikanischen Verfassung erblickt: bis zu dem Vietnamkämpfer und »Jünger Christi«-Mitglied Lyndon B. Johnson, der »nie einen Trennstrich« ziehen lassen will »zwischen der Macht, die wir besitzen, und Gott, der tief in unseren Herzen ruht«; bis zu dem Ganoven Nixon, der seine Nation die »Nation unter Gott« nennt; bis zu dem Hollywood-Mimen Reagan, der die USA als »goldene Hoffnung für die ganze Menschheit« feiert, als »die letzte große Hoffnung des Erdenmenschen«; der behauptet, dass »Gott, der seine Gnade auf dieses Land gießt, immer auf uns blickte und uns als das Land führte, das das Land der Verheißung ist«, »das Land, das nie dafür bestimmt war, das zweitbeste Land zu sein«. Und warum? Auch das wusste der Schauspieler: »Weil die Amerikaner weitaus religiöser sind als die Menschen in anderen Ländern.«

In der Tat, die Nation, die egoistisch und materialistisch ist bis zum Extrem, zum Exzess, sie ist auch »religiös« wie kaum eine zweite.

Der Egoismus ist hier noch heiliger als anderwärts. Und zugleich wird Tugend groß geschrieben und Gottesfurcht, wie nirgends. »Jeder für sich und Gott für uns alle«. Gott darf, wie im Krieg, so auch beim Krieg im Frieden, nie vergessen werden. Das bekommt zumindest den Begüterten eines Staates, in dem ein halbes Prozent der Reichsten zweieinhalb mal mehr besitzen als 90 %, 212 Millionen, Sonstiger.

94 % der US-Bürger glauben an Gott, 89 % beten regelmäßig und 88 % halten noch heute die Bibel für Gottes Wort – ein hoher Intelligenzausweis. Zwei Drittel der Erwachsenen wissen sich »im Glauben neu geboren«. Und noch etwas mehr als zwei Drittel sind überzeugt, später »in den Himmel zu kommen«. 40 % eilen einmal wöchentlich zur Kirche oder Synagoge. Gleichwohl werden Religionsfragen in der Presse meist nicht diskutiert. Es gibt zu viele Kirchen und Sekten (nur ein Unterschied im Wort natürlich, nicht in der Sache), denen man dabei zu nahe treten und sich selbst das Geschäft, das Zeitungsgeschäft, vermasseln könnte.

Denn das Geschäft, jedes Geschäft, geht noch über die Religion; nur sagt man das nicht, doch jedermann weiß es. Und jedermann weiß auch oder sollte es wissen, dass auch die Religion ein Geschäft ist, ein in ganz USA unbestritten wichtiges Geschäft. Sie gehört zur Aufrechterhaltung des Ganzen, der so genannten Ordnung und so genannten Moral. Zwar gibt es keine Staatskirche – die letzten Einzelländer verloren den Charakter als Staatskirche im früheren 19. Jahrhundert. Doch alle Kirchen genießen Steuerfreiheit. Denn alle machen sich um den Staat verdient: sie verkündigen die Heilsbotschaft, das Christentum.

Schon nach dem Ersten Weltkrieg belebten dort clevere Kleriker das geistliche Leben selbst durch Bastelkurse, Sporthallen, Schwimmbäder. In Büchern suchte man Christus als gerissenen Geschäftshai attraktiv zu machen, etwa in Bruce Bartons *The Man No-*

body Knows (1925). Und offenbar trafen hier auch Episteln nach Art von Werbespots mitten ins Herz, beispielsweise eine Predigt über die hl. Dreifaltigkeit, betitelt: *Three-in-One Oil*. Yankees haben Geschmack. Die Welt weiß es.

Auch ohne Staatskirche sind diese Kirchen, besonders die großen, eng mit Staat und Politik verfilzt.

Es gibt bei Heer, Luftwaffe und Kriegsmarine Militärgeistliche, die auch von den Streitkräften bezahlt werden, von einer Armee, in deren Reihen noch in der zweiten Hälfte des 20. Jahrhunderts von 387 befragten Rekruten nur 229 wussten, dass es ein Altes und ein Neues Testament gibt. Und 204 konnten keinen einzigen Namen der Apostel Jesu nennen. Ein Atomunterseeboot aber taufte man »Corpus Christi«, eine Raketen-Generation (an sich schon eine vitale Prägung) »peace-maker«. Sogar im Senat und Repräsentantenhaus gibt es einen Stab von Parlamentsgeistlichen. Und zumindest nach außen sollen US-Präsidenten eine gewisse »Frömmigkeit« bekunden; das ist nur vorteilhaft. Nicht wenige bekannten sich so ganz deutlich zu ihrer »Religion« – unter den neueren etwa Eisenhower, Kennedy, Ford, Carter, letzterer ein »Wiedergeborener Christ«.

Nun wechseln zwar viele US-Bürger mehrmals im Leben die Kirche, doch stets selbstverständlich aus Überzeugung. Und wenn auch nach Will Herberg, dem Religionssoziologen, mehr als die Hälfte all der »religiösen« US-Amerikaner beteuern, ihr Glaube habe »auch nicht den geringsten Einfluss auf ihr wirtschaftliches und politisches Denken und Handeln«, so steht doch fest – und nur dies interessiert hier –, dass Gott bei all ihren Großunternehmungen einfach dabei ist.

Was immer sie bei ihren Interventionen, Expansionen, Annexionen taten und tun, es geschah und geschieht mit Gott dem Herrn und zum Allerbesten der Überfallenen oder sonstwie Heimgesuchten: ob sie ausländische Staatsmänner bestechen, ihre Geheimdienste schicken, sich Militärbasen schaffen, ob sie begehrte Länder und Absatzmärkte ökonomisch an sich reißen, ob sie sie kurzerhand rauben, Hawaii etwa, Samoa, die Midway lslands, die Philippinen, ob sie Staaten, die sie nichts angehen, mit Krieg überziehen, Managua, Mexiko, Laos, Vietnam, Kambodscha, die Dominikanische Republik, immer taten und tun sie es zuerst um Gottes Willen, dann für die Freiheit, die Demokratie, die Zivilisation, und schließlich auch ein wenig für den Handel. Alles aber stets zum Wohle aller.

Denn gerade weil sie so viel religiöser, viel frömmer sind als der

Rest der Welt, sind sie auch so viel großzügiger, uneigennütziger, sind sie ebenso auf andere als auch auf sich bedacht. Alles geschieht nur, um jedermann zu beglücken, zu befrieden, um teilnehmen zu lassen an den Segnungen Amerikas. Ja, die ganze Welt soll werden wie sie, eine Art Abziehbild von »God's own country«. Man will Frankfurt, so Neil Postman, in Omaha/Nebraska verwandeln, »wenn sie wissen, was ich meine, und wir machen das«. Aus purer Selbstlosigkeit. Und nicht mit Gewalt. Oh, nein. Kriege führten nur die Europäer. Und die hasste man für ihre periodischen menschlichen Schlachthöfe, ihre »barbarischen Eroberungsorgien«. Die fochten, zerstörten, raubten nur, um ihre Länder zu erweitern, um sich zu bereichern. »Sie haben eben den Instinkt der Landgier seit vierhundert Jahren im Blut«, erklärt Franklin D. Roosevelt, »und können es sich einfach nicht vorstellen, dass es Nationen gibt, die ihn nicht haben und selbst dann keinen Landzuwachs wünschen, wenn sie ihn bekommen könnten.« Wie eben das edle Amerika. Es geht fürsorglich durch die Geschichte, sich aufopfemd, und wenn es zuschlägt, zuschlagen muss, leider, leider, so nur im Interesse auch der anderen.

Dieses Land kennt nur drei Argumente, drei Kräfte, drei Ideale: Gewalt, Geld und Heuchelei.

Das alles erinnert an einen anderen Staat, an den kleinsten der Welt. Nicht zufällig haben sich die Präsidenten von »God's own country« und die »Stellvertreter Christi« im 20. Jahrhundert einander immer mehr genähert. Verzehren sich die Häupter beider Seiten doch um nichts als den Frieden, das Heil der Gesellschaft, Gerechtigkeit, das Wohl der Welt. Sind doch alle Menschen, nach Jeffersons Unabhängigkeitserklärung, »als Gleiche geschaffen, sie sind vom Schöpfer mit bestimmten unveräußerlichen Rechten ausgestattet. Dazu gehört das Recht auf Leben, auf Freiheit und auf die Verfolgung ihres Glückes, das Recht auf ›pursuit of happiness‹«. Ja, nichts andres kümmert sie im Grunde als der allgemeine Fortschritt, der Segen aller, wenn man gewisse Passagen ihrer Verfassung, ihrer Bill of Rights, die Reden ihrer Führer liest und ihre Geschichte nur richtig zu sehen und zu deuten weiß. Das ist beinah wie mit der Bibel, den Botschaften der Päpste, der Kirchengeschichte. Da die Religion der Liebe, der Freude, des Friedens, dort die pax americana ...

Die USA, die, seit es sie gibt, allen anderen Moral predigen, um ihre eigenen Greuel zu kaschieren, entstanden selbst auf dem Boden nackter Gewalt: durch Ausmordung der Roten und Versklavung der

Schwarzen – die Basis ihrer ganzen Freiheit und Demokratie: blutige »Realpolitik« und bigottes Geschwätz.

»Das Unmoralische, das ist Amerika. Mit dem Unmoralischen hat es begonnen …« W.C. Williams. Nein, das würde ich gar nicht sagen, keinesfalls, zumal Letzteres nicht. Aber: Mit dem Unmoralischen haben sie es weiter gebracht, getrieben als alle zuvor. Die Päpste wieder beiseite, die sie denn auch überleben werden – an der Seite der nächsten Starbanditen, der nächsten, der übernächsten Gangster von »historischem« Format.

1. KAPITEL

Rote Teufel und weiße Heilige

Die Geschichte der Vereinigten Staaten von Nordamerika beginnt mit einem der größten Raubzüge der Geschichte. Denn das Land, das sie inzwischen besitzen, gehörte ihnen so wenig, wie es – sagen wir im nächsten Jahrhundert – den Afrikanern, Indern oder Chinesen rechtmäßig gehören würde, eroberten es die. Doch was heißt rechtmäßig schon? Was ist schon Recht? Recht ist Gewalt. Aus Gewalt entsteht Recht. Aus Recht entsteht Gewalt. Es ist, soweit wir sehen, nie anders gewesen – außer eben in den USA.

Was Montaigne, Samuel Hearne und andere Forscher über die Indianer berichten

Alles, was wir heute die »Vereinigten Staaten von Amerika« nennen, war Eigentum der Indianer. Ihre Ahnen, in grauer Vorzeit über die Beringstraße gekommen, bevölkerten das gesamte Gebiet. Jeder Landstrich wurde von ihnen bewohnt, selbst die Salzwüsten von Utah. In zahlreiche unabhängige Stämme gegliedert, waren sie als Gruppen absolut frei und die legitimen Herren des Kontinents – große, gut gewachsene, kräftige Menschen, und die oft bescheidenen Bedingungen ihres Daseins mögen ihre Gesundheit noch gefördert haben.

Die Indianer empfanden die Natur als beseelt, als lebendes Wesen. Sie fühlten sich eins mit ihr, verwandt mit Tieren und Bäumen.

Und alles gehörte allen. Alles war Teil einer »gemeinsamen Mutter«, von der man zwar lebte, gewiss, aber mäßig, die man schonte, auch schützte. Sammler waren sie und Jäger, doch sammelten und jagten sie nur das Notwendigste.

Und sie kannten die krassen sozialen Unterschiede der Christen nicht. Als deshalb, so Montaigne, Karl IX. in Rouen drei (brasilianische) Indianer nach dem für sie Merkwürdigsten am Leben der Weißen fragte, führten sie, schreibt der große Franzose, unter drei Dingen auch an, »dass es unter uns üppige, mit allen Annehmlichkeiten gesättigte Menschen gebe, und dass ihre anderen Hälften« – so benannten sie die Menschen bezeichnenderweise – »von Armut und Hunger ausgemergelt, bettelnd vor ihren Türen stünden; und fänden es verwunderlich, wie diese derart bedürftigen Hälften eine solche Ungerechtigkeit ertragen könnten und dass sie nicht die anderen an der Gurgel packten oder Feuer an ihre Häuser legten.«

David Thompson, um 1800 jahrzehntelang Kontakte mit vielen Indianern pflegend, nennt diese »sanft und sittsam«, von »großer Freundlichkeit und Rücksicht« im Umgang. »Hat einer bei der Jagd kein Glück gehabt oder hat er seine wenigen Habseligkeiten durch irgendein Missgeschick verloren, so darf er sicher sein, dass er von den anderen unterstützt wird, soweit es nur in ihrer Kraft steht. In der Krankheit sorgen sie füreinander bis zum letzten Atemzuge.«

Die Geschichte der Indianerausrottung freilich wurde von Weißen verfaßt. Wie vieles also mögen sie unterdrückt, verschwiegen, wie vieles ganz anders empfunden haben als ihre Opfer. Anders philosophiert das Pferd über die Peitsche, sagt Theodor Lessing, anders der Fuhrmann. Doch noch manche Überlieferung der Weißen selbst verbürgt die Hilfsbereitschaft, die Verlässlichkeit der allermeisten derer, die man dann liquidierte.

Als 1607 Kapitän John Smith die (kraft königlicher Order Jakobs I. entstandene) Kolonie Virginia mit drei Schiffen besuchte, ließ er deutsche Zimmerleute ein Haus für den Häuptling der Pocahonta-Indianer, Powhatan, bauen, denn Smith verdankte ihm sein Leben. Der Indianerhäuptling Massassoit, der mit den »Pilgervätern« einen Nachbarschafts-Vertrag schloss, brach diesen vierzig Jahre nicht, bis zu seinem Tod. In der ersten Hälfte des 18. Jahrhunderts hört Baron von Reck von den aus Salzburg verjagten Protestanten in Georgia »nur Gutes« über die Indianer. »Wenn sie etwas versprechen, dann halten sie ihr Wort; sie würden eher sterben als davon abzugehen.« Und im späteren 18. Jahrhundert bekennt Samuel Hearne, der »Klassiker der amerikanischen Ethnologie«, von seinem Reisebegleiter und -führer Matonabbees, einem nördlichen Indianer, er habe selten Christen getroffen, die mehr gute und weniger schlechte moralische Qualitäten aufwiesen als Matonabbee.

Die Indianer waren empfindlich, sogar sentimental, auch grausam. Sie kannten die Folter. Sie kannten und praktizierten auch den Krieg; nach Osten hin mit wahrer Leidenschaft, mit Bösartigkeit schlimmster Art. Allerdings beschränkten ungeschriebene Gesetze oft die ge-

genseitigen Verluste, um den Fortbestand der häufig kleinen Stämme zu sichern. Und mag die Behauptung, zwei Drittel aller nordamerikanischen Indianervölker seien Pazifisten gewesen, übertrieben sein, so übten doch manche, wie die Pueblos, nur die Verteidigung aus. Und einige Gemeinschaften, die Heuschreckensammler von Nevada etwa, waren praktisch Pazifisten. Auch wurde im Nordwesten jeder Indianer, der im Krieg einen Feind getötet hatte, einem Mörder gleichgesetzt und den für Mörder vorgeschriebenen Reinigungszeremonien unterworfen.

Der schon genannte David Thompson, der im späten 18., im frühen 19. Jahrhundert den roten Mann eingehend beobachtet, betont zwar dessen Recht auf Vergeltung sowie die Achtung, die es ihm verschafft. »Doch«, fährt Thompson fort, »im allgemeinen verabscheut er das Blutvergießen, und wenn ihn irgendeine traurige Notwendigkeit dazu zwingt, was manchmal der Fall ist, gilt er als ein unglücklicher Mensch. Derjenige jedoch, welcher aus Absicht einen Mord begangen hat, wird mit Abscheu behandelt und gilt als einer, vor welchem das Leben keines Menschen sicher ist, da ein böser Geist von ihm Besitz ergriffen hat.«

Viele Indianerstämme waren fraglos weit weniger kriegerisch als die Invasoren, die schon deshalb leichtes Spiel mit den »savages«, den »Wilden«, hatten, deren Lehrmeister sie nicht zuletzt im Töten, im skrupellosen, unbegrenzten Töten wurden. »Unsere indianischen Verbündeten«, schreibt der Puritaner Underhill in seiner Geschichte der Kriege der Pequoten, »haben unsere Art zu kämpfen sehr bewundert; sie fanden bloß, dass wir zu heftig waren und zu viel töteten.«

Doch dafür war man Christ. Und da man im Christentum stets nach der »Haltet den Dieb!«-Schrei-Methode verfuhr, war man selber der Dieb, da man stets von eigener Schande abzulenken suchte, indem man auf die anderer wies, sie meist noch schlimmer machte, oft ungeheuer übertrieb, so behaupteten einige Jesuiten, allein die Irokesen, ein besonders kriegerisches Volk, hätten zwei Millionen Indianer umgebracht; eine ganz unmögliche Zahl, zumal sie selbst, vieles andere beiseite, seit je ein kleiner Stamm gewesen, der zumindest zuletzt nur rund 2500 Krieger hatte.

Jesuiten waren es auch, die bald Ähnlichkeiten zwischen dem Großen Geist oder Manitu der Indianer und dem Teufel bemerkten, so dass man die Eingeborenen der Teufelsanbetung bezichtigte, was ihre eigene Verteufelung nur fördern konnte. Für die Räuber ihres Landes wurden sie die roten Teufel, deren nächste Verwandte übrigens, wie man heute annimmt, die Chinesen, für viele Amerikaner des 20. Jahrhunderts die gelben Teufel wurden. Denn alles, was nicht ins Konzept passt, sich als Widerpart erweist, muss verdammt, verteufelt und als Teufel natürlich bekämpft und womöglich vernichtet werden.

Was die Weißen den Indianern und was die Indianer den Weißen verdanken

Moralisch waren »die Wilden« den Weißen, alles in allem, weit überlegen. Sie kamen den Fremden zunächst auch freundlich, vertrauensvoll, hilfsbereit entgegen. Sie haben sich nie gegen ihre Ankunft gewehrt. Sie waren offen, teilnehmend, neugierig. »Sie beklagten sich in keinem Augenblick über deren Anwesenheit«, erklärt Claude Lévi-Strauss, der große Ethnologe, »sondern nur darüber, dass man sie ausgeschlossen hatte.« Gleichwohl waren es Indianer, die den Weißen häufig, anfangs fast regelmäßig, beigestanden, die sie in ihren ersten verzweifelten Bemühungen, Fuß zu fassen, »fast durchweg großherzig unterstützt« haben (George E. Ellis): durch Rettung ihrer Boote in Seenot, Rettung ihrer Expeditionen, vor allem aber durch Übergabe von Lebensmitteln.

Nur die Hilfsbereitschaft der Indianer ließ die Invasoren überleben. Urs Bitterli, Kolonialhistoriker in Zürich, betont, »in der Tat haben die Lebensmittellieferungen der Indianer nicht nur die Franzosen am St. Lorenzostrom, sondern auch die Engländer in Virginia vor dem Hungertod gerettet. Oft wird in frühen Texten die Friedfertigkeit der Eingeborenen gelobt, und man gestand sich ein, dass das Überleben der Kolonie nicht so sehr eigener Zähigkeit, als vielmehr fremder Hilfe zuzuschreiben war.« Die unredlichen Christen freilich schrieben diese Hilfe bald nicht mehr den Indianern zu oder, so ein puritanisches Zeugnis aus Virginia. »den wilden grausamen Heiden«. Nein: »Gott« hatte seinem auserwählten Volk diese Teufel geschickt »mit Lebensmitteln wie Brot, Getreide, Fisch und Fleisch in großer Menge ...« Schließlich konnte man nicht jenen die Hilfe oder gar das Leben verdanken, die man nachher umbrachte – mit Gottes Hilfe wieder.

Die Weißen verdanken den Indianern den Mais, die Mokassins, die Schneeschuhe und die Anoraks. Die Indianer verdanken den Weißen den Branntwein und die Feuerwaffen, die großen Seuchen, die Blattern, die Tuberkulose, die Syphilis. Dies sind sogar die ersten Geschenke des christlichen Abendlandes an sie. Auf Schritt und Tritt begleiten sie die Eroberer. Mit den Jesuiten kommt buchstäblich die Pest und bringt beinah das ganze Volk der Huronen unter die Erde. Auch die Franzosen, die in Maine siedeln, wirken verheerend, indem sie mit den Bewohnern kontaktieren. Als dort 1620 Engländer landen, finden sie die Wigwams der Massachusetts »voll von Leichen« und die Dörfer gänzlich ausgestorben – wodurch, schwärmt Bruder Johnson, »Christus«, der in der ganzen Welt glorreich für seine Kirche sorge, »Platz für sein Volk schuf...« »Gott«, notiert ein anderer britischer Christ, Ferdinando Gorges, sich dabei ausdrücklich von der abstoßenden Methode der Spanier distanzierend, »Gott verbreitete die Seuche, was die Engländer der Sorge enthob, die Indianer durch Schwert und Feuer zu vernichten«.

Ein gesegnetes Christentum!

Die Indianer übernahmen von den Weißen die Unehrlichkeit, die Lügerei. Ihr Denken, ihr Sittengesetz, ihre Kultur wurden untergraben, sie entarteten und verkamen gänzlich. »Was in ihnen gut war, wurde erstickt«, schreibt Bitterli.

Ein Pfarrer zahlt 24 Dollar für Manhattan

Soweit wir wissen, wurde Nordamerika von Europa aus über Island und Grönland erstmals durch die Wikinger um das Jahr 1000 in Labrador und Neu-Schottland berührt. 1492 landet Kolumbus auf einer Insel der Bahamagruppe, südöstlich von Florida. Im frühen 16. Jahrhundert lassen sich die Spanier, von Goldgier und dem Wunsch getrieben, die »Wilden« zu missionieren, im Südwesten nieder. 1497 erreicht John Cabot (Giovanni Caboto), ein Genueser in englischen Diensten, die Küste Neufundlands. 1498 dringt er auf einer zweiten Fahrt bis zum heutigen South Carolina vor. Seitdem beansprucht England Nordamerika. Im Auftrag des französischen Königs Franz I. kommt 1524 der Florentiner Giovanni de Verrazzano. Er kreuzt vor der Küste von North Carolina und bis hinauf nach Neufundland. Seitdem erhebt Frankreich Anspruch auf Nordamerika. Die Franzosen siedeln in Kanada sowie im Einzugsgebiet des Mississippi, von den großen Seen bis zur Mündung; katholische und hugenottische Franzosen, was sie von vornherein entzweit.

Im frühen 17. Jahrhundert gründen die Holländer an der Mündung des Hudson New Amsterdam, das vierzig Jahre später, 1664, britisch wird, als persönliche Kolonie in den Besitz des Herzogs von York übergeht und dann New York heißt. Einige Holländer lassen sich häuslich auf Manhattan nieder – ein Name, der wohl auf ein paar hundert dort lebende Indianer zurückgeht. 1626 kauft Peter Minnewit (Minuit), bis 1631 Gouverneur der holländischen Kolonie Neu-Niederland, die Insel Manhattan, Neu-Amsterdam, den Indianern ab. Der protestantische Geistliche zahlt dafür sage und schreibe 60 Gulden (24 Dollar). Doch heimst man für solche auch nach seinerzeitigen Vorstellungen hohnsprechenden Preise den Grund und Boden noch weiterer künftiger Großstädte ein, von Baltimore etwa, Rhode Island, New Haven, Boston. Peter Jefferson, der Vater des berühmten Thomas Jefferson, riss einmal 162 Hektar Land an sich – für eine Schale Punsch! Aus solchem Holze wachsen Präsidenten … Selbst bei dem Landkauf der Quäker in Pennsylvania, dem »Walking Purchase«, sollen die Indianer ausgetrickst worden sein.

Ausgetrickst? Im Grunde hatten das die Invasoren natürlich gar nicht nötig. Denn so wie etwa Papst Alexander VI., glücklicher Vater von neun Kindern, in der Bulle Inter coetera vom 4. Mai 1493 die Neue Welt, die ihm so wenig gehörte wie der Mond, kurzerhand den Spaniern und Portugiesen zuerkannte, so erließen auch die weltlichen Herren der Alten Welt nun, ohne lang zu fackeln, einen Annexionsakt, Freibrief, ein Privileg oder irgendwelche Erklärungen, machten zu Lehen, zur königlichen Kolonie, wie Jakob I. Virginia, die erste europäische Kolonie in den »Vereinigten Staaten« überhaupt – und man war um einen Subkontinent reicher.

Habenichtse, Wagehälse, Hasardeure

Reich jedenfalls wollte man werden. Oder, wenn man schon reich war – und einige wenige, sehr wenige, waren es –, noch reicher natürlich. Wenn man schon besaß, wollte man noch mehr besitzen, noch viel mehr und kam gleich mit einer königlichen Urkunde im Gepäck. Doch die meisten besaßen nichts. Und die meisten sollten auch drüben (zunächst) nichts besitzen, sie sollten dieselben armen Teufel bleiben. Man heuerte sie als Vertragssklaven, Kontraktbedienstete, als »indentured servants« an, preiswert, versteht sich. Denn für freie

Fahrt und Kost durften sie dann erst einmal im Dienst eines Vertragspartners – kapitalkräftiger Koofmichs, Grundbesitzer etc. – gewöhnlich vier bis sieben Jahre schuften, ehe sie ihre »Freiheit« erlangten. Doch wer so nach Amerika gekommen war, und das waren viele, stellte »sehr bald fest, dass er besser in England geblieben wäre, denn in der Neuen Welt war er auch weiterhin Knecht …«. Was stimmen muss, da es in einer fast offiziellen Schrift steht, herausgegeben vom US-Informationsdienst Bad Godesberg I.

Ja, die meisten hatte einfach die Armut fortgetrieben, ihr Elend, die Furcht vor Hunger, vor Krankheit. Das alte Europa saß ihnen im Nacken, sein Feudalismus, seine Kriege, sein Kriegsdienst, seine Folter, Fron- und Schröpfmethoden. Nicht zuletzt der religiöse Zwang, der Church of England besonders. Davongelaufene waren sie, Davongejagte, Abenteurer, Desperados, fast durchweg Habenichtse, die jetzt buchstäblich um jeden Preis ihr Glück machen wollten, Wagehälse, Hasardeure, die eine Entschädigung suchten für ihr Unglück, die alles auf eine Karte setzten, die Heimat preisgaben, sich wochen-, monatelang gar über fünftausend Kilometer der stürmischen See anvertrauten – ungezählte Schiffe sanken –, einem ganz ungewissen Geschick, gierig nur nach Wohlstand, Reichtum, geil nach Land, Besitz, nach sagenhaften Gold- und Silberschätzen. »Ihr ganzes Sehnen und Trachten war stofflich und weltlich«, schreibt der deutsche Amerikanist Georg Friederici, »sie gingen lediglich auf Gewinn und Genuss aus, auf Raub, wenn sie nicht anders zu haben waren.«

Doch das gab man nicht (gern) zu. Man hing sich ein moralisches, ein humanitäres Mäntelchen um. Nein, man hatte nicht nur materielle, hatte auch idealistische, viele idealistische Gründe. Und vor allem hatte man wieder eine Fülle schöner Sprüche parat, Bibelsprüche besonders. Schließlich war man christlich wie das alte Europa, nur noch christlicher, besser, viel besser, also musste man es in den Schatten stellen, und das geschah.

Die Puritaner gehen an Land

In großen Scharen kamen die Puritaner, Calvinisten der strengsten Art. Puritaner hießen sie, weil sie auf größter »Reinheit« ihrer Religion bestanden, auf Befreiung »von allen unbiblischen Zusätzen und päpstlichen Greueln«. Sie litten unter den Bedrückungen durch Königin Elisabeth I., die Könige Jakob I., Karl I. Sie litten unter dem noch immer starken Einfluss des Papismus auf die Anglikanische Kirche. Sie litten unter dem Erzbischof von Canterbury, William Laud, geradezu der Kopf der Tyrannei; ein eifriger Verfechter des geistlichen wie staatlichen Absolutismus, gelehrt zwar, doch hart, rachsüchtig, ein Gegner von Puritanern und Calvinisten, die ihn katholischer Neigungen verdächtigten; zuletzt ein Opfer der Volkswut, der Puritaner, der Politik; 1641 wird er in den Tower geworfen, 1645 geköpft.

Erst recht zog es die »Dissenters« von England fort, alle sich nicht zur etablierten Staatskirche bekennenden Christen, die im 17. Jahrhundert unter den Stuarts manches auszustehen hatten: Presbyterier, Baptisten, Methodisten, Deisten, Quäker. Im neuen Erdteil erhofften sie politische und religiöse Freiheit, ein neues Kanaan, das gelobte Land.

England seinerseits suchte durch die Emigranten nicht nur den Staatssäckel zu füllen, sondern auch allerei übles Volk loszuwerden, Arme. Kriminelle, Katholiken. Richtern und Gefängnisbehörden legte man nahe, Verurteilte in die Neue Welt abzuschieben statt in den Kerker. Geschäftstüchtige Kapitäne gingen, nützten ihre Versprechungen nichts, bis zum offenen Menschenraub. Und auch die Kirche verhieß natürlich, verhieß viel, und drang in die Schäfchen, jenseits des Meeres, Gottes Wort zu verkünden, das allein wahre, klar. So lockte man besonders in Hafenstädten und auf Kanzeln zur Auswanderung. »Das Eingeborenenland muss zum geheiligten Land werden«, posaunt man in einem Aufruf. »Ihr werdet die Grenzen des Königreiches, ja, die Grenzen des Himmels erweitern.« Und wie stets in solchen Fällen verheißt man irdischen wie himmlischen Lohn. (Nur nicht knausern mit Verheißungen; das bringt nichts. Niemandem! Das Verheißen bringt wenigstens den Verheißenden was).

Während aber in Spanien, Portugal, Frankreich der Staat die überseeische Expansion stark begünstigt, sogar veranlasst, entspringt sie in England zunächst der Privatinitiative. Und bezeichnenderweise sind Sir John Popham und Sir Ferdinando Gorges, die 1606 von Britannien aufbrechen, Vertreter des Handels, einer Nord- oder Plymouth-Kompanie und einer Süd- oder London-Kompanie. Sie ergattern auch gleich die Konzession für einen 100 Meilen breiten Küstenstreifen von der Hudsonmündung bis zur Chesapeak-Bucht. Doch zerstritten sich die Einwanderer bald, Seuchen und Hunger schlugen zu. Von 105 Ankömmlingen in Jamestown lebten im nächsten Jahr bloß noch 32. Die britischen Händler freilich, die Fehlinvestitionen scheuten wie der Teufel das Weihwasser, schickten neue Schiffe. Und sank die Zahl der Zuwanderer auch von 500 rasch wieder auf 60, neuer Nachschub kam. 1619 kauft man in Jamestown von einem holländischen Zweimaster die ersten Schwarzafrikaner als Sklaven. Und bald verhökert man auch 150 »ehrbare junge Frauenzimmer« gegen Virginia-Tabak.

Es handelte sich also von Beginn an, wie Karl Kraus sagen würde; jawohl, es handelte sich … Jährlich überquerten jetzt 1200 Neueinwanderer den Atlantik; Hütten, Häuser, Plantagen entstanden. 1690 betrug die Bevölkerung bereits eine Viertelmillion. Und von da an verdoppelte sie sich etwa alle 25 Jahre. 1775 waren es bereits mehr als zweieinhalb Millionen, 1800 mehr als fünf Millionen, 1850 über 23 Millionen, 1900 fast 76 Millionen.

Die Gründungslegende

So weit, so gut. Oder auch nicht. Denn etwas fehlte. Etwas zum Vorzeigen. Die ganze Art der frühen Besiedlung, diese nur kalkulatorische, bloß auf Gewinn versessene Besitzergreifung ermangelte sozusagen der höheren Weihe. Ja, dies dauernde Hinundher von Menschen, Ware, Geld, dies ja noch in den allerbescheidensten Anfängen steckende ständige Gefeilsche und Geschufte, Ausnehmen und Einnehmen, Unter- und Überbieten, Umschlagen und Aufschlagen, vom Totschlagen vorerst zu schweigen – kurz, all dies, doch nichts als mit »rein Irdischem und Zeitlichem« befasste Tun kleiner, mehr oder weniger gerissener Geschäftemacher, Spekulanten, Strauch- und Glücksritter, das alles erschien den Yankees später nicht mehr so angemessen, nicht so ganz nach dem bekannten guten Geschmack, der sich bei ihnen immer mehr entwickelte, nicht mehr würdig genug des großen Auftakts, erschien ihnen denn doch etwas profan, banal, ordinär fast. Man könnte auch sagen: einfach der Wirklichkeit zu gemäß, als dass es Anlass zur Erbauung, zum Aufblick, zu Edlerem, Schönerem hätte sein können. Nein, alles, das ganze große gute Werk, es musste von Anfang an anders, erhabener, würdiger, weihevoller, musste zwar durchaus energisch, angriffig, sehr angriffig, aber auch fromm, christgläubig, ja, musste aus dem Glauben heraus begonnen haben, kurz: mit Gott. Etwa im Sinne des innigen alten, ja schon seit 1494 bekannten Verses aus Sebastian Brants *Narrenschif*, Nr. 65 V. verachtung d. gstirns: »All unser wort, werk, tun und lon / Uß g o t, in g o t allein sol gon.«

Ja, so etwa, in diesem Sinn.

Ergo ließ und lässt man die ersten britischen Eindringlinge in Nordamerika, Leute, denen es bloß um schnödes Geld und Gut ging und um sonst nichts, gern etwas in der Versenkung verschwinden: die ersten Kolonisten unter Sir Walter Raleigh etwa, der 1579 da erstmals anreiste, auf seiner zweiten Fahrt am 26. Juli 1584 bei der Insel Wocokom ankerte, bald aufs Festland überging und es seiner jungfräulichen Königin Elisabeth zu Ehren Virginia nannte, womit er den Grund zu den englischen Kolonien legte. Virginia war die älteste dauernde britische Niederlassung in Nordamerika und die erste jener 13 Kolonien, woraus im nächsten Jahrhundert die Vereinigten Staaten von Nordamerika entstanden.

Gut zwei Jahrzehnte später kam noch ein gewisser John Smith im Auftrag einer Handelskompanie nach Virginia und gründete 1608 Jamestown. Aber weder von diesem noch jenem macht man viel Wesens. Smith war ein simpler Kapitän; sein Jamestown erinnerte später nur an den Sieg der Briten über die Nordamerikaner unter Lafayette. Und der edle Walter Raleigh verbrachte seinen langen Lebensabend im Tower und wurde 1618 als angeblicher Hochverräter geköpft – ganz wie Bischof Laud und so manche Bösewichte noch.

Nein, mit solchen Leuten war vielleicht vorübergehend etwas Staat zu machen, aber man konnte nicht dauernd aufblicken zu ihnen. Das Höhere fehlte.

Deshalb erinnerte man sich, geht es um den feierlichen Augenblick der ersten Besiedlung, lieber an Männer, die zwar erst eine ganze Generation nach Sir Raleigh kamen und immer noch 13 Jahre nach dem Kapitän Smith, die aber so viel geeigneter waren – die »Pilgerväter«. Sie brachten den Ruch der Religion, des Heiligen, des Himmels mit, jene gewisse Gloriole, in der sich ein Staat wie die Staaten, eine Nation wie die Nordamerikaner einfach wohl fühlen konnte, wohl fühlen musste, da ihnen so angemessen, so ganz und gar auf Haupt und Glieder zugeschnitten. Ja, die tugendsamen, auf Gott bauenden, auf Gott vertrauenden »Pilgrims« waren es, die 1620 die »Pilger«-Kolonie New Plymouth gegründet und noch an Bord ihres Prominentenpottes in dem so genannten Mayflower-Gelöbnis ihre künftigen Staatsgrundsätze niedergelegt hatten.

Noch heute nennt Amerikas meistverbreiteter Fremdenführer Plymouth in Neuengland »the first permanent English settlement in America«. Der Felsen, an dem das pilgerväterliche Schiff, die »Mayflower«, berühmter als Kolumbus' »Santa Maria«, im Winter 1620 vor Anker gegangen sein soll, ist nun eine Art Nationaldenkmal, ein Kultobjekt. Aber die Landung an dem Felsen von Plymouth wird zum ersten Mal 136 Jahre später erzählt, kein einziges zeitgenössisches Dokument spricht davon, triftige Gründe sprechen vielmehr dagegen. Ganz beiseite, dass der inzwischen von einem Marmordach bedeckte Stein wiederholt abgebrochen, verlagert, vergraben und zersägt worden ist.

Sogar der Name »Pilgerväter« (Pilgrims) kam erst viel später, erst gegen Mitte des 19. Jahrhunderts auf, als man aus dem Buch von William Bradford *History of Plimoth Plantation*, die er jahrzehntelang geleitet, den Satz entnahm: »They knew they were pilgrims«. Die »Pilgerväter« selbst nannten sich schlicht und in echt christlicher Demut »Heilige«.

Fast der ganze Kult Amerikas mit den »Pilgervätern« beruht auf Übertreibungen und Unwahrheit. Er erinnert fatal an den christlichen Wunder- und Reliquienglauben.

In Wahrheit waren die »Pilgerväter« Nonkonformisten, Separatisten, und so wurden sie auch genannt. Sie waren Kongregationalisten, standen theologisch dem Calvinismus nahe und hatten sich als »Ketzer« von der Anglikanischen Staatskirche getrennt. Sie waren aus den Puritanern hervorgegangen, lehnten aber deren presbyterianische Kirchenverfassung ab. Das Bischofsamt war für sie eine Erfindung Satans, das Kreuzzeichen ruchlos, Weihnachten ein heidnischer Aberglaube. Und Aberglaube galt ihnen nichts. Deshalb raubten sie auch kaltblütig die an den indianischen Gräbern den Todesgottheiten geopferten gelben, schwarzen und roten Maiskörner und verwendeten sie als Saatgut. Ihre Heiligkeit hatte sie ja auch nicht gehindert, einen Vertrag mit einer Handelskompanie zu schließen, die dann durch die Heiligen neun Zehntel ihres Kapitals verlor. Und die Heiligen hatten auch keine Skrupel, in Neu-Plymouth, ihrer »Burg Zion«, ein kleines Fort mit fünf Kanonen zu errichten. Der Segen der Alten Welt gehörte auch in die Neue.

Die »Pilgerväter« vermittelten den künftigen Amerikanern ihre eifernde Bigotterie, ihren Messianismus, ihren Glauben, »Gottes eigenes Land« zu besitzen, was ihr Demokratieverständnis prägte. Ja, diese Leute waren geradezu besessen von der Vorstellung, auserwählt zu sein, und dieser Irrwahn spukt heute noch in den Köpfen ihrer Nachfahren. »Wenn Gott für uns ist, wer kann dann wider uns sein?«, predigte ein Puritaner der ersten Stunde in der Neuen Welt – und so ging es, wie in der Alten, mit Gott weiter.

Intoleranz, Prüderie und Heuchelei

Die eigentliche Heimat des Puritanismus wurden jene sechs im Nordostzipfel der USA liegenden Neuenglandstaaten Maine, Newhampshire, Vermont, Massachusetts, Rhode Island und Connecticut, die im 17. Jahrhundert vorwiegend englische Puritaner besiedelten, später auch Schotten und Iren. Neben Virginia wird Neuengland lange Zeit der geistige wie politische Mittelpunkt der USA, und Massachusetts ist sozusagen der Mutterstaat Neuenglands.

ln Massachusetts, wo 1630 ein »Bibel-Commonwealth« entstand und innerhalb eines Jahrzehnts 65 Prediger eintrafen, waren weder Toleranz gefragt noch Demokratie. Vielmehr begründeten die Puritaner, enge, zelotische Sektierer, eine Theokratie reinsten Wassers. Nur Bürger konnten Mitglied der Kirche werden – und über ihre Zulassung entschied der Klerus; die Zahl der Begünstigten betraf bloß ein Fünftel oder Sechstel der männlichen Bevölkerung. Auch die Gesetzgebung, die moralische wie politische, bestimmten die Pastoren. Einer ihrer Artikel in dem 1641 angenommenen »Body of Liberties« sah für Atheismus sogar Todesstrafe vor.

Puritaner, die liberaler dachten, waren selten und wurden verfolgt. Der Geistliche und Jurist Roger Williams zum Beispiel, der, 1635 vor den Obersten Gerichtshof zitiert und des Landes verwiesen, bei den Indianern auf Rhode-Island Zuflucht fand. Hatte er doch das Volk gegen seine Oberhäupter aufgestachelt, die Trennung von Staat und Kirche, von den Kirchen Neuenglands verlangt, ja, Massachusetts' königlichen Freibrief für null und nichtig erklärt. Denn das Land, das der König geschenkt, gehöre ihm gar nicht, und die Indianer, die rechtmäßigen Besitzer, seien weder gefragt noch entschädigt worden. Das alles war ganz richtig. Andererseits aber war Roger Williams eben doch ein Pfaffe, der 1643 in England just jenen Freibrief sich erbat, den er einst verworfen. Und kam damit wieder und lebte noch 35 Jahre im Herrn.

1644 werden vom General Court der Massachusetts Bay-Kolonie alle Baptisten verbannt. 1649 verpflichtet die Synode den weltlichen Arm, Abgötterei, »Ketzerei«, überhaupt das Äußern lästerlicher Meinungen zu ahnden.

Die Puritaner, einer Welt entstammend, wo man schließlich sogar die Geschlechtsteile von Hunden oder die (an Damenbeine erinnernden!) Füße eines Klaviers verhängen oder die Bücher einer Bibliothek nach männlichen und weiblichen Verfassern getrennt aufstellen konnte, trieben die Kasteiung, zumindest nach außen, auf die Spitze. Noch so harmlose Vergnügen wie Spielen, Tanzen, Trinken waren verpönt, zumindest an Feiertagen strikt verboten. Ganze Ausgeburten neuer Teufel kreierten ihre Köpfe, befeuerten ihre Höllenpredigten, Karten- und Spiel-, Tabaks- und Bier-, Putz- und Tanz- und Theaterteufel etc. »Der Gott, der euch über der Höllengrube hält, geradeso wie einer eine Spinne oder ein ekliges Insekt über das Feuer hält«, donnert ein Prediger seiner Gemeinde ins Gewissen, »verabscheut euch und ist fürchterlich beleidigt; sein Grimm gegen euch brennt wie Feuer; er findet euch zu nichts anderem würdig als ins Feuer geworfen zu werden ...«

Das Verhalten der Geschlechter beäugten die Pfaffen mit nie nachlassendem Argwohn. Unverheiratete, die in Neuengland miteinander schliefen, wurden gepeitscht oder mit glühenden Eisen gebrandmarkt. Ja, »scharf« peitschte man einen gewissen John Daroe bereits, weil er »beinahe« mit einer der geilen Indianerinnen im Biberkleid geschlafen hätte. Und Thomas Morten, den Dichter, Freund der Tiere und Bäume, der »Mädchen im Biberkleid« auch, schoben die Puritaner, denen schon sein Lachen missfiel, erst recht wohl seine Konkurrenz im Pelzgeschäft, zweimal nach England ab; das zweite Mal nachdem sie sein Haus völlig niedergebrannt, ihn selbst gefoltert, eingekerkert und gegen den »Lord der Unordnung« die Todesstrafe beantragt hatten. Verhängte man sie doch schließlich über jeden, der mit der Frau eines andern, gleich ob weiß oder rot, »a carnal copulation« geübt, wandte das Gesetz freilich nicht an. Aber es bedrohte alle – und wie viele schöne »Sünden« mögen so unterblieben sein!

Die Prüderie blühte im Land, auch die Heuchelei.

Noch im späteren 18. Jahrhundert unterbindet Gouverneur Moses Norton jeden Verkehr seiner Männer mit Eingeborenenfrauen – ist aber nicht nur selbst Sprössling eines Briten und einer Indianerin, sondern frönt auch höchstpersönlich dem Verkehr mit roter Haut. So berichtet jedenfalls der unter ihm dienende Samuel Hearne, den seinerseits freilich die Indianerinnen gleichfalls »des Nachts warm halten«; dito seine Genossen.

Von dem Gouverneur aber schreibt Hearne: »Er hielt sich fünf bis sechs der schönsten indianischen Mädchen, die er nur finden konnte«, tat jedoch »alles, was nur in seinen Kräften stand, um zu verhüten, dass ein Europäer Umgang mit Indianerinnen hätte ... und immer trug er eine Schachtel mit Gift bei sich, um denen, die ihm ihre Weiber und Töchter verweigerten, eine Dosis verabreichen zu können. Bei all diesen Eigenschaften gab er sich größte Mühe, anderen Tugend, Moralität und Enthaltsamkeit einzuschärfen.« Die Eifersucht und Rachgier der Indianer habe er »in den schwärzesten Farben« geschildert, selber indes zwei seiner Frauen in der Meinung vergiftet, sie hätten »mehr Neigung zu anderen, jüngeren Mannspersonen«. Ein Puritaner, wie er im Buch steht, in dem des Klassikers der amerikanischen Ethnologie.

Aber war alles in der Neuen Welt so unduldsam wie in der Alten?

Händel, Bach und die Kentuckybüchse

Die Fundamental Constitutions of Carolina garantieren am 11. März 1669 zwar die Religionsfreiheit, doch am 1. März 1670 wird die Church of England eingeführt.

Die kosmopolitisch gesinnten Niederländer, zu denen sich alles mögliche rettet – die viel genannte Anne Hutchinson, eine Gotterweckte, Jesuiten, ganze Dorfbevölkerungen aus Massachusetts –, sind doch nicht vom christlichen Antisemitismus frei. Als 1654 die ersten 23 Juden (Sepharden) aus Curacao nach Neu-Amsterdam kommen, verbietet man ihnen noch jahrzehntelang öffentliche Gottesdienste.

Die königliche Charta für Maryland von 1632, die Lord Baltimore, einen Katholiken, als Eigentümer nennt, erlaubt zwar auch die Errichtung nichtprotestantischer Kirchen. Und bis heute rühmt man deshalb Maryland als erster britischer Kolonie Nordamerikas religiöse Toleranz nach. Doch bereits Artikel 1 seines »Act of Toleration« gestand niemandem den Schutz des Landes zu, hing er der unter dem Namen Römischer Katholizismus bekannten papistischen Religion an. Und im Frühjahr 1655 kreuzten auch schon zwei kleine Heere der

Christen die Klingen. Die einen schrien »Heilige Maria«, die anderen respondierten »Gott ist unsere Kraft« und drängten die Papisten, die bereits 15 Mann eingebüßt, in den Fluss. Doch sicherte man ihnen jetzt das Leben zu und begann dann gleich sie aufzuhängen. Vier baumelten schon, als man den Rest in christlicher Barmherzigkeit begnadigt hat.

Ein gewisser Lichtblick war William Penn (1644–1718), Sohn eines reichen englischen Admirals. Der prominente Philantrop, der früh zum Separatismus neigte, bekam durch Vermittlung König Jakobs II. für seine Schuldforderung von 16 000 Pfund Sterling an die britische Krone ein großes Landgebiet am Delaware. Hier gründete er 1682 seine indianerfreundliche Kolonie Sylvania, 1683 Philadelphia und schuf eine Verfassung, die auf religiöser Toleranz beruhte. Sein Ideal war ein Staat, der Glaubensfreiheit respektierte, ein Staat ohne Armut und Klassenunterschiede.

Penn war Quäker. Die Sekte, 1652 durch den (neunmal eingelochten, doch unbescholtenen) englischen Wanderprediger George Fox (1624–1691) aus Ekel vor dem ringsum grassierenden Christentum gegründet, verwarf die Kindertaufe, das Abendmahl, die kirchlichen Ämter, den Eid, den Kriegsdienst, auch jede Gewaltanwendung, den Zehnten, überhaupt sämtliche Abgaben an die Geistlichkeit sowie alle weltlichen Vergnügen, Musik etwa, Theater. »Wie oft spielten Jesus und seine Jünger Theater?«, fragte William Penn.

Die Quäker waren liberal, duldsam. Sie meinten es offensichtlich gut mit Dissidenten, auch mit den Indianern, die sie vor Betrug zu schützen suchten. Penn selbst erstand 1682 vertraglich von ihnen Land, nach seiner Meinung zu einem gerechten Preis. Dass aber auch Quäker Penn gut kalkulieren konnte, ist klar. Schließlich verkaufte er das gegen eine Forderung von 16 000 Pfund Sterling vom englischen Staat erlangte Pennsylvania 1712 eben wieder an diesen, kassierte dafür aber nun 280 000 Pfund Sterling – etwas Profit durch Zuwachs, warum nicht?

Immerhin achtete Penn als einer der Ersten von wenigen das indianische Besitzrecht. Und die Quäker, die (wenigstens zunächst noch) friedlich auftraten, genossen das Wohlwollen auch und gerade der Irokesen. Von den Christen freilich wurden sie in Amerika noch heftiger verfolgt als vordem, denn Kirchenfeinde, Staatsverdrossene, Philantropen waren nirgends gefragt, schon gar nicht in der Neuen Welt. Und so gab auch Penns Enkel, Gouverneur John Penn, 1764 das

Signal zur wahllosen Tötung der Rothäute, zum Rassenkampf, und setzte auf jeden roten Skalp, gleich ob von Männern oder Frauen, eine hohe Belohnung aus.

Nicht wenige Deutsche wanderten später nach Pennsylvania ein, darunter viele Herrnhuter, auch »Böhmische Brüder« genannt, Mennoniten, wie der Franke Franz Pastorius aus Sommerhausen, der 1683 Germantown gründet und 1688 den ersten Protest gegen die Sklaverei publiziert. Diese Deutsch-Pennsylvanier schufen auch ein neues Herrnhut, ein Gnadenhut folgte, ein Bethlehem, ein Nazareth am Susquehanna. Die Deutsch-Pennsylvanier kultivierten die Innerlichkeit, pietistische Züge, pflegten die Musik von Schütz, Händel, Bach – und entwickelten die Kentucky-Büchse, mit der man schneller, weiter und genauer schoss, ein trefflicher Schutz »gegen Verbrecher und Indianer«, schreibt Victor W. von Hagen. »Eine Kentucky-Büchse, eine Axt und ein oder zwei Pferde genügten damals, um in der Wildnis des jungen Kontinents ein neues Leben zu beginnen« – neben Jesus Christus, Händel und Bach.

Brandmarkung der Handteller, Abschneiden der Ohren

Gegen die Quäker gingen die Puritaner mit allen Mitteln vor.

William Penn war noch gar nicht gelandet, da schrieb einer der führenden Pfaffen, Cotton Mather, »dem ehrwürdigen und geliebten Mr. John Higginson«: »Es ist jetzt ein Schiff auf See, genannt Welcome, das hundert oder mehr von den verderblichen Ketzern, die man Quäker nennt, an Bord hat, mit W. Penn, der der Oberlump ist, an der Spitze. Der Höchste Gerichtshof hat deshalb dem Meister Malachi Huscott von der Brigg Porpoise feierlichen Befehl erteilt, genannter Welcome möglichst nahe bei Cap Code geschickt den Weg zu verlegen und genannten Penn mitsamt seiner gottlosen Anhängerschaft gefangen zu nehmen, auf dass der Herr verherrlicht werde und nicht verspottet auf dem Boden dieses neuen Landes durch den Götzendienst dieser Menschen. Großer Ertrag wird zu ziehen sein aus dem Verkauf der ganzen Bande nach Barbados, wo Sklaven in Rum und Zucker gut bezahlt werden. So werden wir nicht nur dem Herrn einen großen Dienst erweisen, sondern auch seinem Statthalter und Volk großen Nutzen schaffen. Im Herzen Christi der Deine COTTON MATHER«.

Ja, noch eher will man die Papisten gelten lassen.

Im Neuen Zion wurden Quäker scharf gepeitscht und ihre Schriften verbrannt. In Massachusetts sollen männliche Quäker sogar durch Brandmarkung der Handteller und Abschneiden der Ohren an die wahre Religion erinnert werden, während man für weibliche Quäker das Durchbohren der Zunge mit glühendem Metall vorsieht. William Blend hängt 16 Stunden lang mit den Fersen am Nacken im Eisen, worauf man sein Fleisch durch 97 Peitschenhiebe »in Gallerte« verwandelt. Quäkerkinder werden gelegentlich als Sklaven verkauft. Ein gesegnetes Christentum.

Die Neuengland-Konföderation, der erste Versuch zu einer Organisation der späteren Vereinigten Staaten, befiehlt im Herbst 1658 die Vertreibung der Quäker und droht jedem, der zurückkehrt, die Todesstrafe an. Um aber der »ganzen« Wahrheit die Ehre zu geben, sei auch der Bittschrift jener immerhin 25 Pastoren gedacht, die die Todesstrafe schon beim ersten Betreten der Kolonie verlangt. Das superpuritanische Boston, das die Quäker im Sommer 1656 gleich bei ihrer Ankunft einkerkert oder vertreibt, hängt männliche und weibliche Quäker – am 1. Juni 1660 die Quäkerin Mary Dyer – auch an den Galgen. Und als Justiz und Volk einlenken wollen, tobt der Klerus in wütenden Predigten dagegen.

»Was ist unbarmherziger«, sagt Paracelsus, »armen Leuten als die Geistlichkeit?«

Die Puritaner waren so intolerant wie alles, was sie in ihrer Heimat zurückgelassen. Kein Wunder, dass auch der Hexenwahn noch in ihren Köpfen spukte, dass sie auch »Hexen« in der Neuen Welt jagten und liquidierten wie in der Alten.

Der Terror bricht 1644 aus, als Neuengland die Pest heimsucht. Offensichtlich kennt man den teuflischen Zusammenhang von Seuchen und Hexen aus der europäischen Schule und knüpft die erste »Hexe« in Hartford/Connecticut auf. Eine weitere Teufelsbraut, Alsa Young, kommt in Windsor/Connecticut an den Galgen. Viele andere folgen, Greisinnen und kleine Kinder, alles wie im christlichen Abendland.

Doch was tun? Wie dort, trieb Satan auch hier sein frevelhaftes Spiel. Er war, wie überall, allgegenwärtiger als Gott, verkrampfte die Glieder, zauberte Schaum aus dem Mund, gekrümmte Zungen, er biss, kniff, kratzte die Weiber, versetzte sie in Zuckungen, begeilte sich und sprang ins Bett zu ihnen.

Cotton Mather, der schon genannte fromme Puritanerhirte, hatte auch den Teufelsglauben angeheizt und war verantwortlich beteiligt an den Hexenprozessen von Salem Village, einem kleinen Dorf nahe Kap Ann, wo man 19 Männer und Frauen hängt, auch ein vier- bis sechsjähriges Mädchen im Kerker an die Kette legt. Sicher ist sicher. Empfahl doch der gesamte Klerus von Boston ein ungesäumtes Einschreiten gegen die Werkzeuge Satans, wie überhaupt die neuenglische Geistlichkeit den Hexenwahn möglichst zu verbreiten strebte.

Toleranz war nicht gefragt – doch man propagierte sie. Gegenüber den Indianern aber war von Toleranz nicht einmal die Rede.

Geschichtsschreibung – als habe Hollywood Regie geführt

Gewiss gab es auch Gutmeinende, einen beinah humanen Anfang, eine Zeit, in der die Weißen, die Christen, wohl samt und sonders krepiert, verhungert wären, hätten die roten Teufel sie nicht gerettet. Gewiss gab es auch solche – und, Gott, wie gut mögen sie sich vorgekommen sein! –, die von den ungläubigen Heiden Land kauften, für einen Bettel, einen Kessel etwa, wertlose Sachen, für Tand und Flitter, einen allenfalls symbolischen Preis.

Gewöhnlich aber »kaufte« man nicht, sondern nahm einfach, das beste Land, die besten Jagdgründe, die besten Hölzer, Wälder – und empörte sich dann, begingen »die Eingeborenen Unverschämtheiten und Übergriffe gegen die Plantagen der Engländer ...«

Denn mit ihrer wachsenden Zahl und ihren spektakulären »Erfolgen« wurden die Räuber immer selbstbewusster, dreister, und so kam es, nach einer relativ friedlichen Frühphase, überall zu offenen Feindseligkeiten, »meistens provoziert von den Europäern, die, sobald sie sich stark genug fühlten, einen ›Treuebruch‹ oder eine Regung des Widerstandes vonseiten der Indianer zum Vorwand nahmen, um loszuschlagen« (Urs Bitterli). Um allmählich alles umzulegen und auszumorden, was ihnen entgegentrat, ihnen hinderlich schien.

Bis gegen Ende des 20. Jahrhunderts aber herrscht in den USA, doch auch in Europa, ein Geschichtsbild von dieser Besiedlung vor, das zum tatsächlichen Vorgang in einem schreienden Widerspruch steht – ein so edel heroisches Bild, eine derart verheuchelte Selbstglorifizierung, als habe Hollywood dabei Regie geführt. (Und das hat es ja auch.)

Scheint der Yankee doch überhaupt zum Selbstbelügen noch mehr befähigt als der Rest der Welt. Seit eh und je und noch immer. Als beispielsweise 1990 im reichen Santa Barbara, Kalifornien, infolge Wassermangels der Rasen verdorrte, verschönten ihn Bürger, indem sie das dürre Gras mit Farbe bespritzten, schön grün – Hauptsache: das Bild stimmt. Der Schein!

Der Schein musste natürlich erst recht für die Anfänge stimmen, die Basis des Ganzen, die »Landnahme«. Also war alles ein gottgesegnetes Werk, eine Tat der Gotteskinder. Alles geschah mit dem besten Gewissen, im besten Glauben, ein bisschen vierschrötig vielleicht, etwas zu draufgängerisch mitunter, derb, aber im Herzen doch rechtschaffen stets, fromm.

Eigneten sich diese Puritaner fremden Boden an? Boden, der seit je anderen Söhnen Adams gehörte? Oh nein. Die Räuber taten, als habe Gott ihnen das Land der Väter gegeben als rechtmäßigen Besitz. Ja, sie schienen das zu glauben. Gottes Volk, so suggerierten sie mit dem hochwürdigen John White, der im englischen Mutterland die Kolonisierung der Neuen Welt durch Christen propagierte, Gottes Volk habe die gleichen Rechte wie Abraham, der die Seinen inmitten der Sodomiten ansiedelte. Auch hatte die gütige Vorsehung selbst die »Wilden« durch eine wundertätige Pest vernichtet und den Rechtgläubigen derart den Weg bereitet …

Nein, nicht Raub und Mord: Befriedung! Zivilisierung! Christianisierung! Denn sie hatten immer hehre Worte für ihr abscheuliches Tun. Und noch heute geistern dort – und nicht nur dort – die raubenden und mordenden »pioneers«, die »settlers«, heroisiert und idealisiert, Tag für Tag über die Mattscheiben. Ja, arm und glücklich befriedete, zivilisierte, christianisierte man die »Wilden« und die Wildnis. Und so entstand ein ganz anderer, ein besserer Mensch, »ein neues Geschöpf«. Kurz, eine Geschichtsschreibung à la Hollywood-Kitsch. Oder eine im Stil jenes Christen aus Massachusetts, der nach der Massakrierung von 500 Indianern bekannte: »Wir hatten für unser Tun die Erleuchtung des lebendigen Gotteswortes«.

Die Invasoren waren aggressiv und sendungsbewusst. Besitzgier und Religion, Expansionstrieb und Welterlösungsvisionen saßen in ihren Köpfen von früh an fest. Als Pioniere, Siedler, Händler waren sie scharf auf Boden, Geld, Gold, Einfluss, Macht. Als Christen waren sie gut und fromm und wollten nur das Beste – für sich natürlich. Sie waren extrem selbstgerecht und sichtbarlich von Gott gesegnet. Die USA wurden das Land der »Freien und Gleichen«, indem die Eindringlinge die Ureinwohner, die rechtmäßigen Besitzer – die sie Ende des 18. Jahrhunderts »Ausländer« nannten! – blutig-brutal unterdrückt, vertrieben, ermordet und die Schwarzen – die, wie man damals sagte, »anderen Personen« – versklavt haben.

Die ersten Neger wurden bereits 1619 importiert. Das Elend des Transports bei dieser »christlichen Seefahrt« darf man sich nicht einmal vorstellen! Doch allmählich begann das Geschäft mit dem, was übrig blieb, zu blühen. Die Afrikaner schufteten für die weißen Masters. Und galt der Indianer sozusagen als wildes Tier, wurde der Schwarze ein domestiziertes, eine Art Haustier. Im späten 18. Jahrhundert trafen auf gut drei Millionen Weiße in USA bereits 700 000 Schwarze. Und so kommen zu Millionen massakrierten Indianern noch wenigstens – für Gesamtamerika – 50 bis 60 Millionen Schwarze, die dem Sklavenhandel erlagen.

Auf diesen beiden Ruhmestaten, auf der fast vollständigen Vernichtung der Indianer und der über noch mehr Millionen Leichen gehenden Ausbeutung der Schwarzen, beruht dieser stolze Staat, auf einem mörderischen Raubzug, lauter Blut und Leichen und lauter fremdem Besitz. Denn auf gigantischen Landdiebstahl, Raubbau, Betrug läuft das Ganze hinaus. Auf das, was der US-Theologe Reinhold Niebuhr »das räuberische Selbstinteresse« des Kapitalismus nennt. Dabei spielte es sich ganz schlicht und selbstverständlich ab; nach dem US-Historiker Joe Frantz einfach derart, »dass man nahm, was zu nehmen war«. Rangierte doch der Indianer für den weißen Edelmenschen »irgendwo unterhalb des Hundes«. Es war eine Landnahme wie einst die israelitische in der Bibel (und die im 20. Jahrhundert, die man schon deshalb mit so viel Einfühlung, Verständnis stützt). Nur unvergleichlich grandioser war sie; doch ganz genauso gut, genauso gottgewollt. Es war, so US-Historiker David Brian Davis, »eine einzige Vergewaltigung nach dem Grundsatz: Alles ist erlaubt«. Es war, so US-Historiker Donald Worster, »eine Katastrophe in Weltformat«.

Die Invasoren hatten keinerlei Skrupel, die Einheimischen abzuschlachten, auszumorden, Männer, Frauen, Kinder. Und alles – in Gottes Namen. Das macht bekanntlich (zugegeben: auf der ganzen Welt) die Gewissen noch reiner! Man führte einen 350jährigen Kampf. Und selbst nach der definitiven Regelung des Raubes, der so genannten Hoheitsfrage – wirklich, ein schönes Wort dafür –, ging der Kampf weiter.

Und wie er von Gott gesegnet war und seinen Dienern, so selbstverständlich auch von der profaneren Obrigkeit.

Schon der zweite US-Präsident, John Adams, schrieb 1812: »Wir sehen kaum einen Indianer mehr im Jahr ... Noch ein Sieg, und er wird sie für immer zum Schweigen bringen (*quiet them for ever*). Das wird ein großer Segen sein für sie und uns«. Ein Sieg ist immer ein Segen für die Besiegten, wenn die Sieger Amerikaner sind ...

Adams richtete seinen Brief 1812 an Thomas Jefferson, den dritten Präsidenten der USA, Jefferson war »Indianerfreund«. Wirklich hatte er versichert: »Ihr könnt euch stets auf den Rat und die Hilfe der Vereinigten Staaten verlassen«. »Ihr Land und ihr Eigentum soll ihnen niemals genommen werden ...« Doch das Wort eines US-Präsidenten ist – mehr noch als das aller anderen – Schall und Rauch, schnurz und piepe. Denn bald waren die Indianer »die wilden Tiere« für Jefferson, und er drohte: »Wir werden gezwungen sein, sie wie die Tiere aus den Wäldern in die Felsengebirge zu treiben«. Und: »Nichts wird diese Unglücklichen so dezimieren wie der Krieg, der in ihr Land getragen wird. Aber der Krieg wird dort nicht Halt machen. Er wird nie aufhören, sie zu verfolgen, solange noch einer von ihnen übrig ist, diesseits des Mississippi«.

1825 erklärte Staatssekretär Clay: »Ihre Auslöschung ist unvermeidlich und kein großer Verlust«. »Schießen, wenn sie auf Schussnähe herankommen!«, galt lange Zeit als Faustregel an der Grenze. Kurz, weithin waren die amerikanischen Militärs, die Politiker, die Beamten für Ausrottung oder doch rücksichtslose Unterdrückung der roten Rasse. Und selbstverständlich waren es auch alle, die Gewinnsucht und Habgier, »greed and avarice«, immer weiter vorwärts trieben, bis sie faktisch alles besaßen und die ursprünglichen Besitzer faktisch nichts mehr. Und dies Land will der Welt Freiheit bringen, Demokratie! Will sie Moral lehren, Recht! Will »die Ketten zerbrechen«, sie »glücklicher« machen, »retten«, »bis alle Menschen vom Hunger befreit und gegen Krankheit geschützt sind«! Will ausgerechnet gar die Kluft zwischen weißen und farbigen Rassen restlos beseitigen – ja, was haben ihre Präsidenten uns nicht schon vorgelogen! Als ließe ihre ganze Geschichte, von Anbeginn bis heute, auch nur den leisesten Zweifel daran, dass sie jedes Volk, egal welches, vernichten werden wie die Indianer, wenn es ihnen ernsthaft im Weg steht und auch vernichtet werden kann.

Die Zahl der indianischen Bevölkerung vor Invasion der Weißen ist sehr umstritten. Die Angaben schwanken zwischen wenigen Hunderttausend und vielen Millionen. Nach eher vorherrschender Ansicht der Gelehrten aber lebten zu Anfang des 17. Jahrhunderts, also bei Beginn des mörderischen Raubzugs an der Ostküste Nordamerikas, etwa acht Millionen Menschen. Nach Abschluss der gloriosen »Landnahme« lebten nur noch 350 000. Eine genaue Zahl sichert die Volkszählung von 1901: 270 000 Indianer. Dies die große Pioniertat! Anders gesagt: der »rugged individualism«, das »big killing«.

Der allergrößte Teil der Indianer, dies ist unbestritten, fiel den Nordamerikanern zum Opfer; entweder direkt, durch Massaker, Abschlachtung, oder indirekt, durch Hunger, Elend, Epidemien. Und gab es auch immer wieder Offiziere, Beamte, Geistliche, die sich für die Indianer engagierten, die Masse des Militärs. des Klerus. der Beamten, die Regierung, das Volk war gegen sie. Und die heutigen Indianer haben wohl recht, von einem gewollten Rassenmord zu sprechen. Ein Großteil der amerikanischen Intelligenz, der Gelehrtenwelt, sieht das nun ähnlich; erklärt es als »Ausrottung« der Indianer, als »Vernichtung«, »Menschenjagd« (man-hunt), »Genocid«. – »Lange vor Vietnam taten wir das gleiche mit den Indianern« (Stan Steiner).

Und nicht nur einmal wurde dies Blutbad mit der Judenbeseitigung Hitlers verglichen. Ermordeten die Amerikaner ebenso viele Indianer? Oder mehr? Und wenn es weniger waren – ihnen ermangelte noch Hitlers Technik.

Ich erinnere mich auch nicht, je gelesen zu haben, dass die faschistischen Banditen den Juden massenhaft Bäuche aufschlitzten, Augen ausstachen, die Genitalien, die Brüste abschnitten (die erzkatholischen Kroaten des Pavelić ausgenommen, schlimmere Galgenvögel als die SS!). Die Nordamerikaner aber taten dies hundertweise den Indianern an. Fest steht auch: selbst auf dem Gipfel seiner Verbrechen hatte Hitler nicht annähernd so viel Land geraubt wie die Angloamerikaner in der Neuen Welt. Hitler konnte nicht mehr rauben? Gewiss. Und die Amerikaner konnten eben. Darum geht es ja.

Über Hitler klärten uns – das hat viel Geld gekostet – die Amerikaner auf. Nicht ganz, natürlich. Sie verschwiegen, dass sie selbst ihn finanzierten. Großzügig, sehr großzügig: seine Wahlen, seine Rüstung – und (damit auch) seinen Antisemitismus! Doch dazu werden sie noch lange schweigen. Auch ihre Indianervertilgung (die Quelle ihres Reichtums und ihrer Armut!) übergehen ihre Zeitungen, ihre Schulbücher noch im 20. Jahrhundert meist. Und in den Fernseh-, den Filmprogrammen figuriert der Indianer noch immer als der rote Teufel, der »bad guy«, der nur Heimtücke und Kriegsgeschrei kennt, nur Brandfackel und Skalpmesser, Tomahawk und Tortur.

Rühmt doch auch der US-Informationsdienst in der zweiten Hälfte des 20. Jahrhunderts noch: »Das waren handfeste Grenzer, die sich Land nahmen, wo es ihnen gefiel, und ihre Rechte (!) mit der Flinte – und mit endlosen Bibelsprüchen – verteidigten ...« Rühmt der US-Informationsdienst doch die »Kraftquelle von unschätzbarem Wert«. Rühmt er doch »scharfe Augen und zuverlässige Flinten ... So musste ein zupackender selbstsicherer Menschenschlag heranwachsen, der Wege durch die Wildnis zu bahnen ... lernte.« Rühmt er doch: »Sie glaubten an wahre Volksvertretung, Religion und Bildung und stellten die Vorhut der Zivilisation im Kampf gegen die weiter und weiter zurückgedrängte Wildnis dar.«

»... die Vorhut der Zivilisation« oder »Root out the Indians!«

Nicht einmal die katholischen Hispanier vernichteten die Eingeborenen so radikal, so nahezu gänzlich wie die protestantischen Briten. Nicht in Lateinamerika, wo Spanier und Portugiesen oft schon in verhältnismäßig kurzer Zeit Millionen um Millionen Indianer killten, ging die rote Rasse unter, sondern in der anglo-amerikanischen Welt.

Nicht zufällig sind die Briten bei den Indianern bald besonders verhasst. Sie waren am hochnäsigsten, verschlagensten und, zumal im Vergleich mit den Franzosen, extrem habgierig. Und hatten die Franzosen nie förmliche Gebietsabtretungen gefordert, traten die Engländer von vornherein als Eigentümer auf. Für sie waren die Indianer einfach nicht wert zu überleben, war der Indianer, »jeder Indianer, ein Tier, das getötet werden musste« (Raymond Cartier).

In London ebenso wie in Virginia riefen maßgebliche Stimmen zur Abschlachtung, Ausrottung auf. Erklärten: »ein Volk, das so verflucht, eine Nation, die so undankbar und aller Güte unfähig sei, aus ihrem Dasein auszurotten«. Verlangten: »Nehmt scharfe Rache an den blutigen Bösewichtern, tut ihnen, was sie tun wollten (!) – rottet sie aus, dass sie nicht länger ein Volk auf dieser Erde sind!« Ein damals geradezu geflügelter Satz besagte: »Die Knochen der Indianer müssen den Boden düngen, ehe der Pflug der Weißen ihn öffnen kann.« Und zwecks Förderung des frommen Werkes sahen sie die, die sie beraubten, beseitigten, als Untermenschen, als »Wilde«, als Tiere an. »Der Indianer hat nicht mehr Seele als ein Büffel«, hieß ein weiteres, viel gebrauchtes Wort. Folglich konnte er auch wie der Büffel gejagt und abgemurkst werden. Und dies wiederum gemäß dem Grundsatz: »Only a dead Indian is a good Indian.«

Ihre Religion, ihr Klerus kamen den Weißen dabei entgegen. Seit neutestamentlicher Zeit hatte man alles, was dem eigenen Drang im Weg stand, mit Gift und Galle überschüttet, mit jedem Geifer. Seit dem 4. Jahrhundert hatte Kriege keiner mehr geschürt als die Klerisei. Und so heizten auch jetzt gerade Geistliche die Menschenjagd an, waren es Kreaturen wie Cotton Mather oder William Hubbard, die ihre Schlachtopfer, die »barbarischen, ungläubigen Indianer«, »Auswurf der Menschheit« schimpften, »Unrat und Bodensatz«, »Ungeheuer ohne Glauben« und ihre Religion »reinen Teufelskult«. Ergo wurden diese »children of the devil«, wenn sie am Sonntag schafften, wenn sie jagten, fischten, ob Christ oder nicht, ausgepeitscht. Und betrunkene Indianer hatten zwölf Tage Zwangsarbeit zu leisten, sechs Tage davon zum Nutzen der Denunzianten.

Doch dies waren noch die geringsten Sanktionen.

Die Auslöschung der Powhattans und Pequots

Entsinnen wir uns des Auftakts, des 16. Aprils 1607, als die Schiffe der London Company in der Chesapeake-Bucht/Virginia einliefen. Zwar fand Kapitän John Smith hier »Himmel und Erde in glücklicher Harmonie, um Menschen eine Wohnstatt zu bieten ...«, – doch eben, wie sich rasch zeigte, nur weißen Menschen. Die roten Menschen hatten zwar die durch Krankheit und Hunger geschwächten Weißen gerettet. Als die aber, anspruchvoller stets, anmaßender, zahlreicher, sich ausbreiteten, als sie immer rücksichtsloser immer größere Gebiete okkupierten, beseitigten die Indianer, nach der Ermordung eines Angesehenen aus ihrer Mitte, am 22. März 1622 in Virginia beinah ein Drittel der weißen Kolonie.

Die Briten freilich rächten sich, überrumpelten die »Bestien« und massakrierten sie – Männer, Frauen, Kinder. Sie schwuren ihnen »ewigen Krieg ohne Frieden und Waffenstillstand«. Und schon zwei Jahrzehnte nach ihrer Ankunft lebten von den 40 000 Powhattans (vom Hauptstamm der Algonkins) nur noch 5000. Und noch bevor das Jahrhundert endete, lebte kein Powhattan mehr. Amerika konnte blühen. Und das Christentum. Im Jahre des Herrn 1850 hatte die Grafschaft Powhattan im Staat Virginia 8178 Einwohner, darunter 5282 Sklaven – der Boden war schon fast völlig ruiniert und nur an den Flüssen noch fruchtbar.

Ähnlich wie den Powhattans erging es den Pequots. Im heutigen Staat Connecticut immer mehr zurückgedrängt, begannen sie zu ahnen, was ihnen drohte, und machten einige, die sie als Erste um ihr Gebiet gebracht, kurzerhand kalt. So kam es 1637 zum Pequot-Krieg, in dem auch die »Pilgerväter«, die Frömmsten der Frommen, die »Heiligen«, Seite an Seite mit den Puritanern fochten. Und mit Gott, versteht sich. Erst fielen sie, schreibt der Anthropologe Paul Radin, »auf die Knie, dann fielen sie über die Eingeborenen her«.

So gehört sich das ja auch nach altem Christenbrauch.

In der Stille einer Frühsommernacht überraschten sie am Flüsschen Mystic (!) die in ihren Lauben-Wigwams schmausenden Indianer, metzelten sie samt Frauen und Kinder nieder, legten die Hütten in Flammen und verbrannten Tote wie Sterbende dazu.

Nur zwei Briten sollen damals ums Leben gekommen sein. Doch wurden, jubelt ein Zeitgenosse, »nicht weniger als sechshundert Indianerseelen in die Hölle geschickt«. Und ein anderer schwärmt, »wie die Indianer im Feuer schmorten, wie schließlich Ströme von Blut die Flammen auslöschten; und fürchterlich war der Geruch und Gestank.

Doch der Sieg erschien als eine süße Himmelsgabe, und die Kolonisten priesen Gott, der ihnen so wunderbar beigestanden war, die Feinde in die Hand zu bekommen, und der einen so schnellen Erfolg über die hochmütigen und unverschämten Gegner herbeigeführt hatte.« Kapitän Underhill aber fragte sich und die Seinen: »Hätten wir Christen Mitleid haben sollen«, verwies schnell und bibelfest »auf Davids Krieg. Es steht geschrieben, dass die Kinder mit ihren Eltern umkommen sollen« – und wieder stimmte die Welt. Die Welt der Christen jedenfalls. Die Welt der Weißen. Sie dankten Gott dem Herrn, der »so Wundervolles für sie getan«.

Und zweieinhalb Jahrhunderte tat Gott der Herr es noch weiter so wundervoll für sie.

Die Pequots freilich erholten sich nie mehr von diesem Schlag, zumal nur wenige Wochen später auch die Überlebenden durch die vereinigten Schlächterscharen aus Plymouth, Massachusetts und Connecticut fast völlig vernichtet worden sind. Einen letzten kümmerlichen Rest verteilte man im folgenden Jahr unter die Narragansett und Mohikaner, die ihrerseits später an die Reihe kamen.

Herr Generaldirektor Krieft träumt vom totalen Krieg

Von einem »totalen Krieg« gegen die Rothäute träumte seinerzeit bereits ein sehr fortgeschrittener Kopf mit einem nur allzu richtigen Gespür für den Trend, der niederländische Generaldirektor Willem

Krieft (Kriefft). Selber eher feig und, nebenbei, durch einen Bankrott ins hohe Amt gelangt – eine Möglichkeit im Land der unbegrenzten Möglichkeiten, die selbst Präsidenten offen steht, Harry Truman, beispielsweise –, Herr Willem Krieft konnte, leider, leider, den »totalen Krieg« noch nicht entfesseln. Nur schüchterne Ansätze waren erst möglich. So ließ er einmal, am 25. Februar anno domini 1643, hundert friedliebende Algonkin-Indianer in Pavortia und Manhatten im Schlaf erwürgen und allerlei abgehackte Köpfe einbringen; vielleicht auch, da widersprechen sich die Quellen, etwa 30 Gefangene entmannen. (Doch David in der *Heiligen Schrift* entmannt viel mehr!) Dabei bekannten Kriefts eigene Honoratioren der Westindischen Kompanie: »Die Indianer lebten unter uns wie Schafe. Sie taten für uns alles Menschenmögliche und gaben uns zu essen, wenn uns die Vorräte ausgingen; der Direktor aber hat sie durch seine verabscheuungswürdige Handlungsweise derart gegen uns gestimmt, dass unmöglich abzusehen ist, wie der Friede wiederhergestellt werden könnte ...«

Nach zweijährigem Krieg wohnten in Neu-Amsterdam keine 100 Kolonisten mehr. Und die Indianer hatten 1600 Krieger verloren. Willem Krieft suchte darauf 1647 das Weite, mit seiner gesamten, in kostspieliger Amtszeit verdienten Habe im Wert von immerhin 400000 Gulden (für 60 hatte man Manhattan gekauft!). Kurz vor der Rückkehr aber erlitt er, bereits vor den Klippen von Wales, Schiffbruch und ersoff – wie seinesgleichen doch nur allzu selten.

In Neuengland dringen indessen die Siedler vor, die Zivilisation verbreitend und das Evangelium. Die Abenaki, Massachusetts, Mohegans, die Wampanoags, immer mehr gefährdet, verbünden sich unter King Philip Metacomet und führen den König Philip-Krieg. Am 19. November 1675 ermorden dabei Soldaten aus Connecticut, Plymouth, Massachusetts mehr als 300 Frauen und Kinder der Narragansetts, deren Krieger größtenteils entkommen. Doch der Widerstand der Indianer in Massachusetts bricht zusammen. Im nächsten Jahr wird Metacomet, einer ihrer bedeutenden Führergestalten, ein selbstbewusster Feind des weißen Fortschritts wie des Christentums, von einem getauften Indianer verraten, schließlich gekillt, verstümmelt, gevierteilt. Noch jahrzehntelang stellt man in Plymouth, aufgespießt auf einen Pfahl, seinen Kopf zur Schau. Amerikaner haben Geschmack. Die Welt weiß es.

Im selben Jahr, 1676, fällt der Rebell Nathaniel Bacon (ein Verwandter des Philosophen Francis Bacon), von den Seinen mit vollen Taschen nach Virginia abgeschoben, samt dem Stamm der Occaneechee über eine Gruppe von Susquehanocks her. Und als danach die Occaneechees ihre Gefangenen martern, überrumpeln die Engländer auch die Occaneechees und schlachten etwa 150 ab, darunter König Persicles, einen Freund der Weißen.

Jede nur ausdenkbare Scheußlichkeit

Jede nur ausdenkbare Scheußlichkeit wurde von den Kolonisten vollbracht. Keine Schurkerei blieb ungetan, kein Verbrechen. Mit allen Mitteln wurden die immer hilfloseren Opfer beraubt und begaunert. Man war völlig skrupellos. Es kam vor – und nicht nur einmal –, dass man Eingeborene als Sklaven nach Spanien verkaufte, wie schon 1614 die 27 Indianer, die Kapitän Thomas Hunt in oder bei Plymouth gekidnappt hatte. Man lud ihre Führer zu Friedensgesprächen, bestach sie dann, brachte sie zum Verrat oder meuchelte sie. So geschah es 1675 in der Grafschaft Stratford, westlich des Potomac, in der Nähe des heutigen Washington, dass man fünf Häuptlingen der Susquehanocks, die als Parlamentäre kamen, den Schädel spaltete.

Massaker, wobei man auch viele Frauen und Kinder killte, waren – um ab und zu auch vorauszublicken – noch im späteren 19. Jahrhundert nicht vereinzelt. Daran Beteiligte sprach man mitunter, folgte überhaupt ein gerichtliches Nachspiel, sämtlich frei. Immer wieder hat man die Indianer im Schlaf überfallen, niedergemacht, auch Gefangene abgestochen, die Hütten verbrannt. Frauen wurden dabei oft vergewaltigt, dann erschossen, auch Kinder umgebracht und »zur Belustigung skalpiert«. Männer wurden gefoltert, die Geschlechtsteile von ihnen, von Frauen, Kindern aufs scheußlichste verstümmelt oder als Trophäe mitgeführt. Soldaten hatten häufig die abgeschnittenen »private parts« von Frauen über ihre Sattelknöpfe gebreitet oder ihre Hüte damit geschmückt. Doch bestritt nicht nur das Militär den Indianerkrieg. Auch Länderregierungen bewaffneten Zivilistentrupps mit dem Auftrag, Rothäute abzuschießen, wo immer sie seien. Gouverneure und gewählte Volksvertreter setzten Prämien auf jeden erbeuteten Indianerskalp aus.

Gern handelte zumal die Armee nach der Devise: für Bestrafungsakte ist ein Indianer so gut wie der andere – eine Methode dann ja auch wieder der Nazis. Man hetzte ganze Stämme oder Gruppen, beispielsweise der Cherokee-Indianer, gegeneinander, trieb aber auch die Cherokesen gegen die Yamassee oder die Irokesen gegen die Huronen ins Feld. Man übte schon die Taktik der »verbrannten Erde«, wie etwa im Seneca-Krieg.

Wenn man nicht unmittelbar Gewalt gebrauchte, wenn man die Roten nicht einfach massakrierte, konnte man sie auch weniger direkt sterben lassen, zum Beispiel verhungern lassen, nachdem man ihre besten Jagdgründe geschröpft, ihr bestes Bauholz, ihren besten Boden, ihr Vieh weggenommen, nachdem man ihre Dörfer und Ernten ruiniert, kurz sie restlos gebrandschatzt hatte. Selbst die Indianergräber – für Indianer heilig – wurden durch die weißen Leichenfledderer fast systematisch geplündert. Man konnte die Eingeborenen, nachdem man ihre Waffen, ihre Pferde, ihre Decken entwendet, auch erfrieren, man konnte sie durch Beraubung ihrer Nahrungsquellen, Beschneidung ihrer Wasserrechte, an mörderischen Krankheiten krepieren lassen.

Natürlich hatten die Einheimischen schon vor Ankunft der Weißen Krankheiten, vor allem das Gelbe Fieber, heimgesucht. Sie kannten aber nicht die schreckliche Seuche Europas, die Blattern, die Pocken, die dort erstmals im 6. Jahrhundert epidemieartig sich verbreitet und seit dem Spätmittelalter jährlich fast hunderttausend Opfer gefordert haben. Und kaum kannten die Indianer auch Tuberkulose und Syphilis. Das waren erst Mitbringsel der Christen, die zu grauenhaften Tragödien führten, zumal die Eingeborenen für die Krankheiten der Weißen anfälliger waren als diese selbst. Und all das Elend ließ zuletzt auch noch die Selbstmordziffer besonders der jungen Indianer in die Höhe schnellen.

Der Autor Siegfried von Nostitz vergleicht die Lage dieser zumindest bis an die Schwelle des 20. Jahrhunderts am Rand des Existenzminimums Lebenden mit den nach Sibirien verbannten politischen Opfern des Zarentums. Machten sie jedoch einen Ausbruchsversuch aus ihrer Misere, wie die Bannock oder die Cheyennen 1878, jagte man sie, die nichts anderes als zurück in ihre Heimat wollten, mit der Armee, ließ die Ausgehungerten, Verzweifelten, mit dem bloßen Jagdmesser in die Salven der feuernden Soldateska laufen und skalpierte sie.

Die Nez-Percé-Indianer in Oregon, die sich damals – nach 72 Friedensjahren – gegen den Landraub empören, verfolgen US-Truppen auf ihrer fast 1600 km langen Flucht übers Gebirge nach Kanada; und als die Indianer, geschwächt durch Kämpfe, Strapazen, Hunger, sich ergeben, steckt sie die Regierung, unter Wortbruch, in eine malariaverseuchte Reservation in Oklahoma, wo sie größtenteils eingehen.

Zu Gewalteinsätzen und Meuchelmord kamen Vertragsbrüche am laufenden Band, überhaupt alle möglichen Gaunereien.

Kaum ein schmutziger Trick, mit dem man sie nicht zu hintergehen, kaputtzumachen suchte, nicht zuletzt durch die verheerende Wirkung des Alkohols, von dem sie so viel weniger vertrugen als die trinkfesten Weißen. Sie erfroren dann, ertranken oder brachten einander im Rausch um. Schon 1698 klagten die Delawaren: »Durch Branntweintrinken sind sieben Stämme unseres Volkes umgekommen«. Man betrog sie mit ihren Frauen, ihren Töchtern oder erkaufte diese zu Schleuderpreisen. Man prellte sie um ihre Felle. Händler lieferten minderwertige Nahrungsmittel zu Wucherpreisen. Regierungsbeamte unterschlugen Unterhaltsgelder. Häuptlinge wurden bestochen oder für Kaufverträge »Häuptlinge« einfach eingesetzt; auch Unterschriften schlankweg gefälscht oder betrunken gemachten Indianern für Vertragsabschlüsse die Hand geführt. General Sheridan bedrohte unter Bruch des Gastrechts die gefangengesetzten Führer der Kiowa mit dem schimpflichen Tod des Erhängens und erpresste dadurch ihre Stämme. Man erwarb riesige Gebiete von ihnen für Geld, das man nachher als Zahlungsmittel nicht mehr entgegennahm. Man schickte die Indianer auf Deportationen, ohne dass irgend jemand wusste wohin.

Bei alldem aber sollten die Indianer, wenigstens nebenbei, auch noch die wahre Religion kennen lernen – und sie lernten sie ja auch kennen! –, sollten sie bekehrt werden, jedenfalls so lange sie noch überlebten. Das war Christenpflicht. Auch hatte König Jakob (James) I., der Sohn der Maria Stuart, die Kolonisierung erlaubt, »um die Eingeborenen des Landes zu gewinnen und anzuleiten zur Kenntnis und zum Gehorsam gegenüber Gott, dem Heiland und dem Christen-Glauben«. So gab es in Natick Massachusetts, einem Vorort der indianischen Kolonie, 1673 sechs Indianer-Kirchen. Bereits ein Vierteljahrhundert später, 1698, gab es dort nur eine einzige kleine Kirche mit sieben Männern und drei Frauen. 1763 lebten dort insgesamt nur noch 37 Indianer, 1792 nur noch fünf. Und 1846 war da nur noch ein Indianerabkömmling, ein sechzehnjähriges Mädchen – und die Bibel …

Die Bibel – in die Naticksprache übersetzt. Nur Naticks gab es keine mehr.

Von der »era of good feelings« und der Nacht der Geschichte

Gewiss gab es, um dies zu wiederholen, auch Weiße, Christen, Missionare, die sympathisierten mit den Indianern, die ihnen zu helfen suchten – vergeblich. Ein Stamm nach dem andern kam um. Die Seminolen in Florida, die sich lange und verzweifelt wehrten, begann man besonders seit 1819, unter der Präsidentschaft von James Monroe auszulöschen, in der »era of good feelings«. Nicht viel anders erging es den Creek, den Choctow, den Mohikanern oder dem einst an der atlantischen Küste zwischen den Hudson- und Susquehanna-Rivers sesshaften hochstehenden Stamm der Delawaren, wenn auch heute noch einige ihrer Nachkommen leben, in Kansas, in Oklahoma. Doch noch zwischen 1838 und 1951 sank beispielsweise die Zahl der Pawnees von 10 000 auf 650. Ein Stamm nach dem andern ging unter, fast alle verschwanden in der Nacht der Geschichte. Von vielen sind selbst die Namen verschollen. Und nur allzu oft waren die Strafaktionen, die Säuberungskampagnen, die Massaker organisiert, wurden sie gebilligt oder gar geleitet »von Regierenden, Geistlichen, militärischen Kommandanten«, wurden sie geschürt und verteidigt »von der Kanzel« (von Nostitz) – »eine planmäßig angelegte Menschenjagd« (Paul Radin).

Nun ging man aber brutal nicht nur gegen Menschen vor, sondern auch gegen die Natur, die diesen Eindringlingen erst recht nichts galt, die sie rücksichtslos verdarben, rücksichtsloser als es bis dahin in Europa je geschehen, die sie vergewaltigten und vergewaltigen bis heute. Ein gigantisches ökologisches Debakel.

Anscheinend fehlte ihnen jeder Sinn für die Wunder der Landschaft, für die Schönheit etwa der ungeheuren, bei ihrer Ankunft mehr als die Hälfte der Landfläche Nordamerikas bedeckenden Wälder, die sie überhaupt erst wahrzunehmen schienen, so Alexis de Tocqueville, wenn sie unter den Schlägen ihrer Äxte stürzten, die riesigen Wälder des Ostens, zum Beispiel, von Maine bis zum Mississippi. Nirgends vor dem 20. Jahrhundert erfolgte ein größerer Kahlschlag auf Erden. Sie wollten nicht wie die Indianer, die sie beraubten, töteten, mit diesen Wäldern leben, mit den Weiden. Nein, sie waren nicht nur Mörder, auch Räuber, Raffkes, ein besitzgeiles Gesindel, das eines nur erstrebte: Profit, Profit, Profit, und zwar sofortigen Profit. Er ging, er geht da über alles – ihr eigentlicher Gott.

Das Wasser, die Erde, die Tiere, jedwedes wurde versilbert, in Münze umgesetzt. Allem voran aber der Wald. Ihn ruinierten sie zuerst, dann den Boden, das Büffelgras, und »nach einem Jahrhundert«, schreibt der Historiker Carter, »war ein Drittel des reichen Mutterbodens ins Meer gespült…« In den Great Plains, jenem über zehn Bundesstaaten sich erstreckenden Gebiet, kannten die Indianer einst 70 verschiedene Grasarten, nun wachsen dort noch drei.

Der »grüne Gott« also wurde gefällt, der Boden krank geplündert, erschöpft. Und die Tiere, ganze Gattungen von Tieren, wurden vernichtet, im Nordosten allein 60 Millionen Biber schon in kurzer Zeit. Und zweihundert Jahre hatten die Indianer sich von Büffelherden, riesigen Büffelherden ernährt, ihrer Hauptnahrung. Doch schon 1883 lebten von einst 13 Millionen Büffeln nur wenige Hundert. Und noch Jahre bevor das 19. Säkulum zu Ende ging, 1885, war der letzte Büffel getötet, war alles restlos zusammengeknallt – ein Triumph des Repetiergewehres. Weidmannsheil! Ein Jäger sah die toten Tiere so dicht die Prärie bedecken, dass er kaum den Boden erblickte. »Ein Mann hätte 20 Meilen auf ihren Kadavern wandeln können!«

Mit der stetig steigenden Zahl der Invasoren aber, mit ihrer immer weiteren Expansion, nimmt auch die Auseinandersetzung immer schärfere Formen an. Die Indianer wehren sich verzweifelt, werden aber im Laufe des 18., des 19. Jahrhunderts fort und fort dezimiert, zurückgedrängt und sind an der Schwelle des 20. Jahrhunderts so gut wie verschwunden.

3. KAPITEL

Die Indianerausrottung im 18. und 19. Jahrhundert

Das 18. Jahrhundert, das Jahrhundert der historischen Aufklärung, beginnt in der Neuen Welt u.a. damit, dass die Regierung von Massachusetts für jeden Indianerskalp 12 Pfund zahlt. 1722 erhöht man auf 100 Pfund. 1745 legen die vier Neu-England-Staaten die Belohnung für abgelieferte Skalps gesetzlich fest – eine Jagd wie auf Wild, auf »Wilde« eben.

Der schwedische Naturforscher Pehr Kalm, der seit 1753 viele Jahre lang die englischen Kolonien in Nordamerika bereist, betont die Willkür, Selbstsucht, Zügellosigkeit der Okkupanten und dass sie »nie mit dem, was sie haben, zufrieden sind, wieviel es auch ist. Sie wollen immer mehr ...«

Diese unersättliche Gier aber führt nicht nur zu weiteren Indianerkriegen – mit den Tuscarora etwa, dem südlichsten Irokesenstamm, Ende Januar 1712 am Neuse zu Hunderten abgeschlachtet, mit den Yamassee 1715 u. a. –, sondern allmählich geraten auch die Weißen häufiger und schwerer aneinander. 1754 bricht der englisch-französische Krieg aus, der zehnjährige French and Indian War (1754–1763) – die amerikanische Phase des Siebenjährigen Krieges in Europa –, wobei die meisten Indianer mit den Franzosen kämpfen, die ihre prinzipielle Rechtsposition ja nie angetastet hatten. Im Frieden von Paris (1763) freilich verlieren die Franzosen Kanada an England, Louisiana an Spanien, das seinerseits Florida den Briten abtritt.

Den Indianern aber garantiert London in der Proklamation vom 7. Oktober 1763 feierlich den Ohio als Grenze zwischen Rot und Weiß. Zwar stellt man auch das Land jenseits des Ohio unter die Souveränität der Krone, behält es jedoch den Indianern vor, die dort ungestört unter dem Schutz der Regierung leben sollen.

Lauter leere Worte freilich. Und keiner erkennt dies rascher, klarer als Pontiac, der Häuptling der Ottawa, vom Hauptvolk der Algonkin, einer der bedeutendsten indianischen Führer überhaupt. Er hatte gegen die Briten gekämpft und setzt nach dem Friedensschluss den Krieg fort. Indes die meisten Stämme mit London sich versöhnen, reißt er im Sommer 1763 die Seinen zu einem gewaltigen Aufstand hin. Die Conspiracy of Pontiac erfasst ein riesiges Gebiet zwischen den Großen Seen und dem Ohio – überall Rauch und Flammen. 20 000 weiße Familien sollen geflohen, 1000, vielleicht 2000 Weiße getötet worden sein.

Die toten Roten wurden nicht gezählt. Doch wissen wir, dass sie vorsätzlich und massenhaft massakriert worden sind, sogar auf ganz karitative, ganz christliche Art. Man spendierte ihnen pockenverseuchte Wäsche, Bettücher zum Beispiel, und konnte sie derart in aller Stille liquidieren.

Die spanische und die britische Methode

Die Tuscarora überliefern bis heute: »Sie führten einen Bakterienkrieg gegen uns, als sie uns nach Kansas trieben … Wagen kamen mit Decken und Kleidern. Sie waren mit Schwarzen Pocken infiziert. Unsere Leute nahmen sie, und sie starben, starben und starben …«

Tatsächlich hatte 1763, als man Pontiacs Anhang mit Soldaten und Miliz bekriegte, der britische General Lord Jeffrey Amherst angeregt, »die wilden Tiere« mit Pocken zu beseitigen – dem Gas gewissermaßen des 18. Jahrhunderts, des Jahrhunderts der Aufklärung, wie gesagt. »Gibt es nicht eine Möglichkeit, unter den abgefallenen Indianerstämmen die Schwarzen Pocken zu verbreiten?«, erforscht der edle Lord den Oberst Bouquet, der seinerseits allerdings, aber auch nicht unchristlich, »die spanische Methode« favorisiert, »sie mit englischen Hunden zu jagen, begleitet von einigen Jägern mit Pferden; das wird, wie ich denke, dazu führen, dies Gewürm auszurotten oder wegzuschaffen« (*to exstirpate or remove that vermin*).

Der General schien »sehr einverstanden« mit der Hundejagd, zumal sie ja längst in Lateinamerika erprobt worden war. Hatten doch dort die – auch mit Indianerbabys gefütterten – Hunde der hispanischen Marienverehrer die Rothäute, wie Bischof Las Casas bezeugt, »in kürzerer Zeit, als zu einem ›Vater Unser‹ erforderlich ist, in Stücke zerrissen; die von größerem Schlage fingen die Indianer wie wilde Schweine und fraßen sie auf.« Und so hätte die evangelische Religion, wie überall auf Erden, auch hier von der katholischen lernen, profitieren, hätte man gleichsam ökumenisch handeln können, aber leider, leider waren keine englischen Hunde für die britischen Sportsfreunde zur Hand. So riet Lord Amherst noch einmal, »die Indianer mit Bettdecken anzustecken und auch die anderen Methoden anzuwenden, um diese verdammte Rasse auszurotten.« Nun, der Oberst wollte es versuchen, da es »zu schade wäre, britische Soldaten gegen dieses Ungeziefer einzusetzen«. Wirklich brachen die Schwarzen Pocken wenige Monate später unter den Indianern in Ohio aus.

Eine primitive Methode? Aber wirksam! Und zweihundert Jahre später ist man weiter und versprüht aus Kampfhubschraubem und B 52-Bombern das Dioxin-Gift *Agent Orange* über riesige Flächen des vietnamesischen und laotischen Regenwaldes. Und noch heute – so erfolgreich war es! – »werden in Vietnam, Laos und Kambodscha schwer bis schwerstbehinderte Kinder geboren, geistige und körperliche Krüppel ...«

Alles braucht seine Zeit. Doch man kommt vorwärts. Man entwickelt sich.

Lord Amherst aber, sichtlich in Gottes Hand stehend, erreichte ein hohes Alter. Häuptling Pontiac dagegen wird 1769 ermordet; den betrunkenen indianischen Todesschützen hatte ein britischer Händler bestochen. Und die Amerikaner verewigten Pontiac – in einer Automarke. Yankees haben Geschmack. Die Welt weiß es.

»Praying Indians«

Und weiter, an allen Ecken und Enden, verlieren die Indianer Land und Leben. Überall behandelt man sie wie Tiere, wie Wild, den letzten Dreck. Doch als 1775 die Revolution gegen das britische Mutterland zum Unabhängigkeitskrieg eskaliert, da können auf einmal beide Seiten die Rothäute brauchen. Nun suchen beide sie als Verbündete zu gewinnen, setzen beide Prämien auf die Skalpe ihrer weißen Gegner aus, hetzen beide »die Wilden« zu Greueltaten auf und rächen sich dann an ihnen.

Der amerikanische General Sullivan erhält seinerzeit gegen die 58 Seneca von General George Washington, dem Oberbefehlshaber, »strenge und nachdrückliche« Befehle: Keine Übergabe, keine Unterwerfung, bis die Dörfer der Seneca zerstört, ihre Felder vernichtet sind. Aus solchem Holze werden Präsidenten … Man übt die Taktik der »verbrannten Erde« bereits, verascht Dörfer und Ernten und setzt die Überlebenden dem »äußersten Mangel« aus. Keinerlei Möglichkeit einer künftigen Erholung sollten sie haben.

Ja, man wurde mit den Wilden fertig.

Man wurde mit den Wilden fertig, selbst wenn sie inzwischen Christen waren – warum auch nicht! Vom 4. Jahrhundert bis heute haben Christen Christen, Millionen um Millionen, mit kirchlichem Segen, mit kirchlicher Aneiferung, mit kirchlichen Jenseitsverheißungen umgebracht. Ja, bis heute sind Christen mit Christen fertig geworden, auf jede Weise, vor allem auch auf die scheußlichste.

Als während des Unabhängigkeitskrieges eine Schar von mehreren hundert »bekehrten« Indianern, »Praying Indians«, von Zufluchtsort zu Zufluchtsort getrieben, schließlich, dem Verhungern nah, in einen früheren zurückkehrte, um die schon eingebrachte Ernte zu holen, lauerten zweihundert Weiße, lauerten zweihundert weiße Christen den roten Christen auf. Sie gaben sich als Freunde aus, überredeten die Unglücklichen, ihre Waffen abzugeben, metzelten sie dann nieder und skalpierten sie, nicht nur die Männer, auch die alten Frauen und 34 Kinder; offenbar selbst Indianerinnen, wie ein zeitgenössischer Stich festhält, mit dem Kind an der Brust.

Angeblich waren sogar Weiße entrüstet. Gouverneur John Penn setzte eine Prämie für die Ergreifung der Täter aus, eine Belohnung, die er noch auf 600 Dollar pro Kopf erhöhte. Doch ruhte ersichtlich der Segen Gottes auf den Mördern. Kehrten sie doch, meldet stolz die *Pennsylvania Gazette*, mit etwa 80 geraubten Pferden und beutebeladen »ohne Verluste an den Ohio zurück«. Nicht genug. Sie paradierten ungeschoren vor dem Gouverneurspalast in Philadelphia, ja, John Penn versprach eine hohe Belohnung auch für jeden roten Skalp, auch für den von Indianerinnen.

John Penn war ein Nachfahr des großen Penn. Alles braucht eben Zeit. Doch man kommt vorwärts. Man entwickelt sich …

Die schmachvollste Vertragsgeschichte der Welt

Trotz des Unabhängigkeitskrieges dringen überall die Siedler vor. Kentucky und Tennessee werden allmählich überschwemmt, 1779 elf Dörfer der Chickamauga im Tennessee-Tal dem Erdboden gleichgemacht. 1784 müssen die Sechs Nationen der Irokesen bei Fort Stanwix vertraglich alle Rechte auf die nordwestlichen Gebiete preisgeben.

Die amerikanische Regierung aber betrügt bald die Eingeborenen von Mal zu Mal. Gebrochene Verträge und Versprechen, überhaupt alle Mittel des Betruges gegenüber Indianern waren so selbstverständlich wie das Abstechen ihrer Frauen und Kinder.

Zwar garantierte man den Delawaren bereits 1789, dass »alle weißen Bürger, die versuchen sollten, auf dem vorbehaltenen Land zu siedeln, den Schutz ihrer Regierung verwirkten und dass die Indianer berechtigt seien, sie zu bestrafen, wie ihnen gutdünkte«. Zwar versicherte der erste Präsident der Vereinigten Staaten von Nordamerika, George Washington, den Indianern schon 1790, »dass kein Staat oder keine Person Land von ihnen kaufen könne, ohne dass ein Vertrag darüber unter der Autorität der Vereinigten Staaten abgeschlossen werde«, und die Regierung, fügte er hinzu, »werde niemals erlauben, dass die Indianer betrogen würden; sie werde sie in allen ihren Rechten schützen«.

In Wirklichkeit aber betrog die US-Regierung die Eingeborenen nicht nur einmal, zehnmal, nicht hundertmal, nein, sie betrog sie in Hunderten von feierlichen Vereinbarungen. Sie schloss in den folgenden hundert Jahren 370 Verträge mit den Indianern, und fast jeden Vertrag brach sie! Keine Regierung der Welt weist in einem so kurzen Zeitraum eine derartig schmachvolle Vertragsgeschichte auf! Stets von neuem beteuerten die US Repräsentanten in ganz ähnlichen Verträgen oft wörtlich gleichen Inhalts in eintöniger Wiederholung: nach Abkauf von Land den Indianern ihr neues Refugium zu belassen, für »all future times«, »auf ewig«, »solange das Gras wächst und das Wasser fließt«. Jedes Mal sollte das Kriegsbeil »für immer« begraben werden, sollte der beschworene Friede »stark und dauerhaft« sein. Aber das Wort dieser Kerle ist Schall und Rauch, sobald es ihnen lästig wird, ist schnurzpiepe.

Und jedes Mal dringt die amerikanische Meute gnadenlos weiter – gierig nach Land, nach Ernten, Reichtum, Pelzen, Gold, nach Skalpgeld. Überall, wo Indianer noch sitzen, vertreibt man sie: zerstört ihre Zäune, ihr Holz, stiehlt ihr Vieh, ruiniert die jungen Männer durch Whisky, die Frauen durch Prostitution. Immer wieder auch gehen Pioniere, gehen Milizen, geht schließlich selbst die Armee gegen sie vor. Jedes Mal werden die Reservate kleiner, dürftiger, hungern und erkranken die »roten Vagabunden« mehr, werden sie zusammengeballert, Männer, Frauen, Kinder, während die Regierung einen Vertrag nach dem andern, gegeben im Namen des amerikanischen Volkes, gewissenlos bricht. Und setzten sich die Verzweifelnden, die Hungernden und Verhungernden zur Wehr. zeterte man über die »Indian Atrocities«.

Seit 1790 führt man einen fünfjährigen Krieg gegen die Indianer des Ohio-Gebietes. Zwar schlagen sie zunächst die Truppen unter General Josiah Narmar wiederholt, erleiden jedoch unter dem Oberbefehlshaber Anthony Wayne am 20. August 1794 in der Schlacht bei Fallen Timbers am Maumee eine schwere Niederlage, womit ihr Widerstand im Nordwest-Territorium endgültig gebrochen ist.

»Sir, die Audienz ist beendet!«

Im ausgehenden 18. Jahrhundert ratifizierte der amerikanische Senat laufend Verträge mit Indianern, mit Irokesen, Cherokesen, Creeks, ohne dass man sich an der Grenze im Geringsten darum kümmert. Immer wieder auch versichert ihnen die Regierung »Frieden und Freundschaft«, immer wieder verspricht man, sie vor jeder Beraubung zu schützen, sie für alles Unrecht zu entschädigen. »Ihr Land und ihr Eigentum soll ihnen niemals genommen werden!«, gelobt Thomas Jefferson (1801–1809), der dritte Präsident der USA, der »Indianerfreund«. Doch nach wenigen Jahren schon erklärt Jefferson: »Wir werden gezwungen sein, sie wie die Tiere aus den Wäldern in die Felsengebirge zu treiben«. Der Krieg werde in ihr Land getragen und sie »dezimieren«, sagt er ein andres Mal. »Aber der Krieg wird dort nicht Halt machen. Er wird nie aufhören, sie zu verfolgen, solange noch einer von ihnen übrig ist, diesseits des Mississippi«.

So werden die Indianer zu immer neuen Landabtretungen gezwungen. So verlieren die Stämme der Sac und Fox, zum Hauptvolk der Algonkin gehörig, am 3. November 1804 nicht weniger als 50 Millionen Acres an die USA. 1814 büßen die Creek nach einem Feldzug zwei Drittel ihres Landes ein und müssen aus dem Süden und Westen Alabamas weichen. 1817 wird den Ohio-Indianern ihr restliches Gebiet von rund vier Millionen Acres, 1818 den Chickasaw ihre Heimat zwischen dem Mississippi und dem nördlichen Tennessee genommen.

Im gleichen Jahr beginnt der Erste Seminolen-Krieg. Generalmajor Andrew Jackson, der spätere US-Präsident, erhält den Angriffsbefehl einen Tag nach dem angeblichen Geburtstag des Herrn, am 26. Dezember 1817. 1825 und 1826 zwingt man die Creek erst zur ganzen, dann zur teilweisen Abgabe ihres Landes in Georgia.

Auch die Cherokesen kommen an die Reihe.

In blühenden Gefilden des Südens, in Georgia, Alabama, Tennessee sitzend, hatten sie allmählich die Technik der Amerikaner übernommen, ihre Zivilisation, sogar ihr Christentum. Gleichwohl brechen diese immer rücksichtsloser jede Garantie. Und als Cherokesen-Häuptling Junaluska bei Präsident Jackson erscheint, dem er in der Schlacht am Horse Shoe mit fünfhundert seiner Besten das Leben gerettet, das nur noch »am seidenen Faden hing«, da hört der Präsident ihn bloß kurz an und sagt: »Sir, die Audienz ist beendet!«

Allein während der Amtszeit von Andrew Jackson (1829–1837), dem man »nach außen Friedensliebe, nach innen Mäßigung« attestiert, werden von den Indianern 94 Verträge erpresst. Und am 28. Mai 1830 unterzeichnet Jackson das »Indian Removal Act«, das ihn ermächtigt, alle noch im Osten der USA lebenden Indianerstämme auszuweisen und in das Gebiet westlich des Mississippi zu deportieren. 77 Millionen Acres werden nun geräumt, 79 000 Menschen verjagt – eine der großen Zwangsumsiedlungen der Geschichte.

Gegen die Cherokesen wird das Militärrecht eingeführt, ihr Territorium wird zwangsverwaltet, versteigert. Die Armee spürt die Indianer mit Bluthunden auf. Man verhaftet, erhängt sie, holt die Männer vom Feld, die Frauen aus ihren Häusern, entreißt Kinder ihren Eltern. Schließlich schleppt man 15 000 Cherokesen nach Arkansas, und Tausende kommen dabei um.

Der Soldat Burnett, Teilnehmer eines Begleitkommandos beim »Zug der Tränen« (von Mitte November 1838 bis Ende März 1839), berichtet, dass Verjagte durch Eis- und Schneesturm barfuß gehen mussten, dass sie an Kälte, Krankheit, Misshandlungen zugrundegingen. »Nie vergesse ich die stumme Trauer dieses Morgens. Häuptling John Ross stimmte das Gebet an, und als das Signal geblasen wurde, sprangen viele Kinder auf und winkten mit ihren kleinen Händen ihren Heimatbergen Lebewohl, die sie nie wieder sehen würden ... Der Zug der Vertriebenen wurde ein Todesmarsch ... Als die Reise zu Ende war, bezeichneten 4000 stumme Gräber unseren Weg ...«

Mit Hilfe des Removal-Acts von 1830 wird ein Land, größer als

Mitteleuropa, indianerfrei. Der Secretary of War ist »nun die Plackerei mit der Indianerfrage los; alles zusammen sind nicht mehr übrig als 5000.« Und Jackson-Nachfolger van Buren preist die Terroraktion als »vom besten Erfolg gekrönt ...«

Das Schicksal der Cherokesen wurde, mit geringen Varianten, das Schicksal aller Indianer. Denn stets von neuem kam es zu Zwangsverschickungen unter barbarischen Bedingungen, wobei oft schon beim Transport viele Menschen den Strapazen erlagen, wie bei der Vertreibung der Ponka aus Dakota. Und die Reservate wurden nicht nur immer kleiner, sondern immer schlechter auch, mitunter völlig unbebaubar, wertlos, gleichbedeutend mit dem Verhungern.

So brachen die Rothäute manchmal aus, verfolgt vom Militär. Die Cheyennen legten 1878 tausend Meilen zurück, bis einer ihrer Häuptlinge, Dull Knife, in Fort Robinson/Nebraska mit den Seinen festgesetzt, erklärt: »Wir wollen dort nicht wieder hin, das ist kein gesundes Land, und wenn wir dort bleiben müssen, werden wir alle sterben. Wir wollen nicht zurück und wir gehen nicht zurück. Ihr könnt mich hier töten, aber ihr könnt mich nicht dazu bringen zurückzugehen!« Auf einem Fluchtversuch im eisigen Winter 1879 wird das halb verhungerte und halb erfrorene Häuflein, das mit dem Jagdmesser in der Hand gegen die feuernden Soldaten vorgeht, erschossen, auch ein paar Frauen, Kinder und Säuglinge darunter. Später skalpieren Soldaten die Indianer und schänden sie.

»... und sie wie wilde Tiere jagen«

Der Mississippi sollte schließlich für immer die Grenze, alles Land westlich des Mississippi eine riesige Indianerreservation und allein den Ureinwohnern vorbehalten sein. Doch bald hörte man von ausgezeichneten Getreideernten, gewaltigen Büffelherden, von Goldfunden gar im Westen – und die Yankees drängten unaufhaltsam weiter, getrieben von Landgier, Goldgier, getrieben durch die Technik, den Bau der Eisenbahn, die Dampfschifffahrt.

Man führt den Black Hawk-Krieg, den Zweiten, die Seminolen fast ausrottenden Seminolen-Krieg. Dazwischen erfindet Samuel Colt den Trommelrevolver, der sich beim Indianerabknallen besonders bewährt. 1848 sehen sich Kalifornien, Texas und Neu-Mexiko zum Anschluss an die USA gezwungen. Der berüchtigte »California gold rush« bringt ein besonders übles Pack, Gauner, Galgenvögel, Halsabschneider schlimmster Sorte. Brutaler als sonst noch jagt und mordet man nun, und was Colt, Kentuckybüchsen, was Skalpmesser, was die Gewehrsalven der Milizen nicht zur Strecke bringen, das schaffen oft Krankheit und Hunger. Von den Mitte des 19. Jahrhunderts, bei Entdeckung des Goldes in Kalifornien noch lebenden schätzungsweise 100 000 Indianern lebten Ende des Jahrhunderts noch knapp 15 000.

Den letzten freien Indianer Kaliforniens fand man, verstört und halb verhungert, im Hof des Schlachthauses von Oroville und brachte ihn – ins Museum.

Yankees haben Geschmack. Die Welt weiß es.

In den südlichen Nachbarländern Arizona und Neu-Mexiko operiert man gleich mit Militäreinsätzen, obwohl dort einige der »zivilisiertesten« Stämme lebten, wie die Navajo, bekannte Schafzüchter und Wollverarbeiter, oder die Pueblo, mit eigenen Schulen, Kirchen. Dennoch werden gerade die größten Pueblostämme nahezu ausgelöscht, die übrigen stark dezimiert. Und auch in den nördlichen Nachbarstaaten Kaliforniens, in Oregon und Washington, schlägt man die Eingeborenen in regelrechten verlustreichen Schlachten.

Bei den Indianerkriegen gegen Mitte des 19. Jahrhunderts und danach, dem »Indian War«, dem »Langen Tod«, ging es schlicht um Ausrottung, vor allem der Männer, doch oft auch der Frauen, Kinder. Es kam zu brutalsten Terrorakten. Da und dort wurden die Frauen auch durch ganze Männerhaufen vergewaltigt, ihre Kinder versklavt. Man gestand Indianern kein Recht auf Grundbesitz zu. Man brannte ihre Dörfer nieder, vernichtete ihre Herden, ihre Ernten, Kleidung, Lebensmittel. Manchmal jagte man sie wie Kaninchen, behandelte sie fast wie Ungeziefer. Man trieb die letzten Überlebenden in immer kleinere Reservationen, und dann überschwemmten Goldwäscher und Siedler auch sie. Es war der totale Krieg.

Die Befehle des US-Generals Carleton 1862, die Indianer Neu-Mexikos betreffend, lauteten: »Keine Beratungen sind mit ihnen abzuhalten, keine Gespräche zu führen … Die Männer sind zu töten (*slain*), wo immer sie gefunden werden …« »Alle indianischen Männer sind zu töten, wo und wann immer Sie sie finden …« Und Carletons Exterminationsstrategie, bei der auch die Goldgier eine nicht unerhebliche Rolle spielt, wird von höchsten Stellen gebilligt.

General Sherman, der gern und oft von »Extermination« spricht, erlaubt in einer Weisung vom 15. Oktober 1868 seinen Truppen ausdrücklich, im Indianerkrieg alles zu tun, »was sie an Ort und Stelle für geeignet halten; ich werde keine vagen Beschuldigungen wegen Grausamkeit und Unmenschlichkeit dulden«! General Sheridan verfügt im April 1868: »… ihr Eigentum muss zerstört werden, sodass sie sehr arm werden … Die Bandenchefs im jetzigen Kriege muss man hängen, ihre Pferde töten … usw.« Und noch ein Jahrzehnt später äußert dieser General anlässlich einer Strafaktion gegen die Ute-Indianer, die einen Major und einen Agenten getötet hatten: »Sie werden ausgerottet werden« und »sie müssen vom Angesicht der Erde verschwinden«.

Ganz ähnliche Befehle gibt 1869 im Feldzug gegen die Apachen General Ord, ein wilder »Exterminator«: »Ich ermutige die Truppen, die Apachen mit allen Mitteln zu fangen und auszurotten (*root out*) und sie wie wilde Tiere zu jagen.«

Das war die übliche Tonart. Wen erstaunt es, dass es immer wieder zu reinen Massakern kommt, dass selbst ganz friedfertige, den Weißen wohlgesinnte, ja, für sie tätige Indianer, wie die Arivapa-Apachen, einer Horde von Amerikanern und Mexikanern im Frühjahr 1871 bei Fort Camp Grant in Arizona zum Opfer fallen? Der Militärarzt Dr. Briesley, der das Lager mit verstümmelten Leichen von Frauen und Kindern übersät, die Hütten in Flammen stehen sah, fand kaum noch Gelegenheit, medizinische Hilfe zu leisten, hatte man doch »gründliche Arbeit gemacht … Denjenigen, die nur verwundet worden waren, hatte man das Gehirn mit Steinen zerschmettert. Zwei der bestaussehenden Squaws lagen in einer Stellung da, und der sonstige Befund bestätigte es, dass sie zuerst missbraucht und dann erschossen worden waren. Fast alle Toten waren verstümmelt. Ein Kind von zehn Monaten war zweimal angeschossen, und ein Bein war ihm fast abgehackt.«

Die Mörder hatten übrigens nicht alles umgebracht, sondern, in christlicher Barmherzigkeit, 29 Kinder mitgenommen und davon 22 im mexikanischen Sonora in die Sklaverei verkauft.

Als man hundert der Gangster von Camp Grant vor Gericht stellt, spricht man alle binnen zwanzig Minuten frei: »Nicht schuldig«.

Vergeblich verwahrten sich einsichtige Militärs, wie General Curtis, der am 12. Januar 1865 nach Washington schreibt: »Nur zu gerne würde ich die anständigen und freundlich gesinnten (Indianer) retten und gegen die Schlächterei von Frauen und Kinder protestieren. Aber … der allgemeine Ruf der Siedler und Soldaten an der Grenze nach unterschiedslosem Abschlachten (*indiscriminate slaughter*) ist sehr schwer zu überhören. Ich verabscheue diesen Stil, aber so geht es nun einmal zu, von Minnesota bis nach Texas …«

General Crooke bekennt im Juni 1878 im *Army and Navy Journal*, er habe vergeblich um Lebensmittel telegraphiert; ebenso der Agenturleiter einer Reservation am Snake River, der die Bannock danach für ein halbes Jahr sich selbst etwas Lebensunterhalt suchen lässt. »Aber«, klagt General Crooke, »da ist nichts für sie in diesem Lande: Der Bison ist dahingegangen, und Kaninchen gibt es nicht genug zu fangen. Was sollen sie tun? Der Hungertod starrt ihnen ins Gesicht … Ich wundere mich nicht, dass diese Indianer zum Kriege schreiten, wenn sie ihre Frauen und Kinder hungern sehen und ihre letzten Hilfsquellen ihnen abgeschnitten sind. Und dann werden wir ausgeschickt, um sie zu töten; es ist eine Schande!«

Und selbst im Kongress erklärt der Abgeordnete Vorhees: »Wenn wir, statt sie zu zivilisieren, über todkranke Indianer herfallen, während der Winterruhe in ihren Hütten, und weder Mutter noch Säugling schonen … dann ist das Ausrottung, ohne Ansehen von Alter und Geschlecht …«

Das Ende: Krieg gegen die Cheyennen, Sioux und Apachen

Von 1861 bis 1865 führt man den Cheyenne-Arapaho Krieg, von 1862 bis 1876 den Krieg gegen die Sioux, von 1871 bis 1886 den Krieg gegen die Apachen.

Die Cheyennen, durch eindringende Goldgräber in Colorado überrannt und ihrer Jagdgründe beraubt, werden schließlich von General Sheridan »befriedet«. Spezialität des Generals (der ganz unorthodoxe Wintereinsätze liebt, wobei der Feind weder fliehen noch erfolgreich kämpfen kann, gibt es doch kein Futter für seine Pferde in der Prärie): nachts Eingeborenendörfer im Winterschlaf zu umstellen und im Morgengrauen dann darüber herzufallen. Derart verwandelt Sheridan 1864 das Shenandoah-Tal in eine ausgebrannte Wüste, sodass, lobt General Grant, selbst »die Krähen, die darüber fliegen, kein Futter mehr finden …«

Am 29. November 1864 überfällt in Colorado Oberst J.M. Chivington, ebenfalls im Morgendämmern, mit etwa 1000 Mann rund

150 Hütten der Cheyennen und tötet mehr als 450 Menschen, vor allem Frauen und Kinder. Am Washita stürzt sich eine Abteilung unter Oberst Custer, wieder in aller Frühe, auf ein schlafendes Cheyennendorf, mit klingendem Spiel und Hurragebrüll. Ergebnis: hundert getötete Männer, fünfzig tote Frauen und noch mehr tote Kinder – eine Jagdstrecke, mit der das Regiment sich später vor General Sheridan schmückt. Oberst Custer aber steigt schließlich zum Nationalhelden und Symbol des Indianerkrieges auf.

Zuletzt raubt man – Zweck all der Gemetzel – den Cheyennen ihren ganzen Besitz, größer als die Staaten Pennsylvania, New York und New Jersey. »Nur eine Handbreit Land *(a foot of land)* wurde ihnen belassen«, heißt es in einem Kommissionsbericht. »Aber die Folge zeigt, dass auch dies noch zu viel war.«

Perfid und blutrünstig richtet man auch die Sioux zugrunde, das Reitervolk der Prärie, einstmals wohlhabend, dann aber, belogen und betrogen, seelisch und physisch immer mehr verfallend, zeitweise nur von Wurzeln lebend und ungekochtem Korn. In Verträgen – stets mit der feierlichen Versicherung »für immer« – erpresst man, falls man überhaupt zahlt, Millionen Acres von ihnen fast für nichts. 1851, zum Beispiel, speist man sie für 295 Millionen Acres, das »Gartenland des Mississippi«, mit 6 1/4 cents pro Acre ab – schätzungsweise der hundertste Teil des Wertes, den es zwei Jahrzehnte später hat.

Im Sommer 1862 erheben sich die Sioux in Minnesota unter ihrem Führer Little Crow, einst ein Freund der Weißen, und töten im wohl größten Aufstand der Indianergeschichte fast tausend weiße Männer, Frauen und Kinder – die Folge, so bekennt der Bischof von Minnesota, Henry Whipple, in Washington, »jahrelanger Lügen, gebrochener Versprechen, gewissenlosen Betrugs, schamloser Ausbeutung«. Doch dafür wird er fast verfemt.

Die Sioux fliehen. Andere werden in eine Art Konzentrationslager nach Crow Creek/Dakota und von dort stets weiter deportiert und sterben wie die Fliegen. Wieder andere hängen am Galgen. Häuptling Little Crow, beim Beerensuchen erschossen, endet in der Abfallgrube eines Schlachthauses. Es gibt nun in Minnesota, der künftigen Kornkammer Amerikas, keine Indianer mehr.

Anderwärts aber jagt man sie fort und fort. So schreibt General Sherman am 28. Dezember 1866 an General Grant, den Oberkommandierenden der Armee: »Wir müssen mit äußerster Strenge gegen die Sioux vorgehen, bis zu ihrer Ausrottung – Männer, Frauen und

Kinder. Nichts anderes wird das Übel an der Wurzel treffen!« Oder Sherman hetzt: »Alle Indianer, die sich an ihren alten Jagdgebieten festklammern, sind feindlich und werden es bleiben, bis sie abgeschossen sind *(killed off)*.« Oder: »Je mehr wir dieses Jahr töten, desto weniger brauchen im nächsten Jahr getötet werden.« Verfocht der General doch die Auffassung, »dass alle getötet oder im Zustand der Armut gehalten werden müssen.« Solche Direktiven bewiesen Führungsfähigkeit. Sherman steigt 1868 zum Oberkommandierenden der US-Army auf. Und Chef Grant im nächsten Jahr zum Präsidenten. Leistung bringt Lohn.

1875, als in South Dakota, in den Reservaten der Indianer, 150 000 Goldsucher nach Gold wühlen, kommt es abermals zum Krieg mit den Sioux, die unter ihren Häuptlingen Sitting Bull und Crazy Horse kämpfen. Doch nach mehreren Gefechten müssen sie kapitulieren. Ein Teil entkommt mit Sitting Bull nach Kanada. Crazy Horse wird schon im folgenden Jahr, als er zu einer Unterredung mit General Crooke geht, von einem Soldaten erstochen, und Sitting Bull, einer der letzten großen Führer der Sioux, schließlich von indianischen Polizisten niedergeknallt.

Der letzte Indianerkrieg endet mit der Gefangennahme des Apachen-Häuptlings Geronimo im September 1886: er hatte vier Jahre die Amerikaner bekämpft, in Arizona, Neu-Mexiko und Mexiko. Im nächsten Monat weiht US-Präsident Cleveland in der Upper Bay, südwestlich vor der Spitze Manhattans, die »Freiheitsstatue« ein. Bernard Shaw höhnt, er sei für seine Ironie bekannt. Doch im Hafen von New York eine Freiheitsstatue zu errichten, darauf wäre selbst er nicht gekommen.

Als die Regierung 1890 beschließt, den Rest der Sioux zu entmachten, fliehen sie in die Badlands, ein unwirtliches Gelände am »Wunden Knie« in Dakota. Am 29. Dezember von mehreren Kompanien des 7. Kavallerie-Regiments unter Oberst Forsyth umstellt, treten sie zur Entwaffnung aus ihren Zelten. Da fällt ein Schuss, angeblich durch einen Sioux, und nun lässt der Oberst die Truppe sowie vier auf einen Hügel aufgefahrene Hotchkiss-Kanonen feuern. In Kürze bedecken zweihundert Indianer, Männer, Frauen, Kinder, tot oder halb tot den Boden, die Übrigen fliehen hinter den brennenden Zelten in eine Schlucht, die aber von den Geschützen bestrichen werden konnte. Granathagel und die Salven der nachsetzenden Soldaten erledigen sie. »Die Verfolgung war ein reines Massaker: fliehende

Frauen mit ihren Kindern in den Armen schoss man nieder, nachdem der Widerstand längst aufgehört hatte und nachdem bereits jeder Krieger tot oder sterbend auf dem Boden lag« (Radin).

Gestapo-Methoden, doch ein halbes Jahrhundert früher! General Miles eröffnete gegen seinen Oberst Forsyth ein Verfahren, der Kriegsminister aber rehabilitierte ihn. Der Indianerkrieg war damit definitiv beendet. Schließlich wurde der kümmerliche Rest in Reservationen gepfercht und durch ein Netz von Agenturen, Forts und Militärposten überwacht, um jedes Aufbegehren sofort zu unterdrücken.

»Kein Tierschutzgebiet für schmutzige Wilde«

Im letzten Viertel des 19. Jahrhunderts gab es in den Vereinigten Staaten keinen freien Indianer mehr. Krankheiten und Hunger hatten unter ihnen gewütet, weiße Zivilisten und Militär sie zusammengeschossen, beraubt, verelendet, die feierlichsten Verträge laufend gebrochen. Besaßen sie zu Beginn des 20. Jahrhunderts noch rund 300 000 Quadratkilometer Land, hatten sie ein halbes Jahrhundert später noch etwa 100 000 Quadratkilometer; die Nachfahren ihrer Räuber und Mörder aber besaßen jetzt rund 9,4 Millionen Quadratkilometer Land, das 94fache – rechtmäßig, versteht sich. Denn Gewalt schafft Recht.

Aber noch nie hat Gewalt Gerechtigkeit geschaffen.

Nachdem man den Eingeborenen, den »Ausländern«, so gut wie alles, was sie besessen, entwendet hatte, ließ man sich herab, ihnen das Bürgerrecht zu geben; den Indianern der so genannten Fünf Zivilisierten Stämme (Cherokesen, Creeks, Choctaws, Chickasaws und Seminolen) 1902, allen übrigen erst am 2. Juni 1924. Doch noch immer durften viele Indianer nicht wählen. Noch 1940 verweigerten ihnen sieben nordamerikanische Staaten dies Recht. Und der weitaus größte Teil der Indianer vegetierte auch weiterhin in großer Armut.

Noch in den sechziger Jahren des 20. Jahrhunderts betrug das durchschnittliche Einkommen einer nordamerikanischen Indianerfamilie 1500 Dollar pro Jahr; waren weit mehr als die Hälfte aller Indianer der USA dauernd oder oft ohne Arbeit; stieg die Arbeitslosigkeit in einigen Reservationen bis auf 86%; blieben 90% ihrer Wohnungen unter dem Standard; fehlte fließendes Wasser bei 80%, war das aus Bächen und Gräben herbeigeschleppte Wasser, nach amtlichen Feststellungen, »möglicherweise gesundheitsschädlich«; war Krankheit durch Tuberkulose bei Indianern sieben- bis achtmal häufiger als bei weißen Amerikanern, war die Kindersterblichkeit doppelt so hoch, die Lebenserwartung überhaupt 42 Jahre, bei den Indianern Arizonas sogar nur 30 Jahre.

Kommentar überflüssig.

Natürlich suchte man den traurigen Rest der Rothäute nun durch gewisse Segnungen der amerikanischen Zivilisation und Kultur zu beglücken, drängte man ihm Schulen auf. Aber, gesteht Jesuit John F. Bride, »wir haben auf die indianische Mentalität nicht den geringsten Eindruck machen können.« Immerhin ein erfreuliches Resultat. Und in einer Hinsicht erzielten die US-Lehrmethoden trotz allem oder vielmehr wegen allem sogar einen Aufsehen erregenden Rekord. Sind doch, nach Dr. Dan O'Connel, einem weißen Psychiater und Berater der Association of Indian Affairs, die Selbstmordziffern der indianischen High-School-Studenten mehrere hundert Mal höher als im Durchschnitt der Nation.

Noch im 20. Jahrhundert aber spielt Präsident Theodore Roosevelt (1901–1909) ausdrücklich »die Werte der Barbarei« gegen die »Zivilisation« aus, stellt er den »gloriosen Triumph des Krieges« weit über jeden »Sieg im Frieden« und preist »die mächtige Lust zur Schlacht« und den »Wolf« im Herzen der Schlächter.

Noch im 20. Jahrhundert bekennt Präsident Theodore Roosevelt – Vorbild und Lieblingspräsident seiner Nachfolger Reagan und Bush –: »Ich gehe nicht so weit zu denken, dass nur tote Indianer gute Indianer sind, aber ich glaube, dass das für neun von zehn Indianern gilt. und was den zehnten angeht, so will ich den Fall nicht näher untersuchen. Jedenfalls hat der bösartigste Cowboy mehr moralische Prinzipien als der durchschnittliche Indianer.«

Noch im 20. Jahrhundert tritt Präsident Theodore Roosevelt für die Entrechtung der Indianer ein mit dem Satz: »Unser großes Land ist kein Tierschutzgebiet für schmutzige Wilde.« Und das Töten von Indianern erscheint diesem Präsidenten um »nur ein paar Grad weniger bedeutungslos als das von wilden Tieren«!

Wer so denkt und spricht, zumal öffentlich, gar an der Spitze einer Nation, ist Gangster; doch keiner natürlich der kleinen, alltäglichen Art, die solche Vergleichung vielmehr schwer kompromittiert – so wie man, recht verstanden, Schweine oder Hunde beleidigt, beschimpft man mit ihren Namen gewisse Menschen.

4. KAPITEL

Die Entstehung der USA

Wie die Invasoren die rechtmäßigen Besitzer des Landes betrogen, beraubten, bekriegten, so verfuhren die weißen Räuber auch unter sich. Die Holländer kämpften gegen die Schweden, die ihre ersten Hütten 1640 am Delaware errichtet hatten, doch Neu-Schweden nach nur 17 Jahren wieder verloren. Die Franzosen kämpften gegen die Spanier. Und die Engländer kämpften gegen alles, gegen die Holländer, die Spanier, die Franzosen. So liquidierte ein Räuber den anderen, und die größten, die mächtigsten Räuber bekämpften auch einander – und lehrten dann die Welt Moral.

Neu-England im Kommen

Im Connecticut-Tal wiesen die Puritaner Neu-Englands die älteren Ansprüche der Holländer mit der Begründung ab, es sei Sünde, einen so guten Boden nicht zu bebauen. Jahrelange Scharmützel folgten. Während des Krieges von 1652, des Ersten britisch-niederländischen Seekriegs, wurde der niederländische Grundbesitz beschlagnahmt und nie wieder zurückerstattet. 1662 sprach eine Charta König Karls II. die Plantagen Connecticuts widerrechtlich England zu. Das Territorium reichte von Massachusetts im Norden bis zum Long Island Sound im Süden, von der Narragansett-Bucht im Osten bis zum Pazifik im Westen. Und während des Zweiten britisch-niederländischen Seekriegs (1664–1667) eroberte England die Neu-Niederlande ganz. Nach bester britischer Tradition liefen am 29. August 1664, noch im tiefsten Frieden, mehrere englische Fregatten mit 36 Kanonen in die Engen von Neu-Amsterdam ein. Man versprach den Bewohnern, die sich Seiner Britischen Majestät unterwürfen, den Besitz ihrer Güter, das Erbrecht, Gewissensfreiheit. Und da (auch) den Niederländern ihr Geschäft allemal wichtiger war als das Vaterland, musste Peter Stuyvesant, der letzte neu-niederländische Gouverneur (berühmt wegen seines sehr wendigen, mit Silber ausgelegten Holzbeins) kapitulieren. Am 4. Oktober 1664 wird Neu-Amsterdam zu Ehren des neuen Oberherrn, des Herzog von York, in New York umbenannt. Und am 31. Juli 1667 erhält England im Frieden von Breda den eroberten niederländischen Besitz zugesprochen.

Fast ein Jahrhundert freilich dauert es noch, bis es den Briten gelingt, auch die Franzosen endgültig aus Nordamerika zu werfen. Doch mit der Einnahme von Montreal 1760 befindet sich auch Neu-Frankreich ganz in englischer Hand. Und dieser Sieg stärkt das Selbst- und Machtbewusstsein der britischen Kolonisten beträchtlich.

Seit Anfang des 17. Jahrhunderts hatte England an der Ostküste Amerikas eine Kette von Kolonien gegründet; 1733 war Georgia als 13. Kolonie entstanden; und eine Generation später, 1760, leben 1 267 000 Einwohner in diesen Kolonien. Sie sind die ausländischen Feinde nun los. Und jetzt möchten sie die Abhängigkeit auch von dem Staat verlieren, der allein ihnen zum Sieg verhalf. Der Mohr hat seine Schuldigkeit getan ...

Nur mit Hilfe Londons nämlich konnten die Engländer in Übersee sich der andern Immigranten erwehren und zuletzt, 1763, auch Frankreich schlagen. Solange sie Frankreich noch bedrohte, wussten sie sich dem Mutterland verbunden und nahmen bereitwillig jede Hilfe an. Nach Frankreichs Debakel freilich, ohne wirklich gefährlichen Gegner im Land, fühlen sie kaum noch Gemeinsamkeiten mit dem Staat ihrer Herkunft. Er kann ihnen jetzt gestohlen bleiben. Umso mehr, als London in Nordamerika ja nicht nur hineingesteckt hat, sondern auch herausholen will, als es nicht nur die politische, sondern auch die ökonomische Entwicklung zu seinen Gunsten zu beeinflussen sucht.

Der Aufstand der Krämer

Mit der steten Ausdehnung des britischen Weltreichs waren selbstverständlich auch dessen Belastungen gewachsen, brauchte es von den Kolonien mehr Geld und weniger Konkurrenz. So hatte London zur Drosselung der Woll-, Hut-, Rum- und Eisenproduktion bereits eine Reihe von Restriktionsgesetzen erlassen: 1699 Woolenact, 1732 Hat Act, 1733 Melasses Act, 1750 Iron Act. Im selben Jahr verbietet das Parlament durch den Currency Act den Kolonisten die Ausgabe von Papiergeld. 1764, nach Niederringung Frankreichs durch den

Krieg erheblich verschuldet, treibt London erstmals durch das Zuckergesetz Geld in Amerika für sich ein. Außerdem setzt man neue und höhere Einfuhrzölle für nichtenglische Waren fest und verbietet den Kolonien den Import französischer Weine und ausländischen Rums. 1765 erhebt man durch das Stamp Act, das Stempelsteuergesetz, auch erstmals Steuern u. a. für Bücher, Zeitungen, Spielkarten, Versicherungspolicen, Lizenzen und Dokumente aller Art.

Aber nun, wo es an ihr Geld geht, spielen die Amerikaner nicht mehr mit. Jetzt fühlen sie nicht mehr Dankbarkeit für die Unterstützung im Krieg gegen die Franzosen, gegen den frankophilen Ottawa-Häuptling Pontiac, dem sie ziemlich hilflos ausgeliefert waren, jetzt fühlen sie eher Abscheu, Wut, wird doch ihr Heiligstes angetastet – ihr Profit!

Es ist bezeichnend, dass man erst jetzt von »der Entstehung einer amerikanischen Zivilisation« sprechen kann. Und es ist bezeichnend, dass die Rebellion keinesfalls vom so genannten Volk oder gar vom »Mob« ausgeht, denn der hat ohnehin wenig oder nichts zu verlieren. Nein, es sind Neu-Englands wohlhabende, einflussreiche Kreise, die nicht daran denken, sich erkenntlich zu zeigen, die nicht daran denken, auch Einschränkungen, Auflagen, Steuern hinzunehmen. Es sind die Produzenten, Reeder, Kaufleute, Grundstücksspekulanten, die an der Suprematie des Parlaments rütteln, die dessen Gesetze nicht schlucken, die keine Weisungen, keine Zahlungen ohne Einverständnis der Kolonien verfügen und erheben lassen wollen: »No Taxation without Representation«. Das heißt keine Steuereintreibung ohne Bewilligung der Betroffenen, die ja gar nicht im Parlament zu Westminster sitzen.

Noch 1764 beschließen mehrere Kolonien das Embargo britischer Waren. Das Stempelsteuergesetz vom 22. März 1765, das wieder gerade die Begüterten trifft, schürt die Empörung erst recht. Es kommt zur Bildung von Geheimbünden. Die »Sons of Liberty«, bestehend besonders aus Reichen und Einflussreichen, organisieren sich und den Widerstand. Man missachtet die Zoll- und Steuergesetzgebung des Mutterlandes. Man schmuggelt, was man brauchen kann, von den französischen Westindischen Inseln ins geraubte Reich. Man scheut auch Gewaltanwendung nicht. Man teert und federt Steuereinzieher der Krone, vernichtet Urkunden, Akten, schlägt die Villen hoher Kolonialbeamter kurz und klein und plündert sie.

So verbrennt am 26. August 1765 das aufgestachelte Volk in Boston die Unterlagen der Vice-Admiralty Courts und zerstört das Haus und die reichhaltige Bibliothek des Vizegouverneurs und Obersten Richters Thomas Hutchinson. Vier Tage später, nach mehrfacher Flucht mit seinen Kindern in Sicherheit, berichtet er, von dem am besten ausgestatteten Wohnsitz der Provinz seien nur noch die nackten Wände übrig und der Fußboden. Die Plünderer holten sich rund 900 Pfund Sterling, das Porzellan, die Familiengemälde, Kleidung, Möbel, jedes Buch sogar, schnitten die Betten auf und verwüsteten den Rest total. Selbst den Gartenzaun samt allen Bäumen legten sie um. »Ein solches Bild einer Ruine hat es in Amerika noch nicht gegeben.«

Tabula rasa. Der Vorgang ist signifikant. Was ihnen widersteht, wird niedergewalzt, wann immer es möglich ist, wenn es um Geld geht …

Bostoner Massaker und Tea-Party – oder Die Verletzung des Heiligsten

Der englische Export nach Nordamerika fällt nun derart, dass König Georg III. das besonders verhasste Stempelsteuergesetz aufhebt. Die dankbaren New Yorker errichten dem Monarchen eine Statue. Doch dauert der Dank nicht lang. Als Schatzkanzler Townshend am 29. Juni 1767 die so genannten externen (und daher für die Kolonien annehmbaren) Steuergesetze erlässt (American Import Duties Act), boykottieren die Kaufleute von Boston, New York, Philadelphia, Baltimore und anderen Orten die durch den Townshend-Zoll betroffenen Waren, hauptsächlich Luxusartikel; lebenswichtige Güter nehmen sie wohlweislich aus.

Die Einfuhren in die Kolonien sinken jetzt gewaltig; allein zwischen 1768 und 1769 von 2 157 218 Pfund auf 1 336 122 Pfund. Und die Rebellion der Neu-Engländer, immer mehr geschürt, breitet sich aus. Es kommt zu ersten Zusammenstößen. Doch während sie die Indianer stämmeweise metzeln, ja, sich damit in ihren Blättchen brüsten, schreien sie Zeter und Mordio, geht es ihnen selber einmal etwas an den Kragen, wie bei dem Massaker von Boston am 5. März 1770.

Man hatte dort einige Soldaten des Königs provoziert. Die Wache wurde verunsichert, nervös und feuerte. Der aufständische Haufen, mit Knüppeln bewaffnet, soll zuvor noch gestichelt, gehetzt haben:

»Kommt schon, ihr blutroten Rücken!« »Ihr Krebse! « »Schießt doch, ihr feigen Hunde!« »Verfluchte Hunde, feuert doch!« »Dass ihr Feiglinge seid, wussten wir schon lange!« Aber danach war das Lamento groß. Jährlich schwangen sie patriotische Reden am 5. März. Wie wehrlose Sklaven seien sie der Tyrannei anheimgefallen. »Der schicksalhafte 5. März 1770 kann niemals vergessen werden! Die Greuel dieser entsetzlichen Nacht haben sich zu tief in unsere Herzen eingeprägt.« »Das Blut unserer Mitbürger lief wie Wasser ... Bis an die Long Lane und einige andere Straßen und Gassen floss unser Blut ...«

Man sieht Hunderte von Opfern, liest man die Tiraden. Ströme von Blut! In Wirklichkeit starben bei dem Massaker von Boston drei Männer sofort, zwei weitere erlagen später ihren Wunden. Aber so empfindlich sind Yankees, trifft es sie selbst einmal.

Immerhin, man hatte nun Märtyrer – kein kleiner Vorteil. Ist Blut doch stets der beste Beweis für die Heiligkeit einer Sache in den Augen der Dummen. Zumal dies Blut ja für die »Freiheit« floss, nicht fürs Geschäft. Zumal die Märtyrer natürlich für die Unabhängigkeit starben, nicht etwa für die Interessen der Reichen. Propagandistisch nützte man das alles weidlich gegen England aus. Denn fraglos waren die Kolonisten im Recht, wie sie immer im Recht waren, mit dem Aufruhr gegen die britische Krone ebenso wie mit dem blutigen Raub des Landes – damals noch mit Englands Beistand.

Im Recht waren auch die Regulatoren, eine 1767 gegründete Farmervereinigung in den Carolinas, die zunächst durch Selbsthilfe, dann revolutionär »Ordnung« erstrebte. Mitte Mai 1771 geht Gouverneur William Tryon in North Carolina mit 1200 Milizmännern gegen 2000 Regulatoren vor. Sie werden völlig geschlagen. 13 von ihnen zum Tod verurteilt, sieben hingerichtet. Nun hatte man wieder Märtyrer – gut, gut.

Im Sommer nächsten Jahres setzt der Kaufmann John Brown mit seinem Anhang in der Nähe von Providence den Zollkutter »Gaspee« in Brand. Und als England 1773 eine hohe Importsteuer für Tee einführt, schreitet man zur offenen Rebellion. Sehen Amerikaner doch stets ihr Heiligstes verletzt, drohen sie beim Geld zu kurz zu kommen.

Die dem Bankrott nahe East India Company wollte sich sanieren und plante 1773 Boston, Philadelphia, New York und andere Städte mit 500 000 Pfund Tee zu beglücken. Am 27. November läuft auch das erste Teeschiff, die »Dartmouth«, in Boston ein, bald gefolgt von

»Beaver« und »Eleanor«. Nun aber erhebt sich die Stadt zu zwei großen Protestdemonstrationen, da der amerikanische Teehandel die Konkurrenz fürchtet und Boston die Zahlung des gleich bei der Landung fälligen Zolls. Am 16. Dezember 1773 dringen als Mohikaner verkleidete »Sons of Liberty« auf die Schiffe und schleudern 342 englische Teekisten ins Meer, Kostenpunkt: 10 000 Pfund Sterling.

Doch auch bei der Bostoner Tea Party ging es selbstverständlich um die »Freiheit« und nicht um Import, Export, ums schnöde Geld. Und John Adams, ihr späterer Präsident, schrieb damals in sein Tagebuch, diese »bisher großartigste Maßnahme« der »Patrioten« habe »eine Würde, eine Majestät, eine Erhabenheit an sich, die ich bewundere.« Im Übrigen sei es »nur ein Angriff auf Eigentum« gewesen. »Viele wünschten, dass im Hafen ebenso viele Leichen wie Teekisten schwämmen – eine viel geringere Zahl von Menschenleben jedoch würde die Ursache all unseres Unglücks beseitigen ...«

Aus solchem Holze macht man Präsidenten.

London reagierte mit den Strafgesetzen von 1774 (Intolerable Acts): Aufhebung der königlichen Gründungs- und Freiheitsakte für Massachusetts, Besetzung Bostons, Sperrung seines Hafens und Prozess gegen die Empörer. Dagegen erhebt sich neuer Widerstand, und so dauern durch das ganze Jahr die Unruhen an. Im Frühjahr empfiehlt man allen Kolonien, den Handel mit England, das neue Truppen, vier Regimenter, schickt, ganz einzustellen. Im Herbst beschließt in Boston der erste Kontinentalkongress, bestehend aus den Delegierten von zwölf Kolonien, die Einführung rigoroser Wirtschaftsmaßnahmen gegen England, die Einstellung des Imports britischer Produkte sowie der Ausfuhr von Gütern nach England, Irland, Westindien. Ebenso beschließt man die Bewaffnung der Bevölkerung, auch die Schaffung einer besonderen Milizformation, der »Minute-Men«, Soldaten, die in einer Minute einsatzfähig sein sollen.

Der Revolutionskrieg für die Reichen

Am 1. Februar 1775 bereitet ein Provinzialkongress in Massachusetts die Provinz auf den Krieg vor. Und im April bricht er aus. Bereits beim ersten Gefecht, am 19. dieses Monats, gibt es mehrere hundert Tote und Verwundete; in der Schlacht bei Bunker Hill am 17. Juni sterben 100 Amerikaner und 1054 Briten. Und während die Amerikaner kämpfen, während George Washington im Sommer den Oberbefehl über die Armee erhält und sie bis Ende des Krieges führt, während der Kongress die Aufstellung einer Kriegsmarine und Marineinfanterie bewilligt und ein Komitee ernennt zur Konspiration mit den europäischen Gegnern Englands oder, wie man sagt, zur Aufnahme von Verbindungen mit »unseren ausländischen Freunden« – während alledem versichert dieser Kongress unentwegt seine Treue zum englischen König; so am 5. Juli und 6. Dezember 1775. Ja, er betont in einer Resolution desselben Jahres, er erstrebe keine Unabhängigkeit!

Während man so einerseits die Treue beteuert, andererseits Munitionsdepots anlegt, den Aufstand schürt, den Krieg, vergisst man weder die Indianervernichtung, das Ausmorden ganzer Dörfer, noch das Geschäft. Am 6. April 1776 öffnet man allen Handel treibenden Staaten, die nicht der britischen Krone unterstehen, die eigenen Häfen. Und am 4. Juli 1776 kommt es zur Unabhängigkeitserklärung der dreizehn Vereinigten Staaten von Amerika. Indem man die Regierungszeit des gegenwärtigen Königs von Großbritannien »von unentwegtem Unrecht und ständigen Übergriffen gekennzeichnet« erklärt und ihm »die Errichtung einer absoluten Tyrannei« unterstellt, nimmt man für die eigene Rebellion »Naturrecht und göttliches Recht« in Anspruch und deklariert die folgenden »Wahrheiten ... für selbstverständlich: dass alle Menschen gleich geschaffen sind; dass sie von ihrem Schöpfer mit gewissen unveräußerlichen Rechten ausgestattet sind, dass dazu Leben, Freiheit und das Streben nach Glück gehören, dass zur Sicherung dieser Rechte Regierungen unter den Menschen eingesetzt werden, die ihre rechtmäßige Macht aus der Zustimmung der Regierten herleiten; dass, wann immer irgendeine Regierungsform sich als diesen Zielen abträglich erweist, es Recht des Volkes ist, sie zu ändern oder abzuschaffen und eine neue Regierung einzusetzen und diese auf solchen Grundsätzen aufzubauen und ihre Gewalten in der Form zu organisieren, wie es ihm zur Gewährleistung seiner Sicherheit und seines Glückes geboten zu sein scheint.«

Die Unabhängigkeitserklärung verspricht zwar eine neue politische Ordnung, die unverkennbar antifeudal, antimonarchistisch ist, die Volkssouveränität und Gleichheit vor dem Gesetz vertritt. In Wirklichkeit aber steht die Unabhängigkeit nur auf dem Papier, gibt es Unabhängigkeit nur für die Wenigsten. Die Erklärung lässt, auf Druck der südlichen Pflanzer, Sklavenarbeit und Sklavenhandel weiter zu, die schlimmste Form der Rassendiskriminierung, was noch heute fortwirkt. Überdies werden auch etwa 250 000 Weiße Schuldsklaven und rund 300 000 Indianer. Dazu passt, dass man am 26. Dezember 1776 das Wahlrecht auf besitzende Bürger beschränkt, auf jene also, die vor allem den Krieg um ihre »Unabhängigkeit« führen: Händler, Kaufleute, Wohlhabende, Reiche, denen es um Steuerersparnisse, um noch mehr Wohlstand, um unbeschränkten Handel geht, um Macht.

Wie sprechend die Tatsache, dass gerade die führende Clique die mangelnde Kampf- und Opferbereitschaft des »Volkes« beklagt, jenes Volkes, für dessen Freiheit und Unabhängigkeit man doch angeblich kämpft. Wie sprechend die Tatsache, dass dieses Volk gespalten ist durch den Krieg, dass nur die »Patrioten«, etwa ein Drittel der Bürger, ihn aktiv unterstützen. Ein weiteres Drittel aber bleibt indifferent. Und ein Drittel, der englandtreue Kreis, kämpft nicht nur nicht mit den »Patrioten«, er kämpft gegen sie: die »Loyalisten«, die Anhänger der Krone, die Untertanen Georgs III. bleiben wollen. Und für sie gab es natürlich keine demokratischen Freiheiten. Ja, die »Unabhängigkeit« war noch längst nicht erkämpft, da bekämpfte man schon die Andersdenkenden, verbrannte man etwa die Flugschrift einer New Yorker Druckerei, die wider die Unabhängigkeit protestierte. Dagegen fand jene Zeitung in Philadelphia den richtigen Ton, die am 17. Februar 1776 schrieb: »Welche Vorteile wird die Unabhängigkeit bringen? Einen freien und unbeschränkten Handel; eine große Zunahme des Wohlstandes und einen entsprechenden Anstieg des Grundstückwertes«.

Wie sagt Karl Kraus? Es handelt sich in diesem Krieg – jawohl, es handelt sich in diesem Krieg.

Es ist klar, man blutete bloß für die Reichen. Und nur zu verständlich, wenn wir bei John Adams, dem damaligen Delegierten von Massachusetts und nachmaligen US-Präsidenten lesen: »Zu Offizieren werden jeweils die Wohlhabendsten am Ort gemacht …« Dagegen hörte man im Heer, wie ein Soldat aus Pennsylvania, John Henry, ein Augen- und Ohrenzeuge, mitteilt, nicht nur einmal den Soldatenausdruck »Wir sind verkauft …«

Hatten die Neu-Engländer erst mit britischer Hilfe die Franzosen aus Nordamerika geworfen, bedienten sie sich nun der Franzosen, um sich der Briten zu entledigen, die Amerika seit 1763 unbestritten beherrschten.

In den Jahren 1775 und 1776 erbettelten die Yankees von den ehemaligen Feinden in Paris ganze Schiffsladungen voller Musketen und Pulver. König Ludwig XVI. ließ dafür, trotz Ebbe in der Staatskasse, eine Million Livres springen, ja verbündete sich 1778 förmlich mit den Rebellen, wie 1779 auch Spanien, im Jahr darauf die Niederlande. Der englisch-amerikanische Bürgerkrieg weitete sich zum internationalen Seekrieg aus.

Auch etwa 30 000 Deutsche kämpften, von ihren Fürsten vermietet, für rund 1,8 Millionen Pfund Sterling in der »Neuen Welt«. Russland und die Niederlande verkauften ihre Leute nicht. Doch die deutschen Potentätchen verkauften sie – »wie Vieh«, schreibt Friedrich II. von Preußen am 18. Juni 1776 an Voltaire, nicht ohne hinzuzufügen: »Mir tun die armen Kerle Leid, die ihr Leben unglücklich und sinnlos in Amerika hingeben müssen«. Der Herzog von Braunschweig-Wolfenbüttel verkaufte, der Erbprinz von (Hessen-)Hanau, der Fürst von Waldeck, der Fürst von Anhalt-Zerbst, der Markgraf von Ansbach-Bayreuth. Am meisten Soldaten aber, fast die Hälfte aller Deutschen, schickte Friedrich II. von Hessen-Kassel, weshalb die Amerikaner bald alle deutschen Söldner »Hessians« nannten.

Der große, viel zu selten gelesene Seume, selbst ein Verkaufter, berichtet in seiner Autobiographie: »Niemand war vor dem Griff der Soldatenhändler sicher. Überredung, Betrug, Gewalt – alles wurde benutzt, um einen neuen Rekruten zu gewinnen.« Und Schillers Kabale und Liebe verhöhnt 1783 das blutige Geschäft durch einen Kammerdiener, der Söhne unter den Verkauften hat: »Doch keine Gezwungenen?« Der Kammerdiener »lacht fürchterlich«: »O Gott – Nein – lauter Freiwillige. Es traten wohl so etlich vorlaute Bursch' vor die Front heraus und fragten den Obersten, wie teuer der Fürst das Joch Menschen verkaufe? – aber unser gnädigster Landesherr ließ alle Regimenter auf dem Paradeplatz aufmarschieren und die Maulaffen niederschießen. Wir hörten die Büchsen knallen, sahen ihr Gehirn auf das Pflaster spritzen, und die ganze Armee schrie: Juchhe nach Amerika!«

Auch Gott focht, wie üblich, auf allen Seiten.

Mit Luther-Hymnen auf den Lippen warfen sich deutsche Dragoner und Infanteristen für England in die Schlacht. Und bei den Rebellen donnerte der deutsche Lutheranerpastor Peter Mühlenberg, »Teufel Peet«, ein fanatischer »Patriot«: »Es gibt eine Zeit der Predigt und des Gebets, es gibt aber auch eine Zeit des Kampfes. Diese Zeit ist nun gekommen!« Warf seinen Talar ab und stand in der Uniform eines Brigadegenerals vor den verdutzten Christgläubigen.

Selbst die Quäker vergaßen ihren Pazifismus, wenn man John Adams glauben darf, der besonders für die Loslösung Amerikas vom Mutterland stritt und am 21. Mai 1775 einem Bostoner Freund über den »Kriegsgeist« der Provinz Pennsylvania schreibt: »Die Quäker und alle anderen werden von ihm erfasst. An jedem Tag der Woche, den Sonntag nicht ausgenommen, exerzieren sie in großer Anzahl … Amerika wird bald in der Lage sein, sich auf dem Land gegen die ganze Menschheit zu verteidigen …«

Gegen die ganze Menschheit … Das klingt verheißungsvoll. Immerhin hatte sich unter den Quäkern tatsächlich eine militaristische, den Kriegsdienst erlaubende Gruppe, die Sekte der Fechtenden oder Freien Quäker, gebildet und eine ganze Heldengalerie hervorgebracht.

Am 27. August 1776 kämpfen auf Long Island mit den Truppen des britischen Generals Howe auch 9000 Deutsche. Die geschlagenen Amerikaner weichen unter Washington nach New York City, später weiter zurück und holen nun auch Militärexperten aus Europa. Genau elf Monate nach der Schlacht treffen am 27. Juli 1777 der Marquis de Lafayette und Hans Kalb aus Bayern ein, der sich im Land der unbegrenzten Möglichkeiten selbst zum »Baron de Kalb« ernennt, Generalmajor in der Kontinentalarmee und Mann einer reichen französischen Erbin wird.

Nach »de Kalb« kommt der preußische Baron Friedrich Wilhelm von Steuben, dessen Großvater das Baronat erschwindelt hatte – ein Mann somit von fast schon altem Adel. Washington ernannte den Baron mit Zustimmung des Kongresses zum Generalinspekteur der amerikanischen Armee. Viele ihrer Soldaten konnten nicht einmal rechts von links unterscheiden. So lehrte Baron Steuben die »Patrioten« auf den rechten Stiefel Stroh, auf den linken Heu binden. Und noch heute kennt man sein Kommando: »Heu-Fuß, Stroh-Fuß und den Bauch voll Bohnen-Supp!« Die Vereinigten Staaten lagen schon fast am Boden, als sie Steuben wieder hochbekam. Da ihm die Undankbaren aber 1784 die Ernennung zum Kriegsminister verweigerten, zog er sich ins Privatleben zurück. Doch noch immer steht auf seinem vom Staat New York gestifteten Grabmal, er sei »unentbehrlich« gewesen, »für die Erlangung der Unabhängigkeit der Vereinigten Staaten«.

Heu-Fuß, Stroh-Fuß … und den Kopf voll Vaterland.

Zunächst fochten die Engländer erfolgreich. Schließlich hatten sie besser ausgerüstete und ausgebildete Soldaten, eine die See beherrschende Marine und viel Geld. Der Nachschubweg aber war lang, die Hilfe der »Loyalisten« unzulänglich, und die Entschlossenheit der Führung ließ zu wünschen übrig. Die Amerikaner dagegen kämpften auf sozusagen eigenem Boden. Die Erfahrung aus ihren Indianergemetzeln kam ihnen zustatten; ebenso das weite Land, wohin sie ausweichen konnten: auch die großzügige Erlaubnis für Schwarze und Rothäute, eigene Truppenverbände zu bilden; denn als Kanonenfutter taugten die »wilden Tiere« immer noch. Und nicht zuletzt sprengte der Aufbau einer eigenen Flotte allmählich die Einschnürung der 13 Kolonien.

Gleichwohl entwickelten sich die Dinge, militärisch und finanziell, für die Rebellen lange nicht zum besten. Noch am 12. Mai 1780 fällt Charleston und 5400 Amerikaner geraten in Gefangenschaft. Immer mehr Soldaten meutern in diesem wie im nächsten Jahr, und Anfang Januar 1781 verlässt die Hälfte der Truppen die Armee. Nur mit äußerster Härte werden weitere Unruhen unterdrückt. Und trotz einer neun Millionen Dollar Anleihe galoppiert die Inflation. Das US-Papiergeld (1779: 200 000 Millionen »Continentals«) hat um 1780 bloß noch einen Wert im Verhältnis 40:1.

Ohne Hilfe des Auslands, vor allem der Franzosen, wären die Amerikaner (wahrscheinlich) erledigt gewesen. Doch ihre Armee wird laufend verstärkt. Ende August 1781 eilt ihr die französische Westindien-Flotte unter Admiral Comte de Grasse zu Hilfe; eine Woche darauf wird die britische Flotte unter Admiral Thomas Graves geschlagen. Schon am 9. September vermehrt ein weiteres französisches Geschwader unter Comte de Barras die alliierten Truppen. Ende September belagern etwa 9000 Amerikaner und 7800 Franzosen Yorktown. Drei Wochen darauf, am 19. Oktober, kapitulieren dort rund 8000 britische Soldaten mit ihrem General Charles Marques Cornwallis.

Dies ist die entscheidende Wende im Unabhängigkeitskrieg, zumal kurz vorher, am 5. September, auch die englische Flotte in der Chesapeake Bay eine Niederlage erlitt. In London zieht man die Konsequenz. Ende Februar 1782 stimmt das Parlament gegen die Fortsetzung des Krieges. Kurz darauf wird die Krone ermächtigt, mit den Vereinigten Staaten Frieden zu schließen. Mitte April beginnen in der französischen Hauptstadt die (informellen) Verhandlungen mit Benjamin Franklin. Ende des Jahres schließt man den Pariser Vorfrieden ab. Und am 3. September 1783 besiegelt der Friede von Versailles den Bruch mit dem britischen Mutterland, das die 13 angloamerikanischen Kolonien als »freie, souveräne, unabhängige Staaten« anerkennt und ihnen das Hinterland bis zum Mississippi zuspricht, während Kanada in britischem Besitz bleibt und Spanien von England Florida zurückerhält. Die neue amerikanische Nation ist geboren.

Der Dank des Vaterlandes

Der Kampf für die eigenen Geschäfte hatte große Opfer gekostet. Allein von den 29 867 deutschen Soldaten waren 4626 getötet worden, 127 galten offiziell als vermisst. Die Nordamerikaner hatten mehr als 70 000 Tote (bei drei Millionen Einwohnern). Und dem schlimmen Krieg folgen schlimme Friedensjahre, für die meisten jedenfalls. Auch bricht schon nach einer Generation ein neuer Krieg aus.

Zunächst aber beschlagnahmt man die Ländereien des Königs ebenso wie die der »Loyalisten« – immerhin fast hunderttausend von ihnen sind nach England oder Kanada geflohen. Man hebt die Primogenitur, die Pacht, auf und schafft die Steuern für die Anglikanische Kirche ab. Händler, Spekulanten, klerikale Kreise profitieren vom Krieg. Und das Geschäft, der Geschäftsmann prägen nun immer mehr die amerikanische Gesellschaft und bestimmen den Ton. Im Frühjahr 1785 wird John Adams, der künftige zweite Präsident der USA, Botschafter in London mit dem Auftrag, einen Handelsvertrag abzuschließen. Ebenso wird Thomas Jefferson, der künftige dritte Präsident, Botschafter in Paris, und auch er soll einen Handelsvertrag tätigen. Im Herbst dieses Jahres kommt es zu einem Handelsvertrag mit Preußen. Außerdem eröffnet man anstelle des verloren gegangenen Handels mit England jetzt den mit China.

Dagegen braucht man natürlich nun jene am wenigsten, die den Krieg gewannen. Viele kamen desillusioniert aus dem Kampf zurück und warteten vergebens auf den Dank des (neuen) Vaterlandes. Man beglich weder den rückständigen Sold noch Rechnungen für Verpflegung und Kleidung. Und schließlich musste der Kongress, der sich weigerte, die versprochenen Offizierspensionen auf Lebenszeit in Höhe des halben Soldes zu zahlen, vor den empörten Soldaten von Philadelphia nach Trenton/New Jersey weichen.

Auch die Unzufriedenheit der Bauern war beträchtlich. Immer häufiger kommt es zu Zwangsversteigerungen ihrer Farmen. 1786, als auch Philadelphias Drucker vergebens für einen Tageslohn von einem Dollar streiken, bricht die so genannte Shays' Rebellion aus. Man sprengt Gerichtsversammlungen, zerstört Gerichtsgebäude. Als aber der Kongress Soldaten unter General Knox gegen die Bewegung schickt, bricht sie zusammen.

Am wenigsten wollte man selbstverständlich von pazifistischen Sekten wissen, die sich am Unabhängigkeitskrieg nicht beteiligt hatten, wie vor allem die Mennoniten, »die Verräter«, die nun die Intoleranz der Punitaner und die Suche nach religiöser Freiheit auf den mühevollen weiten Weg nach Kanada treibt – während doch zuhause allmählich etwas vom Schönsten der Welt entsteht: die Verfassung der Vereinigten Staaten von Nordamerika.

Die amerikanische Verfassung – ein Staatsstreich der Oberschicht

Die Verfassung der Vereinigten Staaten vom 17. September 1787 hatte schon einen Vorläufer: die 13 Artikel der Konföderation und einer »ewigen Union« vom 15. November 1777. (Oft, wenn ich »ewig« und vom »Ewigen« lese – vom »ewigen Leben« etwa, der »ewigen« USA –, denke ich: wie bescheiden war da der doch größenwahnsinnige Hitler noch mit seinem »tausendjährigen« Reich!). Die 13 Artikel schlossen die einzelnen Staaten zu einem Freundschaftsbund zusammen, ließen ihnen aber alle Rechte (darunter so wichtige wie Aufstellung einer Armee, Regulierung des Handels, Besteuerung), die sie nicht ausdrücklich dem Kongress, der Bundesregierung, abgetreten haben. Nun mag man die »ewige Union« seinerzeit nicht so ganz ernst genommen haben. Aber etwas weniger separatistische Tendenzen und mehr Macht, reichlich mehr Macht wollte man zehn Jahre später schon, eine stärkere Zentralgewalt, zum Beispiel zugunsten einer schlagkräftigeren Armee, der Forcierung des Handels, der Lösung des »Indianerproblems«, der Arbeiterfrage etc. – zugunsten lauter guter Dinge also.

Für solch effektivere Gewaltinstanz sorgte denn auch der unter dem Vorsitz von George Washington, einem Militär bezeichnenderweise, in Philadelphia tagende Verfassungskonvent, der den Staatenbund in einen Bundesstaat verwandelte. Nach monatelangen Beratungen wurde die Verfassung am 17. September 1787 »unter einstimmiger Billigung aller anwesenden Staaten« unterzeichnet, und im Frühjahr 1789 vom Kongress angenommen.

Das Endziel wird bereits in der Präambel kurz und klar benannt: »Wir, das Volk der Vereinigten Staaten, von der Absicht geleitet, unseren Bund zu vervollkommnen, Gerechtigkeit zu verwirklichen, die Ruhe im Innern zu sichern, für die Landesverteidigung zu sorgen, die allgemeine Wohlfahrt zu fördern und das Glück der Freiheit uns selbst und unseren Nachkommen zu bewahren, haben diese Verfassung für die Vereinigten Staaten von Amerika beschlossen und in Kraft gesetzt«.

»Wir, das Volk …«, gewiss, das klingt gut. Und die Geburtsstunde der US-Verfassung gilt, zumal in Amerika, auch als das »Morgengrauen der Demokratie«, (und auch das Grauen passt da hinein). Ja, diese Verfassung selbst wurde allmählich ein Nationalfetisch, bekam fast religiösen Charakter.

Doch noch eine (offizielle) US-Propagandaschrift *Die Vereinigten Staaten von Amerika. Das Volk regiert* (die dankenswerterweise auch gesteht, die Konföderation der dreizehn Gründerstaaten hatte in den acht Jahren ihres Bestehens nur »eine ununterbrochene Kette von Fehlschlägen und Unfähigkeit aufzuweisen«) räumt ein, dass schließlich diese Verfassung, »das große Dokument«, das »Bollwerk«, »das Fundament der amerikanischen Demokratie«, nicht bloß von vielen »nur unter großen Vorbehalten« befürwortet worden war, sondern dass auch nach Erlangen der Rechtskraft »noch viele« zweifelten, ob es denn »weise gewesen sei, dafür zu stimmen …«

Dabei garantierte diese Verfassung mit ihren diversen Verfassungszusätzen lauter herrliche Dinge, »Bill of Rights« genannt (die ersten zehn standen schon auf der Tagesordnung des ersten Kongresses) – herrlich, wenn man etwa von dem Recht auf Waffenbesitz und dessen buchstäblich verheerenden Folgen im Leben (und Sterben) dieses Volkes absieht: Glaubensfreiheit, Versammlungs-, Rede-, Pressefreiheit, natürlich die Unverletzlichkeit des Eigentums und der Person etc, etc. Auch die von Thomas Jefferson entworfene Unabhängigkeitserklärung vom 4. Juli 1776 wird übernommen, und sie ist nicht weniger prächtig. Gelten doch demnach, um daran zu erinnern, alle Menschen als gleich geschaffen, vom Schöpfer mit bestimmten unveräußerlichen Rechten ausgestattet, wie dem Recht auf Leben, Freiheit, Verfolgung ihres Glückes, dem Recht auf »pursuit of happiness«.

Aber einmal waren die von den »founding fathers« (Gründungsvätern) geschaffenen Einrichtungen, die Republik und die Demokratie, gar kein amerikanisches Erzeugnis. Beide hatten in Europa das Licht der Welt oder was immer erblickt. Und beide, viel wichtiger, waren weit weniger demokratisch, als man der Welt glauben machen wollte. Ja, die berühmte demokratische Verfassung der USA, die amerikanische Demokratie, die »eine Regierung des Volkes, durch das Volk und für das Volk« sein sollte (Abraham Lincoln), ist weder eine Demokratie im europäischen Sinn noch gar eine »vollkommene Volksherrschaft« und »wahrhaft revolutionär« – dies ist vielmehr wahrhaft zum Lachen –, sie ist eine präsidentiale Demokratie, eine Schein-Demokratie. Und etwas anderes wollte und sollte sie auch selbstverständlich nicht sein.

Dass die amerikanische Verfassung nicht demokratisch zustandekam, steht fest. Wahrscheinlich entstand sie nicht einmal legal. Der Historiker und Politologe J. Allen Smith von der University of Washington nennt diese Verfassung rundweg einen »coup d'état«.

Die 55 »Väter« der Verfassung, die am 25. Mai 1787 in der Independence Hall von Philadelphia zusammentraten und dann vier Monate lang, bis zum 17. September, verhandelten, waren weder vom Volk beauftragt, eine Verfassung zu schaffen, noch wurde die Verfassung durch das Volk ratifiziert. Nur die Delegierten einer kleinen Land besitzenden und wohlhabenden Schicht haben 1787 diesen Staat geschaffen: neben einem Häufchen Juristen, Anwälten, vor allem eine Gruppe von Großagrariern, Bankern, Reedern, Maklern und anderen Profitspekulanten. So übernahm man viele Gedanken und Prinzipien der ungeschriebenen britischen Verfassung, hielt man sich an bewährte Bräuche des Mutterlandes, wo noch im Jahrhundert der Aufklärung neun Zehntel der Bewohner nicht wählen durften; besonders natürlich alle Besitzlosen, aber auch Frauen und Minderjährige, selbst wenn sie über noch so viel Besitz verfügten!

Und wie in den USA seinerzeit so gut wie nichts mit Demokratie zu tun hatte, so eben auch nicht die ersten Wahlen. Denn das Wahlrecht war auch hier gewöhnlich an den Besitz, und zwar an den Landbesitz gebunden, das heißt an etwa vier bis zehn Prozent der Bevölkerung. Nur Besitzende durften nach der Geburtsstunde der amerikanischen Verfassung wählen, so genannte *freeholder*.

Auch die ersten Präsidenten der USA sprachen sich klar gegen das allgemeine Stimmrecht aus. Noch 1831 schrieb James Monroe, der Apostel der Monroe-Doktrin: »Wird das Stimmrecht auf die gesamte Bevölkerung ausgedehnt, ohne irgendwelche Qualifikationen in bezug auf das Eigentum, so besteht die Gefahr, dass ... die Masse der Armen, die bei weitem die zahlreichste ist, Persönlichkeiten wählt, die ihrerseits wiederum das Werkzeug in den Händen derer sind, die die Regierung stürzen wollen ...«

Und das ist immer ein Unglück, ist die Regierung ein Werkzeug der Oberschicht.

Auch seit Einführung des allgemeinen Wahlrechts aber blieb die politische Herrschaftsform wie eh und je eine Herrschaft der Wenigen, der Wenigsten, nicht de jure zwar, doch de facto. Nur sie, die verschwindende Oberschicht, hat wirkliche Macht. Und die Mittelklasse ist, Ausnahmen beiseite, kaum viel mehr als der Reflex jener. Übrigens hatte auch keine einzige Länderverfassung der frühen USA ein demokratisches Wahlrecht. Und gewerkschaftliche Zusammenschlüsse erlaubten sie gesetzlich als letztes Land der so genannten freien westlichen Welt.

Vom Recht der Wenigen über die Vielen

Wie sehr man im Revolutionskrieg das Mutterland auch bekämpft hatte, gerade für die begüterte Klasse sprach nichts dagegen, die britischen Machtmechanismen prinzipiell zu übernehmen, konnte man dabei nur in die eigene Tasche wirtschaften. Viele vermögende Neu-Engländer bewunderten das politische System Großbritanniens nach wie vor. Und kein anderer als Alexander Hamilton, der alles getan, um die Macht des Mutterlandes in Amerika zu brechen, suchte jetzt gewisse verfassungsmäßige und gesellschaftliche Elemente Englands wieder einzuführen.

Was in der amerikanischen Präsidialdemokratie herrschte und herrscht, ist das Geld, die Geldaristokratie, wie sie eben vor allem unter dem Einfluss Hamiltons entstand, der auch das Recht der Wenigen über die Vielen sanktionierte und der, neben George Washington, dessen Erster Staatssekretär für Finanzen er wurde, beinah der Gründer dieser Staaten gewesen ist. Gerade Hamilton belehrte so 1787 in einer langen Rede den Verfassungskonvent in Philadelphia, die Gemeinschaften aller Zeiten setzten sich aus den Wenigen und den Vielen zusammen; die Wenigen seien die Reichen, die andern die Masse des Volks. Worauf er erklärte: »Es ist häufig gesagt worden, dass die Stimme des Volkes die Stimme Gottes sei; und wie häufig dieser Satz auch zitiert und für wahr gehalten sein mag – er ist, faktisch genommen, falsch …«

Faktisch genommen, hier hat Hamilton Recht, sind eben die Reichen die Stimme Gottes. Faktisch ist, überall auf Erden, zumal aber in den USA, der Profit das Nonplusultra, das Allerhöchste. Und wes das Herz voll ist …, der sagt schon einmal, wie am 5. Dezember 1963 der US-Wirtschaftsführer Rubel, Vorsitzender des Aufsichtsrats der Union Oil Company: »Profite sollten den Rang von so geheiligten Begriffen haben wie Heim oder Mutter …«

Es fiele den Herren, den Händlern, nie ein, so etwa von Menschenrechten zu sprechen, geschweige zu denken! Nicht zufällig haben einige ihrer Staaten, Massachusetts, Connecticut, Georgia, der Erklärung der Menschenrechte erst 1939 Geltung verschafft! Und im Übrigen standen sie auf dem Papier. Schon als die »founding fathers« die USA aus der Taufe hoben, als sie mit ungezählten frommen Phrasen im Festrausch Freiheit und Recht, Gott und Demokratie beschworen, Gerechtigkeit, Wohlstand für alle, hatte dieser Staat nichts so sehr wie Raub zur Voraussetzung, blutige Gewalt. Und mit Raub und blutiger Gewalt ging es weiter. Die Sklaverei dauerte fort, der Krieg, die Vernichtung der Indianer, die Armut, das Kerkerelend – die Schuldgefängnisse jener Zeit quollen über und sollen an die grauenhaftesten Zustände mittelalterlicher Verliese erinnert haben.

Und auch das Zensuswahlrecht dauerte fort.

So kam es, dass George Washington, obwohl er die Stimmen von nur 11 Prozent der Bürger bekam, der erste Präsident der Vereinigten Staaten wurde.

George Washington (1789–1797) war der Sohn eines reichen Sklavenhalters, der seinen ausgedehnten Landbesitz von den Indianern geraubt hatte. Sprössling George schacherte mit Land und Sklaven, wobei er Letztere manchmal gegen Rum tauschte. Preiswerte Geschäfte, versteht sich. Dagegen ist das Schreiben nie Washingtons Fall gewesen. Bis zu seinem Tod gab er kaum ein Schriftstück fehlerfrei aus der Hand.

Etwas besser ging er mit dem Säbel um. 1751 trat er als Major in das britische Kolonialheer ein, wurde Regimentskommandeur, schließlich, im Krieg Englands gegen Frankreich, Adjutant des Generals Bradock. Gelegentlich zeichnete sich George Washington als Krieger aus, nicht zuletzt in der Abschlachtung der Indianer am Ohio. Verdankte er seine bisherige militärische Karriere aber den Briten, wechselte er, obwohl er deren Majestät ewige Treue geschworen, bei der ersten Gelegenheit ins Lager ihrer Feinde und stieg weiter auf. 1774 wurde er Befehlshaber der Truppen Virginias und im Sommer des nächsten Jahres Generalissimus der nordamerikanischen Armee.

Washington war »nur ein mittelmäßiger Soldat« (Montgomery of Alamein), aber, wie oft mittelmäßige Figuren, gegen Untergebene besonders streng. Fahnenflüchtige ließ er so lange peitschen, bis es die Zuschauer nicht mehr ertrugen. Für noch schwerere Vergehen wurden seine Soldaten nicht, wie vorgeschrieben, erschossen, sondern, zur Abschreckung, gehängt.

Als Feldherr war er an Niederlagen gewöhnt. Schlug man doch ein von ihm geführtes Expeditionskorps schon 1754 auf dem Weg von Virginia zum Ohio. Und im Revolutionskrieg sah er sich meist auf die Defensive beschränkt. Zwar nötigte er die Briten im März 1776 zur Aufgabe Bostons, erlitt dann freilich gleich mehrere Schlappen und musste hinter den Delaware zurück. Zwar gelang ihm am heiligen Weihnachtsfest dieses Jahres ein »glücklicher Überfall«, überrumpelte er die ahnungslosen Hessen in Trenton/New Jersey unter Oberst Johann Rall, der dabei umkam. Doch steckte er im September 1777 am Brandyfluss und im Oktober bei Germantown neue Niederlagen ein. Noch 1780, als einer der besten amerikanischen Militärs, General Arnold, zu den Briten überging, als die Briten bei Charleston 6000 Amerikaner zur Kapitulation zwangen, ja, noch zu Beginn des Jahres 1781 war die amerikanische Armee in der desolatesten Lage. Noch am 15. März wurde sie bei Guilford, noch am 6. Juli bei Jamestown besiegt. Es fehlte ihr an Lebensmitteln, an Kleidung, dem Kongress an Geld. Ohne die Hilfe der Franzosen (und alles, was sie noch mit in die Auseinandersetzung zogen, Spanien, die Vereinigten Niederlande) wäre das Desaster wohl sicher gewesen.

Dass aber Frankreich in den stets mehr sich ausweitenden Krieg einstieg, dafür konnte George Washington recht wenig. Es war das zweifelhafte Verdienst vor allem des langjährigen amerikanischen Gesandten am Hof zu Versailles, Benjamin Franklin, eines umtriebsamen Geschäftsmannes, Schriftstellers, Politikers, Diplomaten, der seinerzeit an der Seine als einnehmend geschmeidiger Unterhändler erschien und, schreibt Egon Friedell, »dort meisterhaft die damals so beliebte Rolle des schlichten Bürgers und geraden Republikaners spielte. Seine schmucklose Kleidung, sein ungepudertes Haar, seine bescheidenen Manieren erregten das Entzücken aller Salons. Man verglich ihn mit Fabius und Brutus, Plato und Cato, sein Bild wurde überall verkauft, sodass sein Gesicht, wie er an seine Tochter schrieb, so bekannt war wie das des Mondes. Er wusste ganz genau, dass es sich nur um eine Mode handelte, und nutzte sie als schlauer Geschäftsmann für seine Zwecke.«

Nach dem Eintritt Frankreichs, Spaniens und der Niederlande in den Krieg konnten die Briten die neu gebaute französische Schlachtflotte samt den Schiffen der Verbündeten nicht mehr in ihren Häfen blockieren. 1780 landete General Rochambeau im Norden mit 6000 Franzosen und okkupierte Rhode Island. Im nächsten Jahr setzte Admiral Grasse in Virginia eine Armee von 3200 Franzosen an Land. Der Revolutionskrieg hatte sich zum Weltkrieg ausgeweitet. Für Großbritannien ging es um mehr als die amerikanischen Kolonien. Und da General Cornwallis' Verbindungen zur See jetzt abgeschnitten waren, konnte George Washington, gewaltig verstärkt durch die französischen Truppen unter deren Generälen Rochambeau und Lafayette, am 19. Oktober 1781 über die Briten triumphieren, konnte der »Held des Revolutionskrieges und führende Staatsmann der Union« (US-Informationsdienst *Das Volk regiert*) am 30. April 1789 seinen Eid als Präsident leisten und dann die wichtigsten Instrumente seiner Regierung errichten: am 27. Juli das Außenministerium, am 7. August das Kriegsministenium, am 2. September das Finanzministerium – wobei man vor all dem schon ein erstes Zollgesetz verabschiedet hatte, zum Geldbeschaffen für's Regieren.

Indes, gewiss, der »Klang des Namens Washington« (US-Informationsdienst *Das Volk regiert*) kann nicht von allein gekommen sein – wie auch der anderer notorischer Geschichtsgrößen nicht. Nein, die »bekannteste« der »Persönlichkeiten aus der Kolonialzeit von bemerkenswerten Gaben« (s. oben) muss natürlich viele und – wie auch immer – hervorragende Talente besessen haben, um an die Spitze dieser glorreichen, von Gott ganz besonders erwählten Nation zu gelangen.

So sei nicht verschwiegen, dass George Washington zwar sein Leben lang Sklaven gehalten, bis zu seinem Tod, sie aber testamentarisch doch in die Freiheit entlassen hat. Nicht verschwiegen sei auch, dass er bei Antritt seines Postens als Oberbefehlshaber, am 16. Juni 1775, jegliches Gehalt ausschlug – zugunsten des Ganzen, natürlich. Eine honorige Geste, die auch dadurch nicht verdunkelt wird, dass sich der reiche Sklavenhalter, der Gatte auch der jungen reichen Witwe Martha Curtis, den Edelmut gut leisten konnte – zumal er sich dann ja auch ausgezahlt. (Von einem Verzicht auf das Präsidentensalär wurde nichts bekannt.) Wohl aber hatte »der heroische Ahnherr«, der »Held des Revolutionskrieges«, bereits am 15. März 1783 aufgebrachte Offiziere der Armee, die wegen rückständiger Soldzahlungen, unbeglichener Rechnungen und Streichung der Pension ganz undiszipliniert protestierten, in die Schranken verwiesen, auch dabei selbstverständlich bloß auf den Vorteil des schwachen Staatssäckels bedacht – während er selbst, George Washington, ein so guter Spesenmacher war, dass er, wie errechnet wurde, sich für 160 000 tatsächlich ausgegebene Dollar immerhin 414 000 Dollar geben ließ – ein Beispiel, das nicht nur in US-Regierungskreisen fort und fort wirkt.

Das größte aller Verdienste von Präsident Washington aber war es wohl, das Verlangen des amerikanischen Volkes, die französische Revolution zu unterstützen, mit aller Festigkeit zurückzuweisen. Denn hatte Frankreich auch entscheidend die amerikanische Revolution unterstützt, hieß dies noch lange nicht, Amerika werde auch die französische Revolution unterstützen, mit der, wenigstens zunächst, fast alle Amerikaner sympathisierten. (Das Volk regiert!)

5. KAPITEL

Von Krieg zu Krieg

In den folgenden Jahren und Jahrzehnten erwacht allmählich der amerikanische Nationalismus.

Genährt bereits durch den Revolutionskrieg, fördern ihn nun diverse Figuren wie Fakten der Politik. Washingtons Finanzminister Alexander Hamilton zum Beispiel, der eine durchgreifende Bundesgewalt unter Führung der Exekutive, eine entschiedene Intensivierung der Industrie und Finanzen verlangt. Ungefähr ähnlich wirkt der seit 1801 die nordamerikanische Rechtsgeschichte prägende, 34 Jahre lang als Oberster Bundesrichter fungierende John Marshall. Und nicht zuletzt stärken den das Gesicht der Welt schließlich so verändernden US-Nationalismus gewaltige Landerwerbungen: Louisiana, Florida, Texas, die Kriege 1812 mit England, 1846 mit Mexiko. Dabei überschatten die Innenpolitik Arbeitskämpfe, Rebellionen, Bankskandale, die Miseren der Rothäute und Schwarzen.

Der zweite und der dritte Präsident

Unter Washingtons Vize und Nachfolger John Adams (1797–1801), der die Indianer bereits »für immer zum Schweigen bringen« wollte – noch Washington hatte ihnen bekanntlich das Blaue vom Himmel versprochen –, kam es zu der schon erwähnten »defensiven« Maßnahme gegen die bösen Franzosen. Die Nordamerikaner verlieren dabei durch erbitterte Seeschlachten in einem Jahr über 300 Schiffe. Immerhin wird noch unter Adams im Jahre 1800, als die Regierung nach Washington, D.C. zieht, dieser Seekrieg beendet. Doch unter seinem Vize und Nachfolger Jefferson bricht schon ein neuer Krieg aus.

Jefferson (1801–1809), durch den gestiegenen Einfluss der Demokraten zum dritten Präsidenten gewählt, war kaum im Amt, als der Pascha von Tripolis ihm Schwierigkeiten machte. Seit einem Jahrhundert hatte Tripolis an der Küste Nordafrikas die christliche Seefahrt wider die (nichtstaatliche) Seeräuberei geschützt, vertraglich und gegen Tribute natürlich: Holland, England, Österreich, Dänemark, Venedig, Schweden, Toskana, Spanien und, seit 1796, auch die USA. Ihr teures Leben, generelle Geldnot, die gefährlichen Zeiten und vieles mehr veranlassten die Herren von Tripolis, wie verständlich, den Tribut für ihr Wächteramt gelegentlich zu erhöhen. Und just mit einer solchen Forderung (für die doch gute Sache) sah sich unversehens der neue US-Präsident konfrontiert.

Nun glaubte Jefferson, der große Demokrat (und einstige Gegenspieler Hamiltons) zwar an den ewigen Frieden, an die Beseitigung des Krieges überhaupt – und schuf zur Annäherung an dies Fern-Ziel ja auch die Militärakademie von Westpoint. Aber dem unverschämten, nichts als geldgierigen Pascha schickte er doch nicht mehr Geld, sondern Kriegsschiffe ins Mittelmeer. Vier Jahre dauerte der Konflikt.

Ein ähnlich interessantes Verhältnis wie zum Krieg hatte Jefferson zu den Indianern. Und auch das hing eng mit seiner reinen Friedenssehnsucht zusammen.

Es war dem »Indianerfreund« mühelos gelungen, den »wilden Tieren« bald einen unaufhörlichen Krieg anzudrohen, einen Krieg, der sie verfolgen werde, »so lange noch einer von ihnen übrig ist, diesseits des Mississippi«. Und um auch jenseits des Mississippi für Ordnung und Recht sorgen zu können – ein Präsident muss vorausschauend sein –, kaufte Jefferson von den Franzosen für 60 Millionen Franken (etwa 15 Millionen Dollar) Louisiana, die westliche Hälfte des Mississippi-Tals – obwohl es nach der Verfassung unmöglich war, fremdes Land zu erwerben. Und noch im Jahr des riesigen Neuerwerbs nahm der »Indianerfreund« erste Kontakte mit den Indianern des ja kaum bekannten Gebietes auf; in bester Absicht natürlich nur, aus purer Friedenssehnsucht, aus der er, nach vier Jahren schon, auch den Tripolis-Krieg zu beenden vermochte. Doch da die Engländer jetzt immer missfälliger wurden, den Amerikanern, aus blankem Neid, aus reiner Missgunst, Selbstsucht, immer mehr Fährnisse, Steine des Anstoßes in den fortschrittlichen Weg legten, konnte Jeffersons langjähriger Außenminister und Nachfolger James Madison, der vierte Präsident der USA (1809–1817), beim besten Willen nicht umhin, nun Großbritannien am 19. Juni 1812 den Krieg zu erklären.

Gewiss, wieder ein Krieg. Doch was half es England, seine scharfen Sanktionen gegen nordamerikanische Schiffe zurückzunehmen und überhaupt einen Ausgleich zu suchen, wenn es andererseits doch eben dabei war, den ganzen Kolonialhandel an sich zu reißen und den südamerikanischen Markt zu erobern, den Markt vor der Haustür der Yankees! Und indes deren Gesamtausfuhr nach Europa sank, stieg der britische Übersee-Export (bei Spitzenquoten von 300 bis 2600% in Südamerika) um durchschnittlich 35 bis 40%.

Diese Situation, das sieht jeder ein, war ebenso unerträglich für die USA wie der Zeitpunkt günstig, da Großbritannien der Krieg gegen Napoleon band. Also schritt man nun zum Zweiten Amerikanischen Unabhängigkeitskrieg – um Kanada zu befrieden und die Engländer zu vertreiben. Machten die in Südamerika ihre großen Geschäfte, wollte man wenigstens seine eigenen im Norden machen und kurz Kanada kassieren. Und dann ließ sich ja auch in Südamerika weiter sehen …

Nun lief die Sache nicht ganz wie gedacht.

Zur See zwar ging es noch. Nachdem man die Handelsschiffe für das Kriegsgeschäft umgerüstet hatte, konnte Kommodore Rodgers den Briten bis Ende 1813 immerhin 218 Schiffe mit 574 Kanonen und 5100 Mann abnehmen. Zu Land aber, wo das Logistikproblem doch für die Union viel günstiger war, eilte sie fast von Schlappe zu Schlappe. Nicht nur wurde ihre Armee schlecht geführt, sondern sie hatte jetzt auch keine Franzosen, die, wie im Ersten Unabhängigkeitskrieg, die Kastanien aus dem Feuer holten. Und andererseits waren, wie freilich seinerzeit schon, viele Amerikaner wieder nicht kriegswillig, vor allem in New York und den Neu-England-Staaten. Denn wirklich nicht alle konnten ja durch den Krieg das große Geld erhoffen. Ganz beiseite, dass man nicht genug finanzielle Mittel zum Kriegführen hatte. Und an den Dank des Vaterlandes erinnerte man sich aus dem Ersten Unabhängigkeitskrieg noch …

Schon früh ergab sich General Wadsworth, ebenso der in Kanada eingedrungene, aber zurückgeschlagene General Hull. Zwar konnten dort im nächsten Jahr 42 000 Unionstruppen erfolgreicher einfallen und York in der Provinz Toronto erobern. Doch nahmen die Engländer das wichtige Fort Niagara, eine Schlüsselstellung, und gewannen am 25. Juli 1814 die Schlacht bei Chippewa. Einen Monat später zogen sie in der Bundeshauptstadt Washington ein. Sie brannten das Capitol, den Präsidentenpalast, die Schiffswerften sowie alle öffentlichen Gebäude nieder, schlugen gleich darauf bei Baltimore wieder 6000 Amerikaner, erlitten freilich am 8. Januar 1815, mit 15000 Mann New Orleans angreifend, ein schlimmes Ende, wobei sie 2036 Gefallene und Verwundete zu beklagen hatten, darunter auch ihren General Sir Edward Pakenham.

Inzwischen aber war bereits am 24. Dezember 1814 der Frieden von Gent unterzeichnet worden und der Status quo wiederhergestellt. Die Sache endete wie das Hornberger Schießen. Immerhin verfehlten die USA ihr wichtigstes Kriegsziel, die Aneignung Kanadas. Auch hatte das Blutvergießen ihre Schulden auf 127 Millionen Dollar getrieben – und der Kongress darauf die Steuern für Land, Grundstücke und Sklaven verdoppelt. Von den Toten und Verwundeten zu schweigen.

Von Monroe zu Jackson

Die USA hatten sich im Laufe der letzten Jahrzehnte immer weiter ausgedehnt. Zu ihren ursprünglich 13 Provinzen waren ständig neue gekommen: 1791 Vermont, 1792 Kentucky als 14. und 15. Staat, 1796 Tennessee, 1802 Ohio. 1803 kaufte man, wie erwähnt, den Franzosen Louisiana ab. Und als Präsident James Madison 1810 einen Teil West-Floridas, als angeblich zu Louisiana gehörend, okkupieren ließ, trat 1811 auch Louisiana als 18. Staat in die Union ein.

Die Küste Floridas, 1497 von Sebastian Cabot entdeckt, hatte 1512 Ponce de León für Spanien besetzt (der sie, da er gerade am Palmsonntag, *Palma florida*, eintraf, Florida nannte). 1538 eroberten die Spanier die ganze Halbinsel und hatten sie auch zumeist fast durch drei Jahrhunderte in Besitz.

Seit 1803 aber erhoben die USA Ansprüche auf Florida. Und als man unter Präsident Monroe wieder einmal die Indianer bekriegte und Andrew Jackson, der spätere US-Präsident, dabei den Spaniern die Stadt Pensacola entriss, worauf es zu einem Streit mit Spanien kam, trat dieses 1819 Ost-Florida für fünf Millionen Dollar an die Union ab; 1822 wurde es ihr einverleibt. Schon zuvor waren ihr unter Monroe weitere Staaten beigetreten: 1817 Mississippi, 1818 Illinois, 1819 Alabama, 1820 Maine, 1821 Missouri.

Berühmt beziehungsweise berüchtigt bis heute aber blieb James Monroe, der fünfte Präsident (1817–1825), wegen einer Doktrin, die er am 2. Dezember 1823 der Welt verkündete. Von den europäischen Mächten seinerzeit zwar kaum zur Kenntnis genommen, war sie im Grunde für sie nicht sehr viel weniger provokativ als die Unabhängigkeitserklärung vordem für England. Lief diese Doktrin doch auf eine Nichteinmischung der europäischen Staaten in Amerika hinaus, auf ihren Ausschluss vom amerikanischen Doppelkontinent. Voll allerdings entfaltete sich das Monroe-Meisterstück, das nur der Ausdehnung der Vereinigten Staaten diente und bald zur Leitlinie ihrer Außenpolitik wird, erst mit zunehmender Expansion um die Wende zum 20. Jahrhundert. Theodore Roosevelt nämlich, der von Reagan und Bush so verehrte, weitet es dann dreist zu einem Aufsichtsrecht der USA über schwache amerikanische Staaten aus, besonders natürlich in Lateinamerika.

Die völlig einseitig getroffene Entscheidung Monroes, begreiflicherweise nie der Billigung der lateinamerikanischen Staaten unterbreitet, hat von Metternich über den russischen Zaren Alexander bis zu Nikita Chruschtschow scharfe Kritik erfahren. Letzterer meinte noch 1960: »Die Überreste der Monroe-Doktrin müssten begraben werden wie alle Leichen, damit sie die Luft nicht mehr mit ihrem Gestank verpesten.«

Doch ungezählte Male wurde »der Eckstein der amerikanischen Außenpolitik« (Senator Kenneth Keating) von Amerikanern beschworen, wenn es um Seeblockaden, Interventionen und Ähnliches ging. Ja, Monroes Doktrin wurde noch von der »Truman-Doktrin« und der »Eisenhower-Doktrin« imitiert, und noch 1962 machte sie Präsident Kennedy bei der Stationierung sowjetischer Raketen auf Kuba geltend.

Im Übrigen setzte unter Präsident Monroe eine jahrelange Finanzpanik ein, begannen haufenweise Bankrotte und böse Zeiten für Schuldner, ausgelöst durch wilde Landspekulation, durch industrielle Über-Investitionen, Zusammenbruch des Auslandsmarktes, krumme Bankgeschäfte.

Schon 1811 hatte die noch unter George Washington in Philadelphia gegründete Nationalbank, die »Bank of the United States«, mit Filialen in allen führenden Handelszentren, wegen allzu dubioser Aktionen aufgelöst werden müssen. Doch die 1816 errichtete neue Bank der Union besitzt in Kürze wieder ein Finanzmonopol und beschwört neue Krisen herauf. Das Volk nennt die Bank of the United States »Das Monster« – die besitzende Welt spricht von der »era of good feelings«.

Und in der Tat blühten ihre Geschäfte. Seit 1825, als John Quincy Adams – ehemals Anwalt, Rhetorikprofessor, Gesandter in Den Haag, Berlin, Petersburg, London – sechster Präsident der Vereinigten Staaten wird, schließen diese Handelsverträge mit aller Welt, mit Schweden, Dänemark, Preußen, mit den Hansestädten, mit Sardinien, Oldenburg, Russland, der Türkei, mit Südamerika.

Bei den Präsidentschaftswahlkämpfen 1828, schon vom Nord-Süd-Gegensatz berührt, tritt gegen den »Nationalrepublikaner« Adams der »Demokrat« Jackson an. Die Gegner verleumden sich nach Strich und Faden. Sie bewerfen einander mit Schmutz, setzen haltlose Gerüchte in die Welt und ignorieren die eigentlichen Probleme völlig. Die Oberhand gewinnt Jackson. Er hatte sich bereits durch lange brutale Bekämpfung der Indianer hervorgetan, hatte den Spaniern Pensacola entrissen, sogar zwei britische Staatsbürger wegen angeblicher Feindunterstützung exekutiert. Da aber durch ihn Ost-Florida unter die Kontrolle der USA geriet, blieb er ungeschoren. Ein Staatsvorteil, zumal ein Vorteil dieser Größenordnung, bricht jedes Menschenrecht. Gleichwohl war Jacksons Eigenmächtigkeit und Härte derart, dass er zwar der Verhaftung noch entgehen konnte, doch eine große Geldstrafe bekam – und 1853 in Washington freilich auch eine Reiterstatue. Ehre wem Ehre gebührt.

Dabei begann unter Andrew Jackson (1829–1837) wieder eine lange Wirtschaftskrise. Heftige Spekulationen in Immobilien, Banken, Baumwolle setzen ein. Und 1834 schickt der Präsident erstmals Bundestruppen gegen irische Arbeiter, die unter wahrhaft unmenschlichen Umständen am Chesapeake- und Ohio-Kanal schuften.

Völlig neu war ein solches Vorgehen gegen die eigenen Arbeiter oder auch Bauern und andere hadernde, widerspenstige, aufsässige »Elemente« natürlich nicht.

Derartige Kämpfe durchziehen die ganze Geschichte der USA. Man denke nur an den Druckerstreik 1786 in Philadelphia, an die wachsende Unzufriedenheit der Bauern, die Zwangsversteigerung ihrer Farmen, die Shays' Rebellion und ihre Niederwerfung durch Soldaten. Auch der »heroische Ahnherr«, George Washington, hatte schon bei der so genannten Whiskey-Rebellion in Pennsylvania, Sommer 1794, auf Antrag Hamiltons nicht weniger als 15 000 Mann Miliz eingesetzt. Unter dem Nachfolger Adams bestraft das Sedition Act vom 14. Juli 1798 jedes Behindern in der Vollstreckung von Bundeserlassen oder von Bundesbeamten in der Ausübung ihrer Pflicht, jede Unterstützung bei Aufruhr oder illegalen Versammlungen, ja, schon boshafte Veröffentlichungen über die US-Regierung. Sogar die Redefreiheit wurde eingeschränkt. Doch war das Sedition Act, das die politische Opposition mundtot machen sollte, so eindeutig verfassungswidrig, dass es dann auch als verfassungswidrig erklärt werden muss.

Während der Amtszeit des dritten Präsidenten, Thomas Jefferson, streiken 1806 die Schuhmacher in Philadelphia. Sie kommen vor Gericht, und die »Federal Society of Cordwainers«, 1794 als erste Gewerkschaft in den Staaten gegründet, wird kurzerhand aufgelöst – die erste Verfolgung einer Gewerkschaft in den USA. Und der vierte Präsident, James Madison, ist schon gewählt, als im Januar 1809 die Bevölkerung von Connecticut und Massachusetts gegen eine neue wirtschaftliche Misere protestiert.

Auch unter Jackson, nach einem wieder wilden Wahlkampf seit dem 5. Dezember 1832 zum zweiten Mal Präsident, ist die Krise groß. Zahlreiche Banken stellen ihre Zahlungen ein, eine ungeheure Menge von Bankrotten erfolgt. Der öffentliche Landverkauf sinkt von 20 Millionen Acres auf 3,5 Millionen, die Staatsverschuldung steigt, in New York demonstrieren die Arbeitslosen, und fast die ganze Union ist gegenüber dem Ausland kreditlos. Doch kann der Bund, während er bereits den Zweiten Seminolen-Krieg führt (1835–1843) und die Seminolen fast gänzlich auszurotten beginnt, 1836 Arkansas und Michigan als 25. und 26. Staat aufnehmen.

Nun verlief die stete Ausdehnung dieser Staaten – die Beraubung und Ausmordung der Indianer einmal beiseite – nicht immer so verhältnismäßig glatt. Dies zeigt sich in den vierziger Jahren schon am Beispiel Oregons, mehr aber bei der Eingliederung von Texas samt ihren Folgen.

Sie rauben Texas

Oregon, im Nordwesten der späteren USA an den Pazifischen Ozean grenzend, war 1775 von den Spaniern entdeckt, 1792 von England in Besitz genommen worden. Im frühen 19. Jahrhundert schickt US-Präsident Jefferson eine Expedition nach Oregon, und seitdem glaubt man, selber ein Anrecht darauf zu haben, ja, will schließlich, als 1842 das »Oregon-Fieber« ausbricht, Oregon ganz für sich. 1845 wäre es deshalb fast zum Krieg mit England gekommen. Aber da nicht zuletzt auch der Krieg mit Mexiko bevorsteht, wovon man sich weit größere Vorteile verspricht, bezähmt man sich und löst die Oregon-Frage vertraglich.

Das Gebiet von Texas, ursprünglich im Besitz von mehreren Indianerstämmen, den Tetaus, Apachen u. a., bildete seit der Entdeckung Amerikas eine Intendantur im spanischen Vizekönigreich Neuspanien.

Gleichwohl drängten sich allmählich Nordamerikaner ein, ohne jede Erlaubnis, doch ganz so wie einst auch die Spanier, und lebten mit diesen im offenen Krieg.

Zur Zeit der Mexikanischen Revolution riss sich Texas von Spanien los und bildete 1819 eine Republik. Und wie die USA seit 1803 Ansprüche auf Florida erhoben und es schließlich erlangten, beanspruchten sie auch Texas, verzichteten aber dann ausdrücklich darauf im Adams-Onis-Vertrag vom 22. Februar 1819.

Ende 1820 jedoch, just nach der Wiederwahl Monroes, ersucht der »Kolonisator« Moses Austin die texanischen Behörden, mit 300 Familien in Texas siedeln zu dürfen, dessen heutige Hauptstadt bekanntlich Austin heißt. Im Mai 1824 kommt Texas als Bundesstaat zu Mexiko, im Oktober wird Mexiko selbst eine Republik mit bundesstaatlicher Verfassung, und am 8. April 1830 verbietet die mexikanische Regierung die weitere Besiedlung von Texas durch Amerikaner, verbietet jetzt auch gesetzlich die Sklaverei. Es ist übrigens das Jahr, in dem Indiankiller Jackson durch das Indian Removal Act alle Indianer westlich des Mississippi anzusiedeln befiehlt – eine große Nation braucht Platz.

So scheren sich die Yankees so wenig wie anderwärts um Eigentumsrechte, Besitzverhältnisse. Sie denken nicht im Traum daran, sich mexikanischen Behörden unterzuordnen. 1835 erobern sie die mexikanische Garnison bei Anahuac. Sie provozieren weitere Zusammenstöße und schüren den Aufstand der Texaner, der noch im Herbst dieses Jahres erfolgt. Und obwohl Mexiko die Unabhängigkeit von Texas anerkennt, kommt es zu kriegerischen Verwicklungen mit nordamerikanischen Milizeinheiten, die sich zur Bedrohung Mexikos ausweiten.

Auch in den USA aber sind einflussreiche Kreise gegen den Anschluss von Texas, was mit der Rivalität zwischen ihren Nord- und Südstaaten zusammenhängt. Der Norden nämlich begünstigt die Industrie, erhöht Einfuhrzölle, drückt die Preise der südstaatlichen Plantagenproduktion, er gewährt keine Handelsfreiheit, und die gegensätzliche Haltung in der Frage der Sklaverei kommt hinzu. So erwägen gewisse Kreise im Süden (Seceders) bereits den Austritt aus der Union. South Carolina, gegen das Jackson 1833 die Zollgesetze notfalls militärisch durchsetzen will, beginnt aufzurüsten.

Als Präsident John Tyler (1841–1845) die Eingliederung von Texas betreibt, stößt er so zwar auf eine starke Opposition, da der Norden ein Übergewicht des Südens befürchtet. Aus demselben Grund aber ist man im Süden für den Anschluss von Texas, der dann auch 1845 erfolgt. Dabei machen die USA vertraglich Texas das Zugeständnis der Sklaverei und bewilligen ihm auch das Recht, später fünf Staaten aus seinem Gebiet zu bilden, ebenfalls mit dem Recht der Sklaverei. Texas wurde der 15. Sklavenstaat in den USA.

Nicht nur Mexiko, auch England und Frankreich hatten schon vordem gegen diese Annexion protestiert. Doch erfanden die Yankees jetzt einen hübschen, einen buchstäblich fabelhaften Begriff, der auch gleich bei der Oregon-Frage gute Dienste tut. Er taucht erstmals 1845 in einer expansionistischen Zeitschrift auf und zieht von der Presse in den Kongress ein. Der Begriff heißt »Manifest Destiny« *(Offenkundige Bestimmung)*. Man erklärte, ausländische Regierungen wollten die Annexion von Texas vereiteln, um »die Erfüllung unserer offenkundigen Bestimmung« zu verhindern, »den uns von der Vorsehung überlassenen Kontinent für die Entwicklung unserer jährlich sich vergrößernden Millionen in Besitz zu nehmen«. (Die »Millionen« bezogen sich auf die Bevölkerung, passen aber viel besser zum Geld.)

Nun hatte man Texas, doch noch lange nicht genug. Der Moloch ist gefräßig: nach dem Raub von Texas und zahlreichen Grenzkonflikten folgt sofort ein neuer Krieg und ein noch viel größerer Raub.

Sie rauben Mexiko

Noch im Sommer 1845, gleich nach der Annexion von Texas, rückt US-General Zachary Taylor auf Befehl des neuen Präsidenten James K. Polk (1845–1849), eines Demokraten, in gewisse, zwischen Mexiko und Texas strittige Gebiete ein, wo er zunächst am Nuces Stellung bezieht, bei Corpus Christi. Und am 13. Januar 1846 befiehlt der Präsident dem General, weiter nach Süden bis zum Rio Grande vorzustoßen, um Mexiko zu provozieren. Und da der Krieg im Norden der USA wenig populär ist, sucht Polk die Nordstaaten kriegswilliger zu machen, indem er eine Hetzkampagne startet, Mexiko langjährige Beleidigungen und Beeinträchtigungen von US-Bürgern vorhält, die Weigerung der mexikanischen Regierung, dafür Schadenersatz zu leisten etc. Und am 13. Mai 1846 erklären die USA Mexiko den Krieg.

Man wollte endlich Ordnung schaffen im Süden, den Frieden sichern, die Zivilisation und, ganz nebenbei, auch ein bisschen Raum, Raum für das stets wachsende Volk – so wie wir Deutschen unter Hitler. Wenn irgendwer, haben wir Verständnis dafür, nicht wahr! Man hatte emsig aufgerüstet, und nun wollte man auch die Früchte seiner Anstrengungen kassieren und konnte dies ja auch, das ist entscheidend.

Konnte übrigens auch wieder, wie schon im Unabhängigkeitskrieg. Deutsche auf Deutsche schießen lassen, da viele deutsche Siedler auch in mexikanischen Diensten standen. Vor allem aber konnte man umso frecher sein, als sich der siegreiche Ausgang dieses riesigen Raubzugs leicht voraussehen ließ: 32 000 schlecht ausgerüsteten Mexikanern standen zeitweise bis zu 104 000 Nordamerikaner gegenüber. Kein militärisches Glanzstück also – ein weltpolitisches Gangsterstück!

Mit mehreren Heersäulen stieß man 1846 nach Mexiko vor, wobei ein Truppenkontingent auf Kalifornien angesetzt war.

Kalifornien hatten die Yankees erst seit 1840 zu besiedeln begonnen, und 1846, zur Zeit ihrer militärischen Intervention, lebten dort als Händler und Siedler nur etwa 500 Nordamerikaner neben rund 10 000 Mexikanern und 24 000 Indianern. Man hatte also nicht gerade die Majorität, aber man hatte ein Maximum an expansionistischer Unverschämtheit, an nackter Raublust, zumal schon 1842 an der San Francisco-Bay eine reiche Goldader aufgefunden worden war.

Doch selbstverständlich sollte es alles, sollte es das ganze Kalifornien sein, wie später das ganze Nordamerika oder, wie es noch später, zum Beispiel nur, das ganze Deutschland sein sollte … Und die ganzen Vereinigten Staaten besaß man damals noch lange nicht. Und als man sie besaß und immer länger besaß, da hatte sich der Rest der Welt daran gewöhnt, da war der Raub – Recht geworden. Und nun konnte man von seiner sicheren Rechtsposition aus die anderen die Rechte lehren, die Menschenrechte … Und konnte dabei selber noch mehr Rechte erwerben. Und allen andern recht auf die Finger sehen. Oder klopfen. Von der erhöhten Rechtsposition aus. Denn mit rechten Dingen musste alles zugehen.

So wie in Kalifornien.

Dort war das Ganze ja eigentlich auch viel weniger eine Annexion als ein wissenschaftliches Unternehmen, eine geographische Einfühlung sozusagen, ein topographischer Exkurs. Und der Mann, der zu dem Ganzen den Anstoß gab, der Captain John Charles Frémont, war ja auch Forschungsreisender, ein hoch talentierter, schon mit 17 Jahren im Charleston-College graduierter Kopf, ein um 1840 zum Ingenieurleutnant ernannter Mensch, der den Mississippi vermaß, nicht ganz, aber den ganzen Weg nach Kalifornien erkundete und dieses selbst, die geographischen, botanischen, geologischen, meteorologischen, astronomischen Verhältnisse des Landes, denn es war ein noch ganz unerforschtes Land. Ja, drei Forschungsreisen unternahm John Charles Frémont nach Kalifornien, reiste dazwischen zweimal auch nach Washington und konnte bei allem Forschen im Juni 1846, ganz nebenbei, zur linken Hand gleichsam, einen Aufstand der Amerikaner anzetteln, die so genannte Bear Flag Revolt, wobei man eine Unabhängigkeitserklärung der »Republic of California« veröffentlichte. Am 7. Juli 1846 landete dann prompt Commodore John D. Sloate, der Befehlshaber der US-Marine an der pazifischen Küste, in Monterey Truppen, hisste die amerikanische Flagge und erklärte Kalifornien zu einem Land der USA.

So macht man das.

So schafft man Staatsrecht, Völkerrecht, internationales Recht, Weltrecht. Recht eben, Recht. Und Recht muss Recht bleiben.

Natürlich gab es nach der Landung und Erklärung des Commodore noch einige Nachspiele unter seinem Nachfolger Stockton, gab es noch ein paar kleine »Treffen«, sogar Schlappen für die Invasoren, aber zuletzt setzte sich Stockton gegen den heftigen Widerstand der Kalifornier durch und hatte nun das ganze Recht auf seiner Seite.

Der Forschungsreisende Captain John Charles Frémont aber stieg um seiner vielen Verdienste willen rasch zum Oberst, Friedensrichter, Gouverneur in Kalifornien, zum Senator im Kongress auf. Doch da Undank der Welt Lohn ist, machten ihm die USA durch den Obersten Gerichtshof zehn Jahre den Prozess wegen eines lächerlichen Landstückchens in Kalifornien, das er 1846 für die lächerliche Summe von 3000 Dollar erworben hatte. Und als der Prozess 1856 zu seinen Gunsten entschieden wurde, fiel er gleichwohl als Präsidentschaftskandidat der Republikaner auch noch durch.

Immerhin, so weit kann man als Forschungsreisender kommen.

Der Krieg gegen Mexiko aber war ein gewaltiger »Erfolg« in der US-Geschichte, ein überaus »glücklicher« Krieg. Die anderen Invasionsheere schlugen die sich oft verzweifelt wehrenden, doch zahlen- und materialmäßig jämmerlich unterlegenen Mexikaner von Mal zu Mal. Gefecht folgte auf Gefecht, Schlacht auf Schlacht. Dazwischen gab es auch ein paar Waffenstillstände, ein Friedensangebot. Denn man war großmütig, man wollte nur das Beste des Feindes, auch wenn er noch so bös war, so wie die Mexikaner eben, deren Hauptstadt deshalb am 14. September 1847 US-Truppen unter General W. Scott erstürmen mussten. Und trotz allem nahm man Mexiko im Frieden von Quadalupe Hidalgo am 2. Februar 1848 – so bescheiden war man, so bescheiden! – nur etwa die Hälfte seines Landes ab.

Die USA erhielten die heutigen Staaten Texas, Arizona, Kalifornien, Nevada, Utah sowie Teile von New Mexico, Kansas, Colorado und Wyoming, insgesamt 1 193 061 Quadratmeilen. Für dieses, in so vielen Gefechten wahrlich sauer genug verdiente Gebiet, in das die Fläche Deutschlands mehrmals hineinpasst, zahlten die Sieger dem Besiegten auch noch Geld: 15 Millionen Dollar (Captain Frémont, der Knauser, hatte nur 3000 Dollar für sein Grundstück bezahlt!), ja, 15 Millionen Dollar zahlten die generösen USA dafür – und hatten doch selbst dabei 1721 Mann verloren plus 11 155, die an Seuchen starben. Doch muss man die Opfer bedauern? Sie wären jetzt ohnedies längst tot. Die 1 193 061 Quadratmeilen aber besitzen die USA heute noch … Und wie Augustinus, der Heilige, so richtig schon sagte: »Was hat man denn gegen den Krieg, etwa dass Menschen, die doch einmal sterben müssen, dabei umkommen?«

Na also.

Die besondere Einrichtung oder Das Gottesgeschenk

Kurz nach Beendigung des Krieges gegen Mexiko, im Jahr 1850 betrug die Bevölkerung der USA nicht ganz 23 200 000, darunter 3,2 Millionen Sklaven. Jeder siebte Einwohner war ein Sklave. Doch wurde die Sklaverei von den weißen Südstaatlern nie beim Namen genannt, sondern dezent als »peculiar institution«, als »besondere Einrichtung« bezeichnet. Auch die Amerikanische Verfassung, die ja so viele schöne Worte fand, doch die Sklaverei nicht aufhob, vermied das Wort Sklaverei ebenso wie das Wort Sklave. Sie sprach dafür von Personen, verpflichtet zu Dienst und Arbeit in irgendeinem Staat nach dortigem Gesetz. So schafft man das Übel fast schon aus der Welt ...

Sklaven waren eine recht alte Einrichtung in der Neuen Welt, die diese auch aus der Alten Welt bezog durch lauter christliche Nationen, nebenbei. Wie denn das Christentum die Sklaverei von Anfang, von Paulus an, beibehalten und mit dem ganzen Neuen Testament samt Kirchenvätern ebenso schamlos wie entschieden verteidigt hat! Ja, seit dem 4. Jahrhundert, als eine Autorität wie Ambrosius, der hl. Kirchenlehrer, die Sklaverei als »Gottesgeschenk« feiert, wird sie durch weit mehr als ein Jahrtausend von der Christenheit gefestigt und gefördert. Noch im 15. Jahrhundert verdammt (der flammend, doch vergeblich den Regierungen Europas den Kreuzzug gegen die Türken predigende) Nikolaus V. – »der friedlichste der Päpste« (Leon Battista Alberti), »der gütige, tolerante, liberale Humanist« (Hans Kühner) – in seiner Bulle *Dum diversas* von 1452 die Neger als »Feinde des Christentums« und segnet damit Versklavung sowie Sklavenhandel einmal mehr kirchlich ab. Während sein Nachfolger Johannes Paul II. im Februar 1992 beim Besuch des »Sklavenhauses« auf der senegalesischen Insel Goree vor Dakar, »die Vergebung des Himmels« für das den Schwarzafrikanern angetane »Drama der Zivilisation« (nicht etwa des Christentums) erfleht! Denn unter Nikolaus V. war die Verteufelung der »Nigger« opportun und heute ist es ihre Umwerbung ...

Mehr noch als anderwärts gehörten die Negersklaven in Amerika zu den Charakteristika des frühkapitalistischen Unternehmertums. In immer größerer Zahl wurden sie in Afrika für allerlei wertlosen Tand, für Alkohol auch und Waffen eingetauscht und nach Übersee verschifft, unter den entsetzlichsten Umständen. Die allermeisten hatten freilich gar nicht das fragliche Glück, die Neue Welt kennen zu lernen. Von 60 Millionen Schwarzen – »60 Millionen«, schreibt Toni Morrison »ist die niedrigste Zahl, die ich von Historikern hörte« – von 60 Millionen, die man in Afrika einfing, gelangten nur vier Millionen nach Amerika. Die Übrigen krepierten bereits auf der Jagd nach ihnen oder während der Überfahrt (in der Regel je zwei und zwei zusammengeschmiedet) ins Gelobte Land, wo die Krawalle, die rassistischen Exzesse nicht abreißen – bis heute.

Im 16. Jahrhundert besaß das katholische Spanien, im 17. und 18. Jahrhundert das protestantische England ein Monopol für die Ausfuhr schwarzer Sklaven. Dieser Handel hatte, mit Erlaubnis des britischen Parlaments für Privatkaufleute, schon 1698 zwischen Neuengland, Afrika und den Inseln der Karibik begonnen. Dann erhielt England 1713 in dem mit Spanien geschlossenen Asiento-Vertrag das alleinige Recht, in dessen amerikanischen Kolonien mit Negern zu handeln. 33 Jahre lang durfte dort England jährlich 4800 schwarze Sklaven verkaufen, insgesamt 144 000. Der Vertrag, noch einige Jahre verlängert, wurde 1750 im Vertrag zu Madrid zwar aufgehoben, ein eigens neu gegründeter spanischer »Asiento« aber durch englischen Sklavenschmuggel über Jamaica unterlaufen. Die Briten, besonders Reeder aus Liverpool und Bristol, verschleppten allein zwischen 1680 und 1786 nicht weniger als 2,13 Millionen Afrikaner in die Neue Welt, setzten das Geschäft jedoch noch Jahrzehnte lang im 19. Jahrhundert fort und verdienten damit riesige Summen.

Selbst in »Gottes eigenem Land« war der Import von Sklaven bis 1808 offiziell erlaubt. Erst am 1. Januar dieses Jahres verbietet ihn der Kongress (nach Artikel 1, Abschnitt 9). Doch dauert er Jahrzehnte darüber hinaus mit staatlicher Duldung fort und beläuft sich noch bis 1860 auf rund 250 000 Schwarze. Zeitweise beziehen die USA zehn Dollar Einfuhrzoll pro Stück. South Carolina droht noch 1835 jedem Landesbürger, der die Sklaverei verurteilt, die Todesstrafe an. Als seinerzeit Senator Charles Sumner, Massachusetts, die Sklaverei bekämpft, schlägt ihn Preston Brooks, der Volksvertreter aus South Carolina, derart zusammen, dass er sein Senatsamt nicht mehr wahrnehmen kann.

Diese Amerikaner sind Rassenfanatiker. Präsident Jefferson, der die Abschaffung der Sklaverei predigt, selbst aber auf seinem Gut Monticello in Virginia bis an sein Lebensende 200 Sklaven hält, ist auch gegen Rassenmischung. Er empfiehlt die Ansiedlung befreiter schwarzer Sklaven weitab von den Zentren weißer Zivilisation. Ebenso neigt Präsident Lincoln der Aussiedlung befreiter schwarzer Sklaven zu, weil er die schwarze Rasse nicht für ebenbürtig und keine friedliche Koexistenz für möglich hält. Sahen die Yankees in den roten Menschen kaum viel mehr als wilde Tiere des Waldes, taugten die Schwarzen eben gerade dazu, ihre Sklaven zu sein. Einen Sklaven aber erachten sie als Eigentum, er wird rechtlich als Sache behandelt – ganz so wie in den französischen Kolonien, wo nach Artikel 44 des noch aus der Zeit Ludwigs XIV. stammenden *Code Noir* bis weit ins 19. Jahrhundert hinein der Grundsatz gilt: »Les esclaves sont meubles.« Kein Wunder, dass sich schon im April 1712 in New York City die Negersklaven erheben – 21 von ihnen werden hingerichtet. Ein weiterer Negeraufstand erfolgt 1739 in South Carolina, wo dann 1822 eine Empörung der Sklavenarbeiter im Ansatz stecken bleibt, wie ähnlich später in Virginia die Rebellion John Browns, den man dort am 2. Dezember 1859 öffentlich hängt.

Eine Heirat mit Schwarzen ist Weißen beiderlei Geschlechts unter Androhung des Todes sowie dem Entzug aller Recht verboten. Auch dem Geistlichen, der sie traut, drohen schwere Strafen. Gleichwohl reizt viele das schwarze Fleisch; immer wieder kommen Mischlinge zur Welt.

Ansonst aber werden Sklaven hier häufig schlimmer als das Vieh behandelt, in Ketten gelegt, eingelocht, auch buchstäblich. Sie werden gefoltert, gepeitscht, bis zu fünfhundert Schlägen, oft wegen kleinster Vergehen. Kommunen halten sich einen amtlichen Auspeitscher, einen »negro-whipper«. Man hatte sogar eine Auspeitschmaschine erfunden, um die Sache effizienter zu machen. Schließlich war man fortschrittlich. Wer seinen Negersklaven jedoch tötete, konnte selbst gesetzlich mit dem Tod bestraft werden. Aber, berichtet im späteren 18. Jahrhundert der Schwede Pehr Kalm, »es gibt hier kein Beispiel dafür, dass ein weißer Mann jemals für dieses Verbrechen hingerichtet worden ist.«

Die Sklaverei und die Bibel

Importierte Sklaven werden noch im 19. Jahrhundert im »freiesten« Land der Welt ganz öffentlich, wie auf dem Rinder- oder Schweinemarkt, verhökert, Sklavinnen auch für »Zuchtzwecke« versteigert, das Geschäft geht glänzend; nur wenige Weiße, die da nicht profitieren.

Dabei handelt und behandelt man die armen Teufel wie Menschen auf antiken Sklavenmärkten. Sie werden durch die Kunden beklopft, in Arme und Schenkel gekniffen, man öffnet ihnen den Mund, prüft ihr Gebiss, man lässt sie sich drehen und wenden, Verrenkungen machen, um nur ja sein Geld gut anzulegen. Es gibt kleinere, größere Auktionen, auch Auktionen mit »großem Anreiz«, wie der *Republican* am 28. Februar 1859 eine Anzeige im gleichen Blatt kommentiert, mit einem »Angebot von 460 Negern … Zahlungsbedingungen: Ein Drittel in bar. Der Rest in Wechseln, zu verzinsen vom Tag des Kaufes an. Zahlbar in zwei gleichen Raten … Sicherheit … Bürgschaften … Schuldscheine …«

Die Auktion erbrachte 303 850 Dollar. Der Bestand gehörte dem Pflanzer Pierce Butler, dessen Frau, eine frühere englische Schauspielerin, geschieden nach England zurückgekehrt war, weil sie das Unglück der Sklaven auf den Plantagen nicht ertragen konnte.

Natürlich waren nicht alle Damen so empfindlich. William H. Seward, später Staatssekretär Lincolns, beobachtete einmal einen Sklaventransport zu Schiff. Etwa 75 Männer, Frauen, Kinder verschwanden im Zwischendeck, zerlumpt, heruntergekommen, der Kälte preisgegeben, jedes Häufchen Elend mit einem Bündel, einem Sack, seinen Habseligkeiten. »Oh, nehmen Sie das nicht so tragisch, Sir«, sagt der Kapitän zu Seward. »Es sind die glücklichsten Leute der Welt.« Seward schildert kurz, was er sah, und schließt: »Dies also waren ›die glücklichsten Leute der Welt‹! Dem traurigen Zuge folgte eine Frau, eine weiße Frau in einem schönen Kleid aus Seide und einem Mantel aus Pelz, wahrscheinlich die Frau des Kapitäns. In der Hand trug sie die Bibel.«

Und wirklich hat die »Heilige Schrift« die Sklavenfrage ganz eindeutig geklärt. Denn befiehlt schon Paulus den Unfreien, nicht frei werden zu wollen, nein: »bleibe nur umso lieber dabei«, so gebieten ihm auch andere, vom Heiligen Geist inspirierte Schreiber, »volle echte Treue zu erweisen«, »in jeder Hinsicht gehorsam zu sein«, »mit Willigkeit«, »mit Furcht und Zittern«, – »als gälte es dem Herrn«, »als gälte es Christus«. Der pure Kadavergehorsam wird diesen elenden Geschöpfen da eingeschärft, eingehämmert. Auch wenn ihre Herren keine Christen sind, sollen sie sie achten, um das Christentum nicht in Verruf zu bringen! Und um die Ungläubigen zu gewinnen. Nicht genug: Das Buch der Bücher, die »Frohe Botschaft«, heischt Gehorsam selbst gegenüber harten Herren, geduldiges Ertragen ihrer Schläge, wobei man ihnen den leidenden Jesus als Vorbild hinstellt. Ja, die »Heilige Schrift« befiehlt den christlichen Sklaven, gläubigen Sklavenhaltern nur desto eifriger zu dienen, weil diese Christen seien!

Manche der Herren andererseits, nun, ließen nicht einmal die »Bekehrung« zu. Glaubten sie doch, wie Pehr Kalm wieder festhält, »sich schämen zu müssen, Brüder und Schwestern im Glauben unter so verächtlichem Volk zu haben; teilweise meinen sie, dann ihre Neger nicht mehr so unterdrücken zu können; und teilweise befürchten sie, dass die Neger zu stolz werden könnten, wenn sie sich und ihre Herren in religiösen Fragen auf einer Stufe sehen.« Die Meinung des Briten Morgan Godwyn, der zeitweise auf Barbados und in Virginia gelebt, christlich erzogene Sklaven würden den Weißen williger dienen und mehr arbeiten, fand bei den Pflanzern schon gar keinen Glauben. Und gelegentlich peitscht man christliche Sklaven sogar, weil sie sonntags zur Kirche gehen statt zur Arbeit.

Ohne jede Schätzung blieben die Schwarzen freilich nicht. Manche Weiße, wir hörten es schon, traten ihnen beim Koitus näher. Und nicht wenige betrieben mit ihnen eine Art Zucht. Denn die Kinder fielen stets dem Herrn der schwarzen Sklavin zu, und natürlich waren auch die Kinder wieder Sklaven. Ja, manche Amerikaner respektierten gar den Familienzusammenhalt ihrer Unfreien und verkauften sie nur »familienweise«, Frauen mit ihren Männern, Mütter mit ihren Kindern – so wurde man auch die Alten und Untauglichen los!

Jeder weiße Amerikaner aber, der es sich leisten konnte, kaufte und hatte schwarze Sklaven. Nur die Quäker hielten sich anfangs zurück, ja, erhoben ihre Stimme gegen das doch so bewährte System – im Mittelalter geradezu »christliches Institut« genannt. Als aber Pehr Kalm im 18. Jahrhundert Amerika bereiste, hatten auch die frommen Quäker »so viele Neger wie alle anderen«.

Wie irgendein anderes Tier

Die eigentlichen Sklavenhalterkolonien waren im Süden: Maryland, Virginia, North- und South-Carolina, Georgia. 1619 traf der erste Negersklaventransport aus Afrika ein, 1710 folgten etwa 50 000, 1760 etwa 400 000 Negersklaven. Und um 1776 schufteten in den vor allem Tabak, Reis, Indigo anbauenden Südstaaten eine dreiviertel Million Sklaven. Doch vegetierte daneben auch eine große Gruppe weißer Schuldsklaven, die *indentured servants*.

Im Norden der USA aber lebten wegen seiner anderen Wirtschaftsstruktur viel weniger Sklaven. Als deshalb der Kongress 1807 jede überseeische Sklaveneinfuhr und Sklavenvermehrung »auf ewige Zeiten« verbot, traf dies den Norden nicht so sehr. In keinem seiner Staaten betrug der Anteil der Unfreien gegenüber den Weißen mehr als sechs Prozent. Dagegen machten nach dem Census von 1790 die Sklaven in Maryland 32, in Virginia 38, in North Carolina 26, in South Carolina 43, in Georgia 35 Prozent der Einwohner aus. Denn bei ihrer extensiven Plantagenwirtschaft wollten die Südstaaten auf die Sklaverei nicht verzichten. Sie drohten deshalb schon 1790 angesichts einer bevorstehenden Intervention des Kongresses mit ihrem Austritt aus der Union und bestritten dem Kongress erfolgreich das Recht, sich in die Sklavenverhältnisse der Einzelstaaten einzumischen.

Da aber andererseits der Reisanbau unter der ostindischen Konkurrenz enorm litt und der Tabak kaum weniger profitabel auch durch freie Arbeiter hätte angebaut werden können, wäre die Sklaverei um die Wende zum 19. Jahrhundert wohl auch im Süden stark zurück – und allmählich eingegangen – hätte nicht Eli Whitney in Georgia 1793 eine kleine Erfindung gemacht, die »Cotton Gin«. Denn diese Maschine reinigte statt des bisher mittels Hand gesäuberten einen Pfundes Baumwolle pro Tag nun tausend. Und so stieg die Baumwollproduktion von jährlich 187 000 Pfund (1793) auf jährlich 1000 Millionen Pfund (1860). Und dementsprechend stieg in den Baumwollstaaten auch die Zahl der Sklaven im selben Zeitraum von rund 800 000 auf fast vier Millionen.

Nun war aber mit der Abschaffung des Sklavenhandels gerade im Süden die Stimmung gegen die Sklaverei gewachsen. Ausgerechnet im Süden, in Richmond/Virginia, wird 1817 auch die American Colonization Society gegründet, die sich für die Rückkehr der Schwarzen nach Afrika einsetzt; und fünf Jahre später werden die ersten Neger aus Amerika in Liberia auch angesiedelt. Doch dann gewinnt die Baumwolle als Monokultur stets größere Bedeutung, es entstehen ganze Baumwollfabriken, und jetzt ist den Südstaatlern ihr Geschäft allemal wichtiger als die Moral. Jetzt benötigen sie immer mehr Arbeitskräfte, jetzt sind sie zu jeder Barbarei bereit, bereit nicht nur zu einer schärferen Gesetzgebung, um die Sklavenhalter vor Verlusten zu sichern, sondern auch bereit, über Leichen zu gehen.

Wohl die meisten, wenn nicht alle Begüterten in den US-Sklavenstaaten dachten seinerzeit wie jener weiße Richter in South Carolina, der noch 1809 keinen Augenblick zögerte mit der Erklärung: »Ein junger Sklave hat denselben Rang wie irgendein anderes Tier«. Zwischen 1830 und 1860 sind rund 50 000 Sklaven auf der Flucht. Bei einem Aufstand im August 1831 unter dem schwarzen Prediger Nat Turner bringt man in Virginia 57 Weiße und etwa 100 Schwarze um. Nat Turner selbst und 19 Schwarze werden hingerichtet. Auch später kommt es in Virginia und anderwärts zu Sklavenaufständen, kommt es weithin zu Unruhen, blutigen Gewalttätigkeiten. Denn der Süden verteidigt entschieden die Sklaverei, und er tut dies mit den unterschiedlichsten Argumenten: etwa dass die Sklaverei seinen Wohlstand begründe, was zweifellos zutraf. Oder dass sie, ebenfalls nur zu wahr, in der Bibel gelehrt und befürwortet werde. Oder, nun freilich ein übler Fehlschluss, dass Schwarze minderwertig, Barbaren seien und darum christlich erzogen werden müssten.

Ausgerechnet!

Mit Beecher's Bibles zum Bürgerkrieg

Im Norden der Union verschärft sich zwar die Stimmung gegen die Sklaverei in dieser Zeit, doch sind es nicht mehr vorherrschend ethische Motive, wie sie zahlreiche abolitionistische Gesellschaften – 1836 gibt es bereits mehr als 500 – gefördert hatten. Oder auch weitbekannte Romane, vor allem der 1852 in Buchform erscheinende Beststeller *Uncle Tom's Cabin or Negro Life in the Slave-States of America* von Harriet Beecher-Stowe, von dem schon nach einem Jahr 1,2 Millionen Exemplare verkauft sind. Oder der Roman *Dred* derselben Autorin. Vielmehr ist die Anti-Sklavereibewegung bereits eine politische geworden, was u.v.a. die 1839 in Warsaw/New York gegründete Liberty Party deutlich macht. Auch nimmt die Union immer neue Sklavenstaaten auf: 1817 Mississippi, 1819 Alabama, 1821 Missouri, 1836 Arkansas, 1845 Florida und Texas. Denn den Herrschenden geht es weniger um die Sklaven als um den Staat, die Union, um internationalen Einfluss, um Macht und Geld.

Am 26. Mai 1836 verabschiedet das Repräsentantenhaus die Gag-Rule-Entscheidung, wonach man sämtliche Petitionen über Abschaffung der Sklaverei nicht behandelt.

Die einflussreichsten Vertreter der USA nehmen nicht gegen die Sklaverei Stellung, sondern dafür, wie beispielsweise Außenminister John Caldwell Calhoun 1844 in einer Note an den britischen Botschafter. Calhoun, der selbst zu den Sklavenbesitzern zählt, auch die Auspeitschung der Schwarzen vertritt, findet, dass die Rassen nur unter der »gegenwärtigen Ordnung« in »Frieden und Harmonie« leben können! »Die Sklaverei«, schreibt er, »ist die beste Garantie für die Gleichheit der Weißen. Die Sklaverei ist positiv ...«

Calhoun, unter Präsident Monroe Kriegsminister, unter Präsident Tyler Außenminister, unter den Präsidenten Adams und Jackson Vizepräsident der Vereinigten Staaten, war einer der Hauptagitatoren für die Interessen des Südens und verfocht in seinen (posthum gesammelten) Schriften sogar den Satz, die Sklaverei der Schwarzen sei eine göttliche Anordnung für die Neger und ein Segen für die USA. Ja, er scheute nicht den Hinweis, dass es am besten wäre, auch die Arbeiterklasse der Weißen zu versklaven!

Bis in das Todesjahr Calhouns, bis 1850, bestand selbst in der Hauptstadt der Vereinigten Staaten, in Washington, ein Sklavenmarkt! Und im selben Jahr, in dem die USA noch Millionen Sklaven knechten, kommt es am 18. September zum »Fugitive Slave Act«, zum Gesetz über die Auslieferung flüchtiger Sklaven, das neue, verschärfte Bestimmungen über ihr Einfangen und Rückbringen enthält und die Bundesregierung zur Einbringung entflohener Unfreier verpflichtet. Und schwere Strafen bedrohen jeden, der die Durchführung des Gesetzes behindert.

Heftig bekämpfen sich Mitte der fünfziger Jahre Sklaverei- und Antisklavereipartei in Kansas, das schließlich zwei Regierungen hat. Doch spielen auch bei diesen Auseinandersetzungen politische, wahltaktische Überlegungen eine große Rolle. Und als dort 1856 ein monatelanger Bürgerkrieg tobt, beginnt der Konflikt ebenfalls nicht zwischen Anhängern der Sklaverei und ihren Gegnern, sondern zwischen Landspekulanten und künftigen Siedlern, die keine Abolitionisten sind. Dabei werden unter Einsatz der neuen Sharps-Gewehre – feinsinnig »Beecher's Bibles« genannt – bis Ende Dezember 1856 etwa 200 Menschen getötet.

Wie aber noch 1850 der Präsident der Vereinigten Staaten versucht, »für die kräftigste Aufrechterhaltung des Sklavengesetzes« einzustehen, so tritt auch noch Nachfolger Franklin Pierce (1853–1857), ein im Raubkrieg gegen Mexiko zum General avancierter Demokrat, ausdrücklich für die Sklaverei ein. Verurteilt seine Sonderbotschaft vom 24. Januar 1856 an den Kongress doch die sklavenfreundliche Topeka-Regierung in Kansas als Akt der Rebellion und erkennt die Pro-Sklaverei-Partei an. Und nicht viel anders verfährt wieder sein Nachfolger James Buchanan (1857–1861), ebenfalls Demokrat. Zwar hatte er ein neutrales Verhalten in der Sklavenfrage versprochen, doch in seiner Botschaft an den Kongress am 7. Dezember 1857 – ein Jahr, nebenbei, in dem wieder einmal Hunderte von US-Banken und Unternehmen zusammenbrechen – gedenkt er der Kansasfrage im Sklavenhaltersinn. Er verteidigt die Gesetzlichkeit der Lecompton-Konvention, der Prosklaverei-Konvention, die den Besitz von schon in Kansas lebenden Sklaven legalisiert wissen will. Und am 2. Februar des folgenden Jahres empfiehlt der Präsident die Aufnahme von Kansas als Sklavenstaat. Ausschlaggebend ist eben nicht die Frage der Sklaverei, sondern der Machtzuwachs.

Schließlich war Buchanan Außenminister unter dem großen Expansionisten Polk und hatte bei seiner Antrittsbotschaft am 4. März 1857 als hauptsächliche Grundsätze seines Regierungsprogramms nicht nur »neutrales Verhalten« in der Sklavenfrage genannt, sondern auch: Verstärkung der Landesverteidigung, Vergrößerung der Kriegsflotte, Schaffung einer Militärstraße nach dem Stillen Ozean – und friedliche Beziehungen gegenüber dem Ausland.

Und zwei Tage nach dieser Regierungserklärung, am 6. März 1857, entschied das Oberste Gericht der USA: auch ein Schwarzer, der aus der Sklaverei entlassen werde, könne kein amerikanischer Bürger sein. Die so genannte Dred-Scott-Entscheidung verwehrte dem schwarzen Sklaven Scott, seit Jahren mit seinem Herrn auf freiem Gebiet, die Freiheit, weil er kein US-Bürger sei und also gar nicht klagen könne. Die Entscheidung des Obersten Gerichts galt damit für alle Negersklaven und deren Nachkommen.

Gewiss wird das Sklavenproblem, das noch im 17. und 18. Jahrhundert kaum Anstoß erregt, im 19. heftig diskutiert. Hatte doch selbst das so rückständige Mutterland die Sklaverei 1833 im ganzen britischen Empire verboten, zu einer Zeit, als sie US-Präsidenten noch jahrzehntelang verteidigt haben! Jetzt debattierte man darüber manchmal derart hitzig, dass selbst im Repräsentantenhaus Schlägereien nicht mehr selten waren. Gewalt bildete nun einmal ihr beliebtestes Verständigungs- oder Auseinandersetzungsmittel, innerstaatlich und weit darüber hinaus. Gewalt »bildete« die Nordamerikaner recht eigentlich, das heißt, sie machte sie zu dem, was sie sind – stets im Verein natürlich mit ihrer frommen Heuchelei. Doch im so genannten Sezessionskrieg, wo gerade die Gewalt unter ihnen selbst kulminierte wie niemals zuvor oder – bisher – danach, spielte die Sklavenfrage keine große Rolle, mag sie zunächst auch viel deutlicher sichtbar geworden sein als das allein entscheidende Motiv: der Unterschied zwischen dem industriewirtschaftlichen »Fortschritt« und der agrarwirtschaftlichen »Tradition«.

6. KAPITEL

Der Bürgerkrieg (1861–1865)

Beim Bürgerkrieg war die Beseitigung der Sklaverei kaum mehr als ein Nebenprodukt. Denn nicht zur Befreiung der Sklaven wurde er geführt, sondern zur Erhaltung der Einheit, der Union. Primär interessierte die Sklavenfrage weder die Nord- noch die Südstaaten. Primär interessierte beide die Frage der Macht, interessierte vor allem den Norden die Vorherrschaft über den Süden.

Im Entscheidenden ging es um die Auseinandersetzung rivalisierender Wirtschaftskreise. Im Norden und Süden bestanden ganz verschiedene ökonomische und soziale Strukturen. Im Norden herrschten der sich immer mehr entwickelnde Industriekapitalismus, der Ackerbau, im Süden herrschten die Plantagenbesitzer, eine Sklavenhalternobilität und das mit ihr verfilzte Finanzbürgertum. Und was dem industrialisierten Norden seine sich entwickelnde Technik, seine Fabriken waren, das waren dem rein agrarwirtschaftlich und agrarsozial orientierten Süden seine Baumwollballen und seine Negersklaven. Die Baumwolle galt geradezu als »Königin der Südstaaten«, und die großen Profite der Baumwollplantagen waren nur durch die Sklaverei möglich. Ergo bestand der Süden auf Sklaverei, sogar auf Annullierung des Sklavenhandelsverbotes von 1807.

Doch eine Ausdehnung der Sklaverei hätte dem Süden zumindest die wirtschaftliche Vormacht verschafft. Also war der Norden dagegen, dessen führende Industrie- und Finanzwelt die südstaatliche Oberschicht aus entscheidenden Positionen der USA verdrängen, eben unterwerfen wollte. Nicht ethische, nur wirtschaftliche und politische Aspekte gaben den Ausschlag.

Wie sehr es jeder Seite bloß um den eigenen Vorteil ging, das eigene Geschäft, das eigene Geld, demonstriert deutlich das Wahlverhalten der deutschstämmigen Wähler im Norden und Süden während des Präsidentschaftswahlkampfes 1860. Abraham Lincoln siegte in 18 Staaten, und überall, wo die Deutschen überwogen, wurde er mit großem Abstand gewählt. Dagegen erhielt er im Süden keine einzige deutsche Stimme.

Nach dem Krieg wird für die Industrie- und Agrarclique des triumphierenden Nordens der Süden eine Kapitalanlagesphäre und ein Arbeitskräftereservoir. Doch arrangiert man sich natürlich wieder mit den einstigen Sklavenschindern, die auch ihren Großgrundbesitz behalten. Und der Union eröffnet die Re-Inkorporierung den Weg zu einer expansionistischen Großmacht, den Aufstieg zum Weltstaat.

Die Lincoln-Legende

Das unmittelbare politische Vorspiel zum Krieg war der Präsidentschaftswahlkampf 1860 und die Wahl des Republikaners Abraham Lincoln am 6. November zum 16. Präsidenten der USA. Es ist auch das Jahr, in dem die Vereinigten Staaten die Kulturgeschichte durch die ersten Beadles Groschenromane *(dime novels)* bereichern und durch Patentierung des von Oliver F. Winchester erfundenen Repetiergewehrs, die so genannte Winchester – mit der sie nicht nur die letzten Büffel ausmorden …

Nach einer in die Welt gesetzten und noch immer weithin geglaubten Legende hatte der edle US-Präsident, der Sohn eines Holzfällers, der »ehrliche Abraham«, der »Sklavenbefreier« (noch heute für die Nordamerikaner die Verkörperung der besten Eigenschaften ihrer Nation) den ganzen Krieg von allem Anfang an nur für die Befreiung der schwarzen Sklaven geführt. In Wirklichkeit wollte Lincoln von Anfang an nur das Auseinanderfallen der Union verhindern, um jeden Preis, und dieser Preis war nicht gering.

Wenn Lincoln an die Befreiung der Sklaven dachte, dann nur um der Einheit der Union und der Vorherrschaft des Nordens willen. So sagte er in einer Rede im Juni 1858 in Springfield/Illionois: »A house divided against itself cannot stand. I believe this government cannot endure permanently half slave und half free.« Noch 1860, als sich nach Lincolns Sieg South Carolina im Dezember von der Union lossagt, betont Lincoln: »Ich habe nicht die Absicht, die Einrichtung der Sklaverei in den Staaten, wo sie existiert, direkt zu beeinflussen, aber wir können uns nicht trennen. Die Union muss erhalten bleiben.« Und in seiner ersten »Botschaft an die Nation« erklärt der Präsident: »Ich verfolge weder direkt noch indirekt die Absicht, die Institution der Sklaverei anzugreifen … Ich habe keine gesetzlichen Rechte, das zu tun, und ich habe auch keine Neigung, das zu tun.« Und ein anderesmal beteuert er, könnte er die Union durch die Sklavenbefreiung retten, würde er sie befreien, und könnte er sie retten, ohne einen einzigen Sklaven zu befreien, täte er es auch. Bald aber beschwätzte man die Welt, man habe den Krieg nur aus moralischen Gründen geführt.

Wie es mit der Moral der weißen Amerikaner gegenüber den Schwarzen steht, lehrt noch die Gegenwart erschreckend genug. Und seinerzeit dachte Lincoln natürlich gar nicht an eine Gleichstellung von Schwarz und Weiß. Im Gegenteil, wie jeder x-beliebige Rassenfanatiker bestand der »ehrliche Abraham«, der »Sklavenbefreier«, von dem John Hay, der Assistent seines Privatsekretärs, glaubte, »dass es die Hand Gottes war, die ihn an diesen Platz gestellt«, auf der Verschiedenheit von Schwarz und Weiß und hielt jede soziale oder politische Gleichheit zwischen ihnen »für immer« ausgeschlossen! So beteuert er in einer seiner Wahlkampfreden: »Ich trete heute so wenig wie jemals früher dafür ein, dass zwischen der schwarzen und der weißen Rasse in irgendeiner Form soziale und politische Gleichheit herbeigeführt werde – ich trete heute so wenig wie jemals früher dafür ein, dass man Neger zu Wählern oder Geschworenen mache, sie für geeignet erkläre, Ämter zu führen oder weiße Frauen zu heiraten; es gibt eine physische Verschiedenheit zwischen der weißen und der schwarzen Rasse, die es, wie ich glaube, für immer ausschließen wird, dass die beiden Rassen auf dem Fuße sozialer und politischer Gleichheit miteinander leben.« Ganz klar verkündet Lincoln »die übergeordnete Stellung der weißen Rasse«.

Selbstverständlich dachte man im Norden weithin wie der Präsident, dachte man an die Erhaltung der Union und wenig an die Sklavenbefreiung, die er dann verkündete. Noch während des Bürgerkrieges, so überliefert die in der Verwundetenpflege tätige junge Kate Cumming in ihrem Tagebuch unter dem 13. April 1862, äußert ein verwundeter Gefangener aus den Nordstaaten, »dass er Lincoln und die Sklavenbefreiung genauso hasst wie wir und nur kämpft, um die Union zu retten. Sie sagen alle das Gleiche.«

Ohne Gewissensbisse

Im Süden entschließt man sich, noch bevor der am 6. November 1860 zum Präsidenten gewählte Lincoln am 4. März sein Amt antritt, die Union friedlich zu verlassen. Denn Lincolns Wahl, kein Zweifel, signalisiert den politischen Beginn des Bürgerkriegs. Bereits am 20. Dezember eröffnet South Carolina in Columbia einstimmig die Separation (Sezession), im Januar folgen Mississippi, Florida, Alabama, Georgia, Louisiana, am 1. Februar stößt Texas dazu. Und am 8. Februar 1861 begründen diese Staaten einen unabhängigen und selbstständigen Bund, eine Verfassung, eine vorläufige Regierung und nennen sich »Confederate States of America« (CSA). Ihr Präsident wird am nächsten Tag der frühere US-Verteidigungsminister Jeffersen Davis. Man hat auch eine eigene Flagge, eine eigene Hauptstadt, zunächst Montgomery. Man übernimmt alle bisherigen öffentlichen Einrichtungen der Union, auch die Arsenale und Forts.

Nur Fort Sumter vor dem Hafen von Charleston/South Carolina blieb von Soldaten der Union besetzt. Da ihnen bald der Proviant ausgegangen wäre, hätten sie sich in Kürze ergeben müssen. So griff Lincoln zu einem Trick und provozierte. Er schickte eine Flottille, um die Besatzung mit Proviant zu versorgen. Darauf beschießen die Küstenbatterien unter dem konföderierten General Pierre G.T. Beauregard im Morgengrauen Fort Sumter, wo sich die Unionsoffiziere »sogar ein wenig fröhlich« in der Messe beim Frühstück von einem schwarzen Sklaven bedienen lassen. Nach dem Frühstück, berichtet Vizekommandant Captain Doubleday, erwidert man »ohne Gewissensbisse« das Feuer der »Rebellen« ganz »regelmäßig«. Doch am nächsten Tag schon kapituliert das Fort. Mit allen militärischen Ehren ziehen die Helden ab, mit zwar zerfetzter, aber »fliegender Fahne und dem getrommelten ›Yankee Doodle‹«.

Damit hätte nun alles beendet sein können.

In Wirklichkeit aber hatte damit der Krieg militärisch begonnen. Denn Lincoln, dessen Wahl diesen Krieg schon politisch eröffnet hatte, wollte den Krieg. »Die Loslösung ist ungesetzlich«, erklärte er, »die Union ist unvergänglich.« Er wollte den Krieg, und er wollte ihn, wie er selbst gestand, zur Erhaltung der Union führen, aber nicht zur Befreiung der Sklaven. Nur jenes war sein Kriegsziel von vornherein. Er zeigte sich aufs Äußerste entsetzt über die Beschießung. Und hatte er schon in seiner Einweihungsrede am 4. März versichert, sich nicht in die Sklaverei einzumischen (!), doch keine Sezession hinzunehmen, so handelte er nun entsprechend. Er machte klar, dass eine Rebellion bestehe, und agierte wie ein Diktator. Ohne Zustimmung des Kongresses befahl er eine Blockade der südstaatlichen Häfen und rief 75 000 Milizsoldaten für die Dauer von drei Monaten zu den Waffen zur Unterwerfung der »Insurrektion«. (Später wurden alle Männer zwischen 20 und 35 eingezogen, Unverheiratete sogar bis 45 Jahre. Wohlhabende konnten sich natürlich dem Kriegsdienst entziehen, indem sie 300 Dollar für einen Ersatzmann zahlten – der Lohn eines Arbeiters für etwa 8 Monate. Kein Wunder, dass besonders die Arbeiter protestierten, dass sie ihre Einberufung in New York City Mitte Juli 1863 auf die Barrikaden treibt, dass sie Häuser niederbrennen, plündern, morden, dass Polizei und Truppen auf sie schießen: über tausend Menschen werden getötet und verletzt – freilich fast eine Kleinigkeit in diesem Krieg. Doch siehe Augustinus: »Was hat man denn gegen den Krieg …« Besonders drakonisch griff Lincoln auch in einigen Grenzstaaten durch, die Sklavenstaaten waren. In Maryland kommt es zu Zusammenstößen, in Missouri, über das er das Kriegsrecht verhängt, zu einem regelrechten Guerillakrieg.

Der Süden fühlt sich mit Recht bedroht, und weitere Staaten scheiden aus der Union aus; zunächst der Staat Washingtons und Jeffersons, Virginia, wo etwas später Richmond die Hauptstadt der Konföderation wird; dann Arkansas, Tennessee, North Carolina. Ebenso verlassen einige der fähigsten Offiziere die US-Armee, darunter Joseph E. Johnston und Robert Edward Lee. Denn, wie Letzterer am 20. April 1861 aus Virginia seiner Schwester schreibt, »habe ich mich nicht entscheiden können, den Arm gegen meine Eltern, meine Kinder und meine Heimat zu erheben. Und so habe ich meinen Abschied von der Armee genommen in der Hoffnung, niemals zum Schwert greifen zu müssen, es sei denn zur Verteidigung meines Heimatlands, wobei ich den aufrichtigen Wunsch habe, dass man niemals meine bescheidenen Dienste benötigen wird.« Lee wurde am 1. Juni 1862 Oberbefehlshaber der Südstreitkräfte im Osten und bald einer der berühmtesten Generale aller Zeiten.

Lincoln konnte den Krieg leicht führen – und nur darum führte er ihn natürlich, wie spätere US-Präsidenten andere Kriege, den Ersten Weltkrieg etwa, den Zweiten, den Golfkrieg. Der Präsident des Bürgerkrieges wusste, er würde ihn gewinnen.

23 Nordstaaten (einschließlich Kalifornien und Oregon, die nicht kämpften) standen nur 11 Südstaaten gegenüber. Während der Norden 22 Millionen Bürger aufwies, die laufend durch Einwanderer auch während des Krieges vermehrt wurden, hatte der Süden, wo Immigranten kaum eine Rolle spielten, eine Bevölkerung von nur fünfeinhalb Millionen Weißen und dreieinhalb bis vier Millionen

schwarzen Sklaven. Der Norden besaß eine entwickelte Technologie, eine intakte Wirtschaft, wobei besonders die Eisen- und Rüstungsindustrie infolge verbesserter Produktionsmethoden, der Verwendung von Anthrazitkohle und Dampfkraft, seit Anfang der vierziger Jahre beträchtlich fortgeschritten war, auch wenn die eigentliche Industrialisierung erst nach dem Bürgerkrieg begann. Ebenfalls hatte man bereits den Ausbau des Eisenbahnnetzes in Angriff genommen, das den Nachschub und schnelle Truppenverschiebungen sicherte. Dazu gab es kapitalkräftige Banken, entstanden Werften, Blockadeschiffe, wuchs die Handels- und mehr noch die weit überlegene Kriegsmarine, womit man die Küsten der Südstaaten blockierte.

Im Süden dagegen, auf landwirtschaftliche Produktion, auf Baumwolle, Tabak, Reis, Zuckerrohr spezialisiert, fehlten industrielle Reserven weitgehend. Ebenso fehlte eine eigentliche Rüstungsindustrie, war das Schienennetz mangelhaft, betrug das Bankkapital bloß ein Drittel des gegnerischen. Und während der Norden in Europa alles einkauft, vom Hosenknopf bis zum Handelsdampfer, riegelt den Süden die immer dichter werdende Kette der Blockadeflotte ab, werden seine Schiffe irgendwo zwischen Europa und Amerika aufgebracht, die wirksamste Waffe in diesem Krieg, der mehr zur See als auf dem Land entschieden wird.

Der Norden war sogar bestrebt, seinen Überfall zu einem Krieg der halben Welt gegen den Süden zu machen, zu einem »Völkerkrieg«. In einer ganze Regimenter umfassenden »Fremdenlegion« sammelten sich (echte) französische Prinzen mit eigenem prinzlichem »Mentor« und »Personal« ebenso wie Zuaven aus Algerien, bayerische Biersäufer, Kroaten, Kosaken, Chinesen, Eskimos, Schweizer, englische Deserteure, Kontingente der Armee des Großherzogtums Gerolstein, Norddeutsche, überhaupt meist Deutsche, die übrigens ihre Kanonen gelegentlich wenigstens auch auf die eigenen Offiziere richteten. Kein Wunder, waren diese doch, nach Unions-General George B. McClellan, »so oft Männer ohne Charakter«; wie überhaupt die meisten dieser Offiziere, gleich welcher Herkunft, »ihre früheren Armeen zu deren eigenem Wohl verlassen« hätten.

Der Süden zeigte aus vielen Gründen kein Interesse am Krieg. Er war auch fest überzeugt, dass es gar nicht dazu kommen werde. Er war es zwar leid, den Norden, in dem sich die Fabriken ausbreiteten, zu ernähren, er wollte seine Unabhängigkeit. Aber den Krieg wollte er nicht, auch wenn er dann seine Möglichkeiten überschätzt haben mag. Doch schlimmstenfalls erwartete er das Eingreifen von Großbritannien und Frankreich, beide zu einem beachtlichen Teil auf seine Agrarerzeugnisse angewiesen, besonders auf die weltwirtschaftlich äußerst wertvolle Baumwolle, die man allerdings auch (wie das für Englands Haltung wichtige Getreide!) aus dem Norden bezog, später aus Ägypten und Indien. Doch lag eine Intervention der europäischen Staaten zugunsten des amerikanischen Südens durchaus nahe, zumal sie von vornherein kein Interesse hatten an einer starken Union.

Schon im Mai erkannte Europa so, zur Überraschung des Nordens, die Konföderierten als Kriegführende an. Und um sie wenigstens vom Kriegseintritt abzuhalten, der die Spaltung der USA womöglich verewigt hätte – welch' ein Glück für die Welt wär's gewesen! –, veröffentlichte der lang zögernde Lincoln am 22. September 1862 seinen einstweiligen Emanzipationserlass. Er erklärte kraft seiner »Machtvollkommenheit als Präsident der Vereinigten Staaten« alle Sklaven in den aufständischen Gebieten vom 1. Januar 1863 an für frei. Das berühmte Befreiungsdekret galt indes nur für die nicht von der Union kontrollierten Gebiete. Die besetzten Teile schloss es aus – eine Rücksicht auf die Grenzstaaten Delaware, Maryland, Kentucky und Missouri.

Im Norden war man mit den Sklaven nicht anders umgegangen als im Süden. Man hatte sie mit Fußtritten, mit Peitschenhieben traktiert, hatte die Familien auseinander gerissen, kurz, die Sklaven wie Sachen behandelt, wie »Vieh« – freilich ihnen auch fest Gottvertrauen eingepflanzt. Ein junger Nordstaatler berichtet aus dem Bürgerkrieg: »Für die Schwarzen ist Gott der Herr alles. Ihr Vertrauen, dass der Herr ihnen helfen wird, hat zweihundert Jahre überdauert. Manchmal frage ich mich, ob der Herr es nicht mit der weißen Rasse hält und den Schwarzen etwas vormacht, einfach weil sie schwarz sind … sie können nicht zehn Worte über die Sklaverei und ›old Massa‹ und ›old Missus‹ reden, und schon fangen sie wieder an mit: ›Gelobt sei Gott und der süße Jesus.‹ Und doch hat Gott in diesem Lande Washington zugelassen, dass sie seit mehr als zweihundert Jahren gekauft und versteigert werden wie unser Rindvieh und unsere Schweine.«

Noch in der ersten Zeit des Krieges erkannte man auch im Norden das Eigentumsrecht an Sklaven offiziell an. Die Offiziere der Nord-Staaten hatten sogar im Krieg ihre »Negerdiener« bei sich (wie in den Südstaaten allerdings fast jeder Soldat). Erst inmitten des Gemetzels, am 19. Juni 1862, wird die Sklaverei im Gebiet der Union abgeschafft.

Im Süden ist man jetzt oft dankbar, ja, ganz gerührt über die Hilfe der Schwarzen für die Familien der Weißen. Andere aber nützen die Gunst der blutigen Stunde, werden aufmüpfig, empören sich, und so wird auch gemeldet, »dass sie in Louisiana und Mississippi die Neger zur Strafe für versuchten Aufruhr wie Vögel in die Bäume hängen«. Und allmählich hat man wohl überall im Süden Grund, die Schwarzen im Fall ihrer Erhebung zu fürchten, sogar noch mehr als die »gesetzlosen Yankee-Soldaten«.

Julia LeGrand, Tochter eines einst reichen Plantagenbesitzers, notiert am 31. Dezember 1862 von den Truppen der Nordstaaten: »Die meisten Soldaten hassen die Neger und beschimpfen sie, wo sie nur können«. Ja, sie schreibt angesichts einer vermeintlich drohenden Sklavenrebellion: »Der Chef der Feldpolizei der Union hat angeordnet, dass die entwaffneten Konföderierten jetzt ihre Waffen zurückerhalten und die aufständischen Neger niederschießen sollen (wie die Hunde). Und das, nachdem man die Neger mit allen Mitteln dazu aufgeputscht hat, sich gegen ihre Herren zu erheben!«

Innenpolitisch war Lincolns Befreiungserlass so gut wie erfolglos. Außenpolitisch aber zeigte er Wirkung: ein Eingreifen Englands und Frankreichs zugunsten der Sklavenstaaten war jetzt aus moralischen Gründen so gut wie unmöglich, da die Union nun einen Krieg (auch) zur Befreiung der Sklaven führte.

Dabei hatte der Präsident noch wenige Monate vor seinem Erlass erklärt, der Kongress habe keinerlei Recht, in irgendeinem Staat die Sklaven zu befreien. Ja, Lincoln hatte noch nach der Sklavenbefreiung in Georgia, Florida und South Carolina durch den Unions-General Hunter am 9. Mai 1862 dessen Befehl rückgängig gemacht. Und deshalb (in der *New York Tribune*) getadelt, bekannte er: »Mein höchstes Ziel in diesem Kampf ist, die Union zu retten, und nicht, die Sklaverei zu zerstören oder zu retten. Wenn ich die Union retten könnte, ohne einen einzigen Sklaven zu befreien, so würde ich es tun; wenn ich sie retten könnte, indem ich alle Sklaven befreite, würde ich es tun; und wenn ich die Union retten könnte, indem ich manche befreite und die anderen ließe, so würde ich auch das tun.«

Selbstverständlich ließ der Norden die vom Präsidenten »mit einem Federstrich« befreiten Sklaven gleich für sich kämpfen. Lincoln selbst würdigte, »wie tapfer sie sich geschlagen«, und sagte: »Man hat von allen Seiten Einwände gemacht, als ich zum ersten Mal den Vorschlag machte, farbige Regimenter aufzustellen. Aber jetzt haben sie ihre Leistungsfähigkeit bewiesen, und ich freue mich, dass sie in den letzten Kämpfen mit den Weißen Schritt gehalten haben. Wir möchten doch, dass jeder nur irgend verfügbare Mann zur Front geht, und ich pflege meinen Gegnern, die immer noch gegen den Einsatz von Negern sind, zu sagen, dass es in solchen (!) Zeiten gut wäre, ein wenig farbenblind zu sein.«

Ja, wie urteilte ein – durchaus wohlmeinender – Besucher des Weißen Hauses, der beim Präsidenten zwar keine »Bücherweisheit« bemerkte, wohl aber eine »Art Bauernschläue«? »Grundehrlich und doch in einer gewissen Weise verschlagen«, mit »Weisheit begabt, die fast einer Verschmitztheit nahe kommt«, »ein wirklicher Repräsentant aller Yankees …, ein echtes Musterexemplar …« Doch wie bauernschlau und verschlagen dieser grundehrliche Yankee-Repräsentant, dies echte Musterexemplar, auch war, man zeigte ihm die Zähne, signalisierte ihm wild entschlossenen Widerstand. Kein anderer als der Südstaatler John Tyler, der ehemalige Präsident der Vereinigten Staaten, schreibt am 17. April 1861 in Richmond, man habe sich von »diesem Haufen von Sklavenbefreiern gelöst«, und versichert, »in ganz Virginia herrscht ein Geist, der nicht vernichtet werden kann, bis das Leben des letzten Mannes ausgelöscht ist«.

Militärseelsorge oder: »lebe großartig …«

Im Süden war schließlich die Kriegsbegeisterung in der Tat weit größer als im Norden, wo man das Volk erst recht aufputschen musste zum Kampf, durch säbelrasselnde Versammlungen, durch Einpeitscher, Redner und Chöre, wo man sich heiser gröhlte und sang. Die Propaganda arbeitete mit flatternden Fahnen, Militärmusik, nationalen Liedern. Auch Veteranen aus schon vertrockneten Blutbädern führt man vor. Ein Augenzeuge aus Massachusetts erzählt, dass meist »ein alter Knabe« anwesend war, »der auf den kleinsten Anstoß hin losschrie wie eine Hyäne, dass er bereit sein würde, seine Muskete zu schultern, wenn er nicht leider schon so alt wäre …« Ebenso agierte »ein patriotisches altes Mädchen«, das unentwegt mit einer Flagge oder einem Taschentuch wedelte und kreischte, sofort mitzuziehen, wäre sie »nur ein Mann«.

Und selbstverständlich trommelte auch und vor allem der Klerus zum Krieg.

Zumindest im frommen Norden gab es sogar spezielle »Werbepfarrer«, denen es auch nicht eben schlecht ging, wie das Dienern Gottes ja zusteht. Einer von ihnen bekundet in seinem Tagebuch: »Dinner beendet. Ausgezeichnete Mahlzeit: Spargel, grünes Rübenblattgemüse, gut gebratener Schinken, Mais- und Weizenbrot und Buttermilch. Ich habe hier volle Pension, zwei schwarze Frauen zu meiner Bedienung und lebe großartig für einen Soldaten. Meine Gesundheit war nie besser …«

Auch einen »Neger« hatte der Pfarrer angeworben, war aber gegen die Sklaverei. Doch musste er sich (1863 im besetzten Tennessee) von einer Dame sagen lassen, dass Sklaverei eine Lehre der Bibel sei. »Vom ersten Buch Mose bis zur letzten Offenbarung ist die Bibel voller Sklaverei; die besten Männer besaßen Sklaven. Abraham, Isaak, Jakob und all die alten Väter und Christen hatten ihre Sklaven.« Der Mann, der selber an die Bibel glaubt, ja, nach ihr handelt, »wenigstens bis zu einem gewissen Grade«, weiß seinerseits freilich, dass die Bibel »auch voll von Krieg und Blutschande« sei, siehe die dreihundert Frauen Salomons plus siebenhundert Konkubinen, und spöttelt galant: »Und nun meine Damen, was würden Sie, bei allem guten Willen, dazu sagen, wenn das Tausend-Frauen-System wieder eingeführt würde?«

Die Kirchen waren, wie üblich auf beiden Seiten, sehr ins ja gottgewollte Schlachtfest verstrickt, mit aufputschenden Predigten und sanften Gesängen wie »Lebewohl« und »Aufwiedersehn«. Messen werden zelebriert, Andachten gehalten. Vom einfachen Soldaten bis zum höchsten Offizier rennt alles jetzt zu den Christentempeln. Man beehrt sogar die Betsäle des Feindes. Als der Unionsgeneral Van Rennselaer im Mai 1862 in Fredericksburg, Virginia, zum Gottesdienst kommt, lässt der Pfarrer aus lauter Rücksicht selbst »das Gebet für unseren Präsidenten und den Erfolg unserer Sache fort …« –

kein Wunder, dass der Süden den Krieg verliert. Dabei hatte er sogar alle bronzenen Kirchenglocken gespendet und einschmelzen lassen, »um Kanonen oder Kugeln daraus zu machen« – und derart geht Religion doch wirklich unter die Haut! Auch ein Sechzigjähriger schultert noch die Muskete und zieht, wie seine beiden Söhne, in die Schlacht, die ihn ein Bein kostet, worauf er, »ein sehr gläubiger Christ«, die ganze Nacht stöhnt und betet. Doch noch als Frau marschiert man los, »das alte Gebetbuch ..., eine Pistole und ein Messer in der Hand«.

Ein Soldat der Südstaaten berichtet am 20. Februar 1863 einem Freund von allabendlich vor dem Zapfenstreich erklingenden religiösen Liedern und Hymnen. Er schwärmt von der »Ausgießung des Heiligen Geistes über der ganzen Armee und allem Volk des Südens«. »Alte Bekenner, deren Eifer längst erkaltet war, werden von neuem Pflichtgefühl ergriffen, und viele wohlbekannte Sünder mäßigen sich ... Oft wird jetzt im Lager gemeinsam laut gebetet, und es gibt regelmäßige oder mindestens gelegentliche Andachten. Viele Geistliche sind als Feldprediger zur Armee gegangen, manche haben sich sogar als einfache Soldaten in die Reihen eingegliedert«. Auch zeigt er sich als gelehriger Schüler alter Pfaffensprüche: »Ein Soldat kann kämpfen und trotzdem ein religiöser und gottesfürchtiger Mann sein.«

Besonders fromm ist der Südstaatengeneral Thomas J. Jackson. Einer seiner Offiziere teilt mit: »Beten und kämpfen war nach seiner Ansicht der Lebensinhalt eines richtigen Mannes.« Er selbst glaubt allen Ernstes, seine Brigade sei »mehr als die anderen« von Gott »bevorzugt«. – Generale waren schon immer starke Denker. »Gestern haben wir eine große Schlacht geliefert und einen großen Sieg errungen, dessen Ruhm ganz allein Gott gehört«, meldet er, stolzgeschwellt und demutsvoll in einem, der allerliebsten Frau. »Mein Leben verdanke ich ebenso wie den glorreichen Sieg Gott, dem alle Ehre gebührt, aller Dank und aller Ruhm.« In einer späteren Schlacht ballert ihn versehentlich ein eigener Soldat an, und er hat gerade noch fünf Tage Zeit, den seltsamen Wegen des Herrn nachzusinnen.

Dass Betende nicht denken, zeigt der glückliche Stoßseufzer des amerikanischen Milizsoldaten Farnsworth, eines Farmers, im Unabhängigkeitskrieg (Juni 1775): »Oh die Güte Gottes, die mein Leben erhielt, obwohl sie rechts und links von mir fielen. Möge diese Errettung mich nie an dir zweifeln und, mich nie mein Vertrauen in meinen Arm aus Fleisch setzen lassen ...« Der Tod derer, die »rechts und links« fallen, erschüttert das Gottvertrauen des Beters nicht. Im Gegenteil, je mehr da fallen, desto gütiger ist Gott, fällt man nicht selbst ... Ein religiöser Mensch, sagt Nietzsche, denkt nur an sich.

Wie die Begeisterung für den Krieg bei den Nordstaatlern nicht groß war, so war auch ihr Einsatz nicht überwältigend. Da man einen großen Teil ihrer Truppen nur für drei Monate angeworben hatte, kehrten viele, schreibt General McDowell, trotz inständiger Bitten und Einmischung des Kriegsministers auch noch ausgerechnet »als die Armee in die Schlacht marschierte ... unter dem Donner der feindlichen Kanonen in die Heimat zurück.«

Bei den Konföderierten sah dies etwas anders aus. Denn kaum zu Unrecht galt der geflügelte Satz: »Ein Südstaatler wiegt fünf Yankees auf«. (Alle Amerikaner aus dem Norden waren für die Südstaatler »Yankees«: die holländische Abwandlung von »John Cheese« – Hans Käse.)

Freilich war Fahnenflucht bezeichnenderweise in beiden Armeen weit verbreitet und wurde mit dem Tod bestraft.

Der erste »moderne« Krieg

Der amerikanische Bürgerkrieg war der größte aller Bürgerkriege, ja, der menschenreichste aller bis dahin geführten Kriege überhaupt.

Darüber hinaus ist dieser Krieg der erste »moderne« Krieg, das heißt den Ausschlag gaben allein die technische Überlegenheit und die Menge des eingesetzten Materials, wie dann in den meisten Kriegen des 20. Jahrhunderts. Es sollen schon Explosivgeschosse, Handgranaten, Flammenwerfer, Minen und Seeminen, Ballons, Panzerschiffe zum Einsatz gekommen sein, ja, ein in Alabama gebautes Unterseeboot, das 1864 vor Charleston ein Kriegsschiff versenkte, wobei es selbst mit unterging. Dagegen interessierte man sich für das 1862 von R. J. Gatling »verbesserte« Maschinengewehr, das bereits 350 Schuss in der Minute feuerte, erst später.

Der Krieg tobte vor allem in der Nähe der beiden Hauptstädte Washington und Richmond sowie zwischen den westlichen Appalachen und dem Mississippi. Entscheidend aber war der Seekrieg, da die Union den Süden besonders durch Blockade in die Knie zwang. Durch sie und die Umdisponierung der fremdländischen Märkte fiel beispielsweise seine Baumwollproduktion von durchschnittlich 4,5 Millionen Ballen pro Jahr auf 1,6 Millionen 1862 und auf nur 300 000 schließlich 1864.

Seit der ersten Schlacht von Bull Run/Virginia am 21. Juli 1861, wo die unerfahrenen Unionstruppen unterliegen und nach dem nahen Washington flüchten, folgt Schlacht auf Schlacht – weiträumige See- und Flussblockadeaktionen sowie ausgedehnte Landkriegsoperationen.

Allein das blutige Treffen am Antietam/Maryland vom 15. bis 17. September 1862, wobei 100 000 Soldaten der Unionsarmee kaum 15 000 Konföderierten gegenüberstehen, kostet etwa 21 000 Tote und Verwundete. Obwohl das gegenseitige Abmurksen unentschieden bleibt, zwingen General Lee die großen Verluste zum Rückzug nach Virginia. Doch am 13. Dezember 1862 schlägt er General Burnside schwer bei Fredericksburg. Und bei Chancellorsville am 2./4. Mai 1863 besiegt er auch Burnsides Nachfolger General Hooker.

Im Sommer 1863 dringen die Konföderierten bis nach Pennsylvania vor und bedrohen Washington. Da aber bringt die Schlacht bei Gettysburg vom 1. bis 3. Juli die Wende. Es ist wohl das schlimmste Gefecht des Bürgerkriegs, das drei Tage lang auf den Anhöhen im Süden des Städtchens tobt. Zunächst zwar wird die Unionsarmee dezimiert, aber sie erhält Verstärkung und kann jetzt, zahlenmäßig sehr überlegen, Lee vertreiben.

Der Südstaaten-General Pickett, von den Soldaten »Marse George« genannt, sah bei diesem entsetzlichen Gemetzel seine Männer in einer Breite von fast einer Meile angreifen, »stolz, prächtig«, wie er schreibt – und »bald darauf ausgelöscht«. Und nun klagt er brieflich seiner Verlobten: »Ich höre immer noch ihr Hurra, als ich den Befehl ›Vorwärts!‹ gab, und die Erregung in ihren jubelnden Stimmen, als sie mir zuriefen: Marse George, wir folgen Ihnen! Ach, wie vertrauensvoll folgten sie mir – vorwärts und vorwärts – bis in den Tod, und ich führte sie vorwärts – vorwärts – vorwärts – oh, Gott!«

Nach einem Zusammenprall sah es regelmäßig grauenhaft aus. Ein Artillerist der Konföderierten berichtet nach der zweiten Schlacht von Bull Run, wo die Union wieder einmal (am 30. August 1862) unterlag: »Knapp fünfhundert Meter gegenüber dem Eisenbahndamm, wo Jacksons alte Division angegriffen wurde, waren mindestens dreiviertel der Männer, die an dem Sturmangriff teilnahmen, getötet worden und lagen da in ihren Reihen an dem Platz, wo sie gefallen sind.

Ich hätte geradeaus an die vierhundert Meter weit über die Leichen gehen können, ohne mit dem Fuß den Boden zu berühren.« Nach der Schlacht um Richmond (Mai 1862), wird überliefert, »waren die Straßen ein einziges riesiges Krankenhaus.« Nach einer anderen Abschlachtung hält eine Südstaatlerin fest: »Wir waten in Blut und Wasser, und wenn wir die Verwundeten versorgen, müssen wir uns in diese Lachen hineinknien; doch wir denken uns nichts mehr dabei.«

Den Truppen der Konföderierten unter General Lee, seit Frühjahr 1862 unaufhörlich im Einsatz, mangelt es bald an allem. Selbst ein Arzt der Nordarmee gesteht bewundernd und verwundert: »Dass diese verdreckten, kranken, hungrigen und elenden Männer solche Helden im Kampf sind, entzieht sich jeder Erklärung.« Viele hatten schließlich weder Decken noch Mäntel, nicht einmal Schuhe. Sogar im Winter standen Soldaten barfuß in den Schützengräben. Es gab Frostbeulen – und täglich Desertationen. Es fehlte an Waffen, Munition, Verpflegung, an Medikamenten, Verbandszeug, und nur selten überstand bei ihnen ein Verwundeter eine Amputation. Zuletzt rief man, wie später Hitler, selbst Kinder und Greise zu den Waffen – »Sogar die Wiege und das Grab werden beraubt«, hieß es.

Die selbst hungernden und verhungernden Südstaatler ließen natürlich auch ihre Kriegsgefangenen hungern und verhungern. Im Lager Andersonville trugen viele kaum ein Hemd, waren ganz nackt, lagen zwischen wimmelndem Ungeziefer, verkamen in ihren eigenen Exkrementen – ein Gestank wie in »Leichenhallen«. Zeitweise kamen dort täglich hundertfünfzig Menschen um. Von 50 000 Eingelieferten starb ein Drittel. »Mein Herz leidet mit den Unglücklichen, wenn es auch Yankees sind«, schreibt eine Südstaatlerin am 27. Januar 1865. »Jedoch, was können wir tun? Die Yankees selbst tragen mehr Schuld daran als wir, weil sie die Gefangenen nicht austauschen wollen.«

Es war richtig. Die Union weigerte sich, die Gefangenen auszutauschen. Lieber ließ sie ihre eigenen Leute verrecken.

Im Übrigen aber – dies erinnert lebhaft an die US-Soldaten im Ersten und Zweiten Weltkrieg – »sahen diese Teufel kräftig und gut ausgerüstet aus«, wie man aus dem Süden meldet. »Sie hatten unzählige Bagagewagen bei sich.« Und gelegentlich amüsiert sich die Soldateska des Nordens, indem sie das Porträt des Südstaaten-Präsidenten als Zielscheibe benutzt und vollständig durchlöchert.

Im Laufe des Jahres 1864 geht die Nordarmee an allen Fronten zum Angriff über, die Südarmee wird ausgeblutet.

Am 9. März erhält General Ulysses Simpson Grant, der spätere Präsident, den Oberbefehl über alle Unionstruppen. Mit enormer zahlenmäßiger Überlegenheit führt er einen Angriff nach dem andern, wobei seine stets frontal vorgehenden Regimenter durch Lees Armee jedes Mal hohe Verluste erleiden. So im Mai in der Schlacht in der Wilderness; mehr als 30 000 Männer beißen ins Gras. Oder bei den schweren Kämpfen von Cold Harbor/Virginia, vom 1. bis 3. Juni 1864. Fast 90 000 Mann bleiben auf dem Schlachtfeld. 60 000 verliert die Union, 25 000 bis 30 000 die Südarmee. Doch all dies dient, so Präsident Lincoln inmitten des gigantischen Gemetzels bei der Einweihung des Soldatenfriedhofs in Gettysburg, »der Wiedergeburt der Freiheit …«

Allein ein Sturmangriff auf Lees Stellungen am 3. Juni kostet Grant innerhalb kurzer Zeit annähernd zehntausend Soldaten. Aus solchen Feldherrn werden Präsidenten. Sein eigener Brigadegeneral Emory Upton aber bekennt: »Unsere Verluste waren sehr groß und vollkommen sinnlos … Ich bedauere es sehr, sagen zu müssen, dass ich vom Generalstab während der Schlacht nur wenig gesehen habe. Einige unserer Regimentskommandeure haben nicht einmal die Fähigkeiten zum Unteroffizier. Sie sind faul und schlafmützig; sie denken nicht daran, nur einmal an ihren Linien entlangzureiten; aber einen Angriffsbefehl geben sie ohne Zögern, ganz gleich, wie stark der Feind ist und wie seine Stellungen aussehen. Zwanzigtausend unserer Gefallen und Verwundeten könnten heute noch in unseren Reihen stehen.«

Dafür sind, wie in allen Kriegen, die Führer auf der Flucht umso flotter. Im Süden, in New Orleans, schreit man auf: »Die verfluchten Generale, die unsere Truppen hier kommandierten, liefen davon und ließen sie allein.« Und waren die Soldaten des Nordens auf der Flucht, hieß es: »Platz da! Macht Platz für den General«, wie der Engländer H.W. Russell von der *Times* berichtet.

»Gottes Werkzeug der Gerechtigkeit«

Auf dem südwestlichen Kriegsschauplatz hat inzwischen General William T. Sherman den Oberbefehl. Und er bekriegt nicht bloß die Truppen des Südens, sondern mit derselben Brutalität auch die Bevölkerung. Seine Devise: »Wir kämpfen nicht nur gegen die feindliche Armee, sondern gegen ein feindliches Volk, und wir müssen alle – alt und jung, reich und arm – die harte Hand des Krieges spüren lassen.« So praktiziert er nichts als Terror, reine Barbarei. Und hinter seiner Soldateska ziehen Tausende von plündernden und brandschatzenden Schwarzen.

Sherman schlägt am 22. Juli 1864 bei Atlanta/Georgia die Südstaatler unter General Hood. Nach schweren Kämpfen fällt Atlanta selbst am 2. September, ein Sieg, der die »Moral« im Norden hebt und Lincolns Wiederwahl am 8. November fördert. Alle Bewohner Atlantas, auch die Alten, die Schwachen, lässt Sherman vertreiben und die Stadt niederbrennen. Er denkt nicht daran, wie er selbst gesteht, »die menschliche Seite der Sache zu berücksichtigen«; das will er erst im Frieden – und dann »den letzten Zwieback« teilen.

Die zertrümmerte und in Flammen lodernde Stadt hinter sich zieht der General seit dem 16. November mit seiner Armee von über 62 000 Mann – er nennt sie, echt yankeehaft, »Gottes Werkzeug der Gerechtigkeit« – durch Georgia, auf vier großen Straßen bis zum Atlantik, 500 km weit. Auf einer Breite von 100 km wird dabei alles vernichtet, was zu vernichten ist: die Städte, die Ernten, die Fabriken und Lagerhäuser, die Brücken, Plantagen, das Vieh, die Bahnanlagen, deren glühende Schienen, von Sherman persönlich überwacht, man jeweils rund um den nächsten Baum biegt.

Und seiner Verheerung von Georgia folgt nach der Einnahme von Savannah die Verwüstung von South und North Carolina. Auch hier wird alles, was dem Süden nützen könnte, zerstört. Der Sachschaden beträgt mehr als 100 Millionen Dollar. Tabula rasa oder Amis unter sich – wenn es um Macht geht. Und um Macht geht es immer. Und deshalb wird gewöhnlich so verfahren. Mit den Indianern zum Beispiel, die man gerade seinerzeit im Sand Creek-Massaker metzelt. Oder später mit Hiroshima, mit Nagasaki. Oder mit den Vietnamesen. Mit den Irakern. Beispiele nur. Beispiele …

Die Verfechter der Menschenrechte plünderten ihre eigenen Brüder restlos aus. Vom Indianerkrieg seit langem ans Rauben gewöhnt, schleppten sie alles weg, vom Pferd bis zum letzten Rock, alles nehmen sie mit, »was nicht niet- und nagelfest war – nicht ein Küken haben sie zurückgelassen.« Auch die Schwarzen trieben sie fort, sie haben sie »befreit«, versteht sich, »und zwei, die sich weigerten«, versichert dieselbe Augenzeugin, »getötet«.

Ein junges Mädchen aus Georgia schreibt am 24. Dezember 1864:

»Etwa drei Meilen von Sparta entfernt betraten wir das ›verbrannte Land‹, wie es von den Einwohnern treffend genannt wird. Ich glaube fast, ich hätte Lust, einen Yankee eigenhändig zu hängen …« Alles ist ruiniert, die Zäune, die Felder, die Heuschuppen, Getreideschober, jeder Ballen Baumwolle, jede Plantage verkohlt, manchmal nur noch einsame Schornsteine, »Shermans Schildwachen«. Längs den Straßen: Niedergeschossene Pferde, Schweine, Rinder, alles, was der Feind nicht selbst verbrauchen oder mitnehmen kann. »Die infamen Schurken. Ich konnte es jetzt verstehen, dass die armen Leute hier diesen ›Hunden‹ am liebsten an Ort und Stelle den Strick um den Hals gelegt hätten …« Und eine andere Augenzeugin meint, »selbst die, die Tausende und Zehntausende von Dollars besaßen, waren so arm wie die Ärmsten und ebenso hungrig.«

»Ich möchte ja nicht, dass du mit den Kämpfen aufhörst, bevor der letzte dieser Yankees tot ist«, schreibt die Frau eines Südstaatlers ihrem Mann an die Front, »aber versuch doch und komm und bring uns etwas zu essen … aber, mein Liebster, wenn du das Kommen aufschiebst, dann hat dein Kommen überhaupt keinen Zweck mehr, weil wir dann schon alle auf dem alten Friedhof neben deiner und meiner Mutter liegen werden.«

Der Krieg ist eben total, das Zerstörungswerk komplett. Zumal man im Süden auch eigenen Besitz ruiniert; etwa die Baumwolle haufenweise verbrennt, damit die »Eroberer« sich nicht daran bereichern können. Gelegentlich belädt man mit ihr Flöße auf dem Mississippi, kippt Whiskyfässer darüber, zündet's an allen Ecken an und sieht es dann berauscht im Sonnenlicht den Strom hinuntertreiben. »Das zeigt, wozu eine Nation imstande ist, wenn es ernst wird«, jauchzt eine patriotische Dame und fügt hinzu: »Nachts würde es großartig ausgesehen haben. Aber dann werden wir das Vergnügen (!) noch einmal erleben; denn am Tag werden sie mit der Arbeit (des Zerstörens) nicht fertig werden, wenn sie sich auch noch so sehr beeilen.« Ein – überflüssiger – Beweis mehr, dass die Narren nicht aussterben. »Ein unschätzbarer Reichtum ist heute zerstört worden, aber niemand bedauert es.« Und zu ihrem Trost liegen noch Hunderte von Ballen »unberührt« da und können bald ebenso flammend den Patriotismus des Südens beleuchten.

Freilich, nach vier ungeheuren Mordjahren zwecks »Wiedergeburt der Freiheit« (Lincoln) sind die Südstaaten fertig, buchstäblich außer Gefecht gesetzt. Sie sind restlos erledigt, nicht nur militärisch, auch finanziell. Sie sind nicht nur bar aller Kriegsmittel, sind ausgeblutet. ausgehungert. Die letzten wichtigen Häfen sind erobert, weite Landstriche völlig verheert. Das Transportsystem ist zusammengebrochen. der Durchhaltewille der Bevölkerung erschöpft. Viele Soldaten desertieren jetzt, der geplante Einsatz der Schwarzen kann nicht mehr erfolgen. Lees Truppen, nur noch 30 000 Mann, stehen 115 000 unter Grant gegenüber.

Bei der Schlacht von Five-Forks am 1. April 1865, dem letzten großen Mordakt dieses Krieges, dem »Waterloo« der Konföderierten, werden Lees Linien an drei Stellen von dem zahlenmäßig weit stärkeren Gegner durchbrochen. Richmond muss preisgegeben werden. In das Haus des Südstaaten-Präsidenten Davis ziehen Generale des Nordens ein. »Es wirkte«, so Admiral David Porter, der Lincoln nach Richmond begleitet, »verglichen mit dem Weißen Haus, in jeder Hinsicht sehr bescheiden. Man merkte, dass Davis vollkommen ohne Dünkel war und wie ein einfacher Bürger gelebt hatte.«

Am 9. April streckt die auf 28 000 Mann zusammengeschmolzene Hauptarmee unter General Lee in Virginia die Waffen vor General Grant. Und vielfach korrupte Besatzungsbehörden beginnen jetzt gleich mit der »Umerziehung« des Südens, der seither gegenüber dem Norden ein tief eingefleischtes Ressentiment hegt.

Begreiflich, waren die Verluste in diesem Bürgerkrieg doch gewaltig. – Aber hatte nicht Präsident Jefferson schon vorausgesehen, um nicht zu sagen prophezeit, gefordert gar, dass »der Baum der Freiheit« (= Lincolns »Wiedergeburt der Freiheit«) »von Zeit zu Zeit mit dem Blut von Patrioten und Tyrannen begossen werden muss«? Er hatte. Und vielleicht lässt dies auch künftig noch einiges erwarten …

Der amerikanische Bürgerkrieg war nicht nur der erste »moderne«, der erste »totale« Krieg, er war auch einer der mörderischsten Kriege überhaupt, eines der großen Geschichtsverbrechen, das Nordamerika mehr Opfer kostete als beide Weltkriege zusammen. Allein die Verluste der Armeen betrugen 33 bzw. 40 Prozent. Die Union hatte 359 528 Tote (darunter rund 110 000 so genannte Gefallene – ein wunderbares Wort, in dem der Euphemismus Triumphe feiert: als wäre man eben mal ausgerutscht, ein bisschen hingefallen …), der Süden 258 000 Tote (darunter 94 000 »Gefallene«). Verwundet wurden auf beiden Seiten insgesamt über 375 000 Mann.

Nachdem General Lee aber am 7. April 1865 die Kapitulationsbedingungen erhalten und unterzeichnet hatte, schrieb er an seine Soldaten: »Da der Bürgerkrieg zu Ende ist … halte ich es für jedermanns Pflicht, mit vereinten Kräften zur Wiedergesundung des Landes in Frieden und Eintracht beizutragen … «

So einfach ist das: erst mordet man gemeinsam, dann baut man gemeinsam wieder auf. Und, wirklich, so ähnlich ist nun mal der Lauf der Geschichte, die sich, nach einem viel zitierten Satz, nicht wiederholt. Also: keine sich wiederholenden wirtschaftlichen Krisen? Keine sich wiederholenden Kriege? Keine stete Ausbeutung, Unterdrückung, kein steter Betrug? Kein stetes Herrschen auch der Wenigen über die Vielen? Und kein immerwährendes Reinlegen dieser und Rausreden jener? Nein? Oder doch? Semper idem, wahrhaftig, gerade was die Haupt- und Staatsaktionen der Historie angeht, in der doch nur die Namen wechseln, die Methode bleibt.

Im Übrigen war die Anregung des Generals Lee, mit vereinten Kräften wieder aufzubauen, was man gerade erst zusammen kaputtgeschlagen hatte, ganz im Sinn des Präsidenten Lincoln, der zwar den Krieg um jeden Preis gewollt und bekommen hatte. Aber nun wollte er, wie der General Lee, gemeinsam weiter. Einigkeit macht stark – wir Deutschen kennen den Spruch, aber eben nicht nur wir. Nein, Lincoln wollte jetzt – nachdem er hatte, was er wollte – gar nicht, wie viele, wie die meisten im Norden, die Rache auskosten. Nein, er suchte jetzt die Versöhnung, die engste Kollaboration – so wie etwa, bei allen Unterschieden, die USA nach 1945 mit Deutschland. Oder die Bundesrepublik selbst schließlich mit Ostdeutschland. Einmal braucht man die Sklavereistaatler, einmal die Nazideutschen, vor allem die Nazi-Generäle, einmal die Stasi-Garnitur des verflossenen SED-Regimes … Das *muss* so sein. Denn gleich und gleich gesellt sich gern.

Allerdings konnte Lincoln seinen Sieg nicht mehr auskosten. Fünf Tage nach dem 9. April, der Kapitulation der konföderierten Armee, wird er erschossen.

Wer ermordete Lincoln?

Der 56jährige Präsident und seine Frau saßen am 14. April 1865 abends im Fords Theater in Washington in ihrer Loge und sahen sich das Lustspiel *Our American Cousin* an. Sie hatten eine sie besuchende junge Dame und deren Begleiter, Major Rathbone, bei sich, als der Schauspieler John Wilkes Booth, während eine bestimmte Stelle lautes Gelächter auslöste, die Loge betrat, sich unbemerkt hinter den Schaukelstuhl des Präsidenten stellte und diesem mit einem Derringer in den Hinterkopf schoss. Die Kugel trat hinter dem linken Ohr ein, durchschlug das Gehirn und blieb hinter dem rechten Auge stecken. Lincoln sackte zusammen und starb am nächsten Morgen um sieben Uhr 22 Minuten.

Da Booth ein fanatischer Anhänger der Südstaaten war, vermutete man bald weithin einen Racheakt des Südens gegen den Präsidenten. Vieles aber spricht dafür, dass es ganz anders, dass der eigentliche Mörder – ein Mitglied der Regierung war: Kriegsminister Edwin M. Stanton, der ganz im Unterschied zum Präsidenten für eine militärische Besetzung des Südens und eine eindeutige Politik der Vergeltung eintrat, während Lincoln noch in einer Kabinettssitzung am Tag seiner Ermordung »keine Verfolgung, keine Blutarbeit« wünschte – die hatte man inzwischen ja reichlich geleistet und mit »Erfolg«. Jetzt forderte Lincoln Versöhnung. »Niemand soll von mir erwarten, dass ich Anteil nehme am Hängen und Töten dieser Männer, auch nicht der schlimmsten (!) … Wir müssen mit allen Vorwürfen ein Ende machen, wenn wir wieder zusammenarbeiten und Union werden wollen. Einige unserer guten Freunde haben einen etwas zu starken Wunsch, die Herren zu spielen, den Südlichen zu diktieren … Ich stehe nicht auf Seiten solcher Gefühle.«

Lincoln, in dessen Schreibtisch gesammelt und mit einer Schnur zusammengebunden, rund achtzig Morddrohungen lagen, war zwar der Meinung (oder äußerte sie wenigstens), Attentate seien keine amerikanischen Verbrechen. In Wirklichkeit mag er anders gedacht haben. Denn mehreren geplanten Attentaten entging er nur durch Änderung seines Programms im letzten Augenblick. Zwei waren von Booth selbst schon vergeblich vorbereitet worden. Aber gingen sie auf ihn zurück? Auf einen Mann, der übrigens aus Maryland stammte, also gar kein Südstaatler war? Andererseits freilich sympathisierte Booth stark mit dem Süden. Während der Beschießung von Fort

Sumter durch die Konföderierten feierte er diese inmitten einer Vorstellung als Helden von der Bühne herunter, und das im Staat New York. Auch war er, der »schönste Mann der Stadt Washington«, dessen Vater lange als größter Schauspieler Amerikas galt, schließlich Geheimagent in einer Untergrundbewegung geworden. Doch zeigt das nicht eher, dass andere hinter ihm standen?

Booth konnte entkommen. Er stach dem Major, der sich ihm entgegenwarf, mit einem Messer in den Arm, hechtete über die Brüstung, brach sich ein Schienbein, stürmte auf die Bühne, schrie in das schreckensstarre Publikum die Parole Virginias: »Sic semper Tyrannis!« (So geschehe es allen Tyrannen!) und entfloh durch die Kulissen.

Nun kam es zur selben Zeit zu einem zweiten, allerdings misslingenden Attentat auf Lincolns Außenminister Seward. Und ein drittes geplantes Attentat auf Vizepräsident Andrew Johnson fand gar nicht statt, weil es der ausersehene Attentäter mit der Angst bekam, sich Mut antrinken wollte und schließlich total betrank.

Der Präsident hatte für den Theaterbesuch am 14. April am selben Nachmittag einen seiner Adjutanten von Kriegsminister Stanton als Leibwächter erbeten, einen zuverlässigen, bärenstarken Offizier, aber Stanton hatte Lincolns Wunsch abgeschlagen: Major Eckart sei unabkömmlich; was nicht zutraf. Statt seiner kommandierte Stanton einen Polizisten, einen gewissen Parker ab, einen Trinker und zwielichtigen Burschen, der seinen Posten vor der Präsidentenloge auch prompt verließ und eine Bar aufsuchte.

Weiter: Stanton war nach dem Attentat sofort zur Stelle, übernahm provisorisch die Regierung und schickte Vizepräsident Johnson anscheinend nach Hause. Statt seiner aber suchte er selbst durch eine ganze Flut von Telegrammen, Marschbefehlen, Haftbefehlen und sonstigen Erlassen an Truppe wie Polizei die Attentäter samt Helfershelfer zu jagen und zu fangen. Nur einen Weg nach Maryland hatte Stanton seltsamerweise nicht in seine Aktion einbezogen, eine lange, nach Maryland führende Holzbrücke, die stets von einem Posten bewachte und nach neun Uhr Abend sogar gesperrte Marinewerftbrücke über den Anacostia. Ausgerechnet auf diese Brücke ritt um 10.45 Uhr der Präsidentenmörder zu, nannte, von einer Wache befragt, seinen richtigen Namen und durfte passieren. Bald darauf traf dort auch der Komplize des zweiten Attentäters ein und durfte gleichfalls über die Brücke. Als nur wenige Minuten später ein dritter Reiter hier eintraf, der den Attentäter verfolgte, erklärte der Posten: »Die Brücke ist geschlossen«, worauf der Verfolger umkehrte. Das Kriegsministerium hat dies dreimalige falsche Verhalten des Postens jedoch nicht weiter untersucht, sondern es als einen zwar »unseligen, aber verzeihlichen Irrtum« entschuldigt.

Weiter: als die Polizei in dieser Nacht zur Verfolgung der flüchtigen Verschwörer vom Heereshauptquartier Pferde anforderte, erklärte man dort, über keine Pferde zu verfügen und sich selber um die Sache zu kümmern, womit man sich aber Zeit ließ bis zum nächsten Tag.

Noch viel länger zögerte man gegenüber einem der mutmaßlichen Hauptverschwörer, John H. Surratt, dessen Mutter Mary Surratt eine Pension betrieb, in der Booth aus und ein ging. Während man aber die Mutter, ohne irgendwelche Beweise, mit drei anderen Angeklagten aufgehängt hat, entkam der Sohn nach Kanada, und offenbar bloß deshalb, weil ihn Kriegsminister Stanton entkommen ließ. Als Surratt später in England auftauchte, war es das amerikanische Kriegsministerium, das seine Festnahme vereitelte. Das Gleiche geschah, als man Surratt in Italien erkannte. Und als es schließlich den vereinten Bemühungen des Außenministers und des Marineministers gelang, Surratt in Ägypten festzunehmen, kam man in einem ersten Gerichtsverfahren zu keiner Entscheidung, und ein zweites wurde wegen Verjährung niedergeschlagen.

Booth selbst war übrigens längst von einem Soldaten auf der Flucht erschossen worden, und zwar trotz eines Befehls, ihn lebend festzunehmen. Sein Tagebuch aber wurde durch den damaligen Chef der Geheimpolizei, Brigadegeneral L. C. Baker, seinem Vorgesetzten, Kriegsminister Stanton, übergeben. Als Baker es zurückbekam, fehlten 18 Seiten darin, und zwar jene, die sich auf die Zeit von Lincolns Ermordung bezogen. Stanton behauptete, sie hätten bereits gefehlt, als Baker ihm das Tagebuch ausgehändigt habe. Baker überwarf sich mit dem Kriegsminister, spielte aber in einer (erst 1961 entdeckten) Bucheintragung vom 2. Mai 1868 deutlich auf Stanton als »Judas« an. Diese Eintragung auf dem Buchbanddeckel ist auch durch Bakers Unterschrift beglaubigt und beginnt mit den Sätzen: »Ich werde ständig verfolgt. Es sind Professionelle. Ich kann ihnen nicht entkommen.« Bald darauf war Baker tot, und schon damals vermutete man einen Giftmord.

Robert Lincoln aber, der Sohn des Präsidenten. vernichtete lange nach dessen Tod Papiere aus dem Nachlass – im Interesse der Öffentlichkeit. Sie bewiesen nämlich, ein Minister seines Vaters habe Hochverrat verübt. Diese Mitteilung, an sich schon gewichtig genug, ist darüber hinaus bemerkenswert. Unterstellt sie doch ein Interesse der (amerikanischen) Öffentlichkeit an der Vertuschung fataler politischer Tatbestände. Aber welches Interesse sollte die (amerikanische) Öffentlichkeit daran haben, dass ein hochverräterischer Minister, vermutlich der Präsidentenmörder, unentlarvt bleibt? Die Öffentlichkeit kann daran doch schwerlich interessiert sein, viel eher schon die amerikanische Führung. Und um von der eigenen Schande abzulenken, setzte sie seinerzeit auf den Kopf des Südstaatenpräsidenten Davis einen Kopfpreis von hunderttausend Dollar wegen Mittäterschaft an der Ermordung Lincolns!

Es ist schwer, Geschichte nicht als Satire zu schreiben.

Im Übrigen geht es im Norden aufwärts. Der Süden freilich, der Verlierer, lebt noch Jahrzehnte im Elend, wie das »befreite« schwarze Volk Amerikas bis heute – auch wenn man am 9. April 1866 allen in den USA Geborenen, somit auch den Schwarzen, das Bürgerrecht gewährt; aber noch immer nicht, nicht einmal auf dem Papier, den Indianern.

7. KAPITEL

Blutige Arbeit und blutiges Geld

Yankeegeist und Raubbarone

Bis zum Bürgerkrieg waren die USA vor allem ein Bauernland. Sie bebauten und schröpften den von ihnen geraubten Boden. Größere Mengen aber von Kohle etwa, Kupfer, Manufakturwaren importierten sie. Und hatte auch das Eisenbahnzeitalter, das Fabriksystem, schon vor dem Bürgerkrieg begonnen, hatte auch gerade der Krieg der Industrie des Nordens einen mächtigen Auftrieb gegeben, so setzte doch die eigentliche Entwicklung der USA von einer bäuerlichen zu einer städtischen und industriellen Gesellschaft erst mit der »reconstruction«, der Neuordnung der politischen Verhältnisse in den Südstaaten ein.

Der Verkehr wuchs nun rapid, das ganze Land überzog ein dichtes Schienennetz. Seit 1870 fahren die Züge regelmäßig auf der ersten transkontinentalen Linie zwischen Boston und Oakland/Kalifornien. 1881 ist auch die Southern Pacific Railroad zwischen New Orleans und dem Pazifik fertig. Im Bahnbau beginnt auf Jahre ein wahrer Boom. Das Gleisnetz steigt in der Nachbürgerkriegsära bis 1900 auf über 300 000 km. Im gleichen Zeitraum verdoppelt der Import, verdreifacht der Export sich. Auch das Telegrafennetz wird ständig größer. 1877 gibt es die ersten Telefonverbindungen in Massachusetts, zwischen Chicago und Milwaukee. 1874 verkehrt in New York City die erste elektrische Straßenbahn. In Chicago steigt zehn Jahre später der erste Wolkenkratzer (zehnstöckig) in den Himmel. Und weithin werden Bodenschätze, die unerschöpflich scheinen, abgebaut.

Kurz, die Technik, die industrielle Revolution nimmt kontinentale Ausmaße an, die Erfindungen überstürzen sich. Und einige ihrer schönsten verdankt man der sprichwörtlichen »Yankee ingenuity«, vom Hinterlader-Karabiner (1819), dem Colt, dem Revolver mit Trommelmagazin und der Winchester über Maschinengewehr, Unterwasserboot, Fließband bis zum Transistor, Computer, dem Kernreaktor, der Atom-, der Wasserstoff-, schließlich der Neutronenbombe, Maser und Laser, SDI etc.

Gott, welch ein Segen auch durch die Automatisierung der Kriegsindustrie. Nach dem Konflikt von 1812 produzierten die Staaten Handfeuerwaffen am Fließband. Und nach dem Krimkrieg wurde die Massenproduktion von Europa übernommen, kauften zuerst Großbritannien, dann Russland – nach den Napoleonischen Kriegen stärkste Landmacht Europas (mit der drittstärksten Flotte der Welt) –, Spanien, Schweden, Dänemark, die Türkei und Ägypten amerikanische Fräsmaschinen für die Gewehrherstellung. Ganze Armeen konnten nun in Kürze umgerüstet werden. Gegen Ende des Ersten Weltkrieges fabrizierte man auch Kraftfahrzeuge und Flugzeugmotoren buchstäblich am laufenden Band, besonders in den USA und Frankreich.

Mit der rasant zunehmenden Mechanisierung wächst der Hunger der Unternehmer nach mehr, mehr Geld, mehr Macht, mehr Einfluss, bis zur ausschließlichen Marktbeherrschung. So bilden sich seit den siebziger Jahren kartellartige Pools, entstehen durch Konzentration und Verflechtung von Industrie- und Bankkapital zu monopolistischem Finanzkapital die Trusts, die beherrschende Form des Monopolkapitals.

Herausragende Figuren in dieser Entwicklung: die »robber barons«, die »Raubbarone«, die gigantische Gewinne horten. John D. Rockefeller, der »Erdölkönig«, gründet 1879 die Standard Oil Company of Ohio, die in einem Jahrzehnt 95% der US-Ölraffinerien beherrscht, während Cornelius Vanderbilt, der »Eisenbahnkönig«, bereits über wichtige Eisenbahnlinien des Ostens gebietet, sein Sohn William den Eisenbahnbesitz noch ausdehnt und zugleich ins Bergwerksgeschäft einsteigt. 1879 ersteht das erste Warenhaus von F. W. Woolworth, der bei seinem Tod 1919 mehr als tausend Warenhäuser besitzt. Noch 1873 hatte Andrew Carnegie bei Pittsburgh das größte Stahlwerk der Welt errichtet. Und 1901 gründet der New Yorker Bankier J. P. Morgan mit einem Kapital von 1,4 Milliarden Dollar die U.S. Steel Corporation (auf die später der Vatikan Einfluss ausübt).

Bereits 1890 übertraf die Industrieproduktion der USA den Wert ihrer Landwirtschaft um das Doppelte. Die Produktion auf dem Roheisensektor stieg zwischen 1860 und 1890 auf das Elffache, die von Erdöl und Derivaten auf das Neunzigfache. Und zu Beginn des 20. Jahrhunderts kontrollieren 445 Trusts mit einem Gesamtkapital von

20,4 Milliarden Dollar rund drei Viertel der US-Industrieproduktion; führend der Erdölsektor, die Stahl- und Chemie-, die Automobilindustrie, die Elektrotechnik und der Eisenbahnbau. Außerdem werden die USA ein großer Getreideexporteur. Und alles, dieser ganze gewaltige ökonomische Wirbel, ist nichts anderem verpflichtet als der Maximierung des Kapitalprofits. Das so genannte Volksvermögen schnellt von geschätzten sieben Milliarden Dollar 1850 auf 88 Milliarden Dollar 1900, auf 186 Milliarden Dollar 1912.

Wie machten sie ihr Geld?

Schon Graf von Tocqueville, der große »Analytiker der politischen Welt« (Dilthey), erkennt: »Allem, was die Amerikaner tun, liegt ihre Liebe zum Reichtum zugrunde.« Was moderner (und dümmlich) der von den Yankees selbst mit so viel Stolz zitierte Coolidge-Slogan so ausdrückt: »Das große Geschäft Amerikas sind die Geschäfte.«

Die US-Gesellschaft, bloß nach Einkommensklassen gegliedert, war und ist eine reine Erwerbsgesellschaft. Dabei zählt nur eines: der Erfolg. Ein Erfolg, der da – vielleicht mehr als irgendwo auf der Welt, – ausschließlich am Geld gemessen wird, das er einbringt. Denn seit es die Vereinigten Staaten von Amerika gibt, ja, noch bevor sie entstanden, war dort die oberste Idee: Geld.

Selbstverständlich breiten sich darüber andere und, wie viele meinen, noch höhere, noch schönere Ideen aus: Freiheit, Demokratie, vor allem aber und immer wieder Gott. Doch all dies und mehr hat nur den Geldrausch zu vertuschen, den Tanz ums goldene Kalb, der natürlich schon ganz »unten« beginnt. Denn jeder möchte möglichst viel haben, wenigstens aber so viel wie der andere, jeder möchte mit dem Nachbarn Schritt halten, es ihm gleichtun. »to keep up with the Joneses«. Die Parolen »to make money« oder »another day – another dollar« signalisieren in nuce die Wertvorstellungen: wobei allerdings das Prestige oft mehr vom Alter des Reichtums abhängt als von seiner Menge.

Wie aber kamen die Reichen zum Reichtum? Wie machten sie ihr Geld?

Der deutsche Metzger Johann Jakob Ashdour aus Walldorf bei Heidelberg »wirkte« auch, als er zwanzigjährig 1782 nach New York gelangte, wo er sich John Jacob Astor nannte, in einer Metzgerei.

(Selbst als er schon »Mr. Manhattan« war, sprach man in gewissen Kreisen noch immer von dem »deutschen Schlachter«.) Dann hatte er 1808 die American Fur Company (die erste von vielen) gegründet und sein Geld im Pelzhandel gemacht, wobei er bis nach Russland und China exportiert und oft ein einziges Geschäft riesige Gewinne erbringt. So erlöst man einmal für Otternfelle, die Astors Trapper für zwei Dollar Flitter von Indianern erwerben, 20 000 Dollar. Und nachdem Astor (ein Liebhaber, sagt man, von Mozart und Haydn) rechtzeitig auf das Grundstücksgeschäft umgestiegen war und ihm zeitweilig fast die Hälfte Manhattans gehörte, hatten seine Besitzungen bei seinem Tod 1848 einen Wert von 20 Millionen Dollar. Was heißt es da schon, wenn er, der reichste Mann der Staaten, 400 000 Dollar für kulturelle Zwecke hinterlässt? Wenn er in New York eine Bibliothek, die »Astor Library«, stiftet und in seinem Geburtsort Walldorf das »Astor-Haus« für notleidende Kinder und andere arme Schlucker? Das nützte seinem Ansehen. Und es schadete nicht seinem Geld. Sohn und Enkel wurden noch reicher.

Nicht immer freilich ruht auf dem Reichtum der Segen des Himmels (und der Vereinigten Staaten). Manchmal begann es mit Bankrott und endete auch damit.

Der Schweizer Bankrotteur Johann August Sutter (ursprünglich Suter) floh 1834 nach Kalifornien und wurde dort »Kolonisator«. Er erwarb in Kürze riesige Landstrecken (»Neu-Helvetien«), und bereits 13 Jahre nach seiner Flucht aus der verfluchten Schweiz besitzt der Bankrotteur eine Farmkolonie im Wert von 200 Millionen Dollar. Doch noch rascher ist er wieder ein armer Mann – und ausgerechnet durch das Gold, das man auf seinem Besitz entdeckt. Viele Tausende von Goldsuchern ruinierten seine Felder …

So endete Sutter wieder sozusagen in Armut und damit in Schande. Denn Armut ist eine Schande im nun bald reichsten Land der Welt, wo das Geld, wie jeder weiß, auf der Straße liegt und die Armen nur zu faul sind, es aufzuheben.

Dagegen gilt es da gar nicht als schändlich, geschäftlich zu bescheißen. Im Gegenteil. Es gilt als klug, als völlig selbstverständlich, vorausgesetzt natürlich, man bescheißt erfolgreich. Als wäre das Vorbild aller Yankees William Marcy Tweed, der Mitte des 19. Jahrhunderts Präsident der New Yorker Aufsichtsbehörde wird und mit Bürgermeister Oakey Hall (»Elegant Oakey«) unter einer Decke steckt. (Viermal ließ er sich seine Unentbehrlichkeit in dem hohen Amt durch Wahlen bestätigen, wobei es mitunter 8% mehr Stimmen gab als Wahlberechtigte in New York. Kein Wunder in einem Land, in dem noch 1987 Frank Fahrenkopf, Vorsitzender der Republikanischen Partei, erklärt, dass selbst »Bewohner eines leeren Grundstückes oder leerer Häuser«, ja, »Leichen bei Wahlen ihre Stimme abgeben«. Man nennt dies »freie Wahlen« in der westlichen Welt.)

Mr. Tweed hätte man auch »Mr. 15 Prozent« nennen können, denn jeder, der in New York City Geschäfte machen wollte, musste 15% der in Frage stehenden Summe an Mr. Tweed zahlen. Wohl angemessen der harten Arbeit des Aufsichtshabenden, der bei seiner späteren Verhaftung als Beruf stolz »Staatsmann« angab, wobei er doch einer noch ganz kleinen Kalibers gewesen war – auch wenn Mr. Tweed über die notorischen 15% hinaus selbstverständlich weitere Geschäfte tätigte. So kaufte er beispielsweise für eine Kirche 300 Sitzbänke für fünf Dollar das Stück, macht 1500 Dollar. Diese 300 Bänke verkaufte er für 600 Dollar das Stück, macht 180 000 Dollar – ein winziges Detail nur aus dem »american dream« ... Mr. Tweed verkaufte jede Kirchenbank 120 mal teurer als er sie selbst gekauft. Und vermutlich hat er mit größter Innigkeit auf diesen Bänken gebetet. Schließlich belief sich sein Vermögen auf 220 Millionen Dollar bei seinem Sturz.

Doch was soll's! Geschäftsmann ist, sagt Dos Passos, der vom Staat Überwachte, wenn einer den anderen bescheißt. Und Kirchenhistoriker Martin Marty glaubt nicht, »dass es, was die Moral angeht, in den Vereinigten Staaten je gute Zeiten gegeben hat.« Ja, Steffen Lincoln, der berühmteste amerikanische Journalist der zwanziger Jahre, sah die Wurzeln des korrupten politischen Systems »nicht in der Korruption der Beamten, sondern in der Unehrlichkeit der amerikanischen Nation.«

Freilich, ein Teil derselben kommt erst gar nicht dazu, unehrlich zu sein, jedenfalls nicht in relevantem Maße, geschweige in dem der Leute vom Schlag der Rockefeller, Morgan, Carnegie, Vanderbilt, die das »Goldene Zeitalter« zu einer »Epoche der Extreme« machten, so Historiker M. Wayne Morgan, »der niedrigen Löhne und riesigen Dividenden, der Prunkentfaltung und der Armut ...« Oder mit dem Grundsatzprogramm der People's Party von 1892: »Die Früchte der harten Arbeit von Millionen werden in dreister Weise gestohlen, damit sich in den Händen einiger weniger gewaltige Vermögen anhäufen, wie sie die Geschichte noch nie sah«.

Im späteren 19. Jahrhundert nimmt die Konzentration des landwirtschaftlichen und industriellen Besitzes ständig zu. Eine in den Staaten noch nicht dagewesene enorme Finanz- und Wirtschaftsmacht entsteht und hebt sich als stets kleiner werdender Prozentsatz Schwindel erregend von der übrigen Bevölkerung ab.

Mit der Entfaltung des Big Business wächst aber auch der Widerstand dagegen, mehren und verschärfen sich die Proteste gegen die Ausbeutung der Bodenschätze, die hochgetriebenen Eisenbahnpreise, die zu einem förmlichen Tarifkrieg führen, Proteste gegen die ungerechte Besteuerung, die Korruption der Beamten, der Parteien. Doch die Etablierung einer dritten Partei auf nationaler Basis verhindert das geschickte Taktieren der beiden herrschenden, die sich keine Konkurrenz aufhalsen, die das Geschäft allein betreiben wollen – die einen etwas mehr, die anderen (vielleicht) etwas weniger skrupellos.

Während der Präsidentschaft des Republikaners Ulysses S. Grant (1869–1877), des einstigen Oberbefehlshabers im Bürgerkrieg, kommt es zu einer Korruptionsaffäre nach der anderen. (Deshalb wählen die Amerikaner ihn auch noch einmal. Oder trotzdem jedenfalls.) Im »Whisky Ring« betrügen Schnapsbrennereibesitzer im schönsten Verein mit Bundesfinanzbeamten in zahlreichen Städten den Staat, woran zumindest auch Grants Privatsekretär profitiert. Und Grant selbst lässt sich erst einmal nach seiner Wiederwahl 1873 durch das »Salary Grab«-Gesetz sein Präsidentengehalt auf 50 000 Dollar jährlich erhöhen. Es wird damit immerhin verdoppelt. Nur die Lumpe sind bescheiden, sagt Goethe. Und Lump will der Präsident nicht sein. So behält er die Verdoppelung auch bei, als das ebenfalls stark angehobene Gehalt der Kongressmitglieder wegen der öffentlichen Empörung wieder zurückgenommen werden muss.

Die Erregung ist umso verständlicher, als nicht nur die Korruption unter Grant unerhörte Ausmaße annimmt, sondern just jetzt auch eine schwere Wirtschaftskrise einsetzt, sozusagen eröffnet durch den Zusammenbruch des Bankhauses Jay Cooke & Co. am 18. September 1873. Denn während die Profite der Großunternehmer in den Himmel schießen, geht es in der übrigen Wirtschaft, bei zwischenzeitlich kurzen Erholungen, eher kontinuierlich abwärts. Die Krise dauert ein Vierteljahrhundert, begleitet von stetem Preisverfall, von Kürzungen der Löhne, drastischer Erhöhung der Steuern. Die Slums wachsen, die Prostitution nimmt zu, die Kriminalität steigt, besonders die der arbeitslosen Jugend. Und die Arbeitslosigkeit steigt ebenfalls.

In den neunziger Jahren bilden die Stellenlosen ganze »Armeen«, die »Generale« führen. Doch da es in den USA keine nennenswerte sozialistische Tradition und Opposition gibt, hat sich die Politik bezeichnenderweise um die Arbeitsbedingungen der Arbeiter kaum gekümmert. In fast hundert Jahren untersuchte sie kein einziger Kongressausschuss, mochten die Menschen in Fabriken und Bergwerken sterben wie Fliegen ... Die Gewerkschaften aber werden durch das Kapital und gesetzlich unverhohlen bekämpft. 1877 sinkt ihre Zahl von 30 auf 9 und die ihrer Mitglieder von 300 000 auf 50 000.

Auch sonst kommt es zu Merkwürdigkeiten. James A. Garfield, ein Republikaner, gerade erst Präsident geworden, wird am 2. Juli 1881 im Pennsylvania-Bahnhof von Washington niedergeschossen. Der Attentäter Charles J. Guiteau hängt keinem finsteren Geheimbund an, sondern Garfields Vizepräsidenten Chester A. Arthur. Und als Garfield am 19. September seinen Verletzungen erliegt, wird Arthur am nächsten Tag Präsident.

Im letzten Jahrhundertviertel finden in den USA 24 000 Streiks statt, bei denen Arbeiter manchmal haufenweise umkommen, natürlich auch manche Polizisten. Man nennt dies »das freie Spiel der Kräfte«. (Unbestreitbar zumindest ist es die Folge daraus.)

Während die Unternehmer sich ihre Profite nicht versauen lassen wollen, möchten die Arbeiter nicht unterbezahlt, nicht arbeitslos, nicht Slumbewohner werden. Beide Seiten schließen sich gegeneinander zusammen. Die Unternehmer legen schwarze Listen an, lassen die Lohnabhängigen den »eisernen Schwur« leisten, keiner Gewerkschaft beizutreten, sprengen auch Lügen, Verleumdungen aus, behaupten, die Arbeiterbewegung werde durch Radikale beherrscht. Die Arbeiter organisieren Streiks, Demonstrationen, es kommt zu Unruhen, Aufständen. 1877 schickt man gegen streikende Eisenbahner in Virginia, deren ohnehin miese Löhne man innerhalb weniger Monate zweimal um 10% gekürzt, Bundestruppen; etwa 40 Menschen werden getötet.

Da und dort steigern sich die Arbeitskämpfe zu förmlichen Gefechten, beinah Bürgerkriegen. Überall geht Polizei, die Miliz, die eigens gegründete »National Guard« gegen Demonstrierende vor. Gelegentlich, wie bei der Zerschlagung des »great Pullman-strike«, tritt für die Magnaten sogar die Armee in Aktion, die zum ersten Mal Präsident Jackson, der Indianerkiller, 1834 gegen amerikanische Arbeiter eingesetzt hatte.

1886, als Präsident Grover Cleveland die »Freiheitsstatue« (ein Geschenk Frankreichs) einweiht, sind in den USA mehr als 600 000 Menschen im Ausstand. Dabei richtet man auch nur mutmaßlich beteiligte Demonstranten hin. In St. Louis führt die Ermordung von neun Streikenden zu solchen Tumulten, dass der Gouverneur von Missouri das Kriegsrecht ausruft. In Chicago werden bei einer Protestversammlung auch 7 Polizisten getötet und 70 verwundet.

In den folgenden Jahren mehren sich die Arbeitslosen, die Krawalle, Gewalttätigkeiten, »Hungermärsche«. 1894 streiken rund 750 000 Arbeiter. Auch 260 000 Eisenbahner legen nun 80 000 km Eisenbahnlinien lahm. Generalbundesanwalt Richard Olney verbietet darauf den Eisenbahnern jeden Streik, ja, schon die Aufforderung zur Arbeitsniederlegung. Im Juli 1894 schickt Präsident Cleveland, trotz des Protestes von Gouverneur Altgeld, Bundestruppen nach Chicago, worauf die Streikenden den Bahnhof, diverse Gebäude der Weltausstellung in Brand stecken und rund 700 Eisenbahnwaggons zerstören, ohne auch nur eines ihrer Ziele zu erreichen. Gleichwohl wird immer wieder die Arbeit verweigert. Bis 1905 gibt es große Streiks.

Die blutigste Arbeitsgeschichte der Welt

In all den Jahren aber herrscht bei diesen Kämpfen das Gesetz des Dschungels, zumal die Industriebosse die Philosophie des Laissez-faire propagieren, einen Sozialdarwinismus, wonach im Kampf ums Dasein der Stärkere überlebt, eine Ansicht, die auch in die Justiz eindringt, im Grunde aber das amerikanische Leben von Anfang an beherrscht.

Kaltblütig lassen die Wirtschaftsgewaltigen, die »robber barons«, auf Streikende schießen. Andrew Carnegie, einer der eifrigsten Verfechter von Herbert Spencers sozialdarwinistischen Theorien, kürzt 1889 die Löhne seiner Stahlarbeiter um 25% und ist zu fein, mit Belegschaftsvertretern auch nur zu reden. Dafür preist er in dem sprechend betitelten Artikel »The Gospel of Wealth« den Kapitalismus. Zwar kann er Konkretes nicht erzwingen, kündigt aber im Januar 1892 erneut Lohnkürzungen von 18% an. Zugleich stellt er in Homestead/Pennsylvania 300 Detektive ein, die am 6. Juli seinen Werktätigen ein Feuergefecht liefern, das 7 Detektiven und 9 Arbeitern das Leben kostet, mehr als 60 werden verwundet. Zuletzt schickt der Gouverneur von Pennsylvania Truppen, die länger als ein Vierteljahr Carnegies Fabriken sichern, wo jetzt überall wieder zu seinen Bedingungen gearbeitet wird. Und fast ein halbes Jahrhundert lang gibt es nach dieser Machtdemonstration keine bedeutende Gewerkschaft der Stahlarbeiter mehr.

Kein Zweifel, lockerer als die Industrie des Westens geht die der USA über Leichen. Von 40 000 Schwarzen beispielsweise, 1870 mit betrügerischen Versprechungen zum Ausbau des (bald weltweit bewunderten) Eisenbahnnetzes nach Kansas gelockt, lebt infolge der Strapazen schon nach wenigen Jahren der größte Teil nicht mehr. »Die Vereinigten Staaten«, resümieren die Wirtschaftswissenschaftler Philip Taft und Philip Ross, »haben die blutigste und gewalttätigste Arbeitsgeschichte unter allen Industrienationen der Welt.«

Während man aber korrupt ist bis zum Exzess, trägt man doch ein soziales Gewissen zur Schau. Während man sagenhafte Reichtümer hortet – mehr durch gerissene Spekulation als durch halbwegs legitime Industrieeinnahmen – predigt man das Evangelium des Gemeinwohls, spendet man gelegentlich gar viele Millionen Dollar, wie Andrew Carnegie für die Gründung der Carnegie-Bibiliotheken. Während die Raffgier, die ökonomische Ungleichheit, immer grotesker wird, verkündet man das Ideal politischer Gleichheit. Während man gnadenlos Barbarei praktiziert, eine Streikwelle nach der anderen blutig niederschlägt, gibt man Bibelsprüchlein zum Besten – und hält die Moral hoch, die sexuelle, versteht sich, seit je bewährtes Zuchtmittel der Großen gegen die Kleinen: »ihre Moral«, ihre »Kultur«!

So disqualifiziert im Reich der Groschenromanrekorde Theodore Roosevelt, der Kommandeur von New York und spätere US-Präsident, 1890 ein Werk der Weltliteratur, Tolstois *Kreuzersonate.* als »sexuell und moralisch pervers« und das Postministerium verbietet auch prompt den Versand. Einige Jahre später ist ein weiteres Moralproblem gelöst. Seit 1856, vierzig Jahre lang, hatte sich Utah vergeblich um Aufnahme in die keusche Union bemüht; fünfmal wurde es abgewiesen. Erst als die Kirche der Mormonen die Polygamie abschafft, gelangt Utah 1896 als 45. Staat zur USA.

Während die Reichen reicher werden, verelendet aber nicht nur das Proletariat. Auch die Farmprodukte erleiden einen lang anhaltenden Preisverfall. Hatte sich doch schon 1867 unter den Verschuldeten die Granger-Bewegung gebildet. Und bald darauf sucht eine ganze Reihe von Farmerparteien ihre Interessen gegen die Industrie- und Finanzwelt durchzusetzen, ja verbündet sich 1890 in Kansas in der People's Party mit den Arbeitern zu einer Antitrustliga. Doch unterstützen gelegentlich auch kleine Geschäftsleute ihren Kampf.

Kurz, die soziale Gerechtigkeit in »Gottes eignem Land« ist 1890 derart, dass 1% dieser Bevölkerung mehr hat als die übrigen 99% zusammen. Das heißt konkret: von 63 Millionen Nordamerikanern besitzen jetzt knapp 630 000 mehr als der Rest von über 62 Millionen.

Denn keinesfalls betrifft die Depression nur Arbeiter und Bauern. Als 1890 der Bankrott des britischen Bankhauses Baring Bros. englische Anleger ihr Geld aus den USA abziehen lässt, als gewisse Staatseinnahmen drastisch zurückgehen, Ausgaben aber steigen, entsteht in den folgenden Jahren eine Panik, die Goldreserven sinken bis auf 80 Millionen Dollar, viele Eisenbahngesellschaften, 600 Banken brechen zusammen, 15 000 sonstige Firmen, und ungefähr 3 Millionen Menschen sind arbeitslos.

Die Macht der Monopole ist derart, dass Präsident Benjamin Harrison am 2. Juli 1890 im Sherman-Anti-Trust-Act ihre Formierung verbietet. Die Bundesregierung kann einen Trust nun auflösen, die Bundesjustiz entsprechende Rechtsvergehen ahnden. Aber das Gesetz, im Interesse der Industrie so vage, zweideutig und lückenreich wie möglich gehalten, wird zu deren Gunsten ausgelegt, sodass die Trusts noch rapider als früher wachsen. Ja, eine korrupte Justiz wendet das Gesetz, paradox genug, gegen die Gewerkschaften an. Man qualifiziert sie als Trusts und verfolgt sie gerichtlich.

Das Großkapital beherrscht die Parteien, die Politik, die Justiz, sogar den Obersten Gerichtshof; zumindest kommt er den Mächtigen weitgehend entgegen. Als etwa John D. Rockefeller, dessen Standard Oil Trust zeitweise die US-Erdölerzeugung zusammenfasst, vor Gericht kommen soll, lässt er nacheinander zwei Justizminister von Ohio absetzen. Den dritten wählt gleich sein eigener Anhang aus, die Anklage gegen ihn wird zurückgezogen. Und Gott, ja stets auf Seite der Reichen, segnet Rockefeller durch ein Alter von 98 Jahren. Denn wenn das Leben allen Reiz verloren, lehrt uns *Faust II*, ist der Besitz noch immer etwas wert.

Nun wächst allerdings die Antitrustbewegung im Volk. 1894 prangert H.D. Lloyds viel gelesenes Buch *Wealth against Commonwealth* die Trusts, zumal die Standard Oil Company, scharf an und fordert deren bessere Überwachung. Im beginnenden 20. Jahrhundert stoßen die Muckrakers (Dreckwühler) ins selbe Horn und brandmarken besonders in Zeitschriften wie *Collier's, The American, Everbody's, Cosmopolitan* Politik und Großindustrie. Doch auch ein Autor von Rang wie der zeitlebens soziale Missstände geißelnde Upton Sinclair greift hier ein und an, immerhin der erste amerikanische Nobelpreisträger für Literatur (1930), ein Mann, den Kritiker H.L. Mencken den einzigen »wahren Anatomen der amerikanischen Kultur« nennt, nicht ohne gleich hinzuzusetzen: »Meiner Meinung nach stinkt sie ...«

Die Präsidenten Theodore Roosevelt (1901–1909) und William H. Taft (1909–1913) müssen nun eine schärfere Antitrustpolitik treiben – Roosevelt eröffnet 44 Verfahren gegen die Trusts, Taft gar 90. Aber natürlich denken diese Männer nicht daran, die Monopole zu zerschlagen. Roosevelt wendet sich öffentlich gegen »Enthüllungen« und plädiert statt dessen für »Verbesserungen« – als könnte irgendwer irgendwo irgendwelche sozialen Verhältnisse verbessern, die nicht zuvor enthüllt worden sind! Doch diese Töne kennt man. Ja, 1907 ermächtigt Roosevelt die U.S. Steel Corporation, sich die Tennessee Coal and Iron Co. einzuverleiben, und verspricht, kein Antitrust-Verfahren einzuleiten. Und Taft vertritt gar die Auffassung, dass der Präsident nicht für die öffentliche Wohlfahrt verantwortlich sei.

Das Monopolkapital ist eben stärker, die Zusammenschlüsse großer Industrieunternehmen dauern an, neue Giganten der Wirtschaft kommen hinzu: 1899 die United Fruit Company, die den Einfluss Nordamerikas auf Südamerika ausdehnt und noch eine große Rolle spielen wird. 1901 fusionieren die Carnegie Company, mehrere Eisenbahnlinien und Bergwerke mit einem Kapital von mehr als 1 Milliarde Dollar – damals der größte industrielle Zusammenschluss. 1903 wird die Ford Motor Company gegründet, die um 1909 bereits jährlich 19 000 Autos produziert (zum Stückpreis von 850,50 Dollar; 1926 kostet dasselbe Modell, das einzige, das Ford herstellt, sogar nur 310 Dollar). 1904 entsteht in New Jersey die Bethlehem Steel Corporation (an der dann wieder der Vatikan stark beteiligt ist). 1912 errichtet William Randolph Hearst sein Zeitungsimperium, zu dem zwei Jahrzehnte später 30 Zeitungen, 6 Zeitschriften, eine Wochenschau u.a. gehören.

Das Ausgreifen des Großkapitals aber rief fast zwangsläufig auch außenpolitisch den Expansionismus hervor.

8. KAPITEL

An- und Eingriffe in Lateinamerika um 1900

Imperialismus als pekuniäre Pflicht

Zweieinhalb Jahrhunderte hatten die Invasoren mit dem Raub des nordamerikanischen Kontinents zu tun. Noch im späteren 19. Jahrhundert gab es große Gebiete, die von ihnen unbesiedelt waren. Zwar überquerten ihre Flotten längst die Meere, suchten und fanden sie Absatzmärkte; die Ausfuhr stieg von 19 Millionen Dollar 1791 auf 33,5 Millionen Dollar 1860. Aber dann ist man ganz von den eigenen Wachstumsproblemen beansprucht und schreibt Neutralität groß. Man fördert vor allem die inländische Industrie und Industriegesellschaft, entwickelt im eigenen Land die Eisenbahn, den Bergbau. Der Export geht rapid zurück.

Doch gerade die schwere Wirtschaftskrise der neunziger Jahre löst einen Schock aus, ein geradezu »an Besessenheit grenzendes Interesse an der Erschließung neuer Absatz- und Rohstoffmärkte« (Erich Angermann). Und obwohl der Binnenmarkt der USA, auch die schon sehr kommerzialisierte Landwirtschaft, noch recht expansionsfähig ist, drängt man jetzt auf eine mächtige Ausdehnung des Außenhandels. Im stets größeren Anteil am Weltmarkt, in der Sicherung profitabler Ressourcen, im erfolgreichen Konkurrieren mit den europäischen Staaten verspricht man sich nun das Heil, die Lösung des wirtschaftlichen wie sozialen Problems.

All dies musste zwar noch nicht spezifisch »imperialistisch« sein, doch zwangsläufig dazu führen. Und reagierte man auf imperialistisches Denken, in den USA längst vorhanden, öffentlich auch gering, ja, gab es auch antiimperialistisch eingestellte Industriekreise und selbstverständlich den traditionellen Isolationismus weiterhin, die großen Geschäftsinteressen verbanden sich immer mehr und als wohl eigentlich treibende Kraft mit den expansionistischen Machtinteressen.

Als 1885 Josiah Strong in *Our Country* den Imperialismus als patriotische (lies: pekuniäre) Pflicht der USA propagiert, hatte man schon mit einer wichtigen Voraussetzung dafür begonnen: dem Ausbau der Kriegsmarine. Seit Ende des Bürgerkrieges 1865 auf den zwölften Platz in der Welt gesunken, genehmigt der Kongress 1883 den ersten Neubau von Kriegsschiffen, drei eisernen Kreuzern. Und bei Beginn des 20. Jahrhunderts steht sie bereits auf Platz drei nach der englischen und deutschen.

Schon im Sommer 1867 aber hatten die USA die Midway-Inseln im Pazifik besetzt.

Ein Jahrzehnt später greift man vorsichtig nach Samoa aus, wo man vor allem den deutschen Einfluss zurückzudrängen sucht. Man schließt 1878 mit Samoa einen so genannten Freundschafts- und Handelsvertrag und richtet Pago Pago Harbor als Kohlestation für die US-Marine ein. Bald gibt es Spannungen zwischen Deutschland, England und den USA. Kriegsschiffe laufen nach Apia Harbor aus. Doch wird die sich zuspitzende Samoa-Krise 1889 durch einen schönen, leider viel zu seltenen Zufall bereinigt: am 16. März zerstört die sich gegenseitig belauernden Kriegsschiffe der drei Nationen ein Hurrikan.

Allmählich dringen amerikanische Farmer nach Hawaii vor. 1887 erhalten die USA das ausschließliche Recht auf einen Marinestützpunkt in Pearl Harbor. 1894 erkennen sie die Republik von Hawaii an. 1898 annektieren sie Hawaii: der Kongress akzeptiert die Annexion in einer gemeinsamen Resolution.

Und kaum hatten die Yankees damals den Indianern in Oklahoma ihre letzten Domänen weggenommen, hielt es sie schon nicht mehr innerhalb der Grenzen des bisher Geraubten. Sie konnten sich nun auf Raub und Krieg außerhalb des Geraubten konzentrieren und so drängten sie darüber hinaus, griffen sie überall dort ein, wo die eigenen wirtschaftlichen Interessen bedroht beziehungsweise ausbaufähig schienen. Und die strategischen Interessen kamen hinzu.

Der Krieg, den sie noch im selben Jahr begannen – ein »herrlicher kleiner Krieg«, so Außenminister John Hay –, war ihr erster Schritt zur Weltmacht, zur größten Weltmacht der Geschichte. Für den doch recht geringen Preis von 2446 Menschenleben, wobei die meisten durch Krankheit umkamen, raubten sie den Spaniern, was freilich diese schon geraubt: Kuba, Puerto Rico und die Philippinen.

»Liefern Sie Bildmaterial, ich liefere den Krieg«

Der Kopf der kubanischen Unabhängigkeitsbewegung, der kubanische Dichter und Nationalheros José Marti – Fidel Castro hatte ihn gelesen, bevor er Lenin las –, der den Kampf um Kubas Unabhängigkeit als Emigrant von den USA aus führte, schrieb kurz vor seinem Tod: »Die größte Gefahr für unser Amerika ist die Verachtung des gewaltigen Nachbarn, der es nicht kennt … Ich habe im Innern des Ungeheuers gelebt, ich kenne seine Eingeweide – mein Aufstand ist der Davids«.

Kuba, 1492 von Columbus entdeckt, beherrschten seitdem die Spanier, denen es nur kurz 1628 die Holländer entrissen und 1762, für bloß ein Jahr, die Briten. Im 19. Jahrhundert wird Kuba die bedeutendste Plantagenkolonie Spaniens in Amerika, wobei allmählich immer mehr US-Kapital einfließt. Kuba und überhaupt Lateinamerika haben es nun nicht mehr nur mit der alten Kolonialmacht Spanien zu tun, sondern auch mit dem jungen US-Imperialismus.

Seit 1845 betrieben US-Kreise Kubas Kauf oder Annexion. Doch warnten die Präsidenten Taylor und Fillmore noch vor der völkerrechtswidrigen Aktion. Gleichwohl förderten und führten sie der General Quitman, vordem Gouverneur von Mississippi und Offizier im Raubkrieg gegen Mexiko, und General Lopez, der schon 1849 vergeblich in Kuba rebellierte. Auch Tausende von Freischärlern, die sie 1850 gegen Kuba schickten, scheiterten.

Ebenso misslang schon im folgenden Jahr ein weiterer, von den Kubanern selbst so gut wie nicht unterstützter Eroberungsversuch unter General Lopez, der am 1. September durch die Garotte hingerichtet wird. Doch die Agitationen für neue An- und Ausgriffe dauern fort. Und schon im Oktober 1854 unterzeichnet der spätere US-Präsident James Buchanan (1857–1861) als amerikanischer Geschäftsträger in Großbritannien, zusammen mit seinen Kollegen in Spanien und Frankreich, das Ostend-Manifesto, wonach Kuba den inneren Frieden und die Existenz der Vereinigten Staaten gefährde und diese völlig im Recht seien, Kuba den Spaniern sobald wie möglich zu entreißen.

Als sich die Kubaner 1895 erneut gegen Spanien erhoben, schürten gewisse US-Kreise die Revolution und finanzierten sie auch. Man zerstörte besonders Plantagen und Fabriken mit nordamerikanischen Teilhabern, um derart eine Einmischung der USA zu provozieren. Einflussreiche Yankees wollten einfach einen Krieg.

Der Senator Albert Beveridge aus Indiana verfocht jetzt nachdrücklich die Erschließung neuer Märkte und Kolonien für die USA, um deren industriellen und landwirtschaftlichen Produktionsüberschuss absetzen zu können. Der Demokrat Thomas Pasckal aus Texas war 1895, inmitten der Wirtschaftskrise, überzeugt, dass ein Krieg »den anarchistischen, sozialistischen und populistischen Abszess radikal ausmerzen würde, um unser Volk für zwei weitere Jahrhunderte vor einer Ansteckung zu bewahren«. Der vielleicht größte Scharfmacher aber ist Theodore Roosevelt. Als es 1895 zu ernsten Meinungsverschiedenheiten zwischen Venezuela und England über die Grenzen von Britisch-Guayana kommt, schreibt Roosevelt dem Senator Henry Cabot Lodge (der später energisch den Beitritt der USA zum Völkerbund verhindert): »Persönlich hoffe ich, dass der Streit bald zum Ausbruch kommt. Das Geschrei des pazifistischen Clans hat mich davon überzeugt, dass das Land einen Krieg braucht.«

Nun kam zwar das seit November 1897 in Spanien herrschende liberale Regime unter Ministerpräsident Práxedes Mateo Sagasta den kubanischen Revolutionären durch wichtige Konzessionen beträchtlich entgegen. Doch weder in Kuba ist man damit zufrieden noch in den USA, wo Expansionisten wie Roosevelt oder Lodge gerade in Kuba den Schlüssel zur Beherrschung der Karibik erblicken.

Das wohl größte Hindernis für den Krieg aber war die Kriegsunwilligkeit der Amerikaner. So musste die öffentliche Meinung erst durch die Presse angeheizt werden, ein Geschäft, das die beiden Zeitungszaren Joseph Pulitzer und William Randolph Hearst wie im Wettkampf besorgten. Den Einstieg lieferte ihnen die Kubanische Revolution. Als freilich Hearst einen bekannten Zeichner nach Kuba schickt, telegraphiert dieser von Havanna: »Nichts zu berichten. Alles ist ruhig. Es wird keinen Krieg geben. Würde gern heimkehren.« Doch Hearst telegraphiert zurück: »Bitte bleiben Sie. Liefern Sie Bildmaterial, ich liefere den Krieg.« Lügengeschichten werden erfunden und entlarvt. Man hetzt, wiegelt auf. Und dann hat man auch einen herrlichen Vorwand. Am 15. Februar 1898 zerreißt das zum Schutz amerikanischer Bürger und Besitzungen nach Kuba kommandierte Linienschiff »Maine« im Hafen von La Habana (Havanna) eine Explosion. Sie wurde bis heute nicht geklärt. Erwägt man jedoch, was die US-Führung durch den Angriff auf Pearl Harbor 1941 den Japanern bewusst geopfert hat, um einen eklatanten Kriegsgrund zu bekommen: 19 Schiffe, 150 Flugzeuge, 2335 Soldaten und 68 Zivilisten, so ist dagegen der Verlust eines lächerlichen Linienschiffs und der Tod von 260 Seeleuten gewiss nichts, was die kriegslüsterne US-Clique nicht jederzeit gelassen hätte preisgeben können.

Während nun aber Theodore Roosevelt als Assistant Secretary of the Navy mehr oder weniger geheim weiter zum Krieg treibt, während der Kongress im März 1898 50 Millionen Dollar für neuerliche Aufrüstung bewilligt, bekunden die USA durch den Geschäftsträger in Madrid ihren Friedenswillen und erklären, keine territoralen Ziele in Kuba zu verfolgen. (Die ganze Aktion – erinnert sie nicht an das diplomatische Manöver vor dem Kuwait-Konflikt 1991, als man Saddam in die Falle lockte?) Die spanische Regierung telegrafiert am 10. April ihr Einverständnis mit den amerikanischen Bedingungen nach Washington – und am nächsten Tag erbittet McKinley vom Kongress eine »machtvolle Intervention« zur Wiederherstellung des Friedens in Kuba. Wenige Tage darauf wird der Präsident ermächtigt, die Armee einzusetzen, gleichzeitig geht ein Ultimatum an Spanien, die Blockade von Kuba wird eingeleitet, die Aufstellung einer Freiwilligen-Armee von 200 000 Mann, und noch im April befinden sich die USA im Krieg, den Spanien um einen hohen Preis gern vermieden hätte.

Theodore Roosevelt aber jubelt jetzt über die »Amerikanisierung der Welt«, nennt sie »unser Schicksal« und prägt schließlich seine berüchtigte Maxime: »Sprecht sanft und tragt immer einen großen Knüppel bei euch, und ihr werdet es weit bringen« – Friedensnobelpreis 1906. (Gewiss nicht deshalb. Aber trotzdem!)

Die USA verfochten selbstredend die hehrsten Ziele im Krieg: sie wollten Kuba vom Kolonialismus, von der spanischen Despotie befreien. Nur ganz nebenbei wollten sie natürlich auch die sozialen Konflikte im eigenen Land dämpfen, wollten sie neue Absatzmärkte, Rohstoffquellen, neue Plantagen, mehr Einfluss in der Karibik im Pazifik, überhaupt etwas mehr Macht in der Weltpolitik.

Und alles bekamen sie. Und fast kinderleicht. Ihre Führung warf mehr als 274 000 Mann ins Treffen und war besonders zur See, wo sich der Konflikt hauptsächlich abspielte, weit überlegen. Ihre Marine, die drittstärkste der Welt, galt als schlagkräftig, gut ausgebildet. Sie siegt in der Karibik sowie vor den Spanischen Philippinen im Pazifik. In der Manila Bay vernichtet sie am 1. Mai 1898 in sieben Stunden 10 feindliche Kreuzer und Kanonenboote. 381 Spanier kommen dabei um, während die Nordamerikaner nur 7 Verwundete gehabt haben sollen. Und vor Santiago wird am 3. Juli in einer vierstündigen Schlacht der Rest der spanischen Atlantikflotte zerstört, wobei die Spanier 474 Tote und Verwundete, die Nordamerikaner angeblich nur 1 Gefallenen und 1 Verwundeten haben.

Wieder einmal sind sie sichtlich von Gott gesegnet, der Krieg ist entschieden. Schon am 20. Juni hatte man Guam eingenommen. Am 7. Juli annektierte man Hawaii. Einige Wochen später besetzt man Puerto Rico und Manila auf den Philippinen, die Spanien, trotz allen Sträubens, im Frieden von Paris am 10. Dezember 1898 für 20 Millionen Dollar an die USA abtreten muss. Diese bekommen außerdem Puerto Rico, die Pazifikinsel Guam und eine Art Aufsichtsrecht über Kuba, auf das Spanien, das auch die Schulden in Höhe von 400 Millionen Dollar übernehmen muss, alle Ansprüche verliert.

»... auch für sie ist Christus gestorben«

Vor der Besetzung der Philippinen, so erzählt Präsident William McKinley (1897–1901) im Weißen Haus methodistischen Geistlichen, habe er in mehr als einer Nacht auf den Knien Gott den Allmächtigen um Erleuchtung gebeten. Also fand er auch die Lösung. Weder durften die Philippinen an Spanien zurückgegeben noch den Franzosen oder Deutschen überlassen werden. All dies wäre »ein schlechtes Geschäft« gewesen, fand McKinley, von Gott erleuchtet. Nein, William McKinley hatte keine andere Wahl, »als die Philippinen zu nehmen und die Filipinos zu erziehen, zu erhöhen und zu zivilisieren und mit Gottes Hilfe das Beste an ihnen zu tun, denn sie sind ja auch Menschen, und auch für sie ist Christus gestorben. Und dann ging ich ins Bett, um zu schlafen, und ich schlief gut.«

Seinesgleichen schläft wohl immer gut. Gut schlief auch Truman, laut Selbstbekenntnis, nach dem Abwurf der Atombomben auf Japan. Ein gutes Gewissen ist nun einmal ein gutes Ruhekissen. Zumal für Christen. Zumal für US-Christen. Zumal für US-Christen, die US-Präsidenten sind.

Während des Krieges werden 200 000 Filipinos umgebracht – nicht zimperlich. Gelegentlich töten die US-Helden für einen Amerikaner rund tausend Einheimische. Derart rächt man zum Beispiel einen erschossenen Krieger, dem man den Bauch aufgeschlitzt hatte. »Sofort erhielten wir Befehl«, meldet ein Soldat seinen Eltern nach

New York, »den Ort niederzubrennen, in dem das geschehen war, und jeden Einheimischen zu erschießen, der sich blicken ließ. Ungefähr 1000 Männer, Frauen und Kinder wurden anschließend als getötet gemeldet. Ich fühle mich großartig, wenn ich mein Gewehr auf dunkle Haut richte und den Abzug drücke.«

Aber noch bei den beginnenden Friedensverhandlungen in Paris Anfang Oktober 1898 ist selbst die Meinung der USA über ihre Philippinen-Politik geteilt. Gleichwohl entscheidet sich McKinley für die Abtretung. So werden die Philippinen, wo der Guerillakrieg noch bis 1902 weitergeht, eine Art amerikanischer Kolonialmacht für 47 Jahre! Das passt zu dem angeblichen Selbstregierungsprinzip der USA wie die Faust aufs Auge. Doch erklärte vor der Ratifizierung des Pariser Vertrags am 6. Februar 1899 – mit nur einer Stimme Mehrheit – Präsident McKinley, die Annexion der Spanien abgenommenen Gebiete sei »ein rein altruistischer Entschluss« gewesen. Es gehe den USA »weder um den Besitz eines Landes, um Handel, noch um ein Imperium, sondern allein um Menschen«, um den Fortschritt der Menschheit und der Zivilisation.

Näher als McKinley, den am 6. September 1901 auf der Pan-American-Exposition in Buffalo/New York der Anarchist Leon Czolgosz niederschießt (worauf Vizepräsident Theodore Roosevelt Präsident wird), näher kam der Sache und der Wahrheit der Senator Albert Beveridge, der die Amerikaner eine »erobernde Rasse« nannte und ihren Annexionismus etwas nüchterner sah. Doch den Herrn vergaß auch er nicht, als er dazu aufrief, »unserem Blut« zu gehorchen. »neue Märkte und wenn nötig neue Gebiete in Besitz« zu nehmen. Denn: »Nach Plan des Allmächtigen« müssen »niedergegangene Zivilisationen und verfaulende Rassen zugunsten der höheren Zivilisation des edleren und männlicheren Menschentyps« verschwinden. »Die Philippinen gehören uns für immer«, rief Beveridge am 9. Januar 1900 vor dem Kongress. »Und jenseits der Philippinen eröffnen sich uns die unermesslichen Märkte Chinas. Wir werden auf sie nicht verzichten.«

Auf die Philippinen verzichteten sie Jahrzehnte später freilich; natürlich nicht aus Selbstlosigkeit. Nicht etwa der Freiheit der Filipinos, sondern gewisser Wirtschaftsinteressen wegen. Man wollte die Agrar-, die Zuckerimporte der Insulaner vom amerikanischen Markt ausschließen und auch ihnen selbst die Einwanderung verbieten. Die angekündigte Unabhängigkeit aber war mit derartigen Rechtswidrigkeiten verbunden, dass sogar Präsident Hoover protestierte. Doch beide Häuser des Kongresses setzten sich mit Zweidrittelmehrheit gegen ihn durch und verabschiedeten am 13. Januar 1933 das Haws-Cutting-Act, das zwar die Unabhängigkeit der Philippinen vorsieht, doch erst nach zwölf Jahren; zudem sichern sich die USA das Recht auf Militärstützpunkte.

Nach dem Krieg gegen Spanien wird die nationale Befreiungsbewegung in Kuba, die Unabhängigkeitsrevolution, von den USA abgewürgt und durch den Platt-Zusatz zur Verfassung von 1901 ihr Interventionsrecht auf Kuba verbrieft, ebenso die Verpachtung des Flottenstützpunktes Guantánamo. Überhaupt passt es zur traditionellen Heuchelei der Vereinigten Staaten, dass sie, die einst das Kolonialjoch abschüttelten, nun selber Kolonialmacht wurden, indem sie Spanien Puerto Rico und die Philippinen raubten.

Gleichschaltung wie unter Stalin

Seit den Ausgriffen nach Kuba, Puerto Rico, den Philippinen wuchsen die ebenso eklatant demonstrierten Machtgelüste der Yankees natürlich weiter. Wirtschaftliche, politische, militärische Interessen verbanden sich und führten zu einer extrem interventionistischen Politik, einem Neo-Kolonialismus. Dabei halten die USA mit der Monroe-Doktrin die Europäer von Lateinamerika fern, und mit dem »Roosevelt-Ergänzungsartikel« (der Roosevelt Corollary zur Monroe-Doktrin) vom 6. Dezember 1904 – erst 1928 widerrufen – sichern sie sich die Möglichkeit bewaffneter Intervention. Was sie den Europäern seit Monroe verbieten, erlauben sie sich jetzt ausdrücklich selbst. Sie beanspruchen gleichsam die Polizeifunktion über Lateinamerika. Sie sehen sich nach neuen Expansionsmöglichkeiten um. Sie drängen verstärkt über die eigenen Grenzen und machen dabei den gesamten mittelamerikanischen und karibischen Raum zu ihrer Einflusssphäre. Unter der Flagge des Anti-Kolonialismus angetreten, schaffen sie sich durch abhängige Besitzungen wie durch Protektorate nun doch eine Art Kolonialreich, das zwar politisch mehr oder weniger locker, wirtschaftlich aber eng mit ihnen verbunden bleibt.

Was lag auch näher, als von den Eroberungen, die man bisher in Mittelamerika gemacht, von den Bastionen, auf denen man Fuß gefasst hatte, was lag buchstäblich näher, als einfach weiter vorzurücken? Bei dem Kleinen Bruder im Süden fand der Große Bruder vieles, was er brauchte, Kupfer, Nickel, Zinn, Öl. Wo es möglich war, kaufte man diese Schätze, kaufte Fabriken und gelegentlich auch die Regierungen, in Mexiko. beispielsweise, oder Kuba.

Noch im 19. Jahrhundert war Lateinamerika politisch wie wirtschaftlich stark von Europa abhängig gewesen. Die herrschenden Großgrundbesitzer stützten sich auf den katholischen Klerus und die Armee.

Oft übernahm einfach eine Militärjunta die Regierungsgewalt. Es kam zu zahlreichen Diktaturen und Caudillos, zu sozialen und politischen Krisen da und dort, in Kolumbien, Argentinien, Mexiko, auch zu liberalen Reformen, mit einem gewissen Zuwachs an verfassungsmäßigen Rechten, die aber stets durch Konservative und die katholische Kirche bekämpft worden sind. Allerdings verliert Letztere allmählich in vielen Staaten ihren überragenden Einfluss, sie verliert die Kontrolle über Schule und Presse, und sie verliert Grund und Boden. An der Tagesordnung dagegen bleiben autoritäre Regierungsformen, wobei Wahlen gewöhnlich nur die Herrschaft eines Präsidenten legitimieren sollen.

Seit dem ausgehenden 19. und im frühen 20. Jahrhundert wird Südamerika immer mehr von Nordamerika bedrängt. Mittels seines Kapitals, seiner Investitionen, kontrolliert es große Bereiche der Industrie, Landwirtschaft, der öffentlichen Dienstleistungen. Und gestützt auf Geld und Macht baut es im Rahmen der Monroe-Doktrin, der »big-stick-policy« Roosevelts und der Dollardiplomatie seine beherrschende Stellung ständig aus, festigt es ökonomisch, diplomatisch, militärisch seine Position und verhindert zugleich politische wie soziale Reformen. Sie aber waren umso nötiger, als sich in vielen lateinamerikanischen Staaten der Boden in den Händen von nur ein paar Prozent der Bevölkerung befand. Und diese befanden sich wieder mehr oder weniger in den Händen der USA, die eine derartige Gleichschaltung zumindest in Mittelamerika verlangten, „wie Stalin die Gleichschaltung in seinem osteuropäischen Machtbereich verlangt hatte« (Rolf Winter).

Praktisch seien die Vereinigten Staaten die Herren des Kontinents, erklärte der ehemalige US-Außen- und spätere Justizminister Richard Olney, »und wenn sie in irgendwelchen Angelegenheiten intervenieren, so ist ihr Wille Gesetz.« Alle diese Interventionen in den dortigen Ländern aber hatten für deren Entwicklung katastrophale Folgen.

Das wichtigste Problem der US-Politik in Lateinamerika blieb aber stets die gespannte Beziehung zu Mexiko.

Blutendes, elendes Mexiko

In Mexiko leiten in den fünfziger Jahren des 19. Jahrhunderts die Liberalen die Trennung von Staat und Kirche, die Gewährung von Religionsfreiheit ein. Da aber der Klerus sein Vermögen, seinen Bodenbesitz verliert, entfesseln er und die Konservativen einen dreijährigen Bürgerkrieg. 1863 wird die liberale Reformära unter Präsident Benito Juárez durch die Intervention Spaniens, Frankreichs und Englands unterbrochen, wird Mexiko Monarchie unter dem österreichischen Erzherzog Maximilian, 1867 erschossen. Und zehn Jahre später kommt der einstige Seminarist und Anwalt, der General Porfirio Diaz, an die Macht und herrscht bis 1911 diktatorisch.

Dabei wird Mexiko, faktisch von der Armee, ideologisch von der katholischen Kirche gestützt, gegen Ausgang des 19. Jahrhunderts stark vom US-Kapital abhängig, das zumal zur Ausbeutung der Erdölfelder ins Land drängt. Im Jahre 1900 entfallen von rund 1,16 Milliarden Pesos Auslandsinvestitionen fast 502 Millionen, über 43%, auf das US-Kapital, das heißt die US-Amerikaner investieren in Mexiko 10% mehr als die Mexikaner selbst. Und in den folgenden Jahren kommen 56% der mexikanischen Importe aus den USA und 80% der Exporte gehen dorthin.

1913 ist Mexiko der drittgrößte Erdölproduzent der Welt. Doch profitieren vom Erdölboom, vom Aufschwung der mexikanischen Wirtschaft, fast nur ausländische, besonders US-Firmen sowie einige einheimische Industrielle und Großagrarier. Die Volksmassen dagegen, vor allem die Arbeiter auf dem Land, Indianer und Mestizen, verelenden immer mehr. Das Schulwesen stagniert. Die Indios werden ihres kommunalen Besitzes beraubt, ganze indianische Stämme, wie die Yaquis, vertrieben und teilweise ausgerottet. Überhaupt sind die indianischen Bauern die Hauptopfer. Enteignet oder verjagt schuften sie für Hungerlöhne in den Bergwerken, beim Eisenbahnbau, auf Erdölfeldern, auf den Haciendas, wo das Peonaje-System vorherrscht, das den Peón, den Landarbeiter, in faktisch lebenslanger Schuldknechtschaft hält. Der Diktator erstickt alle Aufstände bereits im Ansatz brutal und genießt die volle Sympathie der USA, besonders die der nordamerikanischen Industriellen und Bankiers. »Wir haben«, schreibt Präsident Taft (1909–1913) an seine Frau, »zwei Milliarden Dollar in Mexiko investiert, die gefährdet wären, wenn Diaz sterben würde«. Zwar sind es tatsächlich »nur« 853 Millionen Dollar, doch auch sie übersteigen das gesamte mexikanische Kapital.

Die Not der Massen wird unter dem Porfiriat immer schlimmer. Es kommt zu großen Streiks, etwa der Kupferbergarbeiter 1906, der Textilarbeiter im Dezember/Januar 1906/07, zu größeren Unruhen der Ausgebeuteten 1908 und schließlich zur Revolution 1910. Damals besitzt 1% der mexikanischen Bevölkerung 96% des gesamten Bodens, nahezu 97% der Landbevölkerung aber sind ohne Grundbesitz.

Im Mai 1911 dankt Diaz ab, der Demokrat Francisco Madero übernimmt die Regierung, wird aber bei einem konterrevolutionären Putsch des Generals Victoriano Huerta, eines »Supergangsters« (S. E. Morison), am 22. Februar 1913 »auf der Flucht« erschossen, auch sein Vizepräsident ermordet. Doch erst als Huertas Diktatur 1914 zusammenbricht, intervenieren die USA, müssen freilich wegen der Feindseligkeit der Bevölkerung im November 1914 wieder zurück. Einflussreiche US-Kreise treiben jedoch weiter zum Krieg, u.a. die mächtige Hearst-Presse, Theodore Roosevelt oder der Senator Albert B. Fall aus Arizona, der Vertreter von Erdölinteressen, der eine halbe Million Soldaten nach Mexiko schicken möchte, unter Präsident Harding Innenminister, unter Präsident Coolidge aber verurteilt und eingesperrt werden sollte.

Nach einer zweiten Intervention der USA im März 1916 unter General Pershing mit zunächst fünf-, dann elftausend Mann ist der Widerstand gegen die 500 Kilometer ins Landesinnere Eingedrungenen derart, dass die USA Verhandlungen mit Venustiano Carranza, dem ihnen wenig genehmen mexikanischen Präsidenten aufnehmen müssen, der den Indios ihr Land zurückgeben will, für die Verstaatlichung der Erdölvorkommen kämpft und gegen die Macht der katholischen Kirche, was ihm die erbitterte Feindschaft der US-Katholiken einträgt, in der am 31. Januar angenommenen, am 5. Februar 1917 verkündeten bürgerlich-demokratischen Verfassung von Mexiko wird im historischen Artikel 27 der gesamte Boden des Landes, einschließlich der Kirchengüter, zum Nationaleigentum erklärt und auch das Recht von Ausländern auf Nutzung mexikanischer Bodenschätze rigoros eingeschränkt. Zumal die Nationalisierung der Erdölfelder alarmiert die USA. Ihr Finanz- und Industrieklüngel stiftet deshalb weitere militärische Interventionen in Mexiko an. Carranza wird 1920 gestürzt und auf Befehl seines Nachfolgers erschossen.

Mit Dollars und Granaten

An die Geschichte Mexikos erinnert etwas die des benachbarten Guatemala, das zwischen 1839 und 1865 der Diktator General Rafael Carrera regiert, dann Präsident Justo Rufino Barrios (1873–1885), der eine kirchenfeindliche Politik und den wirtschaftlichen Aufschwung einleitet. In der ersten Hälfte des 20. Jahrhunderts, während der Terrorregime der Generale Manuel Estrada Cabrera (1899–1920) und Jorge Ubico Castañeda (1931–1944), wird Guatemala immer stärker von den USA bestimmt, besonders von der United Fruit Company, die überhaupt den Einfluss Nordamerikas auf Lateinamerika ausdehnt. So kommt es 1944 zu einem Massenstreik, einer Erhebung von Arbeitern, Soldaten, Studenten, einer »Sozialrevolutionären Aktion« junger Offiziere und endlich zu den ersten verhältnismäßig freien Wahlen in der ganzen Geschichte des Landes.

Im benachbarten Honduras, das von seiner »Unabhängigkeit« 1839 bis gegen Mitte des 20. Jahrhunderts einen Staatsstreich nach dem anderen, über hundert Regierungen hatte – und zwei Drittel Analphabeten, mit denen sich alles anstellen ließ –, in Honduras landen Ende März 1907 US-Truppen, um das amerikanische Eigentum zu schützen, besonders die in den Bananenpflanzungen steckenden Kapitalien.

Zu Hause bricht im selben Jahr, ja im selben Monat der Aktienmarkt zusammen und eine wahre Panik aus: ungezählte Firmen machen wieder einmal bankrott, Arbeitslosigkeit und Lebensmittelpreise steigen steil an. Aber auswärts schafft man Ordnung. Zwischen 1911 und 1913 sowie später kommt es zu neuen Interventionen der USA in Honduras, das immer mehr politisch und wirtschaftlich abhängig wird. Die Bananenplantagen, die wichtigste Exportgrundlage, gehören zu 95% US-Firmen, der United Fruit Company und der Standard Fruit and Steamship Company, die auch das Eisenbahnnetz fast ganz und den größten Teil der Hafenanlagen kontrollieren.

Kuba hatten die USA zunächst ihrer Militärverwaltung unterstellt, dann seine Souveränität 1901 durch einen Verfassungszusatz, das Platt Amendment, eingeschränkt (nach dem Senator O. H. Platt,

Connecticut). Es sicherte ihnen ein – auch oft angewandtes – Interventionsrecht. Im Grunde betrachteten sie Kuba als ihr Land. Manche erklärten es als absurd, darüber auch nur zu diskutieren. Einst hatte US-Außenminister William Seward dies so erhärtet: »Jeder Stein und jedes Sandkorn auf dieser Insel kommt aus der amerikanischen Erde und wurde aus dem Mississippi und den anderen Strömen, die in den Golf von Mexiko fließen, hinausgespült.« 1902 ziehen sie sich zwar aus Kuba zurück. Doch 1906 eilt Kriegsminister Taft mit Truppen schon wieder hin, um Aufstände niederzuschlagen. Man bleibt bis 1909. Dann interveniert man militärisch noch 1912 und 1917–1919.

Bald besaßen Nordamerikaner in Kuba nicht nur Ölraffinerien und Zuckerplantagen. Auch die gesamte Energieproduktion befand sich in ihren Händen, der Telefon- und Telegrafendienst, fast alle Bergwerke sowie 80% sämtlicher Straßenbahnen. Doch selbst die Firmennamen waren spanisch. Man herrschte, ohne es zu signalisieren, ohne Flagge, ohne US-Verwaltung, man herrschte durch das Geld. Man trieb Geschäftspolitik, wobei, wie wohl überall auf Erden, die einheimische Geschäftswelt mit der fremden zusammenarbeitete gegen das eigene Volk.

Diese Politik suchte besonders Präsident William Howard Taft (1909–1913) zu fördern, der als Kriegsminister die militärische Okkupation Kubas (1906–1909) organisiert hatte. Als Nachfolger Roosevelts wollte Taft dessen »big stick policy«, die »Politik des großen Knüppels«, durch die »dollar diplomacy« ablösen. »Unsere Politik möchte Granaten durch Dollars ersetzen«, erklärte er 1912. In Wirklichkeit setzte er Granaten und Dollars zugleich ein.

Dies zeigte sich etwa in Nicaragua, wo US-Truppen 1909 die innenpolitischen Querelen zwischen Konservativen und Liberalen entschieden.

Präsident Zelaya hatte damals ein Darlehen der USA über 15 Millionen Dollar ausgeschlagen. Denn dafür forderten sie das alleinige Recht auf den eventuellen Bau eines rund 300 km langen transozeanischen Kanals sowie die Kontrolle über Finanzen und Zoll Nicaraguas, eines zwar kleinen Staates, dessen Goldminen und Plantagen sie aber ebenfalls interessierten. Kaum hatte Präsident Zelaya seine Entscheidung bekannt gegeben, brach ein Aufstand gegen ihn aus, angeführt von dem früheren Buchhalter einer Pittsburger Handelsfirma, Adolfo Diaz, unterstützt von einem amerikanischen Kreuzer und dessen an Land stürmenden »marines«. Zelaya wurde noch 1909 gestürzt, der einstige Buchhalter Präsident, und natürlich erwies er sich den USA in allem gefügig. Getreu ihrer Dollardiplomatie begannen sie, Geld in das Land zu pumpen, sie kontrollierten schließlich den Zoll und übten praktisch das Protektorat aus.

Zum Schutz ihrer Ausbeutung landen am 14. August 1912 erneut US-Truppen in Nicaragua. Ein Aufstand gegen die Marionette Diaz wird bald darauf von Marinesoldaten niedergeschlagen, und bis 1925 hält man Nicaragua noch besetzt, nicht um es zu beschützen – vor wem auch –, sondern um es zu schröpfen. Zwei US-Banken arbeiten mit der US-Regierung zusammen, die Brown Brothers & Co. und die J. & W. Seligman & Co. Dazu kommt die Zollhoheit sowie die Errichtung eines Marinestützpunkts und die Ermächtigung zu dem strategisch wichtigen Kanalbau. Nicaragua ist zwar staatlich souverän, aber wirtschaftlich fast völlig gebunden – ein »Neokolonialismus« raffinierter Form, eine US-Erfindung, und eine weitere Bastion des US-Imperialismus.

Bis 1925 wird Nicaragua finanziell und militärisch durch Nordamerika beherrscht. Und als es bald darauf zu einer liberalen Erhebung unter dem General Augustino Sandino kommt, besetzen die USA abermals das Land. Präsident Coolidge schickt das Marine-Corps und behauptet in bewährter Yankee-Heuchelei: »Wir führen ebenso wenig Krieg mit Nicaragua wie ein policeman mit den Passanten auf der Straße.« Die neuerliche Einmischung provoziert den erbitterten Guerillakrieg Sandinos, den man 1934 ermordet. Drei Jahre später gerät Nicaragua mit US-Hilfe unter die Diktatur des superkorrupten Anastasio Somoza García, nicht nur nach Rolf Winter »der gnadenloseste Despot, der je in Mittelamerika ein hohes Amt besaß«. Und auf diesen Mann und seine Brut konnten sich die USA verlassen. Bis 1979 terrorisierte der sich schamlos bereichernde Familienclan der Somoza Nicaragua über fast 40 000 Tote hinweg.

Im Übrigen hängt es ganz von den jeweiligen Umständen ab, ob man zuerst die Waffen einsetzt und dann das Geld oder zuerst das Geld und dann die Waffen, wie etwa in der Dominikanischen Republik, auf der Ostseite der Insel Haiti.

Die Dominikanische Republik, die sich 1844 von der westwärts gelegenen Republik Haiti abgespalten hatte, war durch unentwegte Machtkämpfe und Revolutionen heruntergekommen, hoch verschuldet, ja sie kann 1904 nicht einmal ihre Schuldzinsen bezahlen. Hier nun springt Roosevelt ein. Er schürt die Angst vor einer europäischen Intervention, wovon keine Rede ist, und bürdet sich die finanziellen Sorgen San Domingos auf. Die Republik bleibt zwar selbstständig, wird weder Protektorat noch gar eine Kolonie der USA, die sie jedoch durch ihre Zoll- und Finanzkontrolle derart in der Hand haben, immerhin von 1905 bis 1940, dass die Souveränität eine Farce ist. Und dies dominikanische Modell, das den Vorwurf des »Kolonialismus« ebenso erspart wie die Kosten einer direkten Okkupation, sollte allmählich Schule machen und auch auf andere Kontinente ausgedehnt werden.

Freilich wahrt man dann in der Dominikanischen Republik nicht einmal mehr den Schein. Wilson lässt sie 1916 durch die »marines« besetzen, vor allem um die Rückzahlung von US-Krediten, besonders der Bank Kuhn, Loeb & Co zu sichern, und diese Besetzung sollte bis 1924 dauern. Doch schon 1930 beginnt unter dem General Rafael Trujillo y Molina, dem in den USA weithin geschätzten Präsidenten, eine der schlimmsten Diktaturen Lateinamerikas, ohne Presse-, ohne Versammlungsfreiheit, ohne jede erlaubte Opposition, und dies wird erst 1961 mit der Ermordung Trujillos enden.

Ein Jahr vor Besetzung der Dominikanischen Republik kassierte Präsident Wilson auch Haiti. Von mehreren Kriegsschiffen ging Marineinfantrie an Land, und zwei Jahrzehnte lang blieb Haiti von den USA okkupiert und wurde wie ein Protektorat beherrscht. Man gibt ihm sogar eine andere Verfassung. Ausländer dürfen dort nun wieder Land besitzen oder pachten. Doch verfolgen die Vereinigten Staaten, so erklärt ihr Außenminister, »nicht das geringste aggressive Ziel, und dieses Protektorat errichten sie völlig uneigennützig« – wie das die Yankees ja immer tun. US-Offiziere verwalten das Zoll- und Schulwesen, ebenso natürlich Haitis Finanzen, für die sich US-Bankiers schon so lange interessierten. 1916 verschafft Wilson hohen Militärs auch die Regierungsgewalt über Haiti, wo mehrere Aufstände, vorher und nachher, unterdrückt werden. Und selbst als das Regime, spät genug, 1934 endet, die US-Truppen abziehen, besitzen die USA die Zollhoheit weiter, bleibt ihre Finanzkontrolle bis 1947 bestehen.

Bereits US-Präsident James K. Polk (1845–1849), der Räuber von halb Mexiko, zeigte reges Interesse an der Durchstechung des Isthmus in Mittelamerika, an einer Kanalverbindung vom atlantischen zum pazifischen Ozean. Doch der am 19. April 1850 geschlossene Clayton-Bulwer-Vertrag verpflichtete England und die USA, keine einseitige Kontrolle über den geplanten Kanal anzustreben, vielmehr eine Neutralität und Sicherheit zu garantieren. Weder England noch die USA sollten die Kanalzone »besetzen, befestigen oder kolonialisieren dürfen«. Auch jeder künftige Kanal sollte auf gleicher Grundlage beiden Nationen offen gehalten und über keinen Teil Mittelamerikas ein Herrschaftsgebiet errichtet werden.

Diese Vereinbarungen aber genügten den USA schließlich nicht mehr. Angesichts der großen strategischen Bedeutung des Projekts betreiben sie die alleinige Kontrolle darüber. Ein neuer Entwurf im Jahr 1900, von ihnen durch drei Zusatzartikel zu ihren Gunsten verändert, wird zwar von Großbritannien abgelehnt. Doch einigt man sich durch weitgehende Zugeständnisse an die USA im Hay-Pauncefote-Vertrag, den US-Außenminister Hay und der britische Botschafter in Washington, Lord Pauncefote, am 18. November 1901 unterzeichnen. Das Abkommen, das den außer Kraft setzt und die USA zu Bau und Verwaltung eines Kanals in der Panama-Zone ermächtigt, bedeutete den Rückzug Englands aus Mittelamerika.

Bezeichnenderweise zog Großbritannien auch in anderen Fällen den kürzeren gegenüber dem aggressiven Roosevelt. Beispielsweise als man im ausgehenden 19. Jahrhundert im Yukon, in Alaska und in Britisch-Kolumbien Goldvorkommen entdeckt hatte und Washington eine Grenzverlegung um 50 Kilometer nach Osten erstrebte. 1903 war Roosevelt zwar bereit, den Fall sechs »unparteiischen Juristen«, drei Amerikanern und drei Engländern, zu unterbreiten. Doch unterrichtete er London, sollte das Schiedsgericht nicht zugunsten der USA entscheiden, werden diese ihren Anspruch mit »bewaffneter Gewalt« durchsetzen. Um der britisch-amerikanischen »Freundschaft« willen gab die englische Regierung nach.

Auch bei anderen Grenzquerelen ließen die Yankees nicht mit sich fackeln. Etwa bei dem Streit zwischen Britisch-Guayana und Venezuela. Schon seinerzeit wünschte Roosevelt in einem Schreiben an Senator Lodge einen Krieg mit Großbritannien. Und Außenminister

Olney fabrizierte in einem ultimativen Drohbrief an London den berüchtigten Satz: »Praktisch sind die Vereinigten Staaten die Herren dieses Kontinents, und wenn sie in irgendwelchen Angelegenheiten intervenieren, so ist ihr Wille Gesetz.«

Gesetz wurde ihr Wille ja auch im Panama-Konflikt. Freilich nur, wie so häufig, durch Gewalt. Denn gab auch Großbritannien wiederum nach, Kolumbien, dem das Panama-Gebiet gehörte (Panama war eine kolumbianische Provinz), wollte natürlich nicht auf seine Hoheitsrechte verzichten. Zwar trat es am 22. Januar 1903 im Hay-Herrán-Vertrag der nordamerikanischen Kanalbaugesellschaft Land ab. Doch der kolumbianische Kongress, der hier eine Einmischung der USA in innere Verhältnisse konstatiert, verweigert die Ratifikation des Vertrags, worauf die Vereinigten Staaten den Abfall der Provinz Panama von Kolumbien betreiben.

Präsident Roosevelt nennt den Parlamentsbeschluss von Bogota eine Beleidigung und die Abgeordneten »gierig und korrupt« – genau das, was er selbst war. Er schickte am 2. November 1903 – seine berüchtigte »big stick«-Methode – Kriegsschiffe nach Panama, um das Recht »der freien und ungehinderten Durchfahrt« durch den Isthmus zu erzwingen. Am 3. November wird ein Aufstand in Panama City mit Roosevelts stillschweigendem Einverständnis und der Hilfe der New Panama Canal Company inszeniert, die Verlegung kolumbianischer Truppen nach Panama City durch die US Flotte verhindert, der Feuerwehrverein von Panama zu einer »Armee« gemacht. Am 4. November erklärt sich die Provinz von Panama als unabhängig von Kolumbien, am 6. November erkennen die USA die Republik von Panama an, am 18. November pachten sie einen 16 km Streifen Land durch den Isthmus für immer und garantieren sowohl die Unabhängigkeit Panamas wie die Neutralität der Kanalzone, die jedoch Hoheitsgebiet der USA ist.

Präsident Roosevelt aber, der Panama dem kolumbianischen Staat entriss, bestreitet später jede Beteiligung an diesem Streich. Eiskalt lügt er am 4. Januar 1904: »Kein einziges Mitglied, kein einziger Mitarbeiter der Regierung hat im Geringsten dazu beigetragen, die Revolution vorzubereiten, auszulösen oder zu unterstützen.« Dabei wirft sein eigener Kongress ihm später »eigenmächtige Vorgehen« vor. Doch zynisch erklärt er (freilich schreibt man inzwischen schon 1911): »Wenn ich mich an die traditionelle und übliche Methode gehalten hätte, so hätte ich dem Kongress einen an die zweihundert Seiten langen, äußerst würdigen Bericht unterbreiten müssen, und die Debatten hätten kein Ende gefunden. So aber habe ich die Kanalzone erobert und den Kongress debattieren lassen, und während die Debatte sich entwickelte, ging es auch mit dem Kanal voran.«

In Panama, dessen Verfassung ein Interventionsrecht der USA freilich vorsieht, intervenieren die USA in den letzten hundert Jahren mehr als vierzigmal militärisch, das letzte Mal im Dezember 1989. Und als Präsident Bush im Juni 1992 auf dem Weg zum Umweltgipfel in Rio de Janeiro Panama besuchte, geriet er in Panama-City in vehemente anti-amerikanische Proteste und musste durch Tränengasgranaten abgeschirmt werden. Erst auf einem US-Militärstützpunkt am Panamakanal konnte er seine Rede über Demokratie und wirtschaftliche Hilfe für Panama fortsetzen ...

In den zwei Jahrzehnten von 1898 bis 1918 machten die USA aus dem Westindischen Meer ein »amerikanisches Meer«. Sie unterhielten an den strategischen Punkten Marinebasen, um den Panamakanal zu sichern. Sie hatten Kuba, Haiti, die Dominikanische Republik und Nicaragua zu Protektoraten gemacht, nicht de jure zwar, doch de facto; hatten Puerto Rico geraubt und die Jungferninseln gekauft. Und gerade der so »idealistisch« gesinnte Wilson, der doch Dollardiplomatie und militärische Interventionen verdammt, bahnt nicht nur eine neue Art der Einmischung an, indem er durch Verweigerung der diplomatischen Anerkennung eines Regimes bewusst dessen oppositionelle Kräfte ermutigt, sondern er befiehlt auch selbst blutige Interventionen: auf Kuba, Haiti, in der Dominikanischen Republik und – die weitaus schrecklichste, folgenreichste – in Europa durch die Kriegserklärung an Deutschland am 6. April 1917.

Friedensnobelpreis 1920!

Gerade weil Europa freilich seit vielen Jahren auf das bis dahin blutigste Inferno der Geschichte zugetrieben und dann darin versunken war, konnten die USA umso ungenierter in Lateinamerika operieren. Gleichzeitig verfolgten sie natürlich auch das ungeheure Schlachten jenseits des Atlantik, das sie selber bald als Kampf für Demokratie und dauerhaften Frieden propagieren sollten, während es ihnen im Grunde um wenig mehr ging als um ein einzigartiges Geschäft.

9. KAPITEL

Der große Kriegsgewinnler (1914/18)

»... ein Boom von ungewöhnlichen Ausmaßen«

Die USA, die 1894 England als größte Industriemacht der Welt überflügeln, erzeugen bereits 1914 rund ein Drittel der Weltindustrieproduktion. Gleichwohl sind sie bis zum Ersten Weltkrieg ein Schuldnerland und hätten ohne europäisches Geld kaum leben können. Gleichwohl gibt es auch zu Beginn des 20. Jahrhunderts, wie vordem, immer wieder Streiks, ist die Arbeitslosigkeit groß, die Lebensmittelpreise steigen. Am 13. März 1907 kommt es zur Panik. Der Aktienmarkt bricht zusammen, viele Firmen machen bankrott. Präsident William H. Taft (1909–1913) fühlt sich jedoch für die öffentliche Wohlfahrt nicht verantwortlich. Die Skandale häufen sich, Woodrow Wilson erlässt als Gouverneur von New Jersey im Januar 1911 ein Gesetz gegen die Korruption. Fast gleichzeitig proklamiert die in Washington gegründete National Progressive Republican League ähnliche Gesetze. Selbst als die Arbeitslosigkeit dank neuer Industriezweige zurückgeht, wächst die Kaufkraft der Arbeiter deutlich langsamer als das Nationaleinkommen – 188% für das Nationaleinkommen gegenüber 95% für die Löhne.

Noch unmittelbar vor Kniegsbeginn in Europa stecken die USA in einer wirtschaftlichen Rezession, die in eine größere Krise auszuarten droht. Ein Streik von 150 000 Textilarbeitern in New York City im Januar 1913 dauert Monate und greift nach Boston über. In Paterson/New Jersey treten die Seidenarbeiter fünf Monate lang in den Ausstand. Im September desselben Jahres beginnen auch Bergleute in Colorado einen Arbeitskampf, der 16 Monate anhält, bis Dezember 1914, begleitet sogar von Gewaltausbrüchen und einer Intervention des Bundes.

Alle bedrohlichen, seit der industriellen Revolution ohnedies stets wiederkehrenden Schwierigkeiten aber löst der große europäische Krieg. Zunächst zwar bestürzt die US-Exporteure der mögliche Verlust ihrer Überseemärkte. Doch rasch beruhigen, ja berauschen sie die Einkäufe der Europäer, die kaum glaubhaft in die Höhe schnellen. Das große Blutvergießen beschert den Yankees einen ungeahnten monetären Aufschwung, Aufträge über Aufträge, ein gigantisches Geschäft, zumal sie nahezu ihr gesamtes ökonomisches Potential für den Krieg mobilisieren und der Arbeiter nun fest zum Fabrikanten steht, noch emsiger im Schweiße seines Angesichtes dessen Konten füllt, ja die »unions« jetzt sogar, gegen Anerkennung des Achtstundentags, auf das Streikrecht verzichten.

Während sich die Europäer zerfleischen, reibt man sich in den USA die Hände über den buchstäblich ungeheueren Nachfrageschub, wobei zuerst die Metall-, dann die chemische Industrie (anstelle der deutschen) profitieren. Und da der Krieg immer mehr mechanisiert, industrialisiert wird, da man 1918 auch die Feindaufklärung und -verfolgung mit Flugzeugen und Tanks betreibt statt, wie bisher, mit Pferden, mit Kavallerie, steigt der Bedarf an Material aller Art enorm. Ja, die USA sind derart dem großen Kriegsgewinn ergeben, dass ihr schließlicher Eintritt in das Gemetzel weder militärisch noch technisch recht vorbereitet ist. Und dann werden sie mit Aufträgen ihrer eigenen Streitmacht zusätzlich überschwemmt.

Die Zahl der Werften beispielsweise steigt allein in den beiden letzten Kriegsjahren von 61 auf 314, die der Werftarbeiter von 45 000 auf 380 000, die Tonnage für den Außenhandel von 2 185 000 Tonnen auf 8 694 000 Tonnen – und nach dem Krieg bald auf mehr als 11 000 000 Tonnen. US-Reedereien, die im Ersten Weltkrieg für ihre Regierung produzierten, machten 90% Gewinn.

Nun erzeugten die USA aber nicht nur Kriegsausrüstung, lieferten sie nicht nur Waffen nach Europa, sondern auch Nahrung. Wer schießen, wer erschießen, wer sogar erschossen werden soll, muss erst satt gemacht werden. So gingen von 1914 bis 1924 nicht weniger als 8,42 Millionen Tonnen Nahrungsmittel nach Frankreich, und zwar 1918 doppelt so viel wie 1914, und dies trotz schlechter Ernte. Der Getreidepreis verdreifachte sich in den ersten fünf Jahren, der Baumwollpreis vervierfachte sich. Der Exportüberschuss verdoppelte sich von Kriegsjahr zu Kriegsjahr und erreichte (über den Import) 1917 3,5 Milliarden Dollar. Und da die alliierten Gold- und Devisenreserven gefährlich schrumpften, da Briten und Franzosen, obwohl sie ihre vielen US-Wertpapiere so schnell wie möglich verkauften, um flüssige Geldquellen, um Bargeld zu haben, da eben dies Bargeld trotz allem ausging, mussten sie Schulden machen, gaben ihnen amerikanische Banken Kredite zur Finanzierung der Kriegsaufträge – bis zum Frühjahr 1917 bereits 2,3 Milliarden Dollar. Derart stützten sie die Hochkonjunktur, und natürlich waren gerade diese (New Yorker) Banken 1917 an einem Sieg der Alliierten äußerst interessiert.

Nun vergrößerten aber nicht nur die Lieferungen an Waffen, Ausrüstung, Nahrung für die Entente den Reichtum der USA, auch die neutralen Länder Europas tätigten ihre Einkäufe bei den Vereinigten Staaten. Insbesondere kamen noch jene früher vorwiegend von deutschen und britischen Firmen belieferten Exportmärkte hinzu, die während des Krieges durch den Ausfall der europäischen Mächte den USA zufielen, vor allem der lateinamerikanische, doch auch der asiatische Markt. Mehr als zwei Drittel der US-Investitionen im Ausland (die von 1914 bis 1924 von 3481 Millionen Dollar auf 9090 Millionen Dollar steigen) sind vor allem in Lateinamerika (4040 Millionen) und in Kanada angelegt (2460 Millionen), 1900 Millionen Dollar in Europa.

Die Gesamtproduktion der USA wächst so während des Ersten Weltkriegs um 15 Prozent, der Export steigt um das Dreifache, der Exportüberschuss um das Achtfache. Der Exportwert von chemischen Produkten klettert zwischen 1914 und 1917 von 21 auf 181 Millionen Dollar, der von Eisen und Stahl von 251 auf 1133 Millionen Dollar, der des Sprengstoffs von 6 Millionen auf 802 Millionen Dollar.

Zwischen 1900 und 1920 verzehnfacht sich beinah – vor allem infolge des Ersten Weltkriegs – das Budget der US-Regierung. Es steigt von 698 Millionen Dollar auf 6454 Millionen Dollar. Das »Volkseinkommen« wächst in diesem Zeitraum von 28 auf mehr als 61 Milliarden Dollar, es schnellt allein in den Jahren, in denen Europa sich zu Tode windet, auf fast das Doppelte – »ein Boom von ungewöhnlichen Ausmaßen« (William H. McNeill).

Die Samtpfötchen des Woodrow Wilson

Es ist begreiflich, dass zunächst kaum jemand in Amerika den Kriegseintritt zu wünschen schien, nicht einmal das Big Business und die Regierung. Was sie interessierte, war das verlockende Geschäft, das Geschäft mit dem Tod. Umso verlockender, als es nicht sie selber, sondern Europa schwächte, nicht das amerikanische, sondern das europäische Kapital (und einiges darüber hinaus).

Bereits eine Woche nach Kriegsausbruch erklären die USA ihre Neutralität, und zwar am 4. August im Konflikt zwischen Österreich–Ungarn und Serbien sowie zwischen Deutschland einerseits, Russland und Frankreich andererseits; und am 5. August zwischen Deutschland und Großbritannien. Ja, Präsident Wilson, den der Ausbruch des Krieges unter den blutrünstigen Europäern natürlich entsetzt (»Unglaublich!«, ruft der Pazifist im trauten Familienkreis. »Das ist unglaublich«), bietet sich – kein Risiko damals, keine Gefährdung des Krieges – als Friedensvermittler an und fordert seine Landsleute auf, unparteiisch zu sein, »in Gedanken wie in Taten«.

Woodrow Wilson (1913–1921) hieß eigentlich Thomas. Da er aber abergläubisch war – ein Glaube, den er sogar mit Großen der Geschichte teilt – und dreizehn für seine Glückszahl hielt, nannte er sich Woodrow (Wilson), weil dies dreizehn Buchstaben ergab.

Woodrow Wilson, der Dreizehnbuchstabige, erst Professor der Geschichte und Staatswissenschaften, Präsident der Universität Princeton, dann 1910 zum Gouverneur von New Jersey gewählt, entstammte durch den Vater wie die Mutter dem presbyterianischen Pfarrhaus. Er war vom neuenglischen Puritanismus geprägt, verkörperte auch »mehr den geistigen Typ des Kirchenmannes als den des Staatsmannes« (Hans von Hentig), war mit den Ideen von »God's own country« groß geworden, mit der Vorstellung vom »American way of life«, von »manifest destiny«, »holy experiment« etc. Er bildete sich ein oder ließ es die Welt wenigstens glauben, dass sie am amerikanischen Wesen genesen müsse. Schon 1901 hatte er im Hinblick vor allem auf Asien geschrieben: »Der Osten muss geöffnet und umgeformt werden, ob wir wollen oder nicht: die Normen des Westens sind ihm aufzuerlegen.«

Aber da Wilson ein heller, wendiger Kopf war, doch gewiss auch ein schwankender, ein Mann, von dem Lloyd George (dem man freilich selbst »a fluid state of his judgments« attestierte) meinte: »He was not only a mixture, but he was badly mixed«, kurz, da Wilson eine reichlich schillernde Rolle spielte, konnte er auch die Welt, besonders die europäische (für die er sie vor allem prägte), durch die hehrsten Grundsätze beschämen.

Bereits wenige Tage nach seinem Einzug ins Weiße Haus verurteilt er die Dollar-Diplomatie seines Vorgängers, setzt das imperialistische Abenteuer aber fort, wobei, jetzt wie später, der demokratische »Idealismus« stets dem ökonomischen »Realismus« zum Opfer fällt – was Wilson kaum gern zugegeben hätte. Kann er, der sich für einen »Radikalen« mit konservativen Zügen hielt, der sein Land von der Wurzel her reformieren und die Welt auf den Weg der Tugend führen wollte, der einen neuen Geist der Politik propagierte, eine Außenpolitik nicht des Egoismus, sondern der Gerechtigkeit, der göttlichen Mission, der seine wichtigsten Wahlreden unter dem Titel ›The New Freedom‹ publizierte, kann Wilson im März 1913 doch geradezu erklären, die USA hätten »in Mittel- oder Südamerika nichts zu suchen«. Ja, im Oktober dieses Jahres verkündet er: »Die Vereinigten Staaten werden nie wieder versuchen, durch Eroberung ihrem Land einen einzigen Quadratmeter hinzuzufügen … Wir werden uns nie von dem Grundsatz entfernen, nach dem es die Moral und nicht die günstige Gelegenheit ist, die uns führen muss, und nie werden wir aus Bequemlichkeit oder Opportunismus Ungerechtigkeit dulden.« Ergo: nicht neu rüsten will Wilson, sondern mit seinem Staat der ganzen Welt das eindrucksvolle Exempel eines entschlossenen pazifistischen Idealismus geben.

Da sich der Präsident aber auch der Politik des »watchful waiting« verpflichtet fühlt, da er nicht nur schwungvolle, die Nation begeisternde Reden halten, sondern in Wutanfällen auch die Vasen seiner Freunde zerdeppern kann, agiert und regiert er in vieler Hinsicht nicht anders als sein republikanischer Vorgänger Taft, der beispielsweise noch in seinem letzten Regierungsjahr, am 14. August 1912, zum Schutz der US-Interessen in Nicaragua US-Truppen landen ließ. Und Nachfolger Wilson, der Pazifist, ist gerade ein Jahr im Amt, da beordert er die US-Flotte Richtung Mexiko und lässt am 21. April 1914 durch Matrosen und Marineinfanterie Vera Cruz besetzen, natürlich auch nur zum Schutz amerikanischer Interessen, wobei auf beiden Seiten viel Blut fließt, ja, die USA und Mexiko geraten »an den Rand des Krieges« (Schomaekers).

Und im Mai 1916 befiehlt Wilson amerikanischen Soldaten, in Santo Domingo zu landen, um wieder amerikanische Interessen zu schützen, worauf das Land noch Jahre besetzt bleibt. Und im Februar 1917 lässt Wilson Truppen in Santiago de Cuba einfallen, aus den bekannten Gründen – und hatte doch in Mittel- und Südamerika nichts mehr zu suchen, hatte nur der Moral und nicht der günstigen Gelegenheit folgen wollen …

Aber die Gelegenheit war nun einmal gut, war besser als die Moral. Die halbe Welt befand sich im Krieg, im Krieg gegen das böse.

das wilhelminische, das kaiserliche Deutschland, das im Übrigen, ganz wie die »demokratischen« USA, eine wirtschaftliche und machtpolitische Expansion erstrebte. Und Woodrow Wilson hatte es schon 1912 als den gefährlichsten Rivalen im Welthandel ausgemacht, als größere Konkurrenz selbst als das gleichfalls expansionslüsterne Japan oder die alten Großmächte England und Frankreich. Auch andere Vielvermögende in den Staaten dachten so. Schon 1915 bilden sich deshalb nationale Verteidigungsorganisationen, National Security League, American Defense Society, American Rights Committee u. a., gestützt von Leuten wie Theodore Roosevelt, Henry L. Stimson oder von Henry Cabot Lodge, dem kühlen, einflussreichen und vermutlich gar – ein Wunder in diesen Kreisen – »kultivierten« republikanischen Senator aus Massachusetts, der in seinen Senatsreden gern die Klassiker zitierte, als wären sie »seine persönlichen Freunde gewesen ... Wenn er sich im Spiegel betrachtete, sah er einen Staatsmann«.

Wie immer Wilson aber im Einzelnen zu diesen Persönlichkeiten stand, er stand ganz offensichtlich auf der Seite von Deutschlands Gegnern. Mochten ihm die kriegswütigen Kreise auch immer wieder eine »Samtpfötchenpolitik« (to be a pussy footer) vorwerfen, bereits die Marneschlacht, der erste französisch-englische Sieg im September 1914, ließ ihn lebhaft Hoffnung schöpfen, auch wenn er weiterhin strikte Neutralität versprach oder mit dem ihm eigenen Hochmut erklärte: »Es gibt Männer, die zu stolz sind, sich zu schlagen« – ein fast überall (außer bei den Mittelmächten) Anstoß erregender Satz.

Sein Außenminister William Jennings Bryan, der schon bald einen Kriegseintritt der USA befürchtet, tritt jedenfalls am 8. Juni 1915 zurück, weil es ihm sein Gewissen nicht erlaubt, die Kriegserklärung an Deutschland zu unterzeichnen. Dazu passt, dass Wilson zunächst den Banken verbietet, den Alliierten Geld zu leihen, im Herbst 1915 den Bankiers aber mitteilt, er könne Anleihen offiziell zwar nicht billigen, werde aber nichts gegen sie unternehmen – nachdem US-Banken schon seit September über eine 500 Millionen Dollar-Anleihe an England und Frankreich verhandeln. Dazu passt, dass Oberst House, Wilsons Graue Eminenz, nach einer Unterredung mit Aristide Briand (Friedensnobelpreis 1926) am 9. Februar 1916 aus Paris an Präsident Wilson schreibt: »Wir einigten uns schließlich dahin, dass Sie nicht intervenieren würden, wenn die Alliierten im Frühjahr und

Sommer nennenswerte Erfolge hätten. Wenn dagegen die Flut des Krieges gegen sie ginge oder sich nicht veränderte, würden Sie intervenieren.« Dazu passt, dass Bryan-Nachfolger Außenminister Lansing um die Jahreswende 1916/17 im Gespräch mit dem französischen Botschafter Jusserand die Alliierten zu einer verschärften Ablehnung des Friedens zu veranlassen sucht. Dazu passt, dass bereits damals, in der Mitte des Krieges, der US-Handel mit den Mittelmächten gegenüber 1914 auf weniger als ein Drittel gesunken, der mit den Alliierten aber um das Vierfache gestiegen ist, von 800 Millionen auf 3 Milliarden Dollar.

Ganz klar, dass Deutschland sich gegen die enormen amerikanischen Lieferungen an seine Kriegsgegner wehren muss. Es erklärt im Februar 1915 die See um Großbritannien und Irland als Kriegsgebiet und kündigt die Versenkung feindlicher Handelsschiffe an. Bald darauf werden amerikanische Reisende durch Deutschland in einer New Yorker Zeitung ausdrücklich vor Fahrten in britischen Gewässern gewarnt. Die USA verstehen dies als eine Verletzung der Neutralität – aber natürlich nicht ihre Kriegslieferungen an Deutschlands Gegner. Und nachdem bis März 1917 deutsche U-Boote fünf US-Schiffe versenkt haben, betreibt Wilson im Kongress die Kriegserklärung an Deutschland.

»Wir haben keinen Streit mit dem deutschen Volk«

Am 7. November 1916 war Präsident Wilson – mit knapper Mehrheit – zum zweiten Mal gewählt worden. Und seinen Wahlkampf hatte er noch unter den drei P – Peace, Prosperity, Progress –, noch unter dem Slogan »He kept us out of war« führen lassen. Die Deutsch-Amerikaner haben damals Wilson nicht gewählt, weil sie seiner Außenpolitik misstrauten. Sie hatten Recht. Doch die Gewerkschaften hatten ihn gewählt – aus purer Dankbarkeit: »Er hat uns beschützt, mich und die meinen.« So kann man sich täuschen. Denn Wilson, noch heute jenseits wie diesseits des Ozeans als »Friedenspräsident« gefeiert, war längst zum Krieg entschlossen.

Noch am 18. Dezember aber hatte der Wiedergewählte – wo zahlt Lügen, Täuschen sich mehr aus als in der Politik, in Priester-, in Verbrecherkreisen? – namens des neutralen Amerika in einer Friedensnote an die kriegsführenden Mächte dafür plädiert, nicht länger »Millionen und Millionen Menschen weiter aufzuopfern … « Noch in diesem Jahr auch konnte Wilson sagen, er habe bis jetzt, wie erwartet, die Nation aus dem Krieg herausgehalten, »und ich schwöre, dass ich mit Gottes Hilfe bei dieser Politik bleiben werde – wenn es möglich ist!« Denn schon damals will Wilson nicht, »dass diese Fahne, die wir alle lieben, ungestraft besudelt werden kann.« Zwar ist die »Fahne«, so gut wie überall auf Erden, den Herrschenden ganz scheißegal. Die »Fahne« steht, so gut wie überall, für Geld und Macht. Die USA aber befürchten jetzt bei einem russischen Zusammenbruch den Sieg der Mittelmächte – und hatten doch immense Summen in den Sieg der Alliierten investiert.

So bricht Wilson am 3. Februar 1917 die diplomatischen Beziehungen zu Deutschland ab. Am 21. März bestätigt sein Kabinett die Kriegserklärung; niemand stimmte dagegen. Und am 2. April bittet der Präsident den amerikanischen Kongress, Deutschland den Krieg zu erklären, wobei er natürlich betont, der Krieg werde für den Weltfrieden geführt – denn für etwas anderes führt man Kriege seit langem nicht. Jeder Krieg, so human ist die Menschheit und insbesondere deren Führung inzwischen schon geworden, jeder Krieg dient nur noch dem Frieden – außer der Freiheit, natürlich, dem Frieden und der Freiheit. Und dem Recht dient er. Und der Gerechtigkeit. Neuerdings auch den Menschenrechten – überhaupt lauter schönen Dingen.

»Wir haben keinen Streit mit dem deutschen Volk«, sagte Wilson. »Wir haben ihm gegenüber keine anderen Gefühle als Sympathie und Freundschaft … Wir haben keine egoistischen Ziele, keine Eroberungsabsichten oder Herrschaftsansprüche. Wir suchen keine materielle Entschädigung für die Opfer, die wir freiwillig bringen werden. Wir kämpfen nur für die Menschenrechte … Es ist furchtbar, dieses große und friedliche Volk in den Krieg führen zu müssen … Aber das Recht ist wertvoller als der Frieden und wir werden für die Ideale kämpfen, die uns immer am meisten am Herzen gelegen haben … Dieser Aufgabe weihen wir unser Leben, unser Glück und alles, was wir sind und was wir haben. Wir sind stolz darauf zu wissen, dass der Tag gekommen ist, an dem Amerika das Vorrecht hat, sein Blut und seine Kräfte für die Grundsätze hinzugeben, denen es seine Geburt und sein Glück verdankt, für den Frieden, der ihm teuer ist. Mit Gottes Hilfe kann es nichts anderes tun …«

Alles fand sich hier, um Menschen guten Willens zu begeistern, zu entflammen: reine Selbstlosigkeit, keine Spur von schnödem Egoismus, von Macht, von Geldgier, keine Eroberungs-, keine Herrschaftsgelüste. Nur Opfer, freiwillige Opfer, versteht sich, lauterste, für die gute, die beste Sache, für die Rechte, die Menschenrechte, die höchsten Ideale, ja, Sympathie gar und Freundschaft für die Feinde. Und alles mit Gottes Hilfe …

Gott, wer möchte da nicht mitkämpfen, wer nicht augenblicklich sein Blut verspritzen! Der Kongress, zu alt zwar, zu kostbar, um selbst zu fechten, konnte leider nur andere (für sich) fechten lassen und jubelte. Ja, Demokraten wie Republikaner applaudierten. Selbst Senator Henry Cabot Lodge schenkte dem Präsidenten einen herzlichen Händedruck. Und wirklich – hatte es je eine freundschaftlichere Kriegsbotschaft gegeben? Je edlere Gründe für einen Krieg? Je eine zu tätigende größere Tugendübung? Ein menschenfreundlicheres Werk? Es war eine Rede ganz in jenem grandiosen Yankee-Stil, den man da seit den Tagen der Jefferson und Lincoln etc. kultivierte, eine Heuchelei, die in Yankeebrüsten vielleicht gar nicht mehr empfunden wird, so tief schon ist sie eingedrungen durch Mark und Bein ins innerste Gemüt – ein Puritanererbe eben. Auch Premier Asquith, ein Earl of Oxford und Asquith, vom gleichen Erbe begnadet, erkannte denn sofort im Unterhaus in der amerikanischen Kriegserklärung an Deutschland am 6. April 1917, ohne, wie er betonte, jede Schmeichelei und Übertreibung, »eine der uneigennützigsten Handlungen der Geschichte«. Der König und die Königin von England nahmen an einem feierlichen Dankgottesdienst in der Sankt-Pauls-Kathedrale teil. Und Wilson, der »Friedensengel«, wurde zum totalen Krieger, zum Bundesgenossen eines Chauvinisten wie Clemenceau, eines Lloyd George (der Asquith im Dezember 1916 als Ministerpräsident verdrängte), die nun beide die Notwendigkeit eines totalen Sieges propagierten. Denn Wilson fürchtete eine Weltherrschaft Deutschlands. Die Welt aber sollten die USA beherrschen. Schließlich hatte dort seit zwei Jahrzehnten eine gewisse Führungsgruppe auf einer expansiven Weltpolitik bestanden, nicht zuletzt aus ökonomischen Gründen, genauer Schwierigkeiten.

Die USA trieben seinerzeit Deutschland auch immer mehr dazu, seine »autokratische« Regierung zu stürzen. Auch dies sollte es natürlich schwächen. In seiner den Kriegseintritt begründenden Rede sagte Wilson: »Die Bedrohung des Friedens und der Freiheit der Völker liegt in dem Dasein autokratischer Regierungen.« Diese könnten Demokratien weder auf Dauer »Treue halten« noch »ihre Gesetze beachten«. Und am 27. August beschimpfte der Präsident gegenüber dem frankophilen Papst Benedikt XV. die deutsche Regierung als »unverantwortliche Regierung«, »unbarmherzige Beherrscherin des deutschen Volkes«, als »rasende, brutale Macht«, mit der keine Friedensverhandlungen möglich seien. Völlig zutreffend nannte dies der französische Botschafter Jusserand »eine direkte und dringliche Einladung an das deutsche Volk, sich seiner Regierung zu entledigen.«

Wilson unterschied zeitweise zwischen Regierung und Volk; zwischen dem monarchischen, autokratischen, wilhelminischen Deutschland, dem Deutschland des »preußischen« Militarismus, des Imperialismus, und dem »anderen« Deutschland, zu dem er bevorzugt die Sozialdemokratie zählte. Dann freilich gab er diese Differenzierungen auf und bekämpfte die Deutschen überhaupt, nicht nur ihre Obrigkeiten.

Nun hatte die US-Regierung aber nicht nur Probleme mit dem deutschen Volk, sondern auch mit dem eigenen. Breite Kreise waren durchaus nicht kriegsbegeistert, und zwar nicht nur Deutsch- und Iro-Amerikaner, von Wilson-Vorgänger Roosevelt gehässig »Hyphenate Americans« (Bindestrich-Amerikaner) genannt. Das Volk ist moralisch (besser: unmoralisch) auf den Krieg überhaupt nicht vorbereitet gewesen. Selbst unter den Politikern stimmten noch bei der Kriegserklärung 6 Senatoren und 50 Abgeordnete dagegen.

Kriegshetze und Hexenjagd im Land der Freiheit

Erst mit Hilfe einer großangelegten Propagandakampagne wurden die Massen ideologisch korrumpiert und aufgeputscht. Ein eigens geschaffenes öffentliches Informationskomitee hatte die Aufgabe, sie umzuerziehen. Schriftsteller und Gelehrte stellten sich in den Dienst der Massenverdummung und Massenverrohung. Nicht weniger als 75 000 »Vier-Minuten-Männer« (nach den »minute men« des Unabhängigkeitskrieges benannt) wurden auf das Volk losgelassen – heute macht das alles die Glotze – und bearbeiteten in 7 500 000 Reden 315 000 000 Zuhörer, spiegelten ihnen noch die groteskesten Greuel ihrer Gegner, auf der eigenen Seite aber einen Kreuzzug für die Demokratie vor, wie der Präsident (make the world safe for democracy) schon in seiner Kriegserklärung.

Man peitschte die Massen in eine regelrechte Kriegspsychose hinein. Es kam zu hysterischen Attacken auf Pazifisten, Nonkonformisten auf alle suspekten »Elemente«. Dabei riss die Regierung dieser ach so freien Staaten eine Kontrolle nach der anderen an sich. Sie filzte verdächtige Schriften ebenso wie die Eisenbahnen, Wasserwege, den Expressdienst (Espionage Act, Railroad Administration). Sie führte höhere Steuern ein, sogar, man staune, eine Besteuerung übermäßiger Gewinne, was immer man darunter verstehen mochte oder wollte, auch eine so genannte Luxussteuer (War Revenue Act). Natürlich kontrollierte sie die Auslandspost, den Auslandshandel und beanspruchte auch das Recht, das Eigentum feindlicher Staatsangehöriger zu kassieren. Ja man stellte nicht nur die Unterstützung des Feindes, sondern schon »jede Form der Kritik an den Kriegsanstrengungen« unter schwere Strafen (Trading with the Enemy Act, Sedition Act).

Einzelne Staaten schufen noch spezielle Gesetze für die »Hexenjagd«. Doch löste man da und dort auch die Justiz oder so genannte Justiz gleich durch Selbstjustiz ab – was stets viel Papierkram, viel Bürokratismus erspart und den Staat entlastet: zumal er ja gerade in Kriegszeiten überstrapaziert ist durch Vollstreckung der Gerechtigkeit auch außerhalb seiner Grenzen. Und natürlich heulte, vorsichtig gesagt. auch ein Teil der Geistlichkeit mit den Schakalen. So mancher Gottesmann wollte jeden für unamerikanische Äußerungen kurzerhand aufgehängt sehen. Schon ein deutscher Name genügte nicht selten für die schwersten Verdächtigungen selbst der unbescholtensten Bürger.

Hausdurchsuchungen, Verhaftungen, Verurteilungen waren alltäglich, gegen jede Art von Feindunterstützung. »Wehrkraftzersetzung«, ging man unnachsichtlich vor, als wäre man in Deutschland und schriebe schon 1939. Eine rigorose Zensur knebelte die Meinungsfreiheit. Sozialistische Blätter, die zur Besonnenheit mahnten, wurden vom Postvertrieb ausgeschlossen und derart systematisch ruiniert. Überall fahndete man nach Spionen, Saboteuren, ein widerliches Schnüffeln begann, wobei man die Bevölkerung ganz bewusst einbezog. Das zwischenmenschliche Klima wurde vollständig vergiftet. Das Land der Freiheit verprügelte, teerte, federte, man sperrte ein, beschmierte die Häuser Verdächtiger mit gelber Farbe, zwang Unpatriotische kniend die Bundesfahne zu verehren oder hohe Kriegsanleihen zu zeichnen. Man sprach auch nicht mehr von Sauerkraut (ein deutsches Fremdwort im Englischen), sondern von »Liberty cabbage« (Freiheits-Kohl). Und statt »German measles« sagte man »Liberty measles«. Ja, der so friedfertige Demokrat Wilson wollte seine Gegner in den USA und außerhalb »zermalmen« und drohte: »Gewalt, Gewalt, bis zum Äußersten, Gewalt ohne Maß und Schranke«.

Doch niemand mache den Präsidenten schlechter als er war. Niemand unterstelle ihm mehr Heuchelei als er hatte, mehr Ausreden als er auch sich vermutlich vorzugaukeln verstand. Ging er doch sogar mutig gegen die von ihm selbst heraufbeschworene Kriegshysterie an, tat er »zumindest sein Bestes, um die Kriegsziele auf ein ethisches Niveau zu heben« – oh, wie schön das gleich klingt! »Den noch zögernden Amerikanern und der Welt gab er Hoffnung«, nun worauf wohl? Auf die Zeit »nach dem Kriege« natürlich! Denn es ist immer wichtig, im Krieg auf die Zeit danach, für die man ja Krieg führt, hinzuweisen, nachdrücklich; so wie im Leben etwa schon hinzuweisen auf das Leben danach, weil man doch jenes überhaupt nur für dieses führt: wobei die Nachkriegszeit immerhin kommt, jedenfalls bisher immer gekommen ist … Ja, Amerika und der Welt gab der zum Krieg trommelnde Pazifist die Hoffnung, »dass nach dem Kriege eine internationale Völkervereinigung zur Erhaltung des Friedens geschaffen würde« – was ja allein jeden Krieg schon lohnt, wird dadurch etwas für den künftigen Frieden getan, für die Zeit vor dem nächsten Krieg – und auch sie muss wieder überstanden werden … So wurde durch Wilson sogar »der pazifistische Idealismus für die Kriegsanstrengungen angeworben« (A. Maurois). Respekt, Respekt!

Doch aller ach so ohnmächtige Hohn beiseite, Tatsache ist: der Krieg wurde durch die USA verlängert, verschärft. (Nie lese ich auf Gefallenentafeln ohne vermehrte Trauer, Wehmut, Wut die Namen derer, die es noch gegen Schluss dieses blutigen Wahnsinns erwischte.) Und die Kritik, die Klage Kennans, des US-Diplomaten, »dass der erste Weltkrieg nicht im November 1917 beendet wurde, als die Bolschewisten seine Beendigung forderten«, dass es »den Alliierten im Herbst 1917 an Staatskunst fehlte« (apropos: gar hier noch von »Staatskunst« zu faseln heißt doch selber schon von dem Irrsinn zerfressen sein!), dass »sie unfähig waren, die Tragödie und Sinnlosigkeit des Krieges selbst zu erkennen und den Kampf auf der Grundlage eines Kompromisses aus eigener Kraft zu beendigen«, dies trifft doch niemanden mehr als die USA und ihren Präsidenten. Denn sie dehnten das Morden noch aus, vergrößerten es.

Die »Zimmermann-Note«

Viele Gründe mögen den Kriegseintritt der USA 1917 mitbestimmt haben, wirtschaftliche vor allem, machtpolitische, die Wiederaufnahme des uneingeschränkten U-Boot-Krieges durch Deutschland, Wilsons Vorliebe für die Alliierten – darüber streitet man seit langem.

Eine Rolle – welchen Ausmaßes ist schwer zu sagen – spielte auch die berühmte »Zimmermann-Note«. Es war dies ein Telegramm des deutschen Staatssekretärs des Auswärtigen, A. Zimmermann, am 17. Januar 1917 an den deutschen Botschafter in Washington, der es dem deutschen Botschafter in Mexiko weiterleiten sollte. Sein Wortlaut:

»Wir haben die Absicht, am 1. Februar den totalen U-Boot-Krieg zu eröffnen. Trotzdem werden wir versuchen, uns die Neutralität der Vereinigten Staaten zu erhalten. Sollte dies misslingen, unterbreiten wir Mexiko einen Bündnisvorschlag auf folgender Grundlage: den Krieg zusammen zu führen, den Frieden zusammen zu schließen mit der Vereinbarung, dass Mexiko die verlorenen Gebiete Texas, Neumexiko und Arizona zurückerhalten muss. Die Regelung bleibt Ihnen überlassen.

Sie werden den Präsidenten von Mexiko streng geheim über alles informieren, sowie der Kriegseintritt der USA feststeht, und ihm außerdem nahelegen, von sich aus Japan aufzufordern, seine Zustimmung zu geben, wobei er seine Vermittlung zwischen Japan und uns anbieten soll.

Lenken Sie die Aufmerksamkeit des Präsidenten auf die Tatsache, dass der totale Einsatz unserer U-Boote jetzt die Möglichkeit bietet, England in einigen Monaten zum Frieden zu zwingen. Bestätigen Sie den Empfang.«

Unmittelbar nach der deutschen Entscheidung für einen neuerlichen uneingeschränkten U-Bootkrieg und in Erwartung der amerikanischen Kriegserklärung bietet hier das Deutsche Auswärtige Amt Mexiko ein Kriegsbündnis an zur Rückgewinnung der im nordamerikanischen Raubkrieg von 1848 verlorenen Gebiete. Beim Kriegseintritt der USA soll somit ein Großteil ihrer Truppen eine Kriegserklärung Mexikos binden. Mexikos Präsident Carranza versichert den deutschen Außenminister auch seiner warmen Symphatie gegenüber Deutschland und verspricht eine verstärkte politische und militärische Kooperation.

Das Zimmermann-Telegramm, das kurioserweise über das Kabel

des US-Außenministeriums läuft, ist weniger naiv als manche meinen wollten. Aber es wird durch die britischen Geheimdienste abgefangen und, da diese längst den deutschen Codeschlüssel besitzen, sofort dechiffriert. Am 23. Februar übergibt es der britische Premierminister Balfour (»der dramatischste Augenblick meines ganzen Lebens«) dem US-Botschafter in London, Page. Es schlägt wie eine Bombe ein, wird vielfach für eine Fälschung gehalten, gilt auch amerikanischen Senatoren und in Kreisen der New Yorker High-Society als Machenschaft britischer Agenten, bis Zimmermann selbst auf einer Pressekonferenz am 2. März in Berlin erklärt: »Es ist die Wahrheit«. In den USA kommt es nun zu Entrüstungsstürmen ohnegleichen. Theodore Roosevelt, der alte Scharfmacher, schreibt an Senator Lodge: »Wenn Wilson nicht ab sofort den Krieg erklärt, werde ich ihn lebendig erwürgen.« Die öffentliche Meinung ist jetzt für den Krieg, den die »Zimmermann-Note« gewiss nicht verursacht, aber mit auslöst.

Das New Yorker Bankhaus Kuhn, Loeb & Co.

Eine wichtige, vielleicht sogar entscheidende Rolle für den Kriegseintritt der USA – wovon man freilich nur sehr selten etwas liest – spielt das New Yorker Bankhaus Kuhn, Loeb & Co., genauer ein Bankkollektiv unter seinen Leitern Jakob H. Schiff, den (besonders bedeutsamen) Brüdern Paul M. Warburg (gest. 1924) und Felix M. Warburg (gest. 1938), der u. a. an den europäischen Rothschildbanken beteiligt war, den Bankiers Otto H. Kahn, Mortimer Schiff, Jerome H. Hanauer sowie einem Mitglied der Guggenheim-Familie, an deren Spitze der »Kupferkönig« stand.

Das Bankhaus, im späten 19. Jahrhundert von jüdischen Einwanderern aus Deutschland gegründet, war mit seinen führenden Köpfen den (durchschnittlichen) Politikern weit überlegen, teilweise sogar hochgebildet, was besonders für die Warburgs gilt, die auch namhafte Vertreter des geistigen Lebens stellten, den Kunst- und Kulturhistoriker Aby Warburg, den Begründer der Warburg-Bibliothek (erst in Hamburg, seit 1933 in London); den Botaniker Otto Warburg; den Zellphysiker und Nobelpreisträger (1931) Otto Heinrich Warburg.

Die Bankiers des Kapitalkollektivs waren Großspekulanten, vielleicht ein bisschen »bescheidener« sogar als andere, aber sicher auch ein bisschen klüger und glücklicher. Im Schatten der Topfiguren des

Metiers machten sie zunächst ihre Manöver, Transaktionen. Im dubiosen, undurchsichtigen Bereich des großen Geldes entwickelten sie Strategien, Spekulationen, verfolgten sie in den diversen Verzweigungen der Hochfinanz zwischen Risiko und Reiz, Verlockung und Gefahr, ihren Vorteil, schnappten die Beute und verschlangen sie.

Zu Beginn des 20. Jahrhunderts rivalisierte Jakob H. Schiff, samt den Harrimans, mittels einer »berühmten« Aktienspekulation auf Eisenbahnen scharf mit dem »Finanzkönig« John Piermont Morgan I. Es wurde ein zwar unentschieden bleibender Fischzug, bei dem nur das breite Publikum verlor, aber Jakob H. Schiff hatte den Star aller Spekulanten beeindruckt. In künftigen Pokerrunden der Spitzenbanker rückten er und sein Kollektiv dem Riesen näher; bis 1917 der entscheidende Coup gelang, die dauernde Verbindung mit Morgan & Co., dem größten Finanzkonzern der Welt, wodurch man selbst einen Giganten wie Rockefeller mit der Standard Oil, die bisher größte globale Vermögensakkumulation, hinter sich ließ.

Trotz seiner gewaltigen Geldmacht war Morgan in der Vorkriegszeit, wie so viele, in zunehmende Schwierigkeiten geraten, in Prestigeverlust, vor allem durch das Fiasko einer Kartellierung diverser Eisenbahnunternehmen, das ungezählte Tausende um ihr Geld gebracht hatte, eine groß angelegte Gaunerei, für die jetzt der Kriegsausbruch in Europa verantwortlich gemacht worden ist. Auch sonst erwies sich das Gemetzel jenseits des Ozeans als großes Glück für den US-Geldhai, der als »offizieller Finanzagent der Alliierten« die Millionen nur so scheffelte. Als aber die vermittelten Kredite bis auf eineinhalb Milliarden geklettert waren und die deutschen Kriegserfolge schwindelnde Summen in Rauch aufzulösen schienen, Morgan auch sonst Kummer hatte, u. a. über den Absatz von Eisenbahnaktien im Wert von 400 Millionen Dollar (schon der hl. Augustinus hatte beredt die von Sorgen gequälten Reichen geschildert – und den Armen die »arbeitsreiche Armut« empfohlen), da musste Morgan handeln. Er akzeptierte jetzt die Partnerschaft seines zähen Konkurrenten Kuhn, Loeb & Co., wobei Jakob H. Schiff zur Erreichung seines Zieles die eventuelle Finanzierung Deutschlands bei Wilson ins Spiel gebracht hatte und mit dem Präsidenten umgesprungen war »wie mit einer Figur auf dem Schachbrett«. Und den nächsten Zug sozusagen machte dann Schiffs Partner Morgan oder, genauer, der von diesem für ein Jahressalär von 25 000 Dollar gekaufte amerikanische Gesandte in London, Walter Hines Page.

Der bestochene Diplomat schickte seinem Präsidenten am 5. März 1917, einen Monat vor der Kriegserklärung an Deutschland, aus London jene berüchtigte Depesche, worin er den Kriegseintritt der USA für unerlässlich hielt zur Rettung der Alliierten, des amerikanischen Geldes und der amerikanischen Wirtschaft; andernfalls folge der augenblickliche Zusammenbruch.

Nun verlangten seinerzeit die USA – die ja ohnedies das größte Geschäft, bei weitaus geringsten Verlusten, durch das allgemeine Schlachten machten und gerade dadurch zur Weltmacht aufstiegen (und England entthronten) – für ihre Hilfe noch einen ganz speziellen Preis. Und dieser spezielle Preis, den man von Großbritannien für die amerikanische Kriegsbeteiligung forderte, bestand in der Errichtung eines jüdischen Staates in Palästina. Nach Absprache mit Chaim Weizmann, dem nachmaligen Staatspräsidenten Israels (1948–1952), sicherte der britische Außenminister Earl of Balfour ein »national home« in Palästina zu, wobei freilich alle politischen, rechtlichen, rassischen und religiösen Interessen der dortigen nichtjüdischen Bevölkerung strikt gewahrt werden sollten. Am 2. November 1917 wurde die Balfourdeklaration veröffentlicht.

Hinter diesem ganzen so folgenschweren Projekt aber standen Männer und Mächte, die zu den einflussreichsten Beratern des amerikanischen Präsidenten zählten. Eine so markante Figur etwa im Obersten Gericht wie Louis Dembitz Brandeis. Oder Amerikas früherer Botschafter in der Türkei, Henry A. Morgenthau. Vor allem aber das Bankhaus Kuhn, Loeb und seine Partner, besonders der Finanzmagnat Bernard M. Baruch, an den zu erinnern auch in anderem Zusammenhang nützlich ist.

Bernard M. Baruch, der Leiter des War Industry Board

Der Wall Street-Bankier Bernard M. Baruch gehörte zum Kreis der Partner des Bankhauses Kuhn, Loeb & Co. Er war zugleich aber mit dem »Kupferkönig« Guggenheim verbunden, dem Mitglied einer von St. Gallen nach den USA ausgewanderten jüdischen Familie. Und er war ein enger Freund und Berater Präsident Wilsons. Seit Amerikas Kriegseintritt leitete Baruch das Kriegsindustrieamt (War Industry Board) und war damit verantwortlich für alle wirtschaftlichen Leistungen der Kriegsindustrie, natürlich auch für den Kauf von Kriegsmaterial. Er hat von sich selbst gesagt, mehr Macht besessen zu haben als je eine Einzelpersönlichkeit in der Geschichte, und später vor dem Senat bekannt, dass 10 Milliarden Dollar zur Finanzierung des Sieges über Deutschland durch seine Hand gegangen seien.

Auch durch die Hände einiger, die ihn unterstützten. Einiger Wirtschaftskapitäne beispielsweise, die stracks ihre Fabriken aufgaben, einstweilen sie ihrem Management überließen, um gleichfalls die Millionen und Milliarden durch ihre Finger gleiten zu lassen; sie zu verteilen für Arbeitskräfte, Aufträge, Dringlichkeitsunterstützungen. Alles aus purem Patriotismus, versteht sich, reinem Pflichtgefühl, edler Selbstlosigkeit, wie denn schon ihre Benennung sagte, »dollar a year men«. Arbeiteten sie doch, man denke, für einen einzigen Dollar pro Jahr – und niemals dürfte eine geringere Bezahlung mehr eingebracht haben.

Nun war von kriegsentscheidender Bedeutung neben dem Stahl vor allem das Kupfer – im Zweiten Weltkrieg errechnete man, dass ein einziges Schlachtschiff 1000 Tonnen Kupfer benötigte. Baruch aber hatte schon vor dem Kriegseintritt der USA ein Syndikat von Kupferproduzenten gebildet, dem drei Guggenheim angehörten, die gleichsam über das Kupferkönigtum der Welt fast allein geboten. Und so kauften die USA während des Ersten Weltkrieges von Kupferlieferanten durch Baruch, den Chef des Kriegsindustrieamtes und Schatzkanzler der Guggenheim, mehr als 660 Millionen Pfund Kupfer; zunächst, gegenüber den Gestehungskosten, für die Verkäufer mit hundert-, dann mit zweihundertprozentigem Gewinn. Die Stahlerzeugung aber war durch raffinierte Transaktionen großenteils in den Besitz von Morgan & Co. gelangt und, zumal im Krieg, ebenfalls eine märchenhafte Geldquelle. Es ist klar, dass die US-Finanzgiganten gar kein Interesse an einer raschen Niederlage Deutschlands hatten. Je länger es blutete, desto mehr verdienten sie. In diesem Sinn animierte denn auch Morgans maßgeblicher Mann, Thomas Lamont, die Präsidenten der Wallstreet-Banken, den Krieg zu verlängern.

Eben damit war ihnen aber einer bereits zuvorgekommen: Jakob H. Schiff, dessen Interesse im Besonderen dem deutsch-russischen Konflikt galt.

Das zaristische Reich kollabierte, die revolutionäre Regierung musste der Krieg verlängern, die rote Armee war zu finanzieren. Jakob H. Schiff, dem Zaren gram wegen der Judenverfolgungen, hatte schon im Russisch-Japanischen Krieg 1905 russische Revolutionäre finanziert und derart zum Sieg der Japaner beigetragen. 1917 aber bezahlte er den bolschewistischen Umsturz, und zwar über Leo Trotzki, der mit der Tochter eines ihm befreundeten Bankiers, Giwotowski, verheiratet war.

Einerseits gelangte derart ein ununterbrochener Geldstrom an die roten Revolutionäre mittels der den Partnern von Kuhn, Loeb & Co. offen stehenden Kredite bei den Rothschildbanken in Paris, London und Petersburg, Lazare Frères, Speyer & Co. und Ginzburg & Co. Andererseits war ja auch die deutsche Heeresleitung zur Unterstützung der russischen Revolution bereit. Die amerikanischen Partner des Bankhauses Kuhn, Loeb & Co., Felix M. Warburg und Paul M. Warburg, schalteten also ihren in Deutschland lebenden Bruder Max M. Warburg ein. (Er war eng befreundet mit dem deutschen Großindustriellen, dem 1922 ermordeten Reichsminister Walther Rathenau, der ab 1914 die Rohstoffabteilung im preußischen Kriegsministerium leitete und als Verwaltungsratsmitglied in weit über hundert Firmen saß.) Max M. Warburg widmete sich fast nur europäischen Unternehmen und gab über seine Bank das deutsche Geld ins neutrale Schweden, an die Nye-Banken in Stockholm, deren Leiter Oscar Ahlström es den Bolschewisten transferierte.

Man wird in Erinnerung behalten müssen, dass die Finanzierung des Umsturzes in Russland und der roten Armee durch die US-Hochfinanz geschah, ja, dass sie auch dort – über Max M. Warburg – ihre Finger im Spiel hatte, wo der deutsche Goldstrom zum Fließen kam, nämlich das Geld des Rheinisch-Westfälischen Syndikats, einer nahezu singulären Industriekonzentration, auf die Max M. Warburg größeren Einfluss hatte als seine Rivalen Thyssen, Stinnes oder Hugenberg. Trotzkis Position an der Seite Lenins wurde durch seine kapitalistischen Verbindungen beträchtlich verstärkt, von Stalin später aber unter vielem anderen zu seiner Diffamierung und Verfehmung benutzt. Doch ist nicht sicher erwiesen, dass Trotzki in Mexiko einem Anschlag der russischen Seite erlag. Er hatte zuletzt seinen Stalin-Attacken auch Hinweise auf die Wallstreet beigefügt; zum Beispiel erklärt, »dass die kommunistische Internationale geradezu als konservatives Unternehmen bezeichnet werden müsse, wenn ihr vergleichsweise die Börse von New York gegenübergestellt werde«. Als Jakob H. Schiff jedenfalls seine Verdienste am bolschewistischen Umsturz herausstrich, verfiel er zeitweise so etwas wie dem Boykott der US-Gesellschaft, und sein Schwager Paul M. Warburg musste sich von ihm distanzieren.

Heißer Krieg gegen die junge Sowjetunion

Nach der russischen Märzrevolution 1917 erkannten die USA als erster Staat der Welt die neue demokratische Regierung an – Wilson entschloss sich dazu fast gleichzeitig mit seiner Entscheidung für den Sowjetkongress von der »großen Revolution« der Bolschewisten, dann von dem »großen Kampf um die Freiheit«.

Der Professor auf dem Präsidentenstuhl mochte hier noch immer im Bann seiner Vorstellung stehen vom Krieg der Demokratie gegen die monarchischen Autokratien und den preußisch-deutschen Militarismus, der sich übrigens gerade im Frieden von Brest Litowsk am 3. März 1918 etwas sanierte. »Friede ohne Annexionen und Entschädigung! So war dies der Beschluss der Menschen«, bejubelte seinerzeit diesen in Deutschland emphatisch begrüßten Vertrag die Allgemeine Evangelisch-Lutherische Kirchenzeitung. »Aber Gott wollte auch hier anders ... Und Russland, das keine Entschädigung geben wollte, musste in letzter Minute unermessliche Beute hergeben: 800 Lokomotiven, 8000 Eisenbahnwagons mit allerlei Schätzen und Lebensmitteln; Gott wusste, dass wir es brauchten. Und weiter brauchten wir Geschütze und Munition, zum letzen Schlag gegen den Feind im Westen. Auch das wusste Gott. So schenkte er uns aus freier Hand, denn Gott ist reich, 2600 Geschütze, 5000 Maschinengewehre, 2 Millionen Schuss für die Artillerie, Gewehre, Flugzeuge, Kraftwagen und ungezähltes andere.«

Dies ungezählte andere, das »Gott«, der reiche, der Waffenschieber, »aus freier Hand« den Deutschen, direkt oder indirekt, da auch noch zuschob – ein Jahr später, in Versailles, dachte er schon wieder anders –, war nun gar nicht so wenig.

Russland verlor durch den Frieden von Brest Litowsk die an Deutschland angelehnten Pufferstaaten, von Finnland über die baltischen Länder, Litauen, Polen, die Ukraine bis nach Georgien. Es verlor ein Drittel seiner landwirtschaftlichen Produktion sowie 70% seiner Kohle und Erzförderung. Auch Deutschland verstand zu nehmen, wenn es konnte …

Und bald sprach im Westen, zumal in den USA, kaum jemand noch von der »großen Revolution«, dem »großen Kampf um die Freiheit«. Im Gegenteil. Nach Russlands Niederlage durch die Deutschen, um hier etwas vorauszublicken, erfolgte gegen die junge Sowjetunion noch ein dreijähriger blutiger Feldzug internationaler Truppen. Engländer, Franzosen, Italiener, Griechen, Serben, Rumänen, Japaner und Amerikaner fallen 1918 in russisches Gebiet ein. Im Juni werden US-Marinetruppen in Murmansk an Land gesetzt, womit erstmals amerikanische Soldaten russischen Boden betreten. Und am 15. und 16. August landen weitere amerikanische Verbände in Wladiwostok. Am 2. September wird das geschlagene Russland zum »Kriegslager« erklärt. Es muss jetzt noch gegen etwa 900 000 Europäer, Japaner und Amerikaner kämpfen, gegen rund 150 000 weißrussische Truppen, die »Freiwilligenarmee«, und gegen mongolische Regimenter. Die Grausamkeit war dabei auf allen Seiten grässlich. Doch selbst der bekannteste amerikanische Senator jener Zeit, Borah, fand die Gräuel der Bolschewiken eher geringer als die ihrer alliierten Gegner. Hunderttausende von Russen töteten sie. Sämtliche Männer ganzer Dörfer wurden manchmal gehängt. Die Borah-Kommission brachte Grauen erregende Fakten zutage, doch schwieg man ihre Ergebnisse in den USA weitgehend tot. Nur noch einige kleinere Blätter berichteten darüber.

Zwar lehnte der Oberste Rat der Alliierten den von Marshall Foch entwickelten Plan eines »Kreuzzugs« aller antibolschewistischen Kräfte gegen Moskau Ende März 1919 ab, beschloss aber zwei Monate später, die weißgardistische Gegenregierung des (1920 erschossenen) Admirals Aleksandr Vasilevič Kolčak anzuerkennen und mit Waffen zu unterstützen. Doch diese dreijährige, vom Ausland, auch im Vatikan geschürte und gestützte Konterrevolution scheiterte. Schon im November 1919 hatte Lloyd George in seiner Guidhall-Rede erklärt, die Bolschewiken könnten nicht durch Waffen besiegt werden, womit er, weit über die damalige Zeit hinaus, Recht behalten sollte. Freilich setzten die Alliierten den heißen Krieg gegen die Sowjetunion in einem kalten fort, am längsten die Amerikaner. Sie waren auch, wenige lateinamerikanische Staaten beiseite, das letzte Land der Welt, das die Sowjetunion schließlich anerkannt hat.

In den ersten fünf Wochen des Krieges schien es, als sei der Sieg Deutschlands fast sicher. Der Schlieffenplan – nach der durch Nachfolger Moltke veränderten Vernichtungsstrategie des preußischen Generalfeldmarschalls praktiziert – lief ab wie auf dem Papier. Und in den letzten zwei Kriegsjahren wurde das deutsche Heer durch Materialmangel nie ernsthaft behindert. Ja, die Pulverproduktion, die zunächst seine Schlagkraft beeinträchtigt hatte, erklomm im Oktober 1918 den Höchststand.

Bei den Westmächten aber folgt im vorletzten Jahr des Krieges ein Misserfolg und Rückschlag dem anderen. Der uneingeschränkte U-Boot-Krieg Deutschlands – am 31. Januar 1917 (den USA) angekündigt, am 1. Februar begonnen – kulminierte bald. Die deutschen U-Boote schickten Schiff um Schiff auf den Meeresgrund, monatlich 500 000 bis 600 000 Tonnen, von Februar bis September 1917 beinahe 4,7 Millionen Tonnen, im ganzen Jahr 1917 rund 6 500 000 Tonnen, während die Alliierten nur 2 700 000 bauten. »Sie werden gewinnen«, sagte der britische Admiral Sir John Jellicoe zu US-Admiral Sims, »wenn wir unsere Verluste nicht aufhalten können – und zwar sehr schnell«. Die Lebensmittelversorgung wird prekär: England hat im April 1917 Vorräte für nur noch zwei Monate. Die französischen Offensiven scheitern, Meutereien beginnen. Die britische Somme-Offensive bricht zusammen. Wichtige Verbündete scheiden mehr oder weniger aus. Russland ist am Ende und kapituliert (wenn auch die faktische Beendigung des Kampfes für die Mittelmächte zu spät kommt, weil die USA eben schon in den Krieg eingetreten waren). Die im Süden angreifenden Italiener erleiden im Oktober 1917 eine katastrophale Niederlage, die Mittelmächte durchstoßen die Isonzofront. Italien, Frankreich und England bitten um sofortige militärische Hilfe, und Wilson erklärt prompt auch Österreich-Ungarn den Krieg, da die Donaumonarchie »augenblicklich nicht ihr eigener Herr sei, sondern Vasall der deutschen Regierung«.

Gewiss waren die Kräfteverhältnisse auch ohne Amerikas Eingreifen zugunsten der Entente, war sie an Menschen und Material überlegen. Im Herbst 1916 treffen auf 7 345 000 Soldaten der Mittelmächte 14 308 000 der Entente, auf 20 042 Maschinengewehre der Mittelmächte 76 276 der Entente, auf 1200 Flugzeuge der Mittelmächte 3163 der Entente. Aber der britische Marschall Douglas Earl of Haig betonte mit Recht am 25. Oktober 1918 gegenüber Marschall Foch: »Germany is not broken in a military sense«.

Gewiss drohte auch Deutschland der Ermattungsstrategie seiner Gegner zu erliegen. Konnte es doch nicht, wie sie, wichtige Bedarfsgüter aus Übersee beziehen. Und gerade die an sich großen Erfolge seiner Rüstungsproduktion nach 1916 führten zu immer ernsteren Funktionsstörungen der deutschen Volkswirtschaft insgesamt. Doch die deutschen Armeen standen noch nach der Niederlage auf französischem Boden. Und ohne die militärische Intervention der Vereinigten Staaten, die eine Division nach der anderen an die Fronten warfen, die in dem Augenblick in den Krieg eintraten, als die Alliierten ihn zu verlieren drohten, hätten sie ihn wohl auch verloren – wie wahrscheinlich ebenso den Zweiten Weltkrieg. Jedenfalls veränderte erst der Kriegseintritt der USA das Kräfteverhältnis entscheidend. Er machte die Blockade gegen die Mittelmächte weltweit wirksam, auch China und lateinamerikanische Staaten erklärten jetzt Deutschland zumindest formal den Krieg.

Zwar waren die USA, versessen auf das große Geschäft, weniger vorbereitet, den Krieg zu führen, als darauf, jene, die ihn führten, zu schröpfen. Kriegsminister Newton D. Baker, wie sein Chef Pazifist, hatte nur ein stehendes Heer von allenfalls 300 000 Mann, Nationalgarde und Reserve eingeschlossen. Doch wie der Chef bezwang auch Baker seinen Abscheu vor jedem Militarismus. Schon im Mai 1917 verfügte man die Wehrpflicht, schon im Juni wurden zehn Millionen Mann gemustert. Und Ende 1917 landeten die ersten Amerikaner unter John J. Pershing, dem Oberkommandierenden des Expeditionsheeres, in Europa. Der General hatte bereits Erfahrungen in Kuba gesammelt, auf den Philippinen, beim Raubkrieg in Mexiko. Und war sein Erscheinen gewiss auch noch keine materielle Hilfe, so doch eine starke »moralische«. Immer neue US-Einheiten wurden nach Frankreich verschifft, auf englisch-amerikanischen Truppentransportern, wovon infolge des hervorragenden Geleitschutzes angeblich nur zwei torpediert worden sind und nur ein einziges Schiff sank. Während der Offensive in der Champagne griffen bereits acht US-Divisionen ein. Im September stürmte die Erste amerikanische Armee unter Pershings persönlichem Befehl die Höhe Saint-Mihiel, eroberte 443 Kanonen und machte 16 000 Gefangene. Und Ende 1918 beliefen sich die Expeditionstruppen auf mehr als zwei Millionen Mann, auf 42 Infanterie-Divisionen (die allerdings, um Zeit und

Schiffsraum zu sparen, erst in Europa ausgerüstet worden sind). Insgesamt dienten im November 1918 fast 4 800 000 amerikanische Männer und Frauen in der Armee, und 24,2 Millionen hatte das Selective Service Act bereits im Mai 1918 für den Militärdienst erfasst.

Wie entscheidend Amerikas Kriegseintritt war, zeigt auch die Versorgung Frankreichs mit Nahrungsmitteln. Seine Getreideernte fiel von ihrem Durchschnitt von 8,5 Millionen Tonnen in den unmittelbaren Vorkriegsjahren auf 3,1 Millionen Tonnen 1917. Einmal hatte selbst die französische Armee Getreidevorräte nur noch für zwei Tage. Die Zufuhr aus Übersee verhinderte die Katastrophe.

Bis November 1918 befördern alliierte Handelsschiffe nicht weniger als 4,4 Millionen Tonnen Nachschubgüter nach Frankreich. Selbst die französische Industrie, die eigentliche Waffenschmiede der Alliierten im Ersten Weltkrieg, geriet zeitweise »ins Stolpern«, doch erhielt man knapp werdende kriegswichtige Güter von Großbritannien oder den Vereinigten Staaten. Gerade die Käufe in Übersee ermöglichten es den Franzosen, ihre eigenen Ressourcen in großem Umfang auf die Rüstungsproduktion und den Kampf an der Front zu konzentrieren. Fast alle Geschütze und Tanks der Expeditionstruppen stammten von den Franzosen, ebenso zehn Millionen 7,5-cm-Granaten und 4791 von insgesamt 6287 Flugzeugen.

Es ist klar, zu den größten Kriegsgewinnlern, neben den Finanziers, gehörte die Kriegsindustrie auf allen Seiten. Also hatte auch sie wohl, neben den Finanziers, das größte Interesse gehabt, den Kriegsausbruch zu betreiben. Kein anderer als der Völkerbund, dem die USA fern blieben, stellte nach genauen Analysen 1921 fest: »Die Rüstungsfirmen haben die Kriegspolitik großgezogen und ihre eigenen Länder überredet, Kriegspolitik zu treiben und ihre Rüstungen zu steigern. Im In- und Ausland versuchten die Rüstungsfirmen Regierungbeamte zu bestechen. Die Rüstungsfirmen haben Falschmeldungen über die Militär- und Marineprogramme verschiedener Länder verbreitet, um die Ausgaben für die Rüstung hochzutreiben. Durch Kontrolle der eigenen und ausländischen Zeitungen suchten die Rüstungsfirmen die öffentliche Meinung zu beeinflussen. Die Rüstungsfirmen haben internationale Rüstungsringe organisiert, die den Rüstungswettstreit durch das Ausspielen eines Landes gegen das andere förderten. Internationale Rüstungstrusts wurden organisiert, die die Preise für die Rüstungen erhöht haben«.

In Frankreich übernahm schließlich statt des Kriegsministers das

Rüstungsministerium unter Ètienne Clémentel die Führung bei der Koordinierung der Kriegsproduktion. Eine ökonomische Kooperation zwischen Frankreich, England und Italien begann, die auch im Frieden das industrielle Übergewicht dieser Staaten über Deutschland sichern sollte. Doch die USA fürchteten diesen entstehenden Wirtschaftsblock, und nach ihrem Eintritt in den Krieg musste Clémentel seine Pläne mit Rücksicht auf den amerikanischen Argwohn und die amerikanische Industrie begraben.

»Heil Wilson, dem Gerechten!«

Am 8. Januar 1918 gab Wilson in einer Rede vor dem Kongress sein berühmtes Vierzehn-Punkte-Programm für den Frieden bekannt. Es enthielt die Forderung öffentlicher Verhandlungen ohne Geheimverträge, allgemeine Grundsätze wie Freiheit der Meere, Beschränkung der Rüstung, Aufhebung wirtschaftlicher Barrieren, unparteiische Lösung des Kolonialproblems sowie gerechte und maßvolle Regelung territorialer Fragen. Am 11. Februar ergänzte der Präsident dieses Programm durch die »Four Principles«, am 27. September durch die »Five Particulars«, die wieder große Allgemeinheiten brachten. Beides sollte den Abschluss eines Friedensvertrages mit den Mittelmächten begründen.

Bevor Deutschland 1918 aufgab, gelang es seiner Führung, den Waffenstillstandsvertrag ausdrücklich auf der Grundlage der 14 Punkte und der »Prinzipien« Wilsons abzuschließen, was auch Franzosen und Briten, mit drei unbedeutenden Einschränkungen, akzeptierten.

Als Wilson am 5. Dezember 1918, labil, krank, doch hochgradig von sich überzeugt, an Bord des Riesendampfers *George Washington* unter Salutschüssen, begleitenden Flugzeugen das Flaggenmeer des New Yorker Hafens verließ, wartete Europa auf ihn wie auf einen Erlöser. Wo immer er dann einzog, in Paris, London, in Rom, überall erlebte er sagenhafte Triumphe, Ovationen der Massen, die sich da und dort zu Adorationen steigerten, geradezu hysterische Formen annahmen. In Polen grüßten einander Gebildete mit dem Ruf »Wilson!« In Italien entzündeten Bauern Opferkerzen vor seinem Bild. Und als er am 14. Dezember 1918, von Volksmassen umjubelt, die Champs-Elysées entlang fährt, überspannt ein großes Spruchband die Straße: »Heil Wilson, dem Gerechten!«

Woodrow Wilson, der 13 für seine Glückszahl hielt, war am 13. Dezember 1918, einem Freitag, auf französischem Boden gelandet. Ob in guter, in böser Absicht, wer weiß es. Wer weiß, ob er mit seiner Friedensordnung die Mittelmächte von Anfang an getäuscht, bewusst in Sicherheit gewogen, ob er ihr Vertrauen in den zu schließenden Vertrag arglistig erschlichen hat. Nach außen zumindest tat er, als ginge es ihm nicht um Vernichtung, nicht einmal um Sieg, hielt er doch an seiner Formel »Frieden ohne Sieg« anscheinend fest, an den hehrsten Zielen, den höchsten Idealen Amerikas. Tatsächlich aber trat er nicht mehr dafür ein, nachdem der Gegner gefallen war. Ganz bewusst hatte das Deutsche Reich sein Waffenstillstandsgesuch nicht an den Obersten Kriegsrat der Alliierten gerichtet, sondern an den höchsten Repräsentanten der USA, der freilich in Paris jeder Kraftprobe, die er, wie die Dinge standen, hätte bestehen können und müssen, bald mehr und mehr aus dem Weg ging.

Dabei war der Schottenabkömmling, der Mann mit dem grobknochigen Kleppergesicht, dem angriffigen Kinn, der Mensch, von dem ein Freund meinte, Gott habe ihn hässlich geschaffen, aber er selbst sich ein gutes Aussehen gegeben, dabei war dieser Präsident doch sonst so selbstsicher, so von sich eingenommen, dass er in seinem intellektuellen Hochmut kaum zugänglich für andere Ansichten war, dass er keinen Widerspruch duldete und gern bemerkte: »Ein Yankee glaubt immer, dass er Recht hat, ein Schotte *weiß*, dass er Recht hat«. Ja, dieser Präsident hielt sich für so messiasgleich, dass Journalisten höhnten, er sei inmitten des Atlantiks vom Schiff in die Tiefe gesprungen, Begleitern, die ihn hindern wollten, zurufend: »*Er* ist doch auch auf dem Meere gewandelt!« (Indes war Wilson nicht verrückt, wie, nach hohen katholischen Würdenträgern, Pius XI., der Verkünder der Päpstlichen Unfehlbarkeit, der nicht nur das Christuswort »Ich bin der Weg, die Wahrheit und das Leben« auf sich angewandt, sondern 1870 durch den Zuruf an einen Krüppel »Stehe auf und gehe!«, auch eine missglückte Wunderheilung zu verzeichnen hatte.)

Mündliche Auseinandersetzungen wurden den Deutschen verweigert, ihre schriftlichen Gegenvorschläge weitgehend abgelehnt. Wilson hatte wenigstens Verhandlungen im vollen Licht der Öffentlichkeit zugesagt – gleich der erste seiner 14 Punkte. Und nun führte man der Welt unter dem Vorsitz Clemenceaus manchmal auch öffentliche Vollsitzungen der Delegationen all der zahlreichen Alliierten und Assoziierten vor. Entschieden aber wurde im geheimen

Komitee der fünf Großmächte, gewöhnlich durch ihre Regierungschefs und Außenminister. Als sich Japan zurückzog, konferierten im Rat der Vier nur noch Wilson, Clemenceau, Lloyd George und Orlando, wobei die letzten Entscheidungen zwischen Wilson und Clemenceau gefällt worden sind.

Man trieb also Geheimverhandlungen, Geheimpolitik, mit all den dabei üblichen faulen Kompromissen. Und der US-Präsident, nicht nur von den Massen abgöttisch verehrt, erwies sich jetzt als schwankendes Rohr, als unsicher, von auffallend langsamer Auffassungsgabe auch und schlecht unterrichtet.

Zwar verhinderte Wilson Deutschlands Zerstückelung durch Etablierung eines linksrheinischen Pufferstaates (womit der lebenslange Opportunist Konrad Adenauer durchaus einverstanden war); doch auch Lloyd George verwarf, wie Wilson, die von Frankreich geforderte Abspaltung einer »Rheinischen Republik«. Beide wollten unter keinen Umständen eine weitere Verstärkung Frankreichs, sondern Deutschland als Gegenspieler auf dem Kontinent.

Im Übrigen aber machte Wilson Franzosen und Briten eine Konzession nach der anderen. Er war mit der Beschlagnahme der deutschen Auslandsguthaben (rund zehn Milliarden Goldmark) ebenso einverstanden wie mit der Überführung der saarländischen Kohlebergwerke in französisches Eigentum. Und er billigte auch die Ausdehnung der deutschen Wiedergutmachungsverpflichtung von den zivilen Schäden auf alle Kriegskosten, was die dem Waffenstillstand vorangegangenen Vereinbarungen eindeutig verletzte. Überhaupt hielt Wilson den Vertrag von Versailles zwar für hart, doch für gerecht. Dabei wurde das Selbstbestimmungsrecht der Völker völlig preisgegeben. Millionen Deutsche kamen – gegen ihren Willen – unter französische, tschechische, polnische Herrschaft.

Gelegentlich führte der Präsident später eine Entscheidung auf »ungenügendes Studium« zurück, wie seine Preisgabe Südtirols an Italien – wobei er nicht einmal den richtigen Namen des Brenner-Passes kannte: er sprach von der »Brunner-Grenze«. Und Rastatt hielt er für einen rheinischen Brückenkopf. Und sogar Lille für »einen festen Platz am Rhein«.

Überhaupt waren die Geographiekenntnisse der Yankees, was Europa (und darüber hinaus) betrifft, einfach stupend. Etwa gleich der des Mannes nach und neben Wilson: Außenminister Lansing (dem Wilson insgeheim grollte, sodass er ihm endlich – natürlich an einem

13., am 13. Februar 1920 – mitteilen ließ, dass »seine Resignation dem Präsidenten nicht unangenehm sein würde«). Doch wie der Chef von der »Brunner-Grenze« sprach, so Außenminister Lansing von »Heligoland« – »Heligoland to be ceded to Denmark …«; ebenso übrigens wie ganz Schleswig-Holstein, obwohl die Dänen am Krieg doch gar nicht teilgenommen hatten und auch dankend auf die ihnen zugedachte große Beute verzichteten. (Ein kleines, von Dänen bewohntes Stückchen genehmigten sie sich.) Österreich hatte teilgenommen, freilich auf der »falschen« Seite – gleichwohl wollte es Außenminister Lansing generös auf die Schifffahrt von Rhein und Elbe anweisen. Und Spitzbergen hielt er für deutsches Gebiet. Da durfte Chefberater Oberst House, die Graue Eminenz des Weißen Hauses, nicht zurückbleiben. Für ihn grenzte Mesopotamien an Ägypten, lag Anatolien am Bosporus. Doch seien wir nachsichtig. Clemenceau, den Dingen ja so viel näher lebend, glaubte, die Bahnstrecke Köln – Paris führe durch Holland …

Wer die Kenntnisse der (allermeisten) Politiker höher einschätzt als etwa ihre Moral, verdankt dies nur eigner Ignoranz. Vielleicht aber war, mancherlei spricht dafür, Wilsons Moral ursprünglich gar nicht so übel – wenn sich auch schwer vorstellen lässt, wie man mit einer intakten Moral Präsident werden, geschweige bleiben kann.

Der Innenminister der Südafrikanischen Union, General Smuts, wandte sich am 30. Mai 1919 nicht zum ersten Mal an Wilson und schrieb, die Deutschen sagten im Grunde, »dass wir ihnen gegenüber unter einer feierlichen Verpflichtung stehen, einen Wilsonfrieden zu schließen, einen Frieden in Übereinstimmung mit Ihren vierzehn Punkten und anderen 1918 verkündeten Grundsätzen. Es besteht nach meiner Ansicht absolut kein Zweifel, dass dem so ist … Wir sind verpflichtet, einen Frieden zu schließen im Rahmen der vier Eckpfeiler Ihrer Punkte und Prinzipien … Ich meine, wir alle sollten der Frage die ernsteste Beachtung schenken, ob unser Friedensvertrag sich im Rahmen der vier Eckpfeiler Ihrer Reden von 1918 hält. Offen heraus, ich glaube nicht, dass das der Fall ist, und es scheint mir, dass die Deutschen triftige Rechtsgründe in bezug auf eine Anzahl von Bedingungen vorbringen … Es wird eine furchtbare Enttäuschung geben, wenn die Völker zu der Auffassung gelangen, dass wir keinen Wilsonfrieden schließen, dass wir der Welt nicht unsere Versprechungen und der Öffentlichkeit nicht die Treue halten … und wir werden mit der schwersten Schande überschüttet werden und dieser Friede könnte dann wohl sogar noch größeres Unheil für die Welt bedeuten, als es der Krieg war«.

Die Vermutung Smuts sollte sich leider als richtig erweisen. In diesem Frieden lag der Keim eines neuen und noch größeren Krieges.

Wilson wand sich und log, als ihm in Paris Geheimverträge der Alliierten vorgelegt wurden, nichts davon gewusst zu haben. Wir wissen jedoch sicher durch das von Oberst House publizierte Material, dass Wilson die Existenz der meisten Geheimverträge lange vor der Pariser Konferenz kannte. Als freilich am 19. August 1919 Senator Johnson vor dem Senatsausschuss für Auswärtige Angelegenheiten die Geheimverträge aufzählte, antwortete der Präsident auf die Frage, ob er »irgendeine Kenntnis« von den Geheimverträgen vor der Konferenz gehabt habe: »No, Sir. Ich kann zuversichtlich Nein sagen, was mich anbelangt.«

Die Alliierten aber dachten nicht daran, Wilsons Programm einzuhalten, wozu sie sich ihrer schlechten militärischen Lage wegen bereiterklärt hatten – für Deutschland die Voraussetzung des Waffenstillstands. Jetzt gierten die Sieger nur nach Beute, am meisten der »Tiger« Clemenceau und Lloyd George, der am 14. Dezember unter der Parole »Hängt den Kaiser und lasst die Deutschen die Kosten des Krieges zahlen« einen überwältigenden Wahlsieg errang.

Mit Deutschland wurde 1919 nicht einmal verhandelt. Man präsentierte am 28. Juni – dem Jahrestag von Sarajewo – im Spiegelsaal von Versailles einfach den fertigen Vertrag. Und der war ein rückhaltloser Bruch des Waffenstillstandsabkommens. Außenminister Graf Brockdorff-Rantzau, der Führer der deutschen Delegation in Versailles, verweigerte seine Unterschrift und demissionierte. Johann Giesberts, Reichsminister seit 1919, rief beim Lesen der langen Anklageschrift: »Dieser schamlose Vertrag …, ich habe bis heute an Wilson geglaubt. Ich hielt ihn für einen Ehrenmann und jetzt schickt uns dieser Schurke einen solchen Vertrag«.

Und selbst der Retter, der Heiland, der Jesus Christus nicht nur öffentlich zu kritisieren, sondern der auch zu sagen vermochte, wie man es besser machen könnte als er, selbst Wilson, der pathetische Schwächling, gestand nun in vertrautem Kreis, als Deutscher würde er den Vertrag nicht unterschrieben haben: »If I were a German, I think, I should never sign it.« Als der Präsident aber nach seiner Rückkehr dem Senat den Vertrag darstellte, sagte er in seiner salbungsvollen Art: »Die Bühne ist aufgebaut, das Schicksal enthüllt.

Nicht wir haben diesen Plan gemacht; Gottes Hand hat uns den Weg gewiesen …« Sogar Wilson-Berater House indes, der kleine texanische Colonel, der doch, charmant und undurchschaubar wie er war, der vertrauteste Freund blieb, wie man einst sehr anschaulich spottete, »auch wenn er einem den Hals abschnitt«, hatte bei Unterzeichnung des Vertrages in Versailles am 28. Juni 1919 »ein Gefühl der Sympathie mit den Deutschen, die stoisch dasaßen. Es war dem ähnlich, was man in alten Zeiten tat: der Sieger schleifte den Besiegten hinter seinem Wagen her«.

Man hat errechnet, dass der Erste Weltkrieg, alles in allem, also einschließlich der direkten und indirekten Mobilisierungskosten, 260 Milliarden Dollar verschlang – eine wahnsinnige Summe, die etwa der sechseinhalbfachen Summe aller Staatsschulden der ganzen Welt vom ausgehenden 18. Jahrhundert bis zum Beginn des Ersten Weltkriegs entspricht. Das Produktionsvolumen des kontinentalen Europa lag nach diesem Krieg um etwa ein Drittel niedriger als vor ihm, das der Vereinigten Staaten kulminierte. Und nur das natürlich interessierte dort die Finanzmagnaten und Politiker. Nicht die Toten, sondern der Profit durch die Toten.

Die USA kamen ja auch, vergleichsweise, glimpflich davon. Sie hatten viermal weniger Menschenopfer als im Sezessionskrieg (1861–1865) und dreieinhalbmal weniger als im Zweiten Weltkrieg: 49 000. 49 000 so genannte Gefallene und 63 000 Tote durch Krankheiten. (Dazu kommen 230 000 Verwundete und 4500 Gefangene.)

Die Europäer hatten 8 500 000 Tote.

Kaum ein Zweifel, dass nur das Auftauchen der amerikanischen Riesenarmee auf dem europäischen Kriegsschauplatz die Mittelmächte in den Untergang riss. Aber auch die Briten wurden dadurch um ihre weltpolitische Führungsrolle gebracht. So wird verständlich, warum 1936 Winston Churchill dem *New York Enquirer* schrieb: »Amerikas Kriegseintritt 1917 war ein unseliger Schritt. Wäret Ihr zu Hause geblieben und Euren eigenen Geschäften nachgegangen, dann hätten wir im Frühjahr 1917 mit den Zentralmächten Frieden geschlossen«.

Damals aber feierte England Dankgottesdienste.

10. KAPITEL

Von Wilson bis Roosevelt oder: Vom Ersten zum Zweiten Weltkrieg

Zwei große Dichter Amerikas, Francis Scott Fitzgerald und Ernest Hemingway, bannten wie keine anderen die Zwanziger Jahre: jene goldene Ära des Snobismus und der vulgären Äußerlichkeit, jene aufgekratzte Epoche süffisanter Lebensgier, die Fitzgerald einmal das »Zeitalter des Jazz« getauft, er, der Chronist der »lost generation«, die nur aufgewachsen war, »um alle Götter tot, alle Schlachten geschlagen und allen Glauben an den Menschen erschüttert zu sehen«. Zeitlebens ist Fitzgerald entzückt und doch, insgeheim, angeekelt zugleich von der funkelnden Extravaganz, dem ewig glitzernden Karneval der »großen Welt«, der Zeit, der Nachkriegszeit, die auch Hemingways so anderes, doch nicht minder faszinierendes Frühwerk spiegelt: das zwischen Genuss und Überdruss hektisch sterile Dahintaumeln amerikanischer »expatriates«, nach West-, nach Südeuropa Entflohener, Enttäuschter, Entwurzelter, für die nicht nur der Puritanismus erledigt, für die jede Tradition verächtlich, Zynismus Trumpf ist, Emanzipation Mode, wie für die intellektuelle Jugend jener Jahre überhaupt.

»Die Reichen sind nicht wie wir«, sagt Fitzgerald einmal zu Hemingway. »Nein«, sagt Hemingway. »Sie haben mehr Geld.«

»The Roaring Twenties«

Obwohl die USA als maßgebliche Weltmacht aus dem Krieg hervorgehen, haben sie während des ganzen folgenden Jahrzehnts kaum weltpolitische Ambitionen. Der Isolationismus herrscht vor, der Protektionismus. Man erhöht zugunsten der Industrie kräftig die Zolltarife und begrenzt die Einwanderung. Man sucht weder mit dem Völkerbund noch mit der Sowjetunion Kontakte. Ja, der neue Präsident Harding versichert bei seiner Amtseinführung, die USA wollten »keinen Anteil an der Lenkung der Geschicke der Welt ...«

Das Jahrzehnt nach dem Ersten Weltkrieg, »the Roaring Twenties«, war in den USA einerseits eine Zeit der satten Selbstzufriedenheit und kruden Prosperität. Subventionen überschwemmten die heimische Wirtschaft. Die Banken florierten, gewährten Kredite, »liberty bonds«. Spekulationen begannen, die Preise stiegen steil, und die Verteuerung traf natürlich am härtesten die Arbeiter und die Armen. Andererseits waren diese Jahre, bedingt teils durch Umstellungsprobleme der Friedenswirtschaft, teils durch das Wachstum, die Verschlingungssucht geradezu der Konzerne, eine Epoche der Arbeitskämpfe, der Arbeitslosigkeit, der Preistreibereien und Korruptionsskandale. Die Werftarbeiter, die Stahlarbeiter, die Kohlenkumpel streikten noch 1919. Denn die Kriegsgewinne hatte natürlich nur eine verschwindend kleine Schicht gemacht – 1914 gab es 4500 Dollar-Millionäre in den USA, 1920 waren es 11 000 –, die Masse besaß so wenig wie vor dem Krieg.

Der Wirtschaft aber ging es – einige weniger begünstigte Zweige (Textilindustrie, Kohlebergbau, Schiffbau) beiseite – glänzend. In den meisten Geschäftsbereichen herrschte Konjunktur, auch in den Banken, Versicherungen, Warenhausgesellschaften. Die Industrieproduktion verdoppelte sich fast zwischen 1921 und 1929 – alles andere als wunderbar. Während des vierjährigen Blutbads in Europa hatte man enorm verdient, doppelt verdient sozusagen, ganz legal und illegal dazu, hatte das US-Kriegsministerium doch 18 501 117 899 Dollar für Rüstungsaufträge gezählt und war dabei auch noch um sechs Milliarden von der US-Geschäftswelt geprellt worden. Im Prozess aber, der vier Jahre dauerte, gingen alle Angeklagten straffrei aus. Steckten ja die größten Firmen mit in dem Riesenbetrug. Und so mokierte sich Senator George W. Norris: »Warum bringen wir eigentlich kein Gesetz heraus, wonach jeder, der über mehr als hundert Millionen Dollar verfügt, nicht verurteilt werden kann?«

Doch der Staat hatte längst nicht mehr die Wirtschaft, sondern die Wirtschaft den Staat in der Hand, was vieles zeigt, nicht nur die Ohnmacht der Justiz. Obwohl zum Beispiel die behördliche Lenkung der Wirtschaft, eine Art Staatssozialismus, während des Krieges florierte, wollten die maßgeblichen Industriekreise nun nichts mehr davon wissen. Vergebens versuchte der Präsident, das War Industry Board als Industrial Board beizubehalten. Die Herren, die so selbstlos für einen Dollar pro Jahr im Kriegsindustrieamt die Millionen und Milliarden verteilt hatten, wollten nun keine Wirtschaftskontrolle mehr. Sie wollten zu Hause wieder auf die alte Weise wirtschaften. Und das taten sich auch: der Präsident musste klein beigeben.

Im Übrigen aber behielt man gewisse im Krieg praktizierte Organisationsformen, Rationalisierungsmaßnahmen selbstverständlich bei, entwickelte die Massenproduktion weiter, die Serienherstellung, nicht zuletzt das freilich schon 1914 von Henry Ford eingeführte Fließband. Die Autoindustrie, die damals etwas mehr als eine halbe Million Wagen herstellte, produzierte 1929 weit mehr als fünf Millionen; im Vergleich: Frankreich 211 000, England 182 000, Deutschland 117 000. Der Automobilstand von rund eineinviertel Millionen 1914 stieg auf sieben Millionen 1919, auf 15 Millionen 1923 und auf 26 Millionen 1929. Allerdings wurden die 1929 produzierten 5,3 Millionen Kraftfahrzeuge zu drei Vierteln auf Raten gekauft, wie überhaupt den geringsten Anteil an der Prosperität der zwanziger Jahre natürlich die Arbeiter hatten.

Schon 1919 streikten Millionen in zahlreichen Arbeitskämpfen für höhere Löhne, für kürzere Arbeitszeiten. In manchen Branchen, etwa in der Stahlindustrie, hatte man noch einen zwölfstündigen Arbeitstag. Große Streiks brechen u. a. in Seattle/Washington aus, wo man Matrosen und Marineinfanterie einsetzt, in Illinois, in Gary/Indiana, wo die Arbeitgeber der U.S.Steel Corporation vier Monate ergebnislos streikten. In Boston streikte sogar die Polizei. Doch auch die Landwirtschaft, deren Produktion, neben der Schiffsbau- und Stahlkapazität, während des Krieges besonders gestiegen war, kam beim Konjunkturaufschwung zu kurz. Ihr Anteil am Sozialprodukt sinkt zwischen 1919 und 1929 von 16 auf 8,8%, der Gesamtwert ihrer Produktion geht im gleichen Zeitraum von 21,4 auf 11,8 Milliarden Dollar zurück.

Dagegen nimmt der Ballungsprozess wirtschaftlicher und finanzieller Macht beständig zu. Die Zahl und Bedeutung der Kartelle wächst. 1919 gibt es 98 Fusionen, die 438 Firmen einbeziehen, 1928 gibt es bereits 221 Fusionen, die 1.038 Unternehmen betreffen. Dabei erfasst die Kartellierung die verschiedensten Branchen: Banken, stromerzeugende Konzerne, die Automobil- oder Konservenindustrie. Ein Ladenkonzern, der 1922 5000 Läden besitzt, besitzt nur sechs Jahre später 17 500. Selbst Monopole, die geradezu diktatorisch die Stahlpreise bestimmen, wie die United States Steel, werden (1920) vom Obersten Gerichtshof nicht aufgelöst. Und am Ende des Jahrzehnts, 1930, besitzen 200 Gesellschaften 50% des Industrie-Vermögens der USA.

Die Konzentrationsbewegung aber vernichtete ungezählte mittelständische Betriebe oder brachte sie doch arg in Schwierigkeiten. So kam die Prosperität großen Teilen der Bevölkerung gar nicht oder nur geringfügig zugute. Glänzend verdiente, wer schon viel hatte. Während etwa die Fabrikantengewinne zwischen 1923 und 1929 um nahezu 65% stiegen, verdienten Arbeiter und Angestellte im Durchschnitt nur 11% mehr, wenn sie überhaupt Arbeit hatten. Das Einkommen der Bauern ging sogar nicht selten zurück. Nur 29% aller US-Familien lebten über dem offiziell genannten Existenzminimum von 2.500 Dollar Jahreseinkommen oder erreichten es wenigstens. Mehr als die Hälfte der Bevölkerung aber, 12 Millionen Familien, verdienten weniger als 1.500 Dollar im Jahr.

Nun hatte die Nachkriegszeit in den USA aber nicht nur mit großen Streiks begonnen. Denn etwa gleichzeitig grassierte dort, als wäre die bolschewistische Revolution in Amerika ausgebrochen, die »Rote Gefahr«, obwohl doch nicht einmal jeder tausendste Erwachsene Mitglied der kommunistischen Partei war und die Sozialisten so zahm auftraten wie hier und heute die Sozialdemokraten.

Trotzdem erfasst jetzt eine wahre Hysterie gegen Kommunisten und Andersdenkende das ach so freie Land, geschürt vor allem von Justizminister A. Mitchell Palmer (Palmer Raids). Am 22. Dezember 1919 deportiert man 249 ausländische Kommunisten, Anarchisten und Arbeiteragitatoren nach Russland. Und in den folgenden Monaten führen Kommunistenfurcht und Spionagewahn zu wahren Massenverhaftungen. Allein am 2. Januar 1920 sperrt man nach Razzien gegen »Rote« 2700 Menschen ein. Am 5. Mai verhaftet man auch die Anarchisten Nicola Sacco und Bartolomeo Vanzetti und richtet sie ohne Beweise Jahre später hin – ein berüchtigter Justizmord. Am 10. Dezember 1920 aber, um auch etwas Positives zu berichten, erhält Präsident Wilson den Friedensnobelpreis!

Und nicht minder aufregend geht es unter dem neuen Präsidenten weiter, seiner Wahlkampfparole zum Trotz.

W. G. Harding oder »Back to normalcy«

Nach den hektischen letzten Jahren ersehnten viele Amerikaner politisch nichts mehr als Ruhe, einen nicht aufregenden, nicht anstrengenden, einen idealen Durchschnittsrepräsentanten auf dem höchsten

Stuhl des Staates. und so kürten sie Warren Gamaliel Harding (1921–1923), den Senator von Ohio.

Man sagte von Harding, er sei als Politiker sowohl unbekannt wie unbedeutend, habe aber das Aussehen eines Präsidenten: »Groß, gut gebaut. mit einem von silbergrauen Haaren würdig umrahmten Gesicht, trug er seine konservativ geschnittenen Anzüge mit einer gewissen Vornehmheit.« Fast ein Anflug, scheint es, von edler Einfalt und stiller Größe. Letzteres jedenfalls, was die Körpergröße, was freilich auch das würdig umrahmte Gesicht betrifft. Für seinen Vorgänger Wilson, der gebrochen, mit Tränen aus dem Amt und, nach langer qualvoller Krankheit, 1924 aus dem Leben geschieden war, für Wilson hatte Harding »die Mentalität einer Vorortvilla«, strömte er »die Atmosphäre einer verschlafenen Ohio-Stadt aus ...« Als Redner aber legte er sich ins Zeug. Wilsons Innenminister und Schwiegersohn McAdoo erschien Hardings Rhetorik, sein »Wauwau-Stil«, wie »eine Armee pomphafter Phrasen, die auf der Suche nach einer Idee über eine Landschaft marschieren«. Gäste des Weißen Hauses betrachteten dort zur Zeit der Prohibition erstaunt die Spielkarten und großen Whiskygläser auf Hardings Schreibtisch. Doch muss ein Präsident nicht auch mal einen heben können, und zwar wenn's ihm passt, nicht irgendwann? Wofür ist er Präsident! Und er kann sich nicht um alles kümmern. Von Finanzpolitik gestand Harding schlicht, nie etwas verstanden zu haben. Und fragte ihn jemand nach der Außenpolitik, sagte er: »Wenden Sie sich an meinen Außenminister. Er erledigt diese Dinge für mich«. Ein sympathischer Mann. Ein weiser auch. Am liebsten ließ er die Dinge laufen – denn das tun sie ohnedies.

Da Hardings Kabinett fast durchweg aus Millionären und Multimillionären bestand, mussten sich die meisten eigentlich kein besonderes Zugeld verdienen. Der Innenminister aber und der Justizminister sowie andere Mitglieder jener »Ohio-Gang«, die Harding, um sich wohl zu fühlen, um etwas in der Fremde Fuß zu fassen, ein bisschen zu bechern, zu pokern, Bridge zu spielen, mit ins hohe Amt gebracht, suchten ihr Salär ein wenig aufzubessern oder, wie Indezente, Stänkerer auch meinten, sich schamlos zu bereichern. Aber schließlich kommt es aufs Geldmachen an in den USA.

Hardings Innenminister Albert B. Fall hatte – gegen beträchtliche Beträge – die für die Marine reserviertenÖlländereien von Teapot Dome, Wyoming, und Elk Hills, California, an private Ölmagnaten verschoben, u. a. an den schwer reichen »Erdölkönig« Edward L. Doheny, der schon Hardings Wahlkampf generös gefördert und nun eben auch dem Innenminister, »aus reiner Freundschaft«, eine Geldtasche (satchel) samt etwas Kleingeld, 100 000 Dollar in bar, überlassen hatte. Doch obwohl Fall Stein und Bein schwor, ja, unter Eid jeden Zusammenhang zwischen dieser Geldtasche nebst Inhalt und der Überlassung der Petroleumreserven bestritt, musste der Ehrenmann im März 1923 zurücktreten. Auch Marineminister Edwin N. Denby verlor deshalb seinen Stuhl.

Im »Veteran's Bureau«, im Entschädigungsamt für Kriegsteilnehmer, entschädigte sich auch der Leiter Colonel Charles R. Forbes, eine Urlaubsentdeckung des Präsidenten in Honolulu, indem er, samt seinen Strolchen, weit gewaltigere Summen unterschlug. Forbes-Berater Cramer nahm sich das Leben.

Bestechungsgelder kassierten Colonel Miller. Alien Property Custodian, und der alte Harding-Spezi Jess Smith, kostspieliger Patron aller Prohibtionsgesetz-Übertreter. Smith brachte sich in der Wohnung des Präsidenten-Wahlmanagers Harry M. Daugherty um, die er mit diesem teilte. Ob zwecks besserer Geschäfte oder aus anderen Gründen sei dahingestellt. Jedenfalls bereicherte sich auch Daugherty, Justizminister geworden, schwungvoll, indem er von Leuten sich bestechen ließ, die ihrerseits wieder mit Schmuggel und Verkauf von Alkohol glänzend verdienten. (Mitte des Jahrzehnts schätzt man den Alkoholschmuggel in den USA auf 3,6 Milliarden Dollar.) Auch Mr. Daugherty musste seinen Hut nehmen. Doch (insgeheim) mögen viele die Ganoven bewundert haben. Die renommiertesten Blätter deckten sie zunächst und wandten sich gegen die Ankläger. Die New York Times sprach von »Assassins of Character« (Rufmördern), die Washington Post von »Mudgunners« (Dreckschleudern).

Back to normalcy!

Verständlich jedenfalls, dass Präsident Harding zuletzt Herzschmerzen hatte und wenig Schlaf, was weder an der Mätresse liegen musste, die nach einem Argwohn von Mrs. Harding durch eine Geheimtür ins Weiße Haus gelangte, noch an den 180 000 Dollar, die der Präsident trotz oder wegen seiner privaten Spekulationen in der Wall Street schuldete. Schließlich hatten schon in Hardings erstem Präsidentschaftsjahr nicht weniger als 100 000 Unternehmen Konkurs gemacht, 450 000 zahlungsunfähige Farmer ihre Farmen verloren – und fast fünf Millionen Menschen waren arbeitslos. Den übrigen aber wurden die Löhne bis zu 22% gekürzt. Wieder und weiter kommt es zu riesigen Streiks mit blutigen Folgen. Allein am 1. April 1922 streiken rund 500 000 Bergarbeiter, es gibt viele Tote. Doch siegt das Gute: Viele Staaten der Union bekämpfen gesetzlich »Gewerkschaftsverbrechen«, und Gerichte samt Fabrikanten senken die Mitgliedschaft in den »unions« um ein Drittel.

Dafür steigt die des Ku-Klux-Klan. Der Geheimbund, ebenso albern wie gefährlich, bringt es bald auf fast viereinhalb Millionen Mitglieder und terrorisiert Schwarze, Juden, Katholiken, Liberale im Süden, Norden und Mittleren Westen, wo in Oklahoma am 15. September 1923 sogar das Kriegsrecht ausgerufen werden muss. Aber ein Land ist selten korrupter als seine Regierung. Es gibt da gewöhnlich genaue Entsprechungen. 1925, als Theodore Dreiser *An American Tragedy* veröffentlicht, beginnt Al Capone seinen Gangsterkrieg in Chicago und kommt in Kürze auf ein Jahreseinkommen von 20 Millionen Dollar. Amerika, wo es doch, vordem und nachdem, weit größere Ganoven gab und gibt, macht es möglich. Denn je verdorbener der Staat, desto verdorbener seine Bürger. Korruption strahlt aus, von oben nach unten – nicht umgekehrt.

Coolidge oder »Ein Puritaner in Babylon«

Auf Harding, der einem Gehirnschlag erlag, worauf ihn Massen von Amerikanern kraft all seiner Verdienste überschwänglich beklagten, folgte Calvin Coolidge (1923–1929). Als »Puritaner in Babylon« von seinem Biographen W. A. White bezeichnet, unterschied er sich zwar charakterlich durch seine Unbescholtenheit von seinem Vorgänger, kam ihm aber in anderer Hinsicht sehr nahe. Nicht nur zierten ihn ähnlich bescheidene Geistesgaben, sondern er setzte auch dessen »Laissez-faire« gegenüber der Wirtschaft fort. Er gewährte ihr großen Spielraum und meinte derart, den Amerikanern, ja, der Menschheit zu nutzen. Der strohblonde Präsident, der Sonntag für Sonntag zur Kirche ging, war auch im übertragenen Sinn ganz so »blauäugig« wie er aussah. Er erklärte, nicht materiellen Fortschritt (für die Masse) anzustreben, sondern mehr Religion, wobei er, Calvin Coolidge, wirklich zu glauben schien, die schönsten christlichen Tugenden würden durch die Geschäftswelt repräsentiert. Erfolg erwies sich eben schon durch den Erfolg als gut. Und nichts lag Coolidge ferner, als die Erfolgreichen auch noch zu gängeln und derart den Erfolg selbst.

Präsident Calvin Coolidge hegte für die großen Geld- und Wirtschaftsleute seines Landes etwa denselben Respekt wie der Durchschnittsamerikaner für den Präsidenten. Seine Verehrung von Geld und Geschäft schlug sich in so markanten Worten nieder wie: »Amerikas Geschäft ist das Geschäft«; »Köpfchen bedeutet Reichtum, und Reichtum ist der Hauptzweck des Menschen«; »Wer eine Fabrik baut, baut einen Tempel, wer dort arbeitet, macht Gottesdienst«.

Da der Präsident durch eine minimale Amtsbetätigung die Wohlfahrt der Welt am meisten zu fördern glaubte, hatte sein Kabinett um so angemesseneren Spielraum. Sein Finanzminister, der Aluminium-Magnat und Multimillionär Andrew W. Mellon zum Beispiel, erwirkte durch eine sich in mehreren Finanzgesetzen (1926 und 1928) niederschlagende Sparsamkeitssucht die schönsten Steuergewinne für die Großverdiener, einen »Staatshaushalt zur Unterstützung der Millionäre« (Maurois). In bester Übereinstimmung damit legte das Justizministerium die Antikartellgesetze zum Nachteil der Gewerkschaften und zugunsten der großen Kartelle aus. Die Konzentrationsbewegung nahm denn auch in einer ganzen Reihe von Wirtschaftszweigen stark zu, in der Auto-, der Versorgungsindustrie (Elektrizität, Wasser, Gas), im Bankgeschäft, bei Versandhäusern, großen Handelsketten, den »Chain Stores«, die mit Hunderten von Filialen bedeutende Marktanteile gewannen. Auch wurden unter Coolidge rigorose Maßnahmen gegen streikende Arbeiter erlassen und mehrere lästige Sozialgesetze der Wilson-Administration, wie Regelung des Minimallohnes für Frauen oder Gesetze gegen Kinderarbeit, wieder rückgängig gemacht. Auch die Streiks wurden zu Lasten der »unions« gerichtlich niedergeschlagen.

Für Sozialgesetzgebung hatte Coolidge, der an die Redlichkeit der Reichen glaubte wie ein Küster an seinen Pfarrer, nichts übrig. Geriet ein Bürger in materielle Not, war es nur dessen Problem. »Wenn jemand keine Arbeit hat«, sagte Coolidge, »ist es seine eigene Schuld«. Es ging ihm nicht darum, »neue Vorteile zu sichern. sondern die zu erhalten, die wir schon besitzen.« Dies erklärte Coolidge als sein »wichtigstes Problem«, dass die immer mehr zunehmende Konzentration in der Wirtschaft, im Handel, die immer häufiger vorkommenden Fusionen zum Problem werden oder schon ein Problem sein könnten, darauf kam der Präsident nicht. Dass immer mehr Kleinhändler darbten und kaputtgingen, dass viele Farmer kaum halb so viel verdienten wie die schlecht bezahlten Beamten, dass unter seiner Regierung fast eine Million Farmer ihre Farmen verloren, erschütterte den Landesvater nicht. »Die Farmer haben niemals viel Geld verdient«, erläuterte er das Fiasko. »Ich glaube nicht, dass wir viel helfen können. Aber wir müssen natürlich so tun ...« Eines der vielen goldenen Coolidge-Worte.

Dagegen ermutigte der Präsident buchstäblich halsbrecherische Finanzspekulationen und ließ durch seinen Handelsminister und späteren Nachfolger Herbert Hoover die Industriellen zum Export animieren, was zu einer bemerkenswerten Politik gegenüber der Sowjetunion führte.

Die USA bauen die Sowjetunion mit auf

Trotz des dominierenden Isolationismus dehnt sich die US-Wirtschaft in den zwanziger Jahren weiter aus. Betragen die Auslandsinvestitionen 1914 rund 3513 Millionen Dollar, so 1929 bereits (ohne Staatsanleihen) rund 17 009 Millionen Dollar, wobei die meisten dieser Investitionen in Kanada, Lateinamerika und Europa stecken. Die USA, vor dem Ersten Weltkrieg ein Schuldnerland, sind nun zum Gläubiger geworden, besonders zum Gläubiger des verwüsteten Europa, wo es an Maschinen aller Art fehlt, an Baumwolle, an Nahrung, wo ein gewaltiger Markt wartet. Die größten Gesellschaften, General Electric, General Motors, Standard Oil u.a., errichteten nun im Ausland eigene Werke oder brachten ausländische Firmen unter ihre Kontrolle. Überhaupt kontrollierte das US-Kapital einen Teil der europäischen Wirtschaft.

Besonders instruktiv ist in diesem Zusammenhang die Politik der USA gegenüber der Sowjetunion. Jahrelang hatten die Vereinigten Staaten mit zahlreichen anderen Nationen den blutigen Bürgerkrieg in Russland geschürt und geführt. Doch als sie die Bolschewiki nicht mit Waffen kleinkriegen konnten – machten sie mit ihnen Geschäfte. Pack schlägt sich, Pack verträgt sich. Und damit die Sache nicht ganz so schäbig aussah, wie sie war, betätigten sie sich auch humanitär.

Die Sowjets hatte der dreijährige, mit größter Härte geführte Bürgerkrieg nicht nur in gefährliche militärische Krisen gebracht, sondern auch in eine schlimme Wirtschaftslage. Ihre industrielle Produktion erreichte nur 20% der von 1913, der Handel war völlig ruiniert, die Inflation allgemein. Missernten, 1920 und 1921, zumindest teilweise durch extreme Trockenheit bedingt, verschärften noch die Situation. Typhus und Cholera grassierten. Ein idealer Ausgangspunkt somit zum Einfall auf friedliche Weise, den auch andere zu nutzen gedachten – vor allem das römische Papsttum. Es hegte den Plan einer systematischen Missionierung Russlands und nutzte die Hungersnot, mit dem nach Rom geeilten Erzbischof von Mogilew, Monsignore Baron Ropp (seit 1917 Metropolit von ganz Russland), zu sprechen, um allerlei »aus den hungernden Bolschewiken« herauszuholen.

Ganz so aber dachte auch das puritanische Amerika, das nun die protestantischen Missionen zur »Desintegrierung des orthodoxen Russlands« finanzierte. Die Evangelischen wollten nicht weniger im trüben fischen als der Papst. Ein Beobachter, McCullagh, der 1923 in Warschau den »Divisionsstab« einer großen protestantischen Organisation »zur geistigen Eroberung Russlands« inspizierte, deren »Feldquartier« in Berlin und »Hauptquartier« in London war, meinte gar, der Erfolg dieser Missionare werde »den Sturz der Hierodiakone, Hieromonarchen, Erzpriester, Archimandriten, Metropoliten und Patriarchen bedeuten, ebenso wie der Erfolg der Revolution 1917 den Sturz der Kammerherren, Staatsräte, Junker, Hofdamen, Großfürsten und Zaren bedeutete«.

Immerhin, während 292 Millionen Katholiken den hungernden und verhungernden Russen – zeitweise starben monatlich mehrere Hunderttausend Menschen – kaum mehr als 2 Millionen Dollar spendeten, brachte die amerikanische Hilfsorganisation ARA (**A**merican **R**elief **A**ssociation) 66 Millionen Dollar auf, und ein Dollar trug seinerzeit im Schwarzhandel zwei Millionen Rubel ein. Der aus einer Quäkerfamilie stammende Herbert Hoover hatte bei Wilson die Rettungsaktion angeregt und so zweifellos Millionen Menschen gerettet. Der Dichter Maksim Gorkij bedankte sich bei Hoover: »In der ganzen Geschichte menschlicher Leiden, die mir bekannt ist, gibt es keine Tat, die sich an Umfang und Großzügigkeit dem Hilfswerk vergleichen ließe, das Sie nun zu einem Ende gebracht haben …«

Was aber folgte? The Big Business. Die Sache, mit der man sich schmückt, erinnert fatal an den Marshallplan, die humanitäre Aktion nach dem Zweiten Weltkrieg, die wesentlich größer war, allerdings auch wesentlich mehr abwarf.

Die USA unterhielten keine diplomatischen Beziehungen zu der jungen Sowjetunion. Da sei »keine gemeinsame Basis« gegeben, schrieb Staatssekretär Colby im August 1920 auf eine Anfrage der italienischen Regierung. »Da ist keinerlei gegenseitiges Vertrauen noch Glauben, ja nicht einmal Achtung möglich ...« Doch Geschäfte machten die Amis, wie übrigens auch europäische Staaten, nicht zuletzt England, mit den Kommunisten. Allein Anfang der zwanziger Jahre lieferten die USA Maschinen im Wert von 37 Millionen Dollar in die Sowjetunion, verkaufte ihr die International Electric Geräte für mehr als 20 Millionen Dollar, bekam die Standard Oil das Recht auf Ölbohrungen, erwarb man die Erlaubnis zu Goldschürfungen am Amur. Und die britische Gesellschaft Lena Goldfields Ltd. investierte 18 129 000 Rubel in eine hochmoderne Goldgewinnungsindustrie um Witimsk an der Lena.

Als Stalin auf dem Parteitag 1925 die Umwandlung der UdSSR von einem Agrarland in ein Industrieland proklamierte, wurde dies gigantische Unternehmen vor allem mit Hilfe der USA in Angriff genommen und realisiert. Zwar hatten sie noch immer keine diplomatischen Beziehungen, waren da doch noch immer weder Vertrauen noch Glauben, »ja nicht einmal Achtung möglich ...«. Aber Geld stinkt nicht, und so förderten US-Firmen Stalins gewaltiges Aufbauwerk.

Ohne die USA wäre der erste Fünfjahresplan gescheitert. Eine ganze Experten-Flut kam aus den Staaten, Spezialisten für Telephon-, für Bergbau, für die Erstellung von Industrie- und Montagehallen, Spezialisten für Traktoren, für Autos. Allein Ford kassiert dreißig Millionen Dollar für die Schaffung der sowjetischen Autoindustrie an der Mündung der Oka bei Gorkij, wo man 1923 bereits 140 000 Autos produziert; in Stalingrad 50 000 Traktoren. Die Austin-Companie von Ohio errichtet die erste bolschewistische Musterstadt. Die Arthur McKee Co., Cleveland, erstellt für 800 Millionen Rubel das Zentrum der sowjetischen Eisen- und Stahlindustrie, das entscheidende Schlüsselwerk, wie man schrieb, für das Gelingen des Fünfjahresplanes. Die Amerikaner bauten auch die Ölraffinerien in Baku, sie rüsteten die neuen Stahlzentren im Ural aus, sie ermöglichten die sowjetische Baumwollproduktion durch Bewässerung der zentralasiatischen Ebenen. Sie schufen sogar in Rekordzeit, in Dnjepropetrowsk, den größten Staudamm der Welt.

Erst bauten die USA die Sowjetunion mit auf. Dann gewannen sie allein mit deren Hilfe den Zweiten Weltkrieg. Und danach ruinierten sie Russland durch einen gigantischen, mitunter an den Rand eines neuen Weltkriegs führenden Rüstungswettlauf.

Präsident Coolidge aber, der diese Industrieinvestitionen in der Sowjetunion begünstigt und in den Staaten selbst zu den gewagtesten Finanzspekulationen animiert hatte, erklärte schließlich vor dem Kongress, das Land könne optimistisch in die Zukunft schauen, und verzichtete auf eine weitere Kandidatur, worauf der Republikaner Hoover das Regiment antrat.

Das größte Finanzdebakel der US-Geschichte

Der Quäkerabkömmling Herbert Clark Hoover (1929–1933) kam aus den Kreisen der großen Wirtschaft und amtierte von 1921 bis 1928 schon als Handelsminister. Präsident Coolidge hatte ihn, vielleicht den Konkurrenten fürchtend, gern »wonder boy« und »miracle worker« genannt. Doch kamen Hoover als Organisator des Quäker-Hilfswerks während des Weltkriegs für Europa Verdienste zu. Er war auch leistungsstark, stand aber mindestens ebenso, wenn nicht fast mehr noch als seine gleichfalls republikanischen Vorgänger im Dienst des großen Geschäfts.

Hoover machte sich zum Apostel des »rugged individualism«, des robusten Individualismus, das heißt des traditionellen Profitstrebens. Er lehnte direkte staatliche Eingriffe in die Wirtschaft ab, deren Wohl ihm allein am Herzen lag. Soziale Funktionen sah er nicht als Aufgabe des Staates an. War das ökonomische System intakt, so war es, glaubte Hoover, auch alles andere. »Wir in Amerika sind dem Endsieg über die Armut viel näher als jemals irgendein anderes Land in der Geschichte«, prahlte er im Wahlkampf. »Wir haben das Ziel noch nicht erreicht, aber wenn man uns die Chance gibt, die Politik der letzten acht Jahre fortzusetzen, werden wir bald den Tag sehen, wo, mit Gottes Hilfe. die Armut aus diesem Volk verbannt sein wird.«

Mit überwältigender Mehrheit zog er ins Weiße Haus ein, und mit ihm kam das größte Finanzdebakel der amerikanischen Geschichte – bisher!

Blicken wir kurz zurück.

Die Schulden Europas waren während des Ersten Weltkriegs gewaltig gewachsen, die europäischen Alliierten bei Frankreich, mehr noch bei England verschuldet und diese beiden Länder wieder enorm bei den USA. Die Union wurde dadurch zum Finanzzentrum, ja, zum größten Gläubigerland den Welt, das im Hunger nach immer mehr

Profiten während der zwanziger Jahre, besonders in den späten zwanziger Jahren, europäischen Regierungen und Kommunalverwaltungen eine Menge kurzfristiger Kredite gab, die aber dann in langfristige Projekte flossen, worauf die Zinsen erschreckend kletterten und die Kredite durch Exporte nicht beglichen werden konnten.

Zudem waren seit 1927 die industrielle Produktion und die Investitionen in den Staaten selbst zurückgegangen. Vor allem Autos und Konsumgüter wurden weniger gekauft. Offenbar war die Fabrikation dauerhafter Gebrauchswagen mächtig überzogen. Dies sowie ein höchste Vermögen ausspuckender Boom im Bau- und Grundstücksgeschäft, den eine riesige Schuldverschreibungsspekulation sozusagen fütterte, führte schließlich zu der großen Panik an der New Yorker Börse, zu einem pekuniären Zusammenbruch, der die US-Bevölkerung, vom Bürgerkrieg abgesehen, getroffen und betroffen gemacht hat wie wohl nichts sonst.

Seit Jahren taumelte Amerika in einem Spekulationsfieber ohnegleichen darauf hin. Wer es überhaupt vermochte, nahm Kredite auf, um ebenfalls zu kaufen. Kaufen, kaufen schien das Gebot der Stunde. Denn wer kaufte, war schon am nächsten Tag reicher als zuvor. Eine fabelhafte Sache. Und um sie anzuheizen, liehen die Banken und Börsenmakler noch 3,5 Milliarden Dollar, um wieder die Kaufkraft ihrer Kunden zu stimulieren und zu stärken. Aktien und Börsenkurse beherrschten, beflügelten das Land. Sogar die Intellektuellen gerieten in den Geldsog – mehr, immer mehr!

Eine einmalige Euphorie beseelte und beseligte die halbe Nation, nein: »Ein ganzes Volk spitzte die Ohren: jede Plauderei wurde zu einem ›Tipp‹. Ein Viehzüchter aus Arizona kaufte Aktien von einem Bergwerk in Wyoming, ohne zu wissen, welches Metall dort gefördert wurde. War es überhaupt ein Metall? Unwichtig! Man musste kaufen, kaufen, kaufen und dann auf den Papierstreifen des Ticker den köstlichen Anstieg der Kurse verfolgen … In 18 Monaten ist Montgomery Ward von 132 auf 466 gestiegen; General Electric von 128 auf 396; Radio von 94 auf 505!‹«

Ein Narr, wer da nicht zugriff. Und wer wollte schon im Land der unbegrenzten Möglichkeiten ein Narr sein? Wer wollte nicht Geld ohne jede Arbeit verdienen, sowie die ganz Reichen seit je? Ja, wirklich, ein neues Zeitalter schien angebrochen. Hoovers Wahl – denn hatte er nicht den nahen Endsieg über die Armut schon prophezeit? – reizte die Spekulanten noch an. Und trickreich animierten auch gewisse Finanzmagnaten zur Teilnahme an einem fast singulären Boom, der eher früher als später zum Fiasko führen musste – aber nicht zu ihrem.

Im Herbst 1929 fallen plötzlich die Aktienkurse. Am 24. Oktober (in die Geschichte als Black Thursday eingegangen; in Europa wird der nächste Tag zum Schwarzen Freitag) stürzen gleich Dutzende der vorzüglichsten Aktien, werden über 13 Millionen Aktien plötzlich verkauft, am 29. Oktober sind es bereits 16 Millionen Aktien. Zwei Wochen später ist der Verlust an Aktienwerten schon auf 26 Milliarden Dollar gestiegen. Ganze Reihen Ruinierter stürzen sich aus den Fenstern. Man müsse Schlange stehen, höhnte man und behauptete, der Empfangschef in den Hotels frage Ankommende: »Wollen Sie ein Zimmer zum Schlafen oder zum Springen?«

Präsident Hoover aber scheint nicht im Mindesten berührt. Im Oktober/November ruht nach ihm das Hauptgeschäft des Landes. Warenproduktion und Verkauf, »auf einer gesunden und glücklichen Basis«. Im Dezember sieht er in seiner Jahresbotschaft vor dem Kongress das Vertrauen der Wirtschaft wiederhergestellt. Und sein Finanzminister, der steinreiche, siebzigjährige Andrew W. Mellon aus Pittsburgh, schon unter Harding und Coolidge im Amt, einer der maßgeblichen Bankiers, Beherrscher zugleich der Aluminium- und Erdöltrusts, sagt ebenfalls für das nächste Jahr ein »normales Jahr« voraus. Alles komme wieder ins Lot. Freilich: »Das Volk wird härter arbeiten und ein genügsameres Leben führen«. Nun, er, Mellon, besitzt ein so ungeheures Vermögen, dass dessen Herkunft 1935 ein Bundesuntersuchungsausschuss überprüfen sollte. Sollte … Und Präsident Hoover ist auch im nächsten Jahr optimitisch. Zum 1. Mai 1930 jubelt er: »Jetzt haben wir das Schlimmste hinter uns.«

Wir? Wer ist das? Denn den wirklich Notleidenden verweigert Hoover, für den es kaum ein größeres Übel gibt als den Wohlfahrtsstaat, entschieden jede Hilfe. Arbeitslosenunterstützung lehnte er ab, schon aus Prinzip, aber auch weil er gar keinen Grund dafür sah, vielmehr die Konjunktur schon an der nächsten Ecke, »round the corner …« Und gegen einen Protestmarsch der Weltkriegsveteranen, die in Washington den sofortigen Dank des Vaterlands, die ihnen zustehende Unterstützung, kassieren wollten, schickte er, nach bewährtem Brauch, General Mac Arthur mit Panzern und Maschinengewehren. Schließlich ging es unentwegt aufwärts.

In Wirklichkeit beginnt die Depression erst recht. Ja, sie wird schlimmer. Das Nationaleinkommen sinkt 1930 von 81 auf unter 68 Milliarden Dollar. Die Weizenpreise fallen laufend, dito die Baumwollpreise. Über 1300 Banken, darunter die Bank of the United States in New York City, müssen allein in diesem Jahr schließen. Und die starke Erhöhung der Zölle, wogegen mehr als tausend Wirtschaftsexperten vergeblich protestieren, bremst auch den internationalen Handel stark. Eine wesentliche Zunahme erfolgt nur bei den Arbeitslosen – bereits vier Millionen.

Die Folgen des Fiaskos aber erstrecken sich über viele Jahre, zumal der »Wall Street crash« vom Oktober 1929 wieder weitere komplizierte Kettenreaktionen auslöst. Eine globale Depression setzt ein. Überall kollabieren Banken, Währungen. In Frankreich sinkt das Geld auf 20 % seines Wertes, in Deutschland die alte Reichsmark auf Null. Und die europäische Krise verstärkt noch die amerikanische, die den finanziellen Zusammenbruch maßgeblich herbeigeführt hatte.

Von Ende Oktober 1929 bis zum 8. Juli 1932 stürzten Industriewerte, deren Indexdurchschnitt noch Anfang September bei 452 gelegen, bis auf 58. Im selben Zeitraum produziert die Industrie fast nur noch halb so viel wie 1929 und sie exportiert nur noch ein Drittel des damaligen Exports. Autoexporte fielen von 541 Millionen Dollar im Jahr 1929 auf 76 Millionen Dollar im Jahr 1932. Gewiss brach der ganze Welthandel zusammen, aber der amerikanische am schnellsten. Und andere Wirtschaftszweige, besonders die Landwirtschaft, waren noch schlimmer dran. Die Kaufkraft der Farmer geht nahezu auf die Hälfte zurück, die Gehälter und Löhne sinken auf 60%, die Aktien auf 10% ihres Wertes von 1929. Das Sozialprodukt fällt in derselben Zeit auf 43,5% – von 85 auf 37 Milliarden Dollar. Mehr als ein Drittel aller US-Banken fallieren, 9.765.

Das vordem so große Ansehen der Bankiers schwand rapide – weithin nannte man sie nicht mehr Bankers, sondern, in feinsinniger Anspielung auf Gangster, »Banksters«. Überhaupt war es mit dem idiotischen Vertrauen in die aberwitzig verehrten Wirtschaftsführer vorbei, wenigstens vorübergehend. Die Folgen waren zu drastisch. Bis zum Frühjahr 1933 stieg die Zahl der Arbeitslosen auf nahezu 15 Millionen, ein Drittel aller Berufstätigen. Doch auch die wohlhabende Mittelschicht war betroffen. Zehntausende verloren ihre Wohnungen, Hunderttausende hungerten, lebten von Abfällen und Bettel. Es kam zu Unruhen, Plünderungen, vor allem aber zu einem ringsum grassierenden dumpfen Fatalismus.

Präsident Hoover, der die betrogenen Massen auch weiterhin tröstete, hatte sich um jedes Ansehen gebracht, doch ging er in den Sprachschatz des Volkes ein: »Hoovervilles« nannte man die erbärmlichen Bretterbuden, in denen die auf die Straße Geworfenen nun ihr Dasein fristeten; und »Hoover-Decken« die Zeitungen, mit denen sich die Schlafenden im Freien zudeckten. Es gibt viele Möglichkeiten, als Politiker berühmt oder doch populär zu werden.

In den USA war erst 1932, dem Jahr, in dem Erskine Caldwells (fast fühlt man sich versucht zu sagen unsterblicher) Roman *Tobacco Road* erschien, dies unvergessliche Elendsgemälde armer Weißer im amerikanischen Süden, der Tiefstpunkt der Depression erreicht. Doch die politischen wie industriellen Anführer der Nation behielten den Kopf in jeder Hinsicht (oben).

Und für Deutschland, das die USA durch ihren Kriegseintritt 1917 in den Abgrund gerissen, zeigten sie bald eine rührende Fürsorge ...

Amerikas rührende Fürsorge für Deutschland

Die Amerikaner schätzten uns richtig ein – durch das ganze Jahrhundert. Sie wussten, auf die Deutschen ist Verlass. Erst konnten sie die Nation 1917/18 kaputtschießen, danach, in den goldenen zwanziger, den braunen dreißiger Jahren, sie wieder auferstehen lassen, in den vierziger Jahren ihr erneut den Rest geben, recht kräftig sogar, und endlich in den fünfziger Jahren sie abermals aufrüsten – ein wahrhaft wundervolles Geschäft, das Geschäft des Jahrtausends.

»Amerikas Geschäft ist das Geschäft« war eines der großen Worte des Präsidenten Coolidge. Und es passt dazu, dass man wenige Monate nach seinem Amtsantritt mit Deutschland am 8. Dezember 1923 bereits einen Freundschaftsvertrag schloss – nur wenige Jahre nachdem man es zu Tode bekriegt hatte. Und schon im nächsten Jahr ist es bezeichnenderweise ein Bankier, Charles G. Dawes, der (in dem seinen Namen tragenden Plan) für eine Reorganisation der Deutschen Reichsbank und die Stabilisierung der deutschen Währung eintritt durch eine Anleihe von nicht weniger als 800 Millionen Goldmark.

Eine mildtätige Aktion? Ein karitativer Anflug? Ein Samariterdienst? Nun, man brauchte eine gewisse wirtschaftliche Gesundung, eine aktive Handelsbilanz, um weitere Reparationsleistungen zu bekommen, um Deutschland auch künftig auspowern zu können. Dabei musste es auf die endgültige Festsetzung der Höhe der Reparationen freilich verzichten. Doch ermöglichte die gewaltige Geldspritze die Rückkehr der deutschen Währung zum Goldstandard. Und da die deutsche Wirtschaft nun wieder in Schwung kommt, die deutsche Tüchtigkeit floriert, der innerdeutsche Markt sich förmlich bläht, zieht die erste Anleihe die nächste nach sich, dann immer neue, mit hohen Zinssätzen natürlich, auch für langfristige Projekte, und bald sind die ausländischen, meist US-Anleihen auf 16 Milliarden Mark geklettert. Hatte Arthur Rosenberg, der marxistische Historiker, so Unrecht, als er schrieb, Deutschland sei damals zu einer Kolonie der New Yorker Börse geworden? Jedenfalls wuchs Deutschlands Verschuldung infolge dieser Kredite immer mehr.

Dabei aber blieb es nicht. Man kam den Deutschen noch weiter entgegen durch eine Revision des Dawes-Planes, im so genannten Young-Plan, benannt wiederum nach einem amerikanischen Finanzmagnaten, dem Industriellen und Direktor der New Yorker Federal Reserve Bank, Owen D. Young. Man reduzierte die deutschen Reparationszahlungen im Jahr 1929 auf 37 jährliche Zahlungen in Höhe von 2,05 Milliarden Reichsmark, danach noch auf 22 Jahresraten bis 1988 in Höhe von 1,65 Milliarden Reichsmark. Und zur Sicherung der Interessen des internationalen Finanzkapitals, besonders des amerikanischen, gründete man in Basel die »Bank für internationalen Zahlungsausgleich«.

Freilich erwies sich auch der Young-Plan rasch als undurchführbar. So sah bereits das Hoover-Moratorium vom 20. Juni 1931, angeregt durch den Präsidenten Hoover, eine vorübergehende Schuldensistierung vor, eine einjährige Aussetzung interalliierter Kriegsschulden und Reparationszahlungen im Interesse der US-Bankiers, die um die Sicherheit ihrer Investitionen in Deutschland bangten. Nicht genug. Im Juni/Juli 1932, ein halbes Jahr vor Hitlers Machtantritt, streicht man auf der Konferenz von Lausanne mehr als 90% der noch im Young-Plan geforderten Zahlungen.

Nun war das Motiv für all diese ja in nur wenigen Jahren Deutschland gewährten Milliarden-Kredite selbstverständlich nichts als politische und vor allem wirtschaftliche Spekulation, nichts als nackte Profitsucht. Ausschließlich deshalb versuchte man den ruinierten Weltkriegsgegner vor einer zu starken Schwächung (zugunsten Frankreichs), vor dem völligen finanziellen Fiasko, aber auch vor einer drohenden sozialistischen Revolution zu retten.

Eine gewisse Stärke Deutschlands, wirtschaftlich und sogar militärisch, hatte gerade Präsident Wilson seit der deutschen Niederlage angestrebt. Und länger als ein Jahrzehnt wurde diese »amerikanische Stabilisierungspolitik in Deutschland« (Werner Linke) fortgesetzt. Noch 1931 sagte Außenminister Henry Stimson zu Präsident Hoover, dass »wir fest an die Situation Deutschlands gebunden sind«.

Sofort nach dem Waffenstillstand begannen amerikanische Militärbeauftragte, »ein sehr enges und sogar herzliches Verhältnis zur deutschen Reichswehr aufzubauen, die uneingeschränkt pro-amerikanisch zu sein schien.« Ebenfalls engagierten sich alsbald amerikanische Geschäftsleute in der Weimarer Republik und bauten »systematisch ihren Anteil an der deutschen Wirtschaft aus«, durch Kredite, durch Fusionen. Und indem Amerika Deutschland stabilisieren half, »steigerte es natürlich dessen militärische Möglichkeiten« (Klaus Schwabe).

Der ganze Geldfluss kam, gewollt oder nicht, auch der insgeheim betriebenen Wiederaufrüstung zugute. Denn schon lange vor Hitlers Machtergreifung war diese Wiederaufrüstung geplant, hatte das Militär projektiert, die Armee von sieben auf 21 Divisionen zu erweitern. Das dürfte den USA schwerlich unbekannt geblieben sein, zumal man es schon Ende der zwanziger Jahre relativ weit gebracht hatte. Von 8 1/3 Millionen Reichsmark Gesamtausgaben des Deutschen Reiches (abzüglich der Überweisungen an die Länder) entfielen bereits 1928/29 nicht weniger als 63.5% zur Deckung der Folgen des letzten Krieges und zur Vorbereitung eines neuen, nämlich 5 1/3 Milliarden RM; während aus den restlichen 3 Milliarden RM sämtliche andere Ausgaben bestritten werden mussten.

Wenn sich Hitler 1931 von dem katholischen Reichskanzler Heinrich Brüning »tief beeindruckt« zeigte, so offenbar nicht wegen seines Glaubens, sondern wegen seines enormen Rüstungsprogramms. Betrieb der katholische Kanzler, ein im Weltkrieg mehrfach ausgezeichneter Infanterieoffizier, doch insgeheim die deutsche Wiederbewaffnung, besonders die Förderung der Luftstreitkräfte. Die »Luftfahrtabteilung« seines Verkehrsministeriums leitete jener Hauptmann Brandenburg, der ein Jahrzehnt später maßgebend an der Leitung der Fliegerangriffe auf London beteiligt war. Flugzeugfirmen wie Junkers und Heinkel wurden bereits stark staatlich subventioniert. Militärflieger in 44 illegalen Ausbildungslagern geschult, und in den Tresoren lagen detaillierte Pläne für die Bombardierung von London, Paris und der Maginotlinie.

Die Staatsausgaben des Deutschen Reiches für Kriegsfolgen und Kriegsvorbereitungen betrugen damals, beispielsweise, das Hundertfache seiner Ausgaben für Bildung! Denn warum Leute bilden lassen, die man doch wieder (und immer wieder!) abschlachten lässt? Oder anders gesagt: Würden sich Menschen für Hasardeure und Gangster noch umbringen lassen, wären sie gebildet? Kritisch aufgeklärt?

Das verfassungs- und außenpolitische Ziel des katholischen Zentrumskanzlers Brüning war weniger Erhaltung der Demokratie als vielmehr die Wiederherstellung der Monarchie, und zwar in ihrer alten Machtfülle; nicht nur militärische Gleichberechtigung Deutschlands, sondern, visionäre Endziele freilich vorerst, Revision der deutschen Ostgrenze, vielleicht gar eines Tages, als Erbe der einstigen Donaumonarchie, die Führung Südosteuropas. »Diese Außenpolitik hat zur innerpolitischen Faschisierung Deutschlands, wenngleich ungewollt, einen kräftigen Beitrag geleistet, die internationalen Voraussetzungen für ein Kabinett Hitler geschaffen und die ersten außenpolitischen Schritte des nationalsozialistischen Deutschland ermöglicht« (H. Graml).

Nun wurde Deutschland aber nicht nur offiziell von den Vereinigten Staaten unterstützt. Es gab eine zusätzliche inoffizielle, eine geheime Unterstützung, von der die deutsche Öffentlichkeit – und nicht nur sie – bis heute nichts ahnt. Diese Unterstützung leistete die internationale Hochfinanz, ganz besonders die der USA.

Die Wallstreet kauft Hitler

Es waren dieselben Wallstreet-Kreise, die schon 1917 die bolschewistische Revolution finanziert hatten, die auch Hitler beisprangen, in der einzigen Absicht, seine Machtergreifung, seine Aufrüstung sowie den nächsten Weltkrieg zu ermöglichen und damit für sie selbst noch riesigere Gewinne als im letzten. Dieselben Wallstreet-Kreise übrigens, die nach 1945 auch den Kalten Krieg schürten und die großen Nutznießer der Remilitarisierung der deutschen Bundesrepublik wurden.

Treffend resümiert der Amerikaner H.R. Knickerbocker in seinem Buch *Deutschland So oder So?* die Lage in Europa im Jahr 1932: »Die amerikanischen Investitionen auf dem europäischen Kontinent sind in einem Schlachtfeld angelegt«. Und eine von Henry Ford tradierte Äußerung Paul Warburgs vor einem Senatsausschuss besagt, »dass es zur jüdischen Politik – vielleicht zu der großer Finanz-Firmen im Allgemeinen – gehört, auf alle Parteien zu setzen, sodass ihre Interessen auf jeden Fall gesichert sind, gleichviel welche Partei obenauf kommt«.

Man hat die Summe, mit der Adolf Hitler gekauft worden ist, um den Zweiten Weltkrieg zu inszenieren, auf etwa eineinhalb Milliarden Mark, nach heutiger Kaufkraft, geschätzt. So fragwürdig diese Bezifferung sein mag – feststeht, dass Hitler nicht nur der Erfüllungsgehilfe der deutschen Industrie gewesen ist. Und wenn diese Industrie, wie seit langem erwiesen, doch längst nicht jedermann bekannt, selbst während des Ersten Weltkrieges – mit Wissen der obersten deutschen Behörden! – auch die Feindstaaten beliefert hat (die Firma Thyssen, die dann auch Hitler mitfinanzierte, gelegentlich sogar fast halb so billig wie die eigene deutsche Heeresverwaltung), warum sollten amerikanische Banken nicht Hitler finanzieren, noch dazu im Frieden? So »hausgemacht«, so ein Produkt bloß deutschen Mistes, wie immer wieder hingestellt, ist Hitler nicht gewesen.

Man sollte den überragenden Einfluss des Geldes, das doch nach einem ebenso alten wie zutreffenden Gemeinplatz die Welt regiert, nicht ausgerechnet auf Politik und Geschichte geringer veranschlagen, als es ihm zukommt. Wobei es keine so große Rolle spielt, ob die Regierenden etwas von Geld verstehen, aber eine große Rolle, die größte, ob sie Geld haben, wieviel, woher und wofür. »Die Vereinigten Staaten«, schreibt Henry Ford, »haben noch nie einen Präsidenten gehabt, der etwas von Geldsachen verstanden hätte, sie mussten ihren Rat in solchen Dingen stets bei den Geldleuten holen. Geld ist das verbreitetste Gut, wird am meisten verwaltet und regiert; und doch hat die Regierung nichts damit zu tun, außer wenn sie, wie das Volk, gezwungen ist, es sich von denen zu verschaffen, die es beherrschen«.

Seit der Antike war es üblich, die Völker durch Aufrüstung und Kriege auszunehmen, sie symbolisch und faktisch bluten zu lassen. Der Bankexperte O.M. Blessing will von Konstantin, dem ersten christlichen Kaiser, bis zum Zweiten Weltkrieg 815 Großkriege gezählt haben mit anschließender erbarmungsloser Schröpfung der Überlebenden »durch inflationäre Währungsreformen«. Und während des ganzen 20. Jahrhunderts schürte die gewaltigste Hydra internationaler Finanzmacht die zwischen diversen Staaten schwelenden Konflikte und hetzte die von ihr mehr oder weniger gegängelten und dann mehr oder weniger gebeutelten und gewürgten Gegner aufeinander, verursachte sie Kriege (mit), einzig und allein, um durch ihre eiskalt abgewogenen mörderischen Einsätze noch mehr zu gewinnen, mehr Macht noch und noch mehr Geld.

Die etablierte Geschichtsschreibung, die mitunter so überheblich wie unlauter auf Objektivität insistiert, vernachlässigt noch immer gerade die wirtschaftlichen Komponenten im globalen Beziehungsgeflecht, die ökonomischen Faktoren als bestimmende Antriebskräfte, und spart die Manipulationen des multinationalen Geldgesindels gewöhnlich gänzlich aus. Sie dient meist mehr der Verschleierung geschichtsentscheidender Züge als deren Aufdeckung, dient mehr den herrschenden Strömungen und Potentaten als der echten Kritik.

Man denke doch nur an die deutsche Geschichtswissenschaft dieses Jahrhunderts!

Die übergroße Mehrheit ihrer Vertreter schrieb zur Kaiserzeit im Sinn des Kaisers und der Monarchie, im Dritten Reich im Sinn Hitlers und der Nazis, danach im Westen im Sinn der westlichen, im Osten der östlichen Demagogen. So war, so ist es doch. Aber diese sich gern so szientifisch gebende, diese scheinbar so behutsam abwägende, in Wirklichkeit freilich jede entschiedene Stellungnahme entschieden verweigernde Geschichtsschreibung ist meist nichts als die bestenfalls gelehrt am Wesentlichen vorbeiredende, ganze Generationen dreist an der Nase herumführende Wissenschaft eines im Grunde korrumpierten Tendenzkartells, das, wenn schon den Mächtigen nicht nach dem Maul, so doch kaum je scharf zuwiderredet und alles als »unseriös«, abtut, was nicht so notorisch-opportunistisch wie es selbst die Geschichte verdreht oder vernebelt, nicht so im Sinne der und des jeweils Tonangebenden sich geriert. Schließlich werden die Professionellen, Geschichtsschreiber und -lehrer, ja auch vom jeweiligen Staat bezahlt. Und wes Brot ich ess, des Lied ich sing. Oder wie 1947, ziemlich in diesem Zusammenhang, der britische Militärgouverneur General Robertson einprägsam sagte: »He who pays the piper calls the tune«: ein – mit eher Kleingeld gekaufter – akademischer Klüngel, dem es in der Regel weniger an Kopf als an Charakter gebricht, weshalb seine teils apologetischen, teils glorifizierenden Rücksichten (wörtlich und übertragen genommen) nur Vorschub leisten den nächsten Geschichtsverbrechern und -verbrechen.

Wer Geschichte nicht als Kriminalgeschichte schreibt, ist ihr Komplize.

Hitlers inländische Unterstützungen reichten in der Weltwirtschaftskrise von 1929 bis 1933 bei weitem nicht aus, auch nicht die Gelder, die für ihn der Bankier und spätere Parteigenosse SS-Brigadeführer Freiherr von Schröder und die Ruhrindustrie natürlich zu ihren Gunsten mobilisierten.

Auch ein weiterer Großkapitalist wurde zur Rettung Deutschlands aktiv. 1929 appellierte Alfred Hugenberg in einem Rundschreiben an 3.000 US-Millionäre, das drohende Chaos in Deutschland abzuwenden. Bis 1918 Vorsitzender des Krupp-Direktoriums, dann eigener Konzernchef, eine Art Axel Springer der Weimarer Republik. kooperierte Hugenberg zeitweise eng mit Hitler, wurde 1933 Reichswirtschafts- und -ernährungsminister und blieb, bald zurückgetreten, bis 1945 Mitglied des Reichstags. In seinem Brief an die US-Millionäre beschwor der Konzernherr bereits die Gefahr eines Krieges mit der Sowjetunion und machte klar, offenbar eigentliches Ziel der Agitation. dass man Geld brauchte für eine Partei, die wieder aufrüste. Er schloss seinen Appell: »Unsere Sache ist die Ihre«.

Hugenbergs Aufruf verhallte jenseits des Atlantik nicht ungehört. Es war das Jahr der heraufziehenden großen Wirtschaftspanik, die US-Stahlkonzerne lagen darnieder. Wie hätte da nicht das mit einer deutschen Aufrüstung verbundene Geschäft verlocken sollen! Zwar hatte die Weimarer Republik die Remilitarisierung bereits eingeleitet, doch im großen Stil konnte man dies wohl erst von dem Heil- und Siegbringer aus Braunau erhoffen.

Dass Hitler die Mittel für seine äußerst intensiven Wahlfeldzüge in den frühen dreißiger Jahren weder aus den Beiträgen seiner Genossen noch von den Geldern der deutschen Industrie bestreiten konnte, hatten aufmerksame Beobachter bemerkt. Diese Finanzquellen waren nach Feststellungen der Preußischen Polizei im Sommer 1930 stark zurückgegangen. Doch gab es neben der Parteikasse noch einen Geheimfonds, und amtliche Stellen Berlins hatten auch Hitlers Finanzierung durch ausländische Geldgeber längst registriert.

Dass der deutsche »Führer« käuflich war, ist früh bekannt gewesen. Schon ein Prozess im Sommer 1923 wegen der NSDAP-Finanzierung hatte ergeben, dass der Partei dreimal große Geldbeträge aus dem Saargebiet über die Deutsche Bank zugegangen waren. Nach Überzeugung des Gerichts stammten sie von amerikanischer Seite, dem Großindustriellen Henry Ford, der lebhaft eine deutsche Aufrüstung wünschte.

Agenten des langjährigen preußischen Innenministers Carl Severing (zwischen 1928 und 1930 Reichsinnenminister) hatten seit 1929 aber auch Verhandlungen Hitlers mit US-Bankiers im Berliner Hotel Adlon beobachtet, Verhandlungen, die dort bis 1933 stattfanden. (Das Resultat dieser Untersuchungen gelangte später ins »Abegg-Archiv« in Zürich, wo es allerdings nicht mehr ist.)

Severing beauftragte Ende 1931 seinen Staatssekretär Dr. Abegg mit Nachforschungen über Hitlers Vorleben und seine ausländischen Finanzquellen. Dabei ergab sich, das Geld für die aufwendige Nazipropaganda stammte »nur aus dem Ausland, insbesondere aus den USA«. – Übrigens hatte Hitler auch einen großen Teil der Waffen für SA und SS nicht von der Reichswehr, sondern vom Ausland erhalten.

An den Konferenzen im Hotel Adlon waren beteiligt: »Bankier Warburg als Treuhänder des New Yorker Bankhauses Kuhn, Loeb & Co. sowie eine Gruppe der amerikanischen Ölfinanz. Auf deutscher Seite haben an den Verhandlungen teilgenommen Hitler, Göring, Georg Strasser, von Heydt, ein Berliner Rechtsanwalt L...«

Was aber bestimmte Warburg, den Treuhänder von Kuhn, Loeb & Co., von demselben Bankhaus also, das 1917 die bolschewistische Revolution finanziert hatte, nun Hitler zu finanzieren, und zwar mit der beträchtlichen Summe von 32 Millionen Dollar, 128 Millionen Reichsmark (60, 40 und 28 Millionen), die getarnt über verschiedene Banken, die Banca d'Italia, Rom, die Bank Mendelson & Co., Amsterdam u. a., in Hitlers Hand gelangten?

Nicht nur darüber hinterließ Unterhändler Warburg selbst Aufzeichnungen. Daraus ergibt sich, dass die US-Hochfinanz 1929 an ausländische Regierungen und Private Forderungen von etwa 85 Milliarden Dollar hatte, und dass sie, wie die US-Regierungen, den Frankreich zu sehr begünstigenden Versailler Vertrag missbilligte. Frankreich nämlich bestand auf Reparationen in Gold, nicht in Natura, und alle Deutschland-Kredite der USA seien über die Reparationen Frankreich zugute gekommen. Nur wenn es keine Reparationen mehr erhalte, könnten sich Deutschland und auch die USA wieder erholen. Zudem fürchteten die Amerikaner die seit dem Rapallo-Vertrag, dieser antiwestlichen Demonstration, sich entwickelnde Ost-Orientierung Deutschlands, dessen politische und wirtschaftliche Beziehungen zur Sowjetunion, ja, sie befürchteten einen bolschewistischen Umsturz im Land. Und während Frankreich aus Sicherheitsgründen ein schwaches Deutschland wünschte, wollten die USA ein starkes – wie nach 1945 wieder!

Bei Beratungen der Präsidenten der »Federal Reserve« Banken, des eigentlichen Finanzzentrums der Wallstreet, der fünf unabhängigen Banken, Vertreter der Royal Dutch, der Standard Oil, Rockefeller jun. u.a. im Sommer 1929 wurde Warburg schließlich gebeten zu prüfen, ob Hitler für amerikanisches Geld zugänglich sei. Als Gegenleistung hätte dieser gegenüber Frankreich eine aggressive Außenpolitik einzuleiten, sollte aber »in die wirklichen Motive der amerikanischen Unterstützung nicht eingeweiht werden«.

Hitler seinerseits habe bei den Verhandlungen in Berlin betont, »dass er mit den Arbeitslosen alles machen könne, wenn er ihnen nur Uniformen und Verpflegung gebe ... Auf diese Weise werde er Frankreich schon klein bekommen ... Alles hinge vom Geld ab ... Die USA-Hochfinanz habe doch sicher ein Interesse daran, dass er, Hitler, an die Macht komme, denn sonst hätte sie ihm nicht bereits 10 Millionen Dollar übergeben ... Wenn er von der USA-Hochfinanz 500 Millionen Mark erhalte, sei er in ›sechs Monaten fertig‹.« Hitler habe auch die Kommunisten als erledigt bezeichnet und erklärt, er werde nun die Sozialdemokraten ausschalten, durch Wahlen oder mit Gewalt. Eventuell komme noch eine Verhaftung von Hindenburg, Schleicher, Papen, Brüning in Betracht, aber alles koste Geld, und das bisher aus den USA erhaltene sei verbraucht.

Kurz vor Hitlers überraschendem Wahlsieg 1930, errungen mit einem für deutsche Verhältnisse ganz ungewöhnlichen Propaganda-Aufwand, war das große Geld aus dem Ausland gekommen und floss weiter bis zu seiner Machtübernahme 1933. Die Summe von Kuhn, Loeb & Co., die ihm zwischen 1929 und 1933 den Weg zur Macht ebnete, war zwar sehr stattlich, doch nicht überdimensional, spielte aber die Rolle des »Züngleins an der Waage«. Die Wallstreet-Bankiers hatten gut kalkuliert, nicht mehr gegeben als nötig, doch genau so viel. Sind sie ja wohl einem Mann wie Hitler, der das ihm wirklich Zugedachte kaum ahnen konnte, geistig weit überlegen gewesen, jedenfalls mehr als charakterlich.

Informiert über die Recherchen Abeggs waren zunächst Reichskanzler Brüning und General von Schleicher, seit 1929 Chef des neu errichteten Ministeramts im Reichswehrministerium und am 2. Dezember 1932 selber Reichskanzler. Als sich Abegg dann im Frühjahr

1933 in die Schweiz absetzte, beschlagnahmte die SS bei einer Durchsuchung seiner Wohnung das Dossier Hitler. Das Duplikat sollte sie ein Jahr später bei einer Durchsuchung des Hauses von General Schleicher sicherstellen; der General, ein intimer Kenner von Hitlers Auslandsfinanzierung, und seine Frau wurden bei dieser Gelegenheit im Zusammenhang mit dem so genannten Röhmputsch ermordet. Ebenfalls beseitigte man seinerzeit einen weiteren Mitwisser von Hitlers geheimen Geldquellen, Georg Strasser, der innerhalb der NSDAP antikapitalistische Ideen vertrat und als Führer der sozialistischen Opposition galt. Hitler hatte ihn gleichwohl 1925 zum Reichsorganisationsleiter der Partei ernannt, deren Finanzierung sowohl Strasser wie Schleicher genau bekannt war.

Selbstverständlich standen die Hitler so verhängnisvoll fördernden ausländischen Geldgeber nicht vor dem Nürnberger Tribunal. Selbstverständlich wurden die Dokumente des Abegg-Archives beim Nürnberger Kriegsverbrecherprozess nicht zugelassen. Das heikle Thema der Hitler-Unterstützung durch die großen Finanzmächte der USA durfte unter keinen Umständen auch nur erwähnt werden. Als es der zunächst länger mit Hitler kooperierende Bankier und Politiker Hjalmar Schacht, bis 1937 Reichswirtschaftsminister, bis 1939 Reichsbankpräsident, zur Sprache bringen wollte, wurde er rasch zum Schweigen gebracht. »Als Schacht«, meldete die *Neue Züricher Zeitung* am 2. Mai 1946, »wiederum auf die Haltung ausländischer Mächte gegenüber der Nazi-Regierung und auf die Hilfe, die sie ihr angedeihen ließen, zu sprechen kam, entschied der Gerichtshof, dass diese Dinge mit der Sache nichts zu tun hätten und daher unzulässig seien ...«

Es ist auffallend, dass damals die Sowjetunion nicht auf Offenlegung des Sachverhalts bestand. Sollte dies wirklich darauf zurückzuführen sein, dass Hitlers Förderung durch die westliche Hochfinanz »auch im Interesse des neozaristischen Staatskapitalismus«, das »kommunistische« Moskau nur »ein Zweigbetrieb der Wallstreet« gewesen sei, der Weltöffentlichkeit bloß durch permanente ideologische Scheingefechte verschleiert?

Hitlers Bezahlung durch das Bankhaus Warburg und das amerikanische Großkapital thematisierte auch das 1933 von Van Holkema & Warendorf, Amsterdam, unter dem Namen von Sidney Warburg verlegte Buch *De Geldbronnen van het Nationaal-Socialisme. Drie gesprekken met Hitler door Sidney Warburg*. Doch wurde das Buch kurz nach der Publikation vom Verlag aus dem Handel gezogen bzw. zurückgekauft, und zwar durch einen Amsterdamer Rechtsanwalt, offensichtlich im Auftrag der Warburgfamilie, ohne dass man natürlich alle Exemplare wieder bekommen konnte. (Zwei Bände gelangten in die Hände des österreichischen Gesandten von Alexis in Den Haag.)

Gegen die baden-württembergische Deutsche Gemeinschaft, die 1950 beweiskräftige Dokumente über die Finanzierung der Hitler-Wahlen von 1930 bis 1933 veröffentlicht hatte, wurde prozessiert. Diesen Prozess, doch eine historische Sensation ersten Ranges, gewann die Deutsche Gemeinschaft auch, aber keine einzige deutsche Zeitung berichtete darüber zu einer Zeit, da die Remilitarisierung Deutschlands schon eingeleitet war.

Nun gab es aber weitere amerikanische Banken, die Hitler finanzierten, sogar noch viel höher, obwohl auch darüber fast nichts durchgesickert ist.

John Foster Dulles – eine Milliarde Dollar für den »Führer«

Schon im Oktober 1944 hatte US-Senator Claude Pepper, Florida, geäußert, zu jenen, die Hitler zur Macht verhalfen, habe auch John Foster Dulles gehört, »denn es waren Dulles' Firma und die Schroeder-Bank, die Hitler das Geld beschafften, das er benötigte, um seine Laufbahn als internationaler Bandit anzutreten«.

Erstaunt es, dass ausgerechnet John Foster Dulles sich derart engagierte, der nachmalige US-Außenminister und Adenauer-Freund? Doch war damals, 1932/33, nicht auch Adenauer selbst dafür eingetreten, dass die Hitlerpartei »unbedingt führend an der Regierung vertreten« sein müsse? Er war. Und agitierte dafür nicht mit aller Kraft auch Adenauers Glaubens- und Parteigenosse Franz von Papen, der baldige Stellvertreter Hitlers und Päpstliche Kammerherr? Er agitierte. Und Papen kannte natürlich auch den Bankier und Parteigenossen Baron Schroeder, der seinerseits wieder nicht nur mit Hitlers Wirtschaftsberater Keppler in ständiger Verbindung stand, sondern zugleich auch mit einem amerikanischen Banken-Konzern, den John Foster Dulles juristisch beriet. Nach US-Presseberichten nahm Dulles auch an jener, so Papen später, »nun geschichtlich gewordenen

Unterredung« im Hause von Schroeder teil, bei der, wie man annehmen darf, Papen Hitler die Unterstützung des Papstes zugesichert hat. Die *New York Times* berichtet im Januar 1933 über den Dulles-Besuch in Köln und erinnert noch einmal am 11. November 1944 daran. Beide Artikel sollen aber aus den amerikanischen Bibliotheken verschwunden sein. Auch der ehemalige amerikanische Botschafter in Berlin, William E. Dodd, notiert in seinem Tagebuch, dass die von Dulles vertretenen Banken schon Ende 1933 Deutschland Anleihen im Wert von einer Milliarde Dollar gewährt hatten.

Auf diese Zusammenhänge machte ich seit 1965 in mehreren Büchern aufmerksam. Und 1983 schrieb mir dazu ein junger amerikanischer Politologe (s. *Sie Oberteufel! Briefe an Karlheinz Deschner,* 1992): »Meine eigenen Nachforschungen geben Ihnen Recht. Ich schreibe gegenwärtig eine Dissertation über das Thema eines Weltbürgerkrieges von 1939–45, der mit einer neuen Siegeridentität für die Deutschen endete. Seit 1945 gibt es im Westen Deutschlands befreite Demokraten, im Osten befreite Sozialisten. Aber wo bleiben die besiegten Deutschen? In der Erforschung der Großlage stieß ich auf die obige Stelle in Ihrem Buch. Das bringt mich zur eigentlichen Frage an Sie: Ist es möglich, von Ihnen eine unzensurierte Fotokopie oder das genaue Datum und Titel der NYT Artikel im Januar 1933, sowie die Überschrift des Artikels vom 11. November 1944 zu erhalten?

Die NYT aus diesen Jahren ist bei den mir zur Verfügung stehenden Quellen auf Mikrofilm gespeichert. An der Universität von Kalifornien in Los Angeles fasste ich die Kopien aus. Erstaunlicherweise, die Ausgabe vom 11. November 1944 ist ganze 14 Seiten kürzer, von normalen 40 Seiten schrumpfte die Kopie auf dem Film auf 26 zusammen. Meine Fragen an die Bibliothekare wurden nur mit ungläubigem Achselzucken beantwortet. Die Januar 1933-Ausgaben enthalten keine Angaben über den angeblichen Besuch Dulles' bei Schroeder; auch hier griff jemand vorsätzlich zur Schnittschere. Man schlug dann vor, dass ich die besagten Artikel aus dem Ausland beziehe, bevor ich mich zwecks einer Erklärung und Vergleich an die NYT wende. Weiter erfuhr ich, dass die Mikrofilmkopien in Michigan durch Ann Arbor hergestellt werden, eine der wenigen Zentralstellen, wo möglich direkter Einfluss und Zensur von Washington ausgeübt werden konnte. Es ist durchaus denkbar, dass in den Jahren nach dem Krieg gewisse Informationen verschwanden, waren (und sind) doch bestimmte Gruppen in den USA an einem ganz bestimmten historischen (Zerr)Bild Deutschlands interessiert.«

Die Fürsorge des amerikanischen Großkapitals für Hitler dauerte sogar nach Jahren seiner Terrorherrschaft noch fort. Und natürlich hatte man längst in diese Fürsorge auch die italienischen Faschisten eingeschlossen, hatte etwa J.P. Morgan & Co. Mussolini schon in den späteren zwanziger Jahren Kredite und Anleihen im Wert von rund 100 Millionen Dollar (400 Millionen DM) gegeben. Warum auch nicht – wenn Mussolinis damaliger bester Bundesgenosse, Papst Pius XI., der ihn schon mit an die Macht gebracht und diese dann wie keiner sonst gefestigt hatte, doch auch mit Morgan verbunden war?! Denn soweit der größere Teil der vatikanischen Milliarden nicht bei der Crédit Suisse, Zürich, steckte, hatte man sie beim Bankhaus Morgan in New York deponiert, dessen nicht-katholischem Oberhaupt, John Piemont Morgan, Papst Pius XI. denn auch für all seine Verdienste 1938, ein Jahr vor Ausbruch des Zweiten Weltkriegs, einen hohen päpstlichen Orden verlieh. Derselbe Papst, der auch Hitler die Diktatur ermöglichte, da er von ihm, wiederholt erklärt, die Zerstörung des Kommunismus und Bolschewismus erwartete, was ohne Krieg nicht möglich war. Und ganz ähnlich wie Morgan legte schon in den späteren zwanziger Jahren die Dillon-Bank, Read & Co. Anleihen für italienische Kommunen auf.

Und selbstverständlich operierten beide Banken auch in Deutschland. So kabelte der amerikanische Botschafter in Berlin, Dodd, am 27. Januar 1937 seiner Regierung: »Informationen, die mir in letzter Zeit zugegangen sind, besagen, dass amerikanische Banken erwägen, Italien und Deutschland neue Kredite und Anleihen zu geben, obgleich die Kriegsindustrie dieser beiden Länder bereits groß genug ist, um den Frieden der Welt zu bedrohen.«

All dies erwies sich als richtig. Amerikanische Banken, darunter besonders Morgan und Dillon, Read, hofften seinerzeit auf einen Krieg Hitlers gegen Russland und waren bereit, ihn dafür zu finanzieren.

Im selben Jahr, in dem der deutsche »Führer« sein Terrorregiment antrat, begann jenseits des Ozeans, nur wenige Wochen darauf, F.D. Roosevelt sein Amt anzutreten; beide regierten zwölf Jahre, und im selben Jahr, im selben Monat, starben sie.

11. KAPITEL

Dasselbe Spiel im Zweiten Weltkrieg

Ein »Roter« im Weißen Haus?

Franklin Delano Roosevelt (1933–1945), viel bewundert und viel verdammt, prägte und bestimmte ohne Zweifel die wichtigste Epoche der USA im 20. Jahrhundert.

Aus reichen Verhältnissen stammend, hatte Roosevelt ein Jurastudium an der Columbia Universität in New York absolviert. Seine Bildung aber blieb zeitlebens recht begrenzt. Eher amusisch, las er am liebsten Krimis und Seefahrerbücher, er segelte gern und sammelte Briefmarken. Doch seine Intelligenz, sein Humor, sein Charme, sein (falls dies ein Vorzug ist) Optimismus waren beträchtlich, ebenso sein stupend kaschierter Ehrgeiz und seine Energie – obwohl oder vielleicht gerade weil ihn eine spinale Kinderlähmung seit 1921 an den Rollstuhl gefesselt hat.

Es gehörte zum politischen Charisma des Präsidenten, dass er, von Natur aus wohl humanitär gesinnt, vielleicht sogar warmherzig, rasch Kontakt zu Menschen jeder Herkunft fand und geschickt mit ihnen umging, mochte sein berühmtes, jederzeit wie durch Knopfdruck erzeugbares Lächeln auch nicht selten etwas erzwungen wirken, überhaupt er selbst noch seiner nächsten Umgebung ein Rätsel sein. Henry Morgenthau jr., einem seiner Vertrauten, erschien es »außerordentlich schwierig«, ihn zu beschreiben. Er schildert Roosevelt als »rüstig und abgespannt, leichtfertig und ernst, scheu und offenherzig«. Für Arbeitsministerin Frances Perkins, seine Mitarbeiterin schon während der Gouverneurszeit im Staat New York, war er der komplizierteste Mensch, den sie je gekannt. Und Robert Sherwood, der Dramatiker, der manchmal des Präsidenten Reden schrieb (viermal den Pulitzerpreis erhielt, dreimal während Roosevelts Amtszeit), konnte nie durchschauen, was dieser »sein von dichten Wäldern verborgenes Inneres« nannte.

Roosevelt, ein ziemlich untheoretischer, ideologiefreier Typ, aufgeschlossen für praktische Aufgaben, zupackend, wendig, war unter allen US-Präsidenten einer der besten Kenner des Parteiapparates; nicht frei von Opportunismus, noch weniger von – wenn auch verborgenem – Machthunger, eher kompromiss- als kampfbereit, eher intuitiv als kühl kalkulierend. Als Mann sowohl plötzlicher Entschlüsse wie sich hinschleppender Ausweichmanöver konnte er ebenso schnell entscheiden wie, schien ihm etwas nicht spruchreif, geduldig warten. Er konnte ebenso unerbittlich sein wie versiert taktieren. Und wenn er sich auch gewiss für fehlbar hielt, ließ er sich doch nicht lenken, liebte es vielmehr, Thesen und Temperamente, ganze Ressorts, gegeneinander auszuspielen.

Roosevelt wurde 1911 demokratischer Senator, 1913 Unterstaatssekretär im Marineministerium, 1928 Gouverneur des Staates New York. 1932 errang er mit eiserner Energie einen Wahlsieg über seinen Vorgänger, den Republikaner Hoover, um dann, beispiellos in der Geschichte der USA, noch weitere drei Male zum Präsidenten gewählt zu werden.

Roosevelt hatte die Regierung der Staaten in deren heruntergekommenstem Zustand übernommen. Es gab 14 Millionen Arbeitslose (jeder vierte US-Bürger). Auch die Farmer rebellierten. Hunderte von Provinzsparkassen waren geschlossen, die großen Wallstreet-Banken durch Milliardenkredite ans Ausland, vor allem an Deutschland und Lateinamerika, unsicher geworden. »Wir sind am Ende unserer Kunst«, lamentierte Hoover schließlich, »wir können nichts mehr machen«. Roosevelt aber verstand es, dem Volk die Angst auszureden, ihm wieder Mut zu machen, auch durch Versprechungen, die er zum Teil sogar hielt, eine ganz ungewöhnliche Haltung, weltweit. Sein unerschütterliches Vertrauen, sein Sendungsglaube, strahlte auf Millionen Amerikaner aus, steckte ein ganzes Volk an, für das er immerhin einige, freilich nur allzu nötige soziale Reformen in die Wege geleitet hat.

Der neue Präsident, der die Nation bald zu seinem jovialen »Kamingeplauder« *(Fireside Chat)* sozusagen ins Weiße Haus einlud, wobei er viele für sich gewann, nannte sein Programm einen New Deal, eine Neuverteilung der Karten, der Chancen, Einkommen. Dieser New Deal war alles andere als ein geschlossenes System, sondern eine Fülle von rasch begonnenen Reformen zur Behebung der schweren Wirtschaftskrise. In der ersten Phase (1933/34) erstrebte er vor allem eine finanzielle Sanierung, in der zweiten Phase (1935) wandte er sich vorwiegend der Sozialreform zu, wobei die Hauptbegünstigten besonders Arbeiter und kleinere Farmer waren.

Roosevelt führte die erste umfassende Arbeitslosenunterstützung in den USA ein. Er suchte überhaupt weiten Kreisen eine gewisse materielle Verbesserung ihres Lebens zu bringen, suchte aber auch die ethnischen, rassischen und religiösen Minderheiten in die Gesellschaft zu integrieren. Nicht zuletzt mühte er sich, die ungeheuere Arbeitslosigkeit durch staatliche Beschäftigungsprogramme einzudämmen. Er tat damit das gleiche wie Hitler in Deutschland. Und wie Hitler, so gelang auch Roosevelt die Beseitigung der Massenarbeitslosigkeit erst durch eine enorme Aufrüstung, die vor allem seit 1939 anlief. Die Arbeitsbeschaffungsprogramme durch Straßenbau, Flussregulierungen, Wiederaufforstung, Nationalparkanlagen etc. reichten zur entscheidenden Reduzierung der Arbeitslosigkeit nicht aus.

Roosevelts Wirtschaftskurs freilich erschien vielen Betroffenen zu dirigistisch. Überhaupt war er bei der Geschäftswelt verhasst, weil er, der vielfache Millionär, sofort die Macht der Privatwirtschaft zu beschränken suchte. Und wohl am unbeliebtesten bei ihr machte ihn seine Steuerpolitik, die so genannte Reichtums-Steuer, obwohl sie dann, wen wundert's, recht glimpflich verlief, und die Finanzgesetze Mitte der dreißiger Jahre nicht die geringste Umgestaltung der Besitzverhältnisse brachten. Gleichwohl trank man in der Wallstreet Champagner, als die Nachricht von seinem Tod eintraf, zumal ihm viele noch lange auch einen »Ruck nach links« ankreideten, vom »Roten im Weißen Haus« sprachen, einem »Verräter seiner Klasse«. Doch war er nichts als ein fortschrittlicher Konservativer, ein Mann mit einer heillosen Sehnsucht »nach dem Zeitalter der Postkutsche, von dem er in der Öffentlichkeit mit Geringschätzung sprach«.

Im Grunde passte sich Roosevelt nur an das soziale Klima der dreißiger Jahre locker an – mit einer allerdings deutlich antimonopolistischen Tendenz. Immerhin nahm die übergewaltige Macht des Big Business leicht ab, wurden bereits in wenigen Jahren große Kartelle zerschlagen, auch verbesserten sich die Einkommensverhältnisse breiterer Kreise. Die Arbeitslosenziffer sank zunächst auf rund 6 Millionen, und die Gewerkschaften gewannen nach langem wieder an Bedeutung.

Schon im Sommer 1937 traten jedoch neue wirtschaftliche Schwierigkeiten auf. Es kam plötzlich zu einer scharfen Rezession. Die Preise verfielen, die Kurse sackten wieder ab, die Umsätze stürzten bis zum Jahresende gar um 27%, die Arbeitslosenziffer aber schnellte um rund zwei Millionen hoch und blieb auch bis zum Beginn des Weltkriegs bei acht bis zehn Millionen. Denn so lange steckten die USA noch immer in der Wirtschaftskrise. »Alle Anzeichen einer neuen Panik machten sich bemerkbar« (Angermann).

Erst der Krieg wurde Roosevelts Retter. Erst in der Mitte des Krieges, 1942, war das Arbeitslosenproblem gelöst; in den USA herrschte Vollbeschäftigung. Dennoch hatte man sich damit bewusst wieder in eben jenen Zustand hineinmanövriert, der schon in und nach dem Ersten Weltkrieg einer verschwindenden Clique gigantische Vermögen gebracht und Massen von Menschen Not und Tod.

F. D. Roosevelt heuchelt Neutralität …

Die ungeheuren Kriegsgewinne des kleinsten, aber mächtigsten US-Zirkels konnten nicht verborgen bleiben. Im Frühjahr 1934 forschte ihnen sogar ein Senatsausschuss unter Vorsitz von Gerald P. Nye, North Dakota, nach. Aufgrund eines gewaltigen, von anderer Seite natürlich angefochtenen Materials erwies sich der Kriegseintritt der USA 1917 weitestgehend, wenn nicht fast ausschließlich, als das Resultat der kriegstreiberischen Kooperation von Rüstungsindustrie und Banken. Renommierte Historiker wie Harry Elmer Barnes oder Charles A. Beard kamen zu ähnlichen Schlüssen, die nach jenen, die mit den Wölfen heulen, versteht sich, nichts als Kurzschlüsse waren.

Indes sind die Dinge evident.

Das amerikanische Volk neigte vor und bei Ausbruch des Zweiten Weltkriegs in seiner großen Mehrheit dem Isolationismus zu; kein Zufall. Gerade im Bewusstsein der Kriegstreibereien und Kriegsgewinne des Großkapitals im Ersten Weltkrieg wollte man weithin Neutralität. Man hielt die Beteiligung an diesem Krieg für einen Fehler, sprach viel von Neutralität, der »Neuen Neutralität«, die chauvinistischen Kreise mussten sich mehr oder weniger zurückhalten. Es kam sogar zu diversen Neutralitätsgesetzen, womit man vor allem den Präsidenten zu binden suchte, ebenso aber auch die Außenwirtschaft, die natürlich an Produktion und Verkauf von Kriegsmaterial sowie kriegswichtigen Gütern aller Art lebhaft interessiert war, die ihre »Erfolge« vom Ersten Weltkrieg wiederholen, möglichst noch übertreffen wollte. Hitler und Mussolini aber fühlten sich durch diese Verfügungen eher ermutigt, mussten sie doch annehmen, dass ihre Gegner kein Kriegsmaterial aus den USA bekommen würden. Roosevelt selbst bekannte später: »Unser Waffenembargo begünstigte die Aggression.«

Das amerikanische Volk freilich wollte den Frieden – wie zunächst auch im Ersten Weltkrieg. Und Roosevelt war inzwischen, nach einem der erbittertsten Wahlkämpfe der US-Geschichte, am 3. November 1936 wieder gewählt worden mit dem Versprechen der Neutralität. Vier Wochen darauf eröffnete er in Buenos Aires die Inter-America-Konferenz zur Erhaltung des Friedens.

Doch spätestens seit Beginn des Zweiten Weltkriegs ist der Präsident nicht mehr neutral, falls er es, was man bezweifeln darf, je war. Er beeilt sich nun, die Neutralitätsgesetze, die er im Frieden, vor seiner Wiederwahl, eingeführt, im Krieg wieder aufzuheben. Vor allem das Verbot, »Waffen, Munition und Kriegsgerät« an Kriegsführende zu verkaufen, würde nun die schönsten und größten Geschäfte unmöglich machen. Kraft des neuen Gesetzes aber werden im Lauf des Krieges über 50 Milliarden Dollar umgesetzt. (Kaum freilich ist der Krieg zu Ende, hat auch dieses Gesetz ausgedient. Es wird am 21. August 1945 annulliert.)

Auch ein Erlass von 1934, der allen Staaten Kredite abschlägt, die ihre Schulden aus dem Ersten Weltkrieg noch nicht beglichen, ist jetzt hinderlich. Also verabschiedet man im März 1941 ein neues Darlehens-Gesetz, das es den USA gestattet, den Alliierten noch im selben Jahr mit Lieferungen im Wert von 750 Millionen Dollar beizustehen.

Im Kampf gegen die eigenen Neutralen aber, die Isolationisten, ist der Präsident nicht wählerisch. Er hält nicht nur seinen populärsten Gegner, den Atlantik-Überquerer und Volkshelden Charles A. Lindbergh, für einen Nazi, sondern rückt auch dessen Anhang in die Nähe von Nazi-Sympathisanten, Nazi-Agenten, Verrätern. Er schaltet seinen Justizminister, das FBJ und andere Behörden gegen sie ein, er lässt Telefone anzapfen. Nicht genug: »Führende Isolationisten fürchteten um ihr Leben. Viele erlitten das Ende ihrer Karriere. Ihr Ansehen wurde unwiderruflich zerstört, weil sie beschlossen hatten, alles in ihrem Kampf gegen die Außenpolitik des Präsidenten zu riskieren« (Wayne S. Cole).

Der Präsident aber täuscht weiter. Er lügt und schwindelt sich durch die Jahre. Scheinbar für Neutralität eintretend, bereitet er den Kriegseintritt vor. Das »Pacht- und Leihgesetz« dient diesem Zweck, die Aufhebung des Waffenembargos, die immense Aufrüstung, gerechtfertigt durch die Behauptung, sie mache den Kriegseintritt gerade unnötig. Schreckte er doch immer wieder in Reden und Äußerungen das Volk durch die Gefahr eines deutschen Angriffs auf die USA. Und ein Teil seiner Minister stimmte in diese Propagandaphrasen, die nichts als Amerikas Kriegseintritt ermöglichen sollten, eifrig ein. Man machte jedermann vor, Hitlers letztes Ziel sei die Eroberung der USA, der ganzen Welt. Roosevelt selbst beschwor wahre Horrorvisionen: »Statt der Bibel werden die Worte von ›Mein Kampf‹ gewaltsam als Heilige Schrift durchgesetzt werden. An die Stelle des christlichen Kreuzes werden zwei Symbole treten – das Hakenkreuz und das blanke Schwert. Der Gott von Blut und Eisen wird den Platz des Gottes der Liebe und Barmherzigkeit einnehmen«.

Kurz: »Die amerikanische Nation wurde mit Versprechungen über einen Nicht-Kriegseintritt in den Krieg geführt« (Detlef Junker).

Ein deutliches Signal für die drohende Einmischung war u.a. das berüchtigte Tauschgeschäft mit Großbritannien am 3. September 1940. Überlässt man England doch jetzt 50 ältere Zerstörer gegen die Verpachtung von Inseln in der Karibik, von Luft- und Seestützpunkten auf Neufundland, auf den Bermudas und den Bahamas, auf Jamaica, St. Lucia, Trinidad, Antigua und in British-Guayana an die USA. Die *St. Louis Dispatch* kommentiert diesen Vorgang am nächsten Tag: »Diktator Roosevelt begeht eine Kriegshandlung«.

Offensichtlich war Roosevelt seit längerem zum Kriegseintritt fest entschlossen. Wiederholt hatte er in den dreißiger Jahren die Gefahr eines unparteiischen Neutralismus beschworen, die eigene außenpolitische Reserve viel mehr geheuchelt als gehegt. Doch war er klug und Opportunist genug, sich dem deutlichen Volksbegehren scheinbar zu fügen. Immerhin wollte, nach Meinungsumfragen, die Mehrheit noch 1939 um fast keinen Preis einen Krieg. Noch im Oktober erklärten sich 96,5% gegen den Kriegseintritt. Allerdings wünschten 84% einen Sieg der Westmächte und nur 2% den Deutschlands. Roosevelt passte sich wieder aalglatt an und behauptete: »Diese Nation wird neutral bleiben, aber ich kann nicht fordern, dass jeder Amerikaner auch in Gedanken neutral bleibe«.

Für die Erhaltung des Friedens hat Roosevelt nichts getan – wenn auch jeden Wahlkampf mit Friedensparolen geführt, zweimal schon. Und 1940 abermals. In einer Wahlrede versicherte er: »Ich werde es wieder und immer wieder sagen: Eure Jungen werden in keinen fremden Krieg geschickt werden!« Dies erinnert fatal an seinen Vorgänger

Wilson im Ersten Weltkrieg, der ebenfalls seinen Wahlkampf durch Friedensbeteuerungen gewann. Und genau wie Wilson suchte auch Roosevelt nur einen Vorwand zur Einmischung. Wenige wohl wussten dies so gut wie Churchill. Er wäre im Kampf gegen Hitler ohne die Hilfe der USA und der Sowjetunion in Kürze sang- und klanglos erledigt gewesen. Man darf ihm glauben, wenn er nach Roosevelts Wiederwahl am 6. November 1940 schreibt, »dass ich für Ihren Erfolg gebetet habe und wahrhaft dankbar dafür bin …«

… und provoziert Deutschland

Es gab Minoritäten in den USA, die auf einen Sieg Hitlers brannten, die ihren Sympathien freien Lauf ließen, wie der »German-American Bund«, die antisemitisch geprägten »Silver Shirts«, die »Black Legion«, die »Christian Front«. Sie bekämpften nicht nur Roosevelts antifaschistische Außenpolitik resolut, sondern auch seinen »New Deal«.

Einer der berüchtigtsten Förderer des Faschismus in Übersee war der zur nationalen »Berühmtheit« aufgestiegene »Radiopriester« Charles E. Coughlin, Pfarrer des »Shrine of the Little Flower«. In seiner 1936 gegründeten Wochenzeitung *Social Justice*, die innerhalb eines Jahres eine Auflage von einer Million Exemplaren erreichte, trat er, wie selbst das katholische Standard-Handbuch der Kirchengeschichte zugibt, »als Fürsprecher für die faschistischen Regime in Deutschland und Italien ein«. Und prophezeite bei Ausbruch des Zweiten Weltkriegs am 1. September 1939 im *Social Justice*: »Wir sagen schon heute, dass … die amerikanischen Nationalsozialisten, unter diesem oder einem anderen Namen organisiert, voraussichtlich die Regierungsgewalt auf diesem Kontinent übernehmen werden … Das Ende der Demokratie in Amerika ist gekommen«.

Auch Papst Pius XII. und die Kurie standen damals ganz auf Hitlers Seite und schlugen sich erst mit dem wechselnden »Kriegsglück« auf die der USA.

Die ungeheuren deutschen Siege aber im Frühjahr und Sommer 1940, die Überrollung Hollands, Belgiens, Frankreichs, die Besetzung Dänemarks und Norwegens, die Erfolge der deutschen Kriegsmarine, die Monat für Monat 500 000 Tonnen der Royal Navy in den Atlantik bohrte, erlaubten es nunmehr Roosevelt, eine gigantische Aufrüstung in Angriff zu nehmen, ermöglichten ihm immer gewaltigere Kriegslieferungen an Großbritannien, was der Präsident aber nicht als Kriegs-, sondern als nationale Verteidigungspolitik verstand. Denn noch immer erschien erst 30% der US-Bevölkerung eine Einmischung berechtigt.

Doch Roosevelt plante bereits, mit Milliardensummen die US-Flotte fast zu verdoppeln und den Bestand von nicht ganz 3000, zum Teil veralteten Kriegsflugzeugen durch eine jährliche Produktion von 50 000 zu vergrößern. Ferner holte er im Juni 1940 zwei alte Scharfmacher der Republikaner in sein Kabinett, Henry L. Stimson als Kriegs- und Frank Knox als Marineminister. Und im September sah er durch ein Wehrpflichtgesetz die Ausbildung von 1,2 Millionen Mann und 800 000 Reservisten vor. Aber da er auch ein drittes Mal gewählt werden wollte, versicherte er, die USA keinesfalls in den Krieg zu führen.

Kaum aber war er wieder Präsident, kurbelte er weiter die Rüstungsproduktion an. Und obwohl Hitler wohlweislich alles vermied, Amerika einen Grund zum Kriegseintritt zu geben, steuerte Roosevelt voll darauf zu. Während er fort und fort die Öffentlichkeit belog, legten schon britisch-amerikanische Generalstabsbesprechungen das Vorgehen fest, lieferte er pausenlos Kriegsmaterial an England, erlaubte er schließlich auch die Reparatur englischer Schiffe auf US-Werften, befahl er im April 1941 die Besetzung Grönlands, um die dort stationierten britischen Truppen abzulösen. Dem kommunistischen Russland, das im Land des Hochkapitalismus noch begreiflich wenig Sympathien genoss, gab er Anfang August großzügige Hilfsversprechen, hatte auch schon die Vermögenswerte der Achsenmächte in den USA »eingefroren« und deren Konsulate geschlossen. Kurz, von Neutralität war längst keine Rede mehr, das Neutralitätsgesetz ein purer Hohn, eine Karikatur, so sehr, dass selbst Churchill – freilich erst 1949 – gestand, die deutsche Regierung sei zur Kriegserklärung durchaus berechtigt gewesen.

Roosevelt provozierte Deutschland fortgesetzt, um endlich Krieg führen zu können. Er verletzte die Neutralität durch das Leib- und Pachtgesetz. Er befahl der Atlantikflotte, faschistische Kriegs- und Handelsschiffe zu verfolgen, ebenso Flugzeuge und deren Bewegungen alle vier Stunden der britischen Marine und Luftwaffe durch Funk zu übermitteln. Nicht einmal, als amerikanische Marine-Infanterie am 7. Juli 1941 in Island landete, um eine Besetzung durch deutsche Truppen zu verhindern, ließ sich Deutschland herausfordern.

»Wir verfolgten kein anderes Ziel, als die USA aus dem Krieg herauszuhalten«, erklärte Ribbentrop. »Diese Politik erforderte auf deutscher Seite ein Übermaß von Zurückhaltung … wir antworteten auf keine der zahllosen Provokationen«.

Bezeichnend ist folgender Vorfall.

Am 4. September 1941 heftete sich der US-Zerstörer »Greer« südwestlich Islands auf die Fährte des deutschen U-Boots U 652. Dabei funkte der Zerstörer fortgesetzt seine Position, um britische Kriegsschiffe herbeizuziehen, bis ihn endlich das U-Boot mit zwei Torpedos angriff und er Wasserbomben warf; beides erfolglos. Doch gab Roosevelt eine Woche später die Sache als einerseits unprovozierten, andererseits wohlüberlegten Überfall, als groß angelegten Angriff auf Amerika aus. Ja, er kündigte nun für alle alliierten Schiffe zwischen Amerika und Island Geleitschutz an und befahl gegen Schiffe der Achsenmächte das Feuer »auf Sicht« zu eröffnen. Schließlich sagte er: »Die Schießerei ist losgegangen. Und die Geschichte verzeichnet, wer den ersten Schuss abfeuerte«.

Für einen Krieg konnte der Präsident sein Volk nur gewinnen durch einen Angriff auf die USA oder deren Truppen. Da die Deutschen auf keinerlei Herausforderungen reagierten, reizte er nun dauernd Japan, das freilich ebenfalls keinen Krieg mit den USA wünschte, diesen vielmehr unbedingt verhindern wollte. Auch alle deutschen Bemühungen, Japans Furcht vor der vereinten Flottenmacht der Angelsachsen zu zerstreuen, scheiterten. Der nach Tokio entsandte Admiral Richard Förster stieß dort achtzehn Tage lang auf taube Ohren. Am 20. Januar 1941 telegraphierte der deutsche Botschafter in Japan, Eugen Ott, nach Berlin: »In Tokio will man um jeden Preis vermeiden, Amerika einen Vorwand für eine Intervention zu liefern«.

… und provoziert Japan

Als einziger Staat unter den modernen Industrienationen gehört Japan nicht zum christlich-westlichen Kulturbereich und ist bemerkenswerterweise heute das Land mit dem höchsten Alphabetisierungsgrad.

Der amerikanisch-japanische Hader aber ist alt. 1853/54 erzwangen die USA, mit Kriegsschiffen in die Bucht von Yedo (später Tokyo-Bucht) eindringend, Handelsmöglichkeiten mit Japan, das sich bisher von der westlichen Welt abgeschlossen hatte. Es büßte darauf einen Teil seiner Souveränität, vor allem Zollhoheit ein, mit schweren Schäden für die eigene Wirtschaft. In den folgenden Jahrzehnten entwickelt es jedoch seine Bürokratie, seine Industrie, sein Militär. Nach dem siegreichen Krieg gegen China 1894/95 gewinnt Japan Formosa (Taiwan) und die Inselgruppe der Pescadoren. Nach dem siegreichen Krieg gegen Russland 1904 räumt dieses die Mandschurei und tritt Süd-Sachalin an Japan ab, das 1910 auch Korea annektiert.

Allmählich stoßen die Interessen der USA im pazifischen Raum immer mehr mit denen Japans zusammen, das aber häufig dem amerikanischen Druck nachgibt. So stoppt es 1907 die Auswanderung nach den USA und hält sich auch künftig stets daran. Einige Jahre später verzichtete es darauf, an einem strategisch bedeutsamen Punkt Niederkaliforniens Grund für ein Syndikat zu erwerben, da das State Department Bedenken anmeldet. Und seinerzeit lenkt Japan (mit Russland und Großbritannien) auch in der lang umstrittenen Frage des Seehundfanges ein, was den USA ein Monopol im Pazifik verschafft.

Solches Nachgeben hat das Ansehen der Japaner im Westen, in den USA, freilich nicht gesteigert. Im Gegenteil, bis Pearl Harbor tat der Rassenfimmel der Weißen die Ostasiaten gern als »kleine gelbe Männer«, als »gelbe« Junioren ab. Doch schon während des Ersten Weltkriegs hatte Japan seine Auslandsschulden getilgt und seine Produktion noch mehr gesteigert als die USA, wurde aber nach dem Krieg (in den es bereits 1914 eintrat, ohne jedoch Truppen nach Europa zu schicken) mit nur einigen deutschen Kolonien abgespeist.

Der japanisch-amerikanische Gegensatz wuchs Ende 1919 noch nach der Stationierung einer US-Flotte im Stillen Ozean, die allein fast so stark war wie die gesamte japanische. Da die USA zudem ihre Stützpunkte auf Hawaii, Guam, den Philippinen auszubauen planten, auch immer besser mit der Seemacht England zusammenspielten, fühlte Japan sich mehr und mehr isoliert und bedrängt. Gleichwohl wurde dies erstaunliche Land, die entstehende Weltmacht im Pazifik, für die USA das außenpolitische Problem Nummer Eins. Ihr Lieblingskind blieb China, das den US-Kapitalisten riesige Möglichkeiten zu eröffnen schien – bis 1914 hatten sie dort schon 245 Millionen Dollar investiert –, während das kleine Japan nichts bot als Konkurrenz: bis zum Beginn des Zweiten Weltkriegs lag es im Tempo industrieller Expansion nach der UdSSR an zweiter Stelle. Seine Macht war ökonomisch wie militärisch ständig gewachsen. Und während die Produktion seiner Schwerindustrie zwischen 1930 und 1942 auf das Fünffache stieg, trieb es schließlich auch eine aggressive Expansionspolitik. Immer mehr aufgerüstet stieß es 1937 bis China vor, und im folgenden langjährigen japanisch-chinesischen Krieg besetzte es bereits bis 1939 die ganze Küstenlinie.

Japan hatte 1936 den Antikominternpakt mit Deutschland unterzeichnet und am 27. September 1940 den Dreimächtepakt mit Deutschland und Italien. Andererseits schloss es aber auch am 13. April 1941 einen vierjährigen Nichtangriffspakt mit der Sowjetunion und erstrebte ernsthaft, wenn auch erfolglos, eine Verbesserung seiner Beziehungen zu den USA. Diese reizten jedoch die Japaner immer mehr. Am 26. September 1940 verhängt Roosevelt ein Embargo über die Ausfuhr von hochwertigem Schrott und Stahl. Davon ist Großbritannien ausgenommen, Japan aber besonders schwer getroffen. Am 5. November 1940 wird Roosevelt zum dritten Mal zum Präsidenten gewählt – was ohne Krieg kaum der Fall gewesen wäre. Und schon in seiner ersten Amtswoche spricht man im Kabinett über die Möglichkeiten eines Krieges mit Japan.

Natürlich wollte Roosevelt, ohnedies als »Internationalist« und »Wilsonianer« bekannt, in den isolationistisch gestimmten Staaten nicht als Kriegstreiber erscheinen. So geht er zunächst mit einer »Politik der Nadelstiche« vor, stellt er kaum annehmbare Bedingungen. Er fordert nicht nur eine Anerkennung der Politik der »Offenen Tür«, sondern verlangt auch Japans völligen Verzicht auf China. Derart verschärfen sich die Spannungen. Und als Japan am 24. Juli 1941 Indochina besetzt, werden in den USA zwei Tage darauf – es ist das Ende des japanisch-amerikanischen Handels – alle japanischen Vermögenswerte eingefroren, werden am selben Tag die bewaffneten Streitkräfte der Philippinen den USA unterstellt. Auch errichtet man unter dem reaktivierten General Douglas Mac Arthur ein Oberkommando für den Fernen Osten.

Die japanische Regierung möchte einlenken, ja, Fürst Konoye bietet Roosevelt eine Preisgabe des Dreimächtepaktes an – vergeblich. Ebenso enden Verhandlungen, die der Kronrat unter der neuen Regierung des Generals Hideki Tojo am 5. November beschließt, ergebnislos. Die USA stellen am 26. November zehn so radikale Gegenforderungen, dass Japan all seine bisherigen Erfolge aufgeben müsste. Vom Kriegswillen der Gegner – mit Recht – überzeugt, bereitet sein Generalstab den Angriff vor, zunächst sogar mit Wissen der japanischen Regierung. Er gilt dem US-Stützpunkt Pearl Harbor auf der Hawaii-Insel Oahu, wo mit Ausnahme der Flugzeugträger die ganze Pazifikflotte der Vereinigten Staaten versammelt liegt.

Das Opfer des Präsidenten

Am 25. November 1941 tagt das »Kriegskabinett« im Weißen Haus. Dabei äußert Roosevelt, dass »ein japanischer Angriff unmittelbar bevorzustehen scheine«, und auf nichts anderes wartete er ja. Freilich gab es »ein Problem« dabei. »Wenn man weiß«, sagt später Kriegsminister Stimson vor der Untersuchungskommission des Kongresses aus, »dass der Feind eben dabei ist zuzuschlagen, ist es nicht üblich zu warten, bis er auf uns springt und die Initiative ergreift. Trotz des Risikos, mit dem wir konfrontiert waren, falls wir den ersten Schuss den Japanern überließen, haben wir erkannt, wenn wir die volle Unterstützung des amerikanischen Volkes sichern wollen, wird es notwendig sein, ihm beweisen zu können, dass die Japaner diejenigen sind, die den ersten Schuss abfeuerten, denn da kann niemand mehr zweifeln, wer der Angreifer wäre«.

Der Präsident wollte unter allen Umständen den Krieg. Aber: die Japaner mussten beginnen, damit der Konflikt gerecht erschien und sein Land makellos dastand vor der Welt. »Die Frage war«, schreibt am selben Tag Kriegsminister Stimson in sein Tagebuch, »wie können wir die Japaner in eine Lage manövrieren, dass sie den ersten Schuss abfeuern, ohne uns damit einer zu großen Gefahr auszusetzen. Es war eine schwierige Aufgabe«. Doch Roosevelt löste das Problem. Er unterließ es absichtlich, die in Pearl Harbor stationierte US-Flotte über den bevorstehenden Angriff der Japaner zu informieren, der durch entzifferte Codes feststand!

Einen Tag nach der »Kriegskabinetts«-Sitzung im Weißen Haus, am 26. November, präsentiert US-Außenminister Hull den Japanern seine Bedingungen: vor allem Rückzug ihrer Truppen aus Indochina und China, was einem Ultimatum gleichkam, weshalb die japanischen Unterhändler erklärten, dass sie diese Bedingungen »unannehmbar« finden, »und es falle ihnen schwer, sie ihrer Regierung zu übermitteln«. Japans Außenminister Shigenori Togo, ein ungewöhnlich kluger Diplomat, notiert dazu, die Vereinigten Staaten hätten »weit über ihre äußersten je eingenommenen Punkte hinaus« solche Forderungen vorgebracht, »weil sie eine friedliche Regelung nicht wünschten, sondern darauf aus waren, Japan zur Aufgabe seines Platzes als fernöstliche Großmacht zu zwingen. Vor einer solchen Forderung zu kapitulieren, war für Japan gleichbedeutend mit Selbstmord; auf der anderen Seite bedrohten wirtschaftliche Blockade und militärische Einkreisung, die unter der Leitung der Vereinigten Staaten täglich enger wurden, Japans Existenz. Japan wurde zu dem Schluss getrieben, keine andere Wahl zu haben, als an diesem Punkt Stellung zu beziehen«.

Die Amerikaner fingen den ihnen bekannten Einsatzbefehl »Ostwind-Regen« bereits am 4. Dezember auf. Am 7. Dezember, einem Sonntagmorgen, beginnt um 7.55 Uhr der zweistündige Angriff durch japanische Trägerflugzeuge auf die US-Pazifikflotte in Pearl Harbor: 19 Schiffe, darunter 8 Schlachtschiffe, werden versenkt oder schwer beschädigt, rund 150 Flugzeuge abgeschossen, 2335 Soldaten und Matrosen sowie 68 Zivilisten getötet. Weitere Schläge folgen noch am selben Tag gegen die Philippinen sowie andere Stützpunkte der USA und Großbritanniens im Pazifik und in Ostasien. Präsident Roosevelt aber, der die eigene Flotte mit Absicht nicht gewarnt hatte (damit nur ja »der erste Schuss« nicht durch sie falle), ist wie erlöst; ja, seine Frau Eleanor berichtet in ihrem Buch *This I remember,* der Präsident, den sie kurz nach Erhalt der Nachricht sah, sei so »heiter« gewesen wie schon lange nicht. Der japanische Außenminister Togo freilich wurde später durch das berüchtigte »International Tribunal for the Far-East« wegen »Verschwörung zur Anzettelung eines Angriffskrieges« zu zwanzig Jahren Kerker verurteilt.

Natürlich war nicht nur Roosevelt überglücklich. Auch sein britischer Komplize, Premierminister Churchill, dem er im August versprochen hatte, den Krieg mit Japan noch um ein bis drei Monate aufzuschieben, war wie von einem Albdruck befreit. Die furchtbare Nachricht über das Desaster in Pearl Harbor, die Churchill während des Wochenendes auf seinem Landsitz Chequers durch das Radio erfuhr, gereichte ihm, bekennt er selbst, »zur größten Freude«, wusste er doch endlich die Vereinigten Staaten im Krieg. »Übersättigt von Aufregung und Gefühlsstürmen, ging ich zu Bett und schlief dankbar den Schlaf des Geretteten.« Ja, ein gutes Gewissen, ein sanftes Ruhekissen. Und sollte dieser Mensch, der bald Hunderttausende von deutschen Zivilisten durch seine Bomber killen ließ, über ein paar tote Amis oder gar »Japsen« sich erregen – außer eben durch Freudenstürme?

Roosevelt aber hatte nun, was er brauchte. Die Stimmung in den USA schlug blitzartig um, jetzt war auch das Volk zum Krieg entschlossen wie die Führung schon längst.

In einer dramatischen Kriegsrede am nächsten Tag sprach der Präsident von einem »Datum, das in Schande fortleben wird«. Doch die Schande trifft auch die USA, vielleicht sogar mehr. Denn man war vielfach gewarnt worden, und Roosevelt hatte den Schlag wohl provoziert und die Warnung seiner Truppen im Pazifik absichtlich unterlassen, um endlich einen Kriegsgrund zu haben. Kriegsminister Stimson notiert am 5. November 1941, das Kabinett sei sich einig gewesen, dass man nun die Japaner zum Feuern des ersten Schusses herausfordern müsse, ohne allzu große Verluste zu riskieren. Doch für den nur allzu kriegslüsternen Präsidenten und seine Chauvinisten Stimson, Hopkins, Knox, Morgenthau, Welles, von der Großfinanz und Großindustrie zu schweigen, mögen diese Verluste sehr erträglich gewesen sein.

Die Japaner drangen nach Pearl Harbor scheinbar unaufhaltsam an allen Fronten vor, errangen gewaltige Siege zu Wasser und zu Land; aber allmählich erlagen auch sie der Übermacht an Menschen und Material. Sie mussten von einer Insel zur anderen weichen – was man ganz lustig »Leap-Frogging« (Froschhüpfen) nannte. Mehrere US-Großoffensiven unter MacArthur und Admiral Chester W. Nimitz brachten sie weiter auf Trab, mehrere Seegefechte dezimierten ihre Flotte, bis davon schließlich nach der Schlacht im Golf von Leyte vom 23. bis 25. Oktober 1944 nur noch ein kümmerlicher Rest existierte.

Die japanische Armee war außerordentlich tapfer, ihre militärische Effektivität extrem hoch. Doch die USA hatten eine fast doppelt so große Bevölkerung, ihr Industriepotenzial betrug selbst in einem so schlechten Jahr wie 1938 das Siebenfache, ihre Staatseinnahmen das Siebzehnfache. Gegen einen solchen Giganten, auf dessen Seite auch noch ein großer Teil der Welt stand, konnte Japan nicht siegen.

Auch Nazideutschland verschätzte sich. Während die Alliierten, wie 1914/18, auf einen langen Krieg setzten, zum Vorteil des Kapitals, hatte Hitler einen Blitzkrieg konzipiert. Die deutsche Aufrüstung, die massiv nach 1935 begann, erreichte erst in den Jahren 1942–1945 das Niveau des Ersten Weltkriegs und erst im Juli 1944 ihren Gipfel. Dann aber fiel sie durch verschiedene schwere Engpässe rasch ab.

Nach dem Überfall der Japaner auf Pearl Harbor verstieg Hitler sich dazu, den USA den Krieg zu erklären, die ihn ihrerseits am 10. Dezember Deutschland erklärten. Ohne Hitlers unklugen Schritt aber hätte Roosevelt schwerlich die Zustimmung des Kongresses zum Krieg bekommen, jedenfalls kaum, solange die japanische Offensive im Pazifik noch nicht abgefangen war.

Den entscheidenden Fehler, militärisch gesehen, aber machte Deutschland mit dem Angriff auf Russland. Er sollte den Kampf mit England verkürzen, verlängerte ihn jedoch. Gewiss wäre Hitler eines Tages ohnedies über Russland hergefallen, aber er hätte sich zunächst einen Zweifrontenkrieg erspart, vor dem ihn verschiedene Militärs und Diplomaten noch während des Aufmarsches im Osten warnten. Und zumindest vorerst drohte von der Sowjetunion keine Gefahr. Im Gegenteil, sie suchte einen Konflikt mit Hitler zu vermeiden, da sie weder politisch noch militärisch darauf vorbereitet war. Ihre Streitkraft reichte kaum zur Verteidigung des eigenen Landes aus, und ohne Hilfe des Westens, vor allem der USA, wäre sie Hitler wahrscheinlich erlegen, wie freilich auch der Westen ohne ihren Kriegseintritt.

Stalin hatte, heißt es, nach dem deutschen Überfall einen Nervenzusammenbruch, vielleicht den ersten seines Lebens.

Vergnügen mit Stalin

Nach Lenins Tod 1924 sicherte sich Jossif Wissarionowitsch Stalin die unumschränkte Autorität. Der Nachkomme leibeigener Kleinbauern, der Sohn des georgischen Schuhmachers und Fabrikarbeiters Dschugaschwili, befehligte nun das größte Machtpotenzial der Diktatoren aller Zeiten.

Nur selten wird erwähnt oder gar hervorgehoben, dass Stalins infernalischer Hass, seine Tücke, Rachsucht, die fürchterliche Frucht einer negativen Vaterbeziehung, bei seiner Ausbildung zum Priester noch gefördert worden sind, dass er schließlich anstelle des einen Dogmatismus nur den anderen setzte.

Im Priesterseminar von Tiflis, wo Mönche und Inspektoren die Seminaristen argwöhnisch, ja, feindselig bewachten, beobachteten, ihre Zimmer und sie selbst untersuchten, schon die geringsten »Verbrechen«, wie Lesen eines unerwünschten Buches, bestraften, wurde

Stalins Hass auf Obrigkeiten, sein künftiger Tenor, wurden seine Racheträume in den Jahren von 1894 bis 1899 regelrecht herangezüchtet. »Hier«, schreibt Gustav Bychowski, einst Ordinarius für Psychiatrie in Warschau, in seinen psychoanalytischen Persönlichkeits- und Geschichtsdeutungen diverser »Diktatoren«, »hier absolvierte der spätere Revolutionär eine Lehre in der Ausübung von Kälte, Grausamkeit und Arglist … Als Josef Stalin mit der revolutionären Bewegung in Berührung kam, brach er mit der Theologie und setzte den Marxismus an die Stelle der griechischen Orthodoxie. Für ihn war es nur natürlich, dass er ihm mit dem dogmatischen Fanatismus anhing, den er bei seinen theologischen Studien entwickelt hatte.«

Den anglo-amerikanischen Waffenbrüdern war Stalins beinah beispielloser, zumindest bis dahin selbst Hitler in den Schatten stellender Despotismus natürlich bekannt.

Bekannt waren ihnen seine erbarmungslosen Ausrottungsmechanismen, seine fürchterlichen Terrororganisationen, die aus der Tscheka 1922 hervorgegangene berüchtigte GPU und schließlich, seit 1934, der ebenso gefürchtete NKWD, erst 1960 aufgelöst. Bekannt waren ihnen die verheerenden »Säuberungen« zwischen 1936 und 1939, die in der Geschichte als »Jeschowschtschina« sozusagen fortlebenden Massenexekutionen, »eine Art Bartholomäusnacht in Permanenz« (Georg W.F. Hallgarten). Bekannt waren ihnen eine Reihe Aufsehen erregender Entführungs- und Mordfälle, wodurch Stalin sich seiner Gegner entledigte. Bekannt war ihnen, dass der rote Zar die lange Reihe russischer Despoten seit Iwan IV., dem Schrecklichen, vielleicht vielhundertfach übertraf. Bekannt war ihnen, dass er Millionen und Abermillionen Unschuldiger in die entferntesten Winkel Sibiriens und Kasachstans zur Zwangsarbeit verschleppen ließ, um auch derart seine Fünfjahrespläne und die monströse sowjetische Industrialisierung buchstäblich durchzupeitschen. Das alles hielt weder den Nobelmann Churchill noch gar Roosevelt ab, sich eng mit Stalin zu verbünden. Sobald er allerdings seine Hilfe geleistet hatte, ließ ihn Churchill fallen und bekämpfte ihn; Roosevelt hinderte der Tod daran.

Das Waten in Blut machte Stalin fast so wenig unpopulär wie Hitler. Die Masse der Russen sah anscheinend so wenig einen Grund, sich gegen Stalin zu erheben, wie die Masse der Deutschen einen Grund sah zu einem Aufstand gegen Hitler. Den meisten Deutschen ging es zunächst besser, und den meisten Russen auch. Besuchten zu

Beginn des Ersten Weltkriegs nur 8 Millionen Russen Schulen und Universitäten, so vor dem Zweiten Weltkrieg bereits mehr als 31 Millionen.

Vor allem aber hatte Stalin die Sowjetunion zu einem riesigen Industrieimperium entwickelt. Allein im letzten Jahrzehnt vor 1939 war die Zahl der Industriearbeiter von 11 auf 28 Millionen emporgeschnellt, die Eisenproduktion von 4 auf 18 Millionen Tonnen, die Ölförderung von 11 auf 32 Millionen Tonnen, die Förderung von Kohle von 30 auf 133 Millionen Tonnen. Und so wenig Stalin zuerst an Hitlers Verrat glauben mochte, denn Hitler war ihm sympathischer zumindest als alle bürgerlichen Herren des Westens, so wenig mochte Hitler an die von Stalin geschaffene gigantische Rüstungsindustrie in Innerasien glauben, die es dem roten Diktator ermöglichte, noch während des Krieges die Erzeugung von Munition auf das Vierfache, die von Geschützen und Flugzeugen auf das Fünffache, die von Tanks auf das Fünfzehnfache zu steigern. Noch im Augenblick des deutschen Angriffs ließ Stalin 1300 Fabriken aus dem Westen nach Innerasien verfrachten. Und all dies und mehr, obschon sein Land Jahr für Jahr Millionen Menschen durch die Deutschen verlor.

Gleichwohl standen die Sowjets Ende 1941 vor dem völligen militärischen Zusammenbruch. Dann aber verstärkten sie die Aufrüstung der Armee enorm, freilich auf Kosten der zivilen Industrieproduktion, auf Kosten auch der Landwirtschaft. Immerhin entging Russland diesmal einer Hungerkatastrophe, weniger durch auswärtige Nahrungsmittellieferungen als durch Kollektivierung seiner Landwirtschaft. Doch begannen seit dem Oktober 1942 großzügige amerikanische Transporte. Schließlich hatte die US-Industrie Stalin schon einmal in entscheidenden Jahren unterstützt. Und spätestens seit dem 16. November 1933, der diplomatischen Anerkennung der Sowjetunion durch die USA – ein selbst von erzkonservativen Senatoren befürworteter Schritt –, erhofften sich davon die Geld- und Geschäftskreise sowie der Präsident eine Belebung des Außenhandels, was sich indes als eine Fehlkalkulation erwies.

Und während des Zweiten Weltkriegs blieben die Lieferungen der Angloamerikaner an die UdSSR hinter deren Wünschen zurück. Stalin beargwöhnte dies als Versuch der Westmächte, Deutschland und Russland sich gegenseitig ruinieren zu lassen, eine Vermutung, die wahrscheinlich so falsch nicht war. Immerhin schickten die Alliierten bis zum Ende des Krieges 2660 Schiffe nach Russland, wovon, nach

US-Angaben, 77 versenkt wurden. Die Gesamtladung im Wert von elf Billionen Dollar betrug 16 529 791 Tonnen Lieferungsmaterial, wovon 15 234 791 Tonnen Russland erreichten: 427 284 Lastkraftwagen, 13 303 Kampfwagen, 35 170 Motorräder, 2 670 371 Tonnen Flugzeugbenzin, 4 478 116 Tonnen Lebensmittel, nicht zuletzt, durch USA und Großbritannien gemeinsam, 20 000 Flugzeuge. – So viel war damals die Sowjetunion den Alliierten wert. Als aber der eine Gegner mit Russlands Hilfe, und nur mit seiner Hilfe, geschlachtet war, trat Russland als neuer Feind an seine Stelle.

Besonders weitsichtig erwies sich in dieser Hinsicht die englische Führung.

Die Briten steckten Schlag auf Schlag von Hitler ein, und er hätte sie ohne Zweifel in Kürze zusammengeschlagen, wären eben die Russen und die USA nicht gewesen. Sie umwarb Churchill, wobei er freilich nicht viel zu werben brauchte. Doch tat der Premier, der bereits vierzehn Tage nach Pearl Harbor eine Woche lang in Washington vorsprach, alles, um die russische Front, die ihm ja nächst der deutschen am fatalsten war, nicht zu früh zu entlasten. Bloß das nicht! Stalin mochte noch so drängen, Roosevelt diesem auch schon für 1942 eine zweite Front, eine Front im Rücken Deutschlands, versprechen, Churchill konnte das Unternehmen »Overlord«, die Invasion, bis 1944 hinausschieben. Das kostete sehr viel mehr Russenköpfe, aber sehr viel weniger der übrigen Alliierten, eine glatte Rechnung.

Solange keine »Zweite Front« bestand, solange die Invasion der Alliierten im Westen nicht begonnen hatte, war dies für Stalin begreiflicherweise stets das Problem Nummer Eins … »Ihre Front brannte und blutete auf einer Länge von über dreitausend Kilometern; die Deutschen standen nur achtzig Kilometer vor Moskau und rückten bereits auf das Kaspische Meer zu …« So beschrieb Churchill in Erinnerung an seinen Besuch im Kreml im August 1942 die Situation der Russen. Doch mochte die russische Front auch brennen und bluten, so viel sie wollte, Hauptsache sie stand. Im Übrigen: je mehr Brand und Blut dort, desto besser doch …

Als der Brite seinerzeit erstmals Stalin persönlich begegnete, waren ihre Unterhaltungen teilweise, so Churchill, »äußerst unangenehm«. Insbesondere kritisierte Stalin, die Alliierten hätten ihre Zusage hinsichtlich »Sledgehammer« (der Deckname für ihre Landung bei Cherbourg) gebrochen. Weiter, wie ebenfalls Churchill mitteilt, »dass wir das Russland versprochene Kriegsmaterial zu liefern unterließen und nur die Überbleibsel – das, was wir nicht für uns brauchten – gesandt hätten«.

Churchill hasste die Sowjetunion glühend. Aber im Kampf gegen Hitler wäre er ohne sie gescheitert. So suchte er nicht nur »mit Gottes Hilfe die Welt von diesem Scheusal« zu befreien, sondern auch mit Hilfe der doch kaum minder bösen Bolschewiken. Vorerst aber wollte Churchill »Russland und dem russischen Volk jedmögliche Hilfe gewähren, die wir gewähren können. Wir werden an unsere Freunde und Bundesgenossen in aller Welt appellieren, den gleichen Kurs einzuschlagen und daran festzuhalten, wie wir dies getreu und ohne zu schwanken bis zum Ende tun werden …« Dann aber wollte Churchill, nach Beseitigung des einen Scheusals, das andere erledigen, das ohne Zweifel ihm viel mehr geholfen hatte als er ihm. Im Krieg warb er um sowjetischen Beistand, nach dem Krieg attackierte er wie kein Zweiter die Sowjetunion.

Vermutlich hätte sich Roosevelt in der Nachkriegszeit nicht viel anders verhalten. Er war, wie fast jeder gute, das heißt schlechte Politiker, eine nicht nur kompromisslerische, sondern auch opportunistische, notfalls getrost über Leichen gehende Natur. Doch persönlich trat der Amerikaner dem Kremlboss ganz anders gegenüber.

Der Präsident hatte lange um eine Begegnung mit Stalin geworben. Und nichts, »kein einziges Erlebnis im Kriege«, in dem es doch Dünkirchen und Stalingrad gab, die Verwüstung deutscher Städte, die Konzentrationslager, die Vergasung der Juden, kurz, Millionen um Millionen unschuldiger Opfer, nein, nichts erschütterte den US-General John R. Deane nach eigenem Bekenntnis mehr, als erleben zu müssen, »wie der Präsident der Vereinigten Staaten vom Rollstuhl ins Auto oder Flugzeug gehoben, an Bord eines Schiffes und wieder an Land gebracht wurde und so um die halbe Welt reiste, nur um mit Joseph W. Stalin zusammenzukommen.« Offenbar wusste Roosevelt besser, was die USA den Russen verdankten, als der General. Die Amis wollten und wollen es nicht mehr wissen: der Mohr hat seine Schuldigkeit getan.

Präsident Roosevelt jedenfalls war seinerzeit nicht nur ausgesprochen prorussisch, sondern auch von der sowjetischen Superbestie, deren Massenmorde er natürlich kannte, äußerst angetan. Gegenüber seinem Sohn Elliott nannte er Stalin nach der ersten privaten Begegnung Ende November 1943 in der Teheraner Sowjetbotschaft, wo Roosevelt wohnte, »sehr, sehr selbstbewusst, sicher seiner selbst – im ganzen recht eindrucksvoll«. Als Elliott fragte: »Er gefällt dir?«, nickte der Präsident »nachdrücklich mit dem Kopf«. Und nach der ersten Vollkonferenz bekannte er dem Sohn: »Ich bin sicher, dass Stalin und ich einander gut verstehen werden.« »Er leistet ganze Arbeit, dieser Mann.« Das konnte man wohl sagen, in vieler Hinsicht. Roosevelt fuhr fort: »Er behält sein Ziel fest im Auge. Es ist ein Vergnügen, mit ihm zusammenzuarbeiten«.

Nun war aber nicht nur der Präsident ausgesprochen russophil und insbesondere Stalin sehr gewogen, sondern auch die amerikanische Nation. Vor allem aber seien sich »alle Leute in Washington«, schrieb James Forestal, Marineminister in der Roosevelt-Administration, darüber einig, dass Stalin »ein netter, offener und anständiger, kurz und gut, ein prachtvoller Bursche ist«.

Teheran oder Möglichst viele Deutsche töten

Stalin hatte schon beim ersten kurzen Gespräch mit Roosevelt dessen Eitelkeit erkannt, kannte auch wohl seine Vorliebe für ihn selbst und schlug, ein kluger Schachzug, den Amerikaner zum Vorsitzenden ihrer Konferenz vor; was Churchill akzeptieren musste, wollte er nicht sich oder Stalin dafür nennen. Im Übrigen ruhte alles fest in Stalins Hand. Er hatte, nach großen Schwierigkeiten, Teheran als Konferenzort durchgesetzt. Er hatte Roosevelt, indem er Attentatsgerüchte lancieren ließ, schon einen Tag nach der Ankunft auch in die Sowjetbotschaft gebracht. Er bestimmte auch das Gesprächsthema und beherrschte die Diskussion. Sir Anthony Eden, Earl of Avon, der britische Außenminister, ist vom Verhandlungsgeschick des roten Zaren fasziniert gewesen: »Marschall Stalin war als Unterhändler der zäheste von allen. In der Tat, mit fast dreißigjähriger Erfahrung in internationalen Konferenzen, wäre mir erlaubt, eine Mannschaft für eine Konferenz nach meinem Geschmack zusammenzustellen, Stalin wäre meine erste Wahl. Der Mann war selbstverständlich unbarmherzig und kannte seine Wirkung. Er sprach nie ein überflüssiges Wort, tobte nie und war nur selten erregt. Zurückhaltend, ruhig, erhob er nie die Stimme ...«

Hauptgegenstand der Verhandlungen ist die geplante anglo-amerikanische Invasion in Westeuropa gewesen, unterstützt sowohl von einer Flankenoperation in Südfrankreich als auch einer sowjetischen Offensive.

Churchill suchte die Invasion fortgesetzt hinauszuschieben, und als er sah, dass dies nicht mehr möglich war, plädierte er für eine zweite Angriffsoperation auf dem Balkan, um die Rote Armee von Österreich, Rumänien, Ungarn fern zu halten. Das war Eingeweihten allgemein bekannt. Roosevelt selbst äußerte in Teheran, wo Churchill wieder, ohne es je direkt zu sagen, in diesem Sinn wirkte: »Stalin wusste es, ich wusste es, jedermann wusste es«. Churchill dachte damals schon ständig an die Nachkriegszeit, wie freilich auch Stalin, der Churchill nicht mochte. »Stalin«, sagte Roosevelt in Teheran zu dem Premier, »kann die Art Ihrer ganzen Oberschicht nicht leiden. Mich, meint er, hat er lieber, und ich hoffe, es wird dabei bleiben«.

Natürlich klangen bei den Konferenzen die verschiedensten Themen an. Zum Beispiel präsentierte der Präsident auch seinen »Weltregierungsplan« – noch relativ bescheiden, da er, im Unterschied zu der US-Anmaßung heute, nicht an einen, sondern an vier »Polizisten« dachte, die über die Weltordnung wachen: USA, Sowjetunion, China und Großbritannien. Stalin amüsierte sich sehr, meinte aber nur, dass er die Eignung Chinas als Polizei für Europa etwas bezweifle.

Auch die Zerschlagung Deutschlands wurde selbstverständlich ventiliert. Die Amerikaner regten eine Zerstückelung in fünf Teile an. Churchill wollte besonders das verdammte Preußen von Süddeutschland getrennt sehen. Stalin fand zwischen Nord- und Süddeutschen keinen grundsätzlichen Unterschied, »denn alle kämpfen wie die wilden Tiere«, »alle wie ein Teufel …«

Stalin fürchtete die Deutschen auch in der Nachkriegszeit. Er sagte: »Die Deutschen sind ein tüchtiges Volk, voller Erfindungsgeist und sehr fleißig; sie werden nicht lange zu ihrer Erholung brauchen«. Churchill hielt wenigstens »bestimmte Kontrollmaßnahmen« für nötig und plädierte für eine enge Freundschaft zwischen Großbritannien, den Vereinigten Staaten und der Sowjetunion. Diese Staaten müssten Deutschland gemeinsam überwachen und »die Leitung der Welt übernehmen …« Doch dürfte er dabei am wenigsten an die Sowjetunion gedacht haben.

Einig war man sich einstweilen darin, die Deutschen in Massen umzubringen, in möglichst großen Massen; je mehr desto besser. Auch Zivilisten selbstverständlich, wie das beinah wahllose Zusammenbomben deutscher Städte immer furchtbarer zeigte.

Seinem Sohn Elliott gestand Roosevelt in Teheran, »dass die einfachste Methode, um möglichst viele Deutsche unter möglichst geringen eigenen Verlusten zu töten, darin bestehe, eine große Offensive aufzubauen und dann mit allen Mitteln zuzuschlagen, die uns zur Verfügung stehen«. Diese Ansicht, sagte Roosevelt, leuchte auch »Uncle Joe (Stalin) ein. Sie leuchtet auch unseren Generälen ein. Sie waren dieser Meinung seit Beginn des Krieges, ja, wie ich vermute, schon vorher ...«

Fraglos auch Churchill, einer der blutgierigsten Deutschenhasser aller Zeiten, ein fetter britischer Bulle, der im Töten von Deutschen das erste Ziel des Krieges sah. US-General Albert C. Wedemeyer, der Churchill in London von der Notwendigkeit einer Landung in der Normandie zu überzeugen hatte, sprach oft und lang mit dem Premier und erklärte von ihm: »Er führte Krieg wie ein Indianerhäuptling aus Arizona, der darauf erpicht ist, möglichst viele feindliche Skalps zu erbeuten ...« Churchill selbst sagte zu dem Brigadier Fitzroy MacLean, dem zu Marschall Tito gesandten, er habe nicht Politik auf lange Sicht zu machen, sondern »einfach herauszufinden, wer die meisten Deutschen tötet, und Mittel vorzuschlagen, durch die wir ihnen helfen könnten, noch mehr zu töten«. Jede andere Politik oder Richtlinie war für Churchill eine »zweitrangige Betrachtungsweise«.

Einmal erhob sich Stalin in Teheran zwischen Wodka, Krim-Sekt und Kaviar und brachte einen »soundsovielten Trinkspruch« aus, indem er trank »auf die möglichst rasche Justiz für alle deutschen Kriegsverbrecher – auf die Justiz einer Erschießungsabteilung. Ich trinke auf unsere Entschlossenheit, sie sofort nach der Gefangennahme zu erledigen, und zwar alle, und es müssen ihrer mindestens fünfzigtausend sein«. Nach einem anderen Augen- und Ohrenzeugen sprach Stalin von »mindestens 50 000, aber wahrscheinlich 100 000«. Doch da stand Churchill auf und brüllte mit hochrotem Kopf: »Ein solches Vorgehen steht in schroffem Gegensatz zu der britischen Auffassung vom Recht. Das britische Volk wird nie und nimmer einen solchen Massenmord billigen.« »Man kann nicht Soldaten kaltblütig hinrichten, die für ihr Land gekämpft haben.«

Insgeheim erwog Churchill wohl schon, die Deutschen nach dem Krieg in einem neuen oder gleich fortgesetzten Krieg gegen die »Roten« sterben zu lassen. Roosevelt wiegelte seinerzeit zwischen »Ihrer Auffassung, Mr. Stalin, und derjenigen des Premierministers, meines guten Freundes« ironisch ab und wollte sich »auf eine kleinere Zahl, sagen wir rund 49 500, von Kriegsverbrechern einigen, die summarisch hingerichtet werden sollen.«

In Wirklichkeit tastete der Westen die Nazigeneralität nicht an. Er nahm sie vielmehr in Dienst, um sie, gegebenenfalls, wider den bisherigen Waffenbruder zu jagen. Eine Hand voll Hitler-Häuptlinge hängte man, und eine zahlreiche, nicht sehr viel minder hohe, meist ebenso fanatisch für den »Führer« fechtende militärische Elite ehrt man seitdem. Ein Hoch auf die Schizophrenie! Auf die globale Verlogenheit! Warum lachen wir nicht wenigstens? Lachen uns kaputt über Leute, die mit todernster Miene Ehrenformationen abschreiten? Ehre? Man wechselt die Front und tötet weiter und wieder, für Geld, den Sold – Soldat!

Auch über die künftigen Grenzen Polens sprachen die »Großen Drei« in Teheran. Stalin wollte weder weißrussisches noch ukrainisches Gebiet preisgeben, sondern an »den ethnographisch richtigen Grenzen von 1939« festhalten. »Ich will keine polnische Bevölkerung und verzichte gerne auf Distrikte, die von Polen bewohnt sind.« Er war für eine Wiederaufrichtung und Vergrößerung Polens »in erster Linie auf Kosten Deutschlands«. Roosevelt, damit völlig einverstanden, drang darauf, die Beschlüsse geheim zu halten, auch die Einverleibung der baltischen Staaten in die Sowjetunion. Angesichts des bevorstehenden Wahlkampfes, der ihm noch einmal die Präsidentschaft bringen sollte, wollte er nicht seine Millionen polnische und baltische Wähler vergraulen.

Als ein halbes Jahr nach der Teheraner Konferenz, im Juni 1944, Polens Exil-Ministerpräsident Stanislaw Mikolajczyk ins Weiße Haus kam, log ihm der Präsident, der bereits in Teheran Stalins Forderungen betreff Polens Grenzen uneingeschränkt akzeptiert hatte, die Hucke voll und lehnte jetzt jede territoriale Änderung vor dem Kriegsende ab. Nicht nur Lemberg, auch Tarnopol und Ostgalizien mit den Ölfeldern sollte Polen behalten. Außenminister Eden, dem Mikolajczyk Roosevelts Versprechungen berichtete, notierte darauf für das Foreign Office: »Der Präsident wird nichts für die Polen tun ... die armen Polen täuschen sich jämmerlich ...«

Nicht täuschte Roosevelt die Deutschen – offenbar hatte er von Wilson gelernt. Jedenfalls soll Roosevelt die Formel von der bedingungslosen Kapitulation, »Unconditional Surrender«, geprägt haben, am 23. Januar 1943 beim Lunch mit Churchill und dem Präsidentensohn, wobei der kauende Premierminister recht rasch zustimmte: »Ausgezeichnet! Ich kann mir vorstellen, wie Goebbels und die ganze Gesellschaft toben werden!« Freilich gibt es verschiedene

Versionen über das Zustandekommen des folgenschweren Schlagworts.

Jalta und ein wenig Aktenfälschung

Nach Teheran war Stalin zu einem weiteren Treffen mit Roosevelt und Churchill außerhalb Russlands um keinen Preis zu bewegen. Roosevelt, bereits todkrank, fuhr zu ihm, und in Jalta, an der russischen Küste des Schwarzen Meeres, fassten »The Big Three« zwischen dem 4. und 11. Februar 1945 weitere Beschlüsse, die die Welt nur weiter ins Unglück stürzten.

Die drei Staatsmänner wiederholten die Forderung nach der bedingungslosen Kapitulation. Sie überwiesen das sowjetische Begehren nach deutschen Reparationen in Höhe von 20 Milliarden Dollar an eine Reparationskommission. Sie beschlossen die Einführung von Zwangsarbeit, den Bruch des Versprechens auf das Selbstbestimmungsrecht, die Vertreibung von Millionen von Menschen von Haus und Hof.

In sieben von acht Plenarsitzungen sprach man über Polen, ja, nach Churchill war Polen »der dringlichste Grund« für das Gipfeltreffen in Jalta gewesen. Nach der »Vereinbarung« sollte Polens Ostgrenze künftig die so genannte Curzon-Linie bilden, dafür Polen im Westen großzügig durch deutsche Gebiete entschädigt werden. Das »Selbstbestimmungsrecht der Völker« wurde rigoros missachtet. Auf der einen Seite sollten elf Millionen Menschen, die im Vorkriegspolen östlich der Curzon-Linie wohnten, einfach unter sowjetische Herrschaft kommen. Auf der anderen Seite sollten zehn Millionen Deutsche auf die Straße gesetzt und vertrieben werden, aus Ostpreußen, Pommern, Brandenburg, Schlesien; seit dem Hoch-, dem Spätmittelalter, seit mehr als einem halben Jahrtausend deutsche Gebiete. »Es ist keine Übertreibung, wenn man sagt, dass Königsberg und Breslau fast ebenso lange deutsch gewesen sind wie London englisch« (Crocker).

Churchill konnte in Jalta nicht einmal eine Aufnahme der Exilpolen in die Lubliner, später Warschauer Regierung erreichen. Stalin blieb hart und bedankte sich für die generösen anglo-amerikanischen Präsente auf Kosten anderer durch einen längeren Trinkspruch (»Ich bin ein alter Mann, darum rede ich so viel«) bei einem Diner am 8.

Februar im Jussupow-Palais, indem er seine angelsächsischen Partner subtil verhöhnte. »Als einfacher, ungekünstelter Mensch denke ich«, sagte er, »es ist das beste, meinen Verbündeten nicht zu betrügen, auch wenn er ein Tor ist«. Roosevelt gestand darauf Stalin gerührt, der Premierminister und er – »wir haben untereinander einen Kosenamen für Sie, und das ist ›Uncle Joe‹«.

Roosevelt und Stalin schlossen in Jalta auch ein Geheimabkommen. Darin sagte die Sowjetunion zu, Japan nach Niederwerfung Deutschlands den Krieg zu erklären. Dafür sollte die mongolische Volksrepublik erhalten bleiben, sollten die »früheren Rechte Russlands, die durch den tückischen Angriff Japans im Jahre 1904 verletzt worden waren, wiederhergestellt werden ...« In Wirklichkeit aber hatte das zaristische Russland diese vermeintlichen »Rechte« durch einen Angriff auf China erworben, wurde somit weniger Japan als China gestraft. Weiter sollte die Sowjetunion Süd-Sachalin, Port Arthur, die Kurileninseln (die nie russisch waren) bekommen, sollten die ostchinesischen und südmandschurischen Eisenbahnen einer sowjetisch-chinesischen Gesellschaft unterstellt werden.

Von diesem Geheimvertrag erfuhren selbst die meisten amerikanischen Konferenzteilnehmer nichts. Er wurde auch dem amerikanischen Volk verschwiegen. Denn dieser Vertrag, der eine Verletzung der Atlantik-Charta war, der ohne Wissen Chinas abgeschlossen wurde und darauf hinauslief, den Schlüssel zu China, ja, zu einem großen Teil des Fernen Ostens, nämlich die Mandschurei, unter sowjetische Kontrolle zu bringen, war selbst in der an Vertragsbrüchen überreichen US-Geschichte beinahe beispiellos. William Bullitt, einst US-Botschafter in Moskau, urteilt: »Präsident Roosevelt brach sein der chinesischen Regierung in Kairo gegebenes Versprechen und unterschrieb – insgeheim hinter dem Rücken der Chinesen – ... ein Abkommen, durch das die lebenswichtigen Rechte Chinas in der Mandschurei dem sowjetischen Imperialismus geopfert wurden ... Angesichts Roosevelts in Kairo gegebenem Versprechen ... war dieses Geheimabkommen durchaus unehrenhaft.« Der Amerikaner Crocker schreibt: »Sicherlich gehörte diese Abmachung zu den schimpflichsten Beispielen internationaler Treulosigkeit in der Geschichte. Sie stellt den Plan auf gleiche Stufe mit einem Raubüberfall mit vorgehaltener Pistole«. Der Vergleich hinkt, wie alle Vergleiche, die gewisse Staatsmänner nur mit Gaunern vergleichen ...

Der right honourable Sir Winston Churchill versuchte sich später zu distanzieren, windig herauszureden. Es sei »eine amerikanische Angelegenheit« gewesen, »wir wurden nicht um Rat gefragt, sondern lediglich um unsere Zustimmung gebeten.« Aber er stimmte eben zu. Der Edelmann unterschrieb im Namen Großbritanniens diesen Starbanditenstreich. Auch steht in dem Geheimabkommen der von Stalin unerbittlich durchgesetzte Satz: »Die Regierungschefs der drei Großmächte sind übereingekommen, dass diese Forderungen der Sowjetunion nach der Niederwerfung Japans unter allen Umständen erfüllt werden sollen.«

Die Spitzengarnitur saß mit ihren Stäben um einen runden Tisch vereint, und gleich hinter dem Präsidenten saß der US-Diplomat Alger Hiss, der dann als kommunistischer Spion entlarvt und zu zehn Jahren Gefängnis verurteilt wurde. Er schob während der Konferenz dem Präsidenten wiederholt Zettelchen zu, erhielt auch von ihm welche und beeidete später vor einem Kongress-Ausschuss (doch sollte man Politikereiden besonders misstrauen): »Es ist eine zutreffende und nicht unbescheidene Behauptung, wenn ich sage, dass ich bis zu einem gewissen Grade das Jaltaer Abkommen formulieren half«.

Als das US-Außenministerium die Jalta-Akten im März 1955 endlich freigab, waren sie bereits »gesäubert«, gesäubert nämlich von etlichem Dreck, der zwar die Welt weiter verunstaltete, aber nun nicht mehr das Papier. Der Amerikaner George N. Crocker berichtet: »Zwei Historiker des State Department, die an der Zusammenstellung arbeiteten, haben durchblicken lassen, dass man sie unter Druck gesetzt habe, die Protokolle zu »verniedlichen« und gewisse belastende Einzelheiten herauszustreichen, um die Regierung Roosevelt ›abzuschirmen‹.« Der Saubermann Churchill war gegen die Veröffentlichung der Akten überhaupt.

Roosevelt, in Jalta schon todkrank, nur noch ein Schatten seiner selbst, starb zwei Monate später, am 12. April 1945, in Warm Springs, Georgia, an einem Gehirnschlag. »Mein Führer«, sagte Goebbels ekstatisch zu Hitler, »ich beglückwünsche Sie. Roosevelt ist tot.« Am 28. April wurde Mussolini von kommunistischen Partisanen auf der Flucht in die Schweiz geschnappt, erschossen und an den Beinen aufgeknüpft. Am 30. April beendete auch Hitler im Bunker unter der Reichskanzlei sein welthistorisches, von den Vereinigten Staaten so reichlich finanziertes Banditenleben – und Roosevelts Nachfolger tätigte wenige Monate später in Japan Verbrechen von einer Art, von der selbst ein Hitler nur träumen konnte …

Harry Truman (das »S« ist nur eine spätere Schmuckzutat) war der Sohn eines Pferdehändlers aus Missouri und hatte es schon mit vielen Berufen versucht, als Bankangestellter, Bauer, Artilleriehauptmann im Ersten Weltkrieg. Doch erst nachdem er noch als Inhaber eines kleinen Geschäfts mit Knöpfen, Nähnadeln, Garn, Gummibändern und dergleichen bankrott gemacht hatte, stieg er zum Präsidenten der Vereinigten Staaten auf. Den Weg zu diesem Aufstieg bereitete ihm der Vorsitzende der demokratischen Partei von Missouri, Tom Pendergast, der einen beträchtlichen Teil seines späteren Lebens hinter schwedischen Gardinen saß.

Harry Truman las gern historische Romane – seine amerikanischen Lieblingshelden waren der Südstaatengeneral Lee und der Südstaatengeneral und spätere Präsident Jackson, der Indianerkiller. Er spielte gern Mozart, Beethoven, Chopin, und er befahl, die ersten Atombomben auf zwei Städte zu werfen – und mit dem Blut von ein paar hunderttausend Japanern wird sein Name haften auf den Schandblättern der Geschichte.

Die Japaner hatten nach Pearl Harbor durch ihre gewaltige Materialüberlegenheit einen Sieg nach dem anderen errungen, hatten in kurzer Zeit die Philippinen, Malaysia, Hongkong erobert, schließlich alle Inseln des Südpazifik, kurz den ganzen ostasiatischen Raum unter ihre Kontrolle gebracht – mit dem verhältnismäßig »geringen« Verlust von 15 000 Toten. Sie waren mit Luftlande- und Bodentruppen von einer strategisch wichtigen Insel zur andern gelangt, immer die letzte als Sprungbrett für die nächste benützend. Und mit derselben Taktik stießen dann die USA – nach den siegreichen Flottenschlachten in der Korallensee und bei den Midway-Inseln – nach Japan vor. Zwischen März und Juni 1945 eroberten sie die Insel Okinawa in einer der blutigsten Schlächtereien des Zweiten Weltkriegs. Die Japaner verloren dabei 3500 Flugzeuge, die sich in Todesflügen (Kamikaze) auf die amerikanischen Landungsboote stürzten. Nach der Niederlage verübten die beiden japanischen Generäle in voller Uniform Harakiri, indem sie sich, dem Ehrenkodex der Samurai gemäß, eigenhändig den Bauch aufschnitten. Und viele japanische Offiziere nahmen sich gleichfalls das Leben.

Der Krieg war, wie für Hitler, auch für Japan längst verloren, kein Endkampf mehr nötig, wozu man die Russen verpflichtet hatte, deren

Einmarsch in die Mandschurei man nun freilich unbedingt verhindern wollte. Und gerade diese Absicht sollte die fatalste militärische Folge des Krieges haben.

Inzwischen nämlich besaßen die USA die Atombombe, an der für zwei Milliarden Dollar bis zu 120 000 Menschen, darunter viele führende Physiker der Welt, gearbeitet, die Staaten zunächst jedoch kaum Interesse hatten: das Marineministerium genehmigte ursprünglich für Atomexperimente 6000 Dollar. Am 16. Juli 1945 aber wurde in New Mexico das erste Ungeheuer gezündet, wobei die beteiligten Wissenschaftler, mit dem Rücken zur Explosion gewandt, einen kurzen Freudentanz aufführten. Nur J. Robert Oppenheimer kam in diesem Augenblick »plötzlich eine Stelle aus der ›Bhagavad-Gita‹ in den Sinn: Ich bin zum Tod geworden, dem Zerstörer der Welten«.

Dieser Gedanke konnte dem bankrotten Schnürsenkelhändler aus Missouri nicht kommen. Dafür kamen ihm ganz andere, sozusagen praktische, verwertbare Gedanken, Gedanken eben eines Realpolitikers.

Truman hatte die Nachricht von dem »geglückten« Atomversuch in New Mexico auf der Konferenz in Potsdam erhalten. Wegen einer leichten Herzattacke Stalins war das Treffen um zwei Tage, auf den 17. Juli, verschoben worden. Der rote Zar gab aber wie sonst den Ton an, umso mehr, als der Neuling Truman erschien und, statt Churchill (der von Potsdam nach London reiste, um nach der Niederlage seiner Partei nicht mehr zurückzukehren) der blasse Attlee als neuer Premierminister. Truman trumpfte mehr nebenher auf. Ihm war die Explosion in New Mexico gerade vor Konferenzbeginn gemeldet worden: »Babies satisfactorily born«. Nach der Sitzung sagte er Stalin »ganz beiläufig«, dass »wir jetzt über ein neues Kampfmittel von außergewöhnlicher Zerstörungskraft verfügen«. Der Kremlchef registrierte dies höflich, doch ohne Neugier. Er wusste über die allgemeine Entwicklung bereits Bescheid.

Die Sowjetspionage funktionierte so vorzüglich, dass Stalin Vorhaben der USA oft früher erfuhr als manche von deren maßgeblichen Politikern. Während des Krieges saßen US-Bürger als Spione Moskaus in den wichtigsten Regierungs- und Staatsstellen. Im Außenministerium zum Beispiel: Alger Hiss, Donald Hiss, Maurice Halperin, Robert T. Miller. Im Innenministerium: William Park, Joseph Gregg, Bernard Redmond. Auch im Justizministerium, im Landwirtschaftsministerium, im Handelsministerium saßen Sowjetspione. Im

Pentagon hockten die Moskau-Agenten: Duncan Lee, Helen Tenney, Leonhard Mins, William Ludwig Ullmann, George Silverman, Harry Magdoff, Donald N. Wheeler, Edward Fitzgerald, John Abt, Irving Kaplan u.a.

Sowjetspion Alger Hiss war nicht nur persönlicher Berater Roosevelts in Jalta, sondern auch Generalsekretär der Konferenz in San Francisco. Über den Sowjetagenten Harry Dexter White, Unterstaatssekretär im Finanzministerium und Vater des Morgenthau-Plans, berichtet FBI-Chef Edgar Hoover 1945 dem Präsidenten: »Das Einzige, was gegen Harry Dexter White unternommen wurde, war, dass man ihm im folgenden Jahr einen noch wichtigeren Posten beim Internationalen Währungsfonds gab … Ein hoher Regierungsbeamter, der Spionage beschuldigt, wird auf einen noch höheren Posten befördert, wo er Zugang zu noch geheimerem Material hat und eine noch größere Rolle bei der Gestaltung der Nachkriegspolitik spielt«.

Als das genaue Ausmaß des sowjetischen Spionagerings in den USA unter Truman durchsickerte, brach der McCarthyismus aus. Nun fiel man aus einer jahrzehntelangen fast unglaublichen Naivität ins andere Extrem. Eine wahre Massenhysterie entstand, und man witterte beinah hinter allem und jedem bolschewistische Agenten.

Nach Trumans Eröffnung gegenüber Stalin in Potsdam hoffte dieser lediglich, das Mittel werde »mit gutem Nutzen« gegen Japan eingesetzt.

Das hoffte Truman, der einstige Zwirn- und Garnhändler, auch. »Die letzte Entscheidung«, renommiert er, »wo und wann die Atombombe einzusetzen war, lag bei mir«; und er ließ keinen Zweifel daran, dass sie »eingesetzt werden müsse«. Dass seine »höchsten militärischen Berater« ihm den Einsatz empfohlen haben, war zumindest teilweise gelogen. Denn gerade Trumans Stabschef, Admiral Leahy, hielt die neue Waffe für gar keine Bombe, nicht einmal für Sprengstoff, sondern für »ein giftiges Ding« und wollte nicht glauben, dass man Kriege dadurch gewinne, »dass man Frauen und Kinder tötet.« »Da wir die Ersten waren, die diese Waffe gebrauchten, glaube ich, dass wir eine ethische Norm adoptiert hatten, die uns wieder zu Barbaren des dunkelsten Mittelalters stempelt«, die wieder »in die Zeiten Dschingis Khans zurückversetzen« wird.

Ach, die gute alte Zeit!

Dagegen war Churchill, der Edelmann, so begeistert über die Bombe wie der vormalige Kleinwarenhändler. Ein »Albdruck« war jetzt von ihm gewichen, eröffnete sich ihm doch »die helle und tröstliche (!) Aussicht, ein oder zwei zerschmetternde Schläge könnten den Krieg beenden… Und noch etwas – wir brauchten die Russen nicht mehr… Jetzt mussten wir von ihnen keine Gefälligkeit mehr erbitten… dass meine amerikanischen Freunde ähnlich dachten, unterliegt für mich keinem Zweifel. Ob die Atombombe anzuwenden sei oder nicht, darüber wurde überhaupt nicht gesprochen.« Das war für die Edelmänner selbstverständlich. Dem Briten schien es »ein wahres Wunder der Erlösung, falls es uns wirklich gelang, mittels einiger weniger Explosionen« – oh, der Menschenfreund! Der Ausradierer Dresdens und ungezählter anderer deutscher Städte! – »den Krieg zu beenden.«

Doch der Abwurf der Atombombe (sprich: »Wunder der Erlösung«) war militärisch gar nicht nötig. Und Churchill, der Heuchler, wusste das genau. Berichtet er ja an anderer Stelle seiner Erinnerungen, dass inzwischen »der mörderische Angriff gegen Japan aus der Luft und zur See pausenlos« weitergegangen sei. »Ende Juni hatte die japanische Kriegsflotte praktisch zu bestehen aufgehört. Auf den japanischen Inseln selber herrschte solches Chaos, dass das Leben beinah stillstand.« Warum also musste man dann noch, mit priesterlichem Segen natürlich, Hunderttausende von Menschen in Hiroshima und Nagasaki töten? Zumal Churchill gut genug wusste, dass in Japan wieder Prinz Konoye regierte, der den Frieden wünschte. Und natürlich wusste auch Truman, wie er selbst zugibt, »dass Fürst Konoye im Auftrag des Kaisers von Japan zur Vermeidung weiteren Blutvergießens die Vermittlung Russlands zur Beendigung des Krieges anrufen wollte.«

So verlor Truman keine Zeit mehr. Bereits zehn Tage nach Zündung der »Bombe« am 26. Juli forderte er von Japan ultimativ die bedingungslose Kapitulation. Denn der vorbildliche Familienvater, tiefgläubige Christ, der Mann, der beklagte, dass es »nicht genug Christen« gebe, dass ein »erheblicher Mangel« bestehe »an christlicher Barmherzigkeit«, war unbedingt darauf aus, die Atombombe zu werfen. Doch geschah dies nicht, wie immer wieder behauptet wird, zur Beendigung des Krieges. Es geschah viel weniger aus militärischen als aus politischen Gründen. Es sollte das Eingreifen der Russen in Ostasien verhindern, das in Jalta abgesprochen, jetzt aber nicht mehr erwünscht war. Es sollte den Russen, zwei Tage vor ihrem Einmarsch in die Mandschurei, demonstrieren, dass die Zusammenarbeit und Freundschaft mit ihnen zu Ende sei und die amerikanische Vorherrschaft auch im gesamten pazifischen Gebiet beginne, in der gesamten Welt.

Die Aktion stand somit im Dienst der bereits anti-russischen US-Politik. Sie signalisierte den Sowjets die militärische Überlegenheit des bisherigen Bundesgenossen und kommenden Gegners. Die Russen sollten dadurch überrascht werden, aber auch die Japaner. Denn nirgends wurde in dem – mit russischem Einverständnis – gestellten Ultimatum mit der Atombombe gedroht. Nur ganz allgemein abgefasst, sollte es sowohl das Überraschungsmoment gegenüber den Russen sichern als auch eine japanische Zustimmung verhindern. Die Bombe sollte nach Trumans Willen fallen.

Und so fiel sie: die erste Bombe am 6. August auf Hiroshima, die zweite am 9. August auf Nagasaki. Mehr hatte Mr. Truman nicht – sonst hätte er vielleicht noch mehr fallen lassen. Denn man muss zeigen, was man hat, muss zeigen, wer der starke Mann, der stärkste ist, wer Hunderttausende von Frauen und Kindern auf die qualvollste Weise krepieren lassen kann. Und hätte Hitler nicht auch die Bombe geworfen, irgendwohin auf England? Und Roosevelt, ließ er sie zu einem anderen Zweck bauen? Und Churchill, der tausendmal Einverstandene? Wirklich, hätte er nicht, hälftig mit Truman geteilt, den Friedensnobelpreis verdient? Denn haben sie Japan damit nicht in die Knie gezwungen? Haben sie Japan nicht blitzschnell befriedet – nur zu seinem Vorteil, wie man heute sieht, und natürlich auch zu ihrem? Hitler, den Besiegten, darf man Bluthund schimpfen. Und Stalin, den Bolschewisten.

Doch auch die Sieger, dies steht fest, werden einmal die Besiegten sein – und vielleicht schon früher, als sie heute glauben.

»Wie viele Japse haben wir umgebracht?«

Für den Abwurf der Atombomben auf Japan verwendeten sich in der Führung der Vereinigten Staaten von Nordamerika sowohl überzeugte evangelische wie katholische Christen. Und vor dem Start des Flugzeugs, das Hiroshima bombardierte, sprach ein christlicher Geistlicher ein Gebet – zum Schutz der Besatzung des Bombenflugzeugs. »Allmächtiger Vater, der Du die Gebete jener erhörst, die Dich lieben, wir bitten Dich, denen beizustehen, die sich in die Höhen Deines Himmels wagen und den Kampf zu unseren Feinden vortragen … Wir werden im Vertrauen auf Dich weiter unseren Weg gehen …«

Am 6. August 1945 um 8.30 Uhr explodierte die Bombe 66 m über dem Shima-Krankenhaus mit einer Hitzeentwicklung von 50 Millionen Grad. »Wir werden im Vertrauen auf Dich weiter unseren Weg gehen …« Es ist klar, wohin.

Captain Robert A. Lewis, der amerikanische Co-Pilot, hat an Bord der B-29 den Abwurf der Bombe auf Hiroshima in einem »Stundenbuch« aufgezeichnet. Zufrieden teilt er mit, dass »der ausgewählte Ort auch das witterungsmäßig günstigste Ziel ist. So werden wir, wenn alles weiterhin so gut klappt wie bisher, die Bombe auf Hiroshima werfen. In diesem Augenblick sind wir nur noch 25 Meilen vom Kaiserreich entfernt, und jeder von uns blickt zuversichtlich drein«. Nun, es klappt weiterhin gut. Nur beim Zielanflug versinken drei Besatzungsmitglieder »in Gedanken; der Colonel und ich stehen ihnen bei und muntern sie auf«. Recht so. Hilfe, wem Hilfe gebührt.

Nach dem Abwurf vergessen der Bombenschütze und der Pilot, ihre dunklen Brillen aufzusetzen, sehen »mit ungeschützten Augen den grauenvollen Blitz«, und der Co-Pilot lässt nun das Flugzeug eine Kurve drehen, um »die Ergebnisse« zu beobachten. »Die Stadt war zu neun Zehnteln von einem sich aufblähenden Qualm bedeckt, der die Explosion von Gebäuden anzuzeigen schien, und einer riesigen weißen Rauchsäule, die in weniger als drei Minuten 30 000 Fuß erreichte und dann auf mindestens 50 000 Fuß emporstieg. Ich bin sicher, die gesamte Besatzung fühlte, dass dieses Erlebnis gewaltiger war, als es sich je zuvor irgendein Mensch hatte vorstellen können. Es schien geradezu unbegreiflich zu sein. Wie viele Japse haben wir umgebracht? Ich habe ehrlich das Gefühl, nach Worten suchen zu müssen …«

Aber schließlich hatte die US-Regierung zwei Milliarden Dollar für die Entwicklung dieser Gottesgabe gezahlt – sollte sie sich nicht lohnen?!

Den Angriff auf Nagasaki hat William L. Laurence, Korrespondent der *New York Times* und »hoch qualifizierter Spezialist für Berichte über wissenschaftliche Forschungen«, als Augenzeuge mit viel Emphase festgehalten. Er flog mit einer der drei »besonders zu diesem Zweck ausgewählten Superfestungen vom Typ B-29«. Nur die »Führermaschine« mit dem herrlichen Namen »The Great Artiste« hatte die Atombombe an Bord. (Die US-Amerikaner haben viel Sinn für solche Namensgebungen, viel sprachliches Fingerspitzengefühl, sozusagen.)

Die Atombombe, »dieser Meteor von Menschenhand«, war bis zuletzt »sorgsam vorbereitet« worden und nur eine »kleine ausgewählte Gruppe von Wissenschaftlern und Offizieren« bei »dem Ritual der Verladung« zugegen. Der Korrespondent der *New York Times* bemerkte »fast etwas Feierliches um diesen kleinen ›Gegenstand‹, Millionen Stunden konzentriertester geistiger Arbeit sind auf seine Planung und Verwirklichung verwandt worden, zweifellos eine der größten intellektuellen Anstrengungen der Geschichte«. Und sollte all dies umsonst gewesen sein?! Zumal drei Tage zuvor die Bombe auf Hiroshima schon wirklich gute Arbeit geleistet hatte, »eine so vernichtende Wirkung«. Und die Zweite war noch »ein neuer, etwas verbesserter Typ«.

Mr. Laurence betont noch einmal »die ungeheure Sorgfalt der Vorbereitungen«, alles »bis in alle Einzelheiten durchdacht, um Fehler auszuschließen und sicherzugehen«, jawohl, sicher! »Mehrere Ziele stehen zur Auswahl«, schreibt Mr. Laurence und teilt mit: »Die Befehlsausgabe wurde durch das Gebet eines Geistlichen abgeschlossen, das uns sehr bewegte. Dann gingen wir in die Offiziersmesse zum Morgenfrühstück …« Und nun fliegt man hinter dem »Rumpf des großen Silbervogels« her, »ruhig und sanft« schwebt man, »die Nase dem Kaiserreich« zugewandt, trifft die »Führermaschine«, im Sturm verloren, an einem bestimmten Punkt am Himmel wieder um 9 Uhr zehn, bereits über der kleinen Insel Yakushima, die Wetterflugzeuge schon voraus, »um zu erkunden, was die Winde entschieden haben … Haben wir kein Mitgefühl mit den armen Teufeln, die dort sterben müssen? Es schweigt, wenn wir an Pearl Harbor oder den Todesmarsch von Bataan denken …«

Nun, wir wissen, wer Pearl Harbor so herbeigesehnt, wer die eigenen Truppen preisgegeben hat, um nur ja seinen Krieg zu bekommen, in dem nun die Winde und Wolken entscheiden. Ja: »Das Schicksal hatte Nagasaki zum endgültigen Ziel bestimmt. Es hatte Nagasaki zum Untergang verurteilt«. Etwas Flakfeuer der Japse, dem man »elegant« ausweicht. »Gespannt« beobachtet Mr. Laurence die Manöver der »Führermaschine« eine halbe Meile voraus. »›Da fällt sie!‹ rief irgend jemand, ich weiß nicht mehr, wer. Aus dem Rumpf der »Great Artiste« löste sich ein schwarzer Gegenstand und purzelte nach unten«. Und jetzt wird es schön, nur noch schön. Und ganz lebendig. Fasziniert sieht Mr. Laurence »den Meteor, der aus der Erde zu steigen schien, anstatt vom Himmel zu fallen, und ein eigenes, unheimliches Leben annahm, je höher er durch die weißen Wolkenberge emporkletterte … Es war ein Lebewesen, ein neues Geschöpf …« Und dann »brach es aus«, das »Geschöpf«, »und mit urgewaltiger Kraft reckte es sich mit rasender Geschwindigkeit zu einer Höhe von über 60 000 Fuß auf. Aber kaum war dies geschehen, als ein neuer, kleinerer Pilz aus seinem Haupte aufstieg«. Zuletzt hatte der erste Pilz »die Form einer Blume angenommen mit riesigen abwärtsgebogenen Blütenblättern, die außen cremig-weiß und innen von zartem Rosa waren«. Man sah es noch aus einer Entfernung von zweihundert Meilen »wie ein ungeheures, prähistorisches Geschöpf mit einer riesigen weißen Halskrause, die sich endlos ausbreitete, so weit das Auge reichte …«

Pulitzer-Preis, wahrhaftig. Gratulation, Mr. Laurence, Gratulation!

Die Größe ihrer moralischen Niederlage durch die Benutzung der Atombombe als Angriffswaffe, meinte man Jahrzehnte später über die Anglo-Amerikaner, sei »noch nicht zu ermessen«. Noch nicht? Wann denn? Wenn die USA einmal so am Boden liegen wie einst die Japaner? »Jedenfalls«, schreibt Ladislaus Singer, immerhin »nahm ihnen dieser abscheuliche Akt jede Berechtigung, in Nürnberg oder Tokio als Ankläger gegen andere Kriegsverbrecher aufzutreten, waren die deutschen Judenvergaser und Massenmörder und kriegslüsternen Japaner doch nur ihre Kollegen, dass die Mörder von Katyn und Vernichter von Dresden als Richter dabeisaßen, ergänzte nur stilvoll das makabre Bild«.

Präsident Harry Truman büßte, wie er selbst bekannte, beim Gedanken an die Toten durch die Atombomben auf Hiroshima und Nagasaki keine Nachtruhe ein. Der Präsident schlief gut. Präsidenten haben dicke Häute, sonst werden sie nicht Präsidenten. Die japanischen Toten, sagte der ehrenwerte Präsident, seien nur »savages« gewesen, »Wilde«, und mit denen haben Amerikaner immer kurzen Prozess gemacht.

Hat der Präsident nicht gar am 6. und am 9. August 1945 etwas Piano gespielt? Etwas Mozart oder Chopin? Einen Klavierauszug aus der Fünften vielleicht – so pocht das Schicksal an die Tür? »Das ist das größte Ereignis der Geschichte«, kommentiert der Leser historischer Romane, Harry der Größte, die Nachricht vom Schicksal Hiroshimas, vom Dienst tuenden Offizier ihm auf der Rückreise nach

Amerika an Bord des Kreuzers »Augusta« gemeldet. Am 9. August traf die zweite Bombe Nagasaki. Am 10. August kapitulierte Japan. Vor dem Weißen Haus schrien die Amerikaner: »Wir wollen Harry sehen!« In der Fifth Avenue, auf dem Broadway, tanzten die New Yorker.

Das Geschäft ihres Lebens aber machten jene Kreise, die den Krieg finanziert und durch Güter, Kriegs- und sonstige Güter aller Art genährt hatten, die gleichen Kreise also wie im Ersten Weltkrieg.

Erträglich, hoch erträglich

Schon als man Mitte der dreißiger Jahre auf den Zweiten Weltkrieg zutrieb, kehrte man in Deutschland, Russland, USA zu der gelenkten Wirtschaft zurück, womit man zum ersten Mal während des vorangegangenen Weltkriegs experimentiert hatte. Im Zweiten Weltkrieg wurde in sämtlichen stärker industrialisierten Staaten die politisch gesteuerte Wirtschaft die Regel.

Wie aber in den USA der Konjunkturrückgang von 1913 bis 1914, glänzend durch den Ersten Weltkrieg aufgefangen, überwunden wurde, so die wesentlich ernstere Wirtschaftskrise der dreißiger Jahre noch glänzender durch den Zweiten Weltkrieg. Während die europäischen Völker bluteten und Millionen und Abermillionen ihrer Menschen verbluteten, sanierten sich die Vereinigten Staaten von Amerika und mauserten sich zur Weltmacht und schließlich zur führenden Weltmacht. Während die europäischen Länder viele Außenmärkte infolge des Krieges wieder nicht mehr beliefern konnten, übernahmen diese wieder die USA, stellten sie auch Staaten, die sich mit Deutschland, Italien, Japan im Krieg befanden, Versorgungsgüter zur Verfügung, weiteten sie ihre Absatzmärkte, ihre Rohstoffquellen bis in den letzten Winkel der Welt aus, griffen sie für ihre Kriegsmobilisierung auf Ressourcen in Lateinamerika, Afrika, Indien zurück, das überdies eine große Armee gegen die Japaner in Burma aufstellte.

Die US-Rüstungsindustrie aber erfährt während des Zweiten Weltkriegs einen geradezu albtraumhaften Auftrieb. Ihr »Victory Programm« ist die größte Internationale Kriegswirtschaft.

1940 bewilligt der Kongress einen Verteidigungsetat von »erst« 1498 Millionen Dollar – bei einem Gesamtbudget der Regierung von 9055 Millionen Dollar sind dies 16,5%. Doch nun schießen (auch) die Zahlen von Jahr zu Jahr immer höher, sodass 1945 der Verteidigungsetat 81 277 Millionen Dollar beträgt – bei einem Gesamtbudget der Regierung von 98 303 Millionen Dollar sind dies 82,7%.

1941 besitzen die USA nur etwas über 1000 Panzer; aber in fünf Jahren bauen sie 86 338. 1941 besitzen sie lediglich 1157 kampfbereite Flugzeuge, doch innerhalb von fünf Jahren produzieren sie 297 000 dazu. Und schließen dort zwischen den zwei Weltkriegen bedeutende Werften wegen Mangel an Aufträgen, so verfünffacht sich zwischen 1941 und 1944 der Bau von Handelsschiffen. Gleichzeitig aber produziert man 746 Kriegsschiffe, 24 000 Landungsfahrzeuge, Hunderttausende von Lastfahrzeugen, mehr als zweieinhalb Millionen Maschinengewehre, endlich noch die Atombombe, deren Versuchsexplosion in der Wüste von New Mexico am 16. Juli 1945 –just in time – so erfolgreich war wie die Anwendung in Hiroshima und Nagasaki; alles ein einziger Erfolg. Money, money, money.

Nur durch den Krieg kam die zuvor so krisengebeutelte US-Wirtschaft wieder in Schwung. Bereits zwischen August 1939 und dem Kriegseintritt der Vereinigten Staaten im Dezember 1941 verdoppelte sich deren Industrieproduktion. Insgesamt steigen die Importe um 50%, die Exporte verdreifachen sich, der Aktivsaldo ist 1945 doppelt so hoch wie der von 1920, als man schon durch den Ersten Weltkrieg so immens sich saniert hatte. Das europäische Fiasko brachte den USA auch jetzt wieder das Heil. »Fünf Jahre Krieg in Europa und Asien waren wirksamer als alle wirtschaftlichen und finanziellen Maßnahmen des New Deal zwischen 1932 und 1939« (Claude Julien). Von 13 Millionen Arbeitslosen 1932 gab es 1938 noch immer 10 Millionen – trotz Roosevelt und »New Deal«. Der Krieg aber brachte die Vollbeschäftigung und das volle Geschäft. Das ganze Glück. Ja, man steckte noch Frauen massenhaft in die Fabriken, in die Armee, die man auf 12 Millionen Soldaten erhöhte. Money, money, money.

Die Regierung begünstigte die Industrie jedoch auch durch neue Unternehmen. Allein für die Errichtung neuer Rüstungsfabriken stellte sie 16 000 Millionen Dollar zur Verfügung und besaß so Ende des Krieges 50% der geschaffenen Produktionskapazität bei Werkzeugmaschinen, 70% bei Aluminium sowie 90% bei synthetischem Kautschuk, bei Magnesium, im Schiff- und Flugzeugbau. Nach dem Krieg wechselte dies ganze Vermögen in private Hände. 135 Unternehmen besitzen nun 45% aller Industrieanlagen der USA und produzieren fast ein Viertel der Fertigwaren der ganzen Welt.

Verluste – Verluste?! Bei solchen Geschäften verliert man nicht!

Tote …? Nun ja, wenn man schon daran erinnern, wenn man, taktlos genug, die Toten schon nicht ruhen lassen will: 322 000. Alles in allem erträglich doch, erträglich. Im wahrsten Sinn des Wortes: hoch erträglich. Und, unter uns: ein Klacks doch bloß bei einem Staat, der nach dem Zensus von 1940 immerhin 131 669 275, nach dem von 1950 schon 150 697 361 Einwohner hatte, 14% Zuwachs. Also … Und überdies: auf 1 toten Amerikaner kamen 10 tote deutsche Soldaten! Und auf 1 toten Amerikaner 50 tote Russen! Ehrlich, konnte man sich da nicht die Hände reiben und schon an den nächsten (Welt-)Krieg denken?

Wer rastet, der rostet.

12. KAPITEL

Kalter Krieg und heiße Geschäfte

Die Russen sollen »zur Hölle fahren« ...

Wie die USA aus dem Ersten Weltkrieg, dessen eigentliche Gewinner sie waren, am besten herauskamen, so erst recht aus dem Zweiten. Was die Europäer schwächte, hatte sie enorm gestärkt, ja zur mächtigsten Nation gemacht. Auch zur reichsten, mit Abstand. Nicht weniger als drei Viertel des gesamten Weltkapitals befanden sich in den USA. Ebenso zwei Drittel der gesamten Industriekapazität. All dies aber war ihnen mehr in den Schoß gefallen, als dass sie es sich erkämpft oder im strengen Sinn erarbeitet hätten. Auch deshalb verloren sie schon in wenigen Jahrzehnten eine einmalige industrielle Vormachtstellung.

Das Territorium der USA hatte durch den Krieg nicht gelitten. Kein Haus war zerbombt, kein Zivilist durch Kriegseinwirkungen getötet, keiner zum Flüchtling gemacht worden. Die Nation, seit nun bald zweihundert Jahren nie mehr innerhalb ihrer Grenzen attackiert, fühlte sich im Vollgefühl ihrer Kraft. Ruinen und Leichen in Europa und Japan, doch der »American way of life« nahm seinen Lauf, die »Pax Americana«, das »amerikanische Jahrhundert« – mit dem Kalten Krieg, dem Koreakrieg, Vietnamkrieg, Golfkrieg und einer Fülle anderer »Interventionen«.

Zur Sowjetunion war das Verhältnis der westlichen Führungsmacht gleich nach dem Zweiten Weltkrieg schon wieder so schlecht, wie es etwa noch 1931 gewesen war, als Präsident Hoover, der Vater der »Politik der guten Nachbarschaft«, »die Vernichtung der UdSSR« sein Ziel genannt hatte. Zwar erkannte Roosevelt 1933 die Sowjetunion rasch an (freilich nur, um sie gegen Japan auszuspielen). Zwar fühlte sich die Masse der US-Amerikaner mit ihr im Weltkrieg eng verbunden. Doch bestand bereits neben dieser prorussischen, scharf faschistenfeindlichen Richtung auch weiter eine antikommunistische Tendenz, ideologisch wie machtpolitisch motiviert, und sie setzte sich durch.

Schon während des ganzen Krieges hatten Deutsche und Amerikaner geheime, gegen die UdSSR gerichtete Verhandlungen geführt: in Vichy, Bern, Stockholm sowie im Vatikan, in Staaten, nebenbei, die mit Hitlerdeutschland sympathisierten. Und bereits Ende 1944 glaubte US-Admiral Furer die Amerikaner »jetzt darauf vorbereitet, der Tatsache ins Auge zu sehen, dass der Krieg zur Beendigung aller Kriege noch nicht gekämpft worden sei«; erklärte US-General Arnold gegenüber dem britischen Luftmarschall Portal, »unser nächster Feind sei Russland«.

Und kaum war Roosevelt beerdigt, so beschloss man einen Tag danach, am 15. April 1945, seine Politik umzukehren. Es geschah in einer Sitzung von etwa 15 Personen im Außenministerium, an der auch Vertreter des Kriegsministeriums teilnahmen, auch ehemalige Bankiers, wie John McCloy, auch Senator Vandenberg und John Foster Dulles, Präsidenten der führenden Aktiengesellschaften, der Präsident von General Motors, kurz, Repräsentanten von Großbanken und Großindustrie, die längst einen Kurswechsel befürwortet hatten. Sie alle wünschten einen milden Frieden mit Deutschland, um dies als Bollwerk gegen Russland aufzubauen. Der Wechsel der amerikanischen Politik wurde eingeleitet, *bevor* ernsthafte Schwierigkeiten zwischen beiden Weltmächten bestanden. Und er wurde weder durch den Präsidenten noch den Kongress sanktioniert. Er erfolgte außerhalb demokratischer Legalität.

Für Truman, einen erfahrenen Taktiker, jedoch ohne geistige Qualifikation, war die demokratische Mission der USA ebenso ausgemacht wie das Streben Moskaus nach Weltherrschaft. Schon wenige Tage nach seiner Amtsübernahme prahlte er, »dass die Russen bald auf ihren Platz verwiesen würden und dass die Vereinigten Staaten dann die Führung dabei übernehmen würden, dass die Welt so regiert werde, wie sie regiert gehöre«.

Den Russen gegenüber benahm sich Truman immer unfreundlicher. Noch in der Schlussphase des Krieges hatte man versucht, sie von dem – zunächst so begehrten – Eintritt in den Krieg gegen Japan abzuhalten. Bei der Regierungsbildung in Italien und Griechenland wurden sie gar nicht mehr gefragt, ihre gewünschte große Anleihe von mindestens zehn Milliarden Dollar wurde ebenso übergangen wie schließlich jede zusätzliche Lend-Lease-Lieferung – während man dem Kriegsfeind Deutschland im ureigenen Interesse bald entgegenkam. Es spricht für sich, dass Truman schon am 23. April 1945 seinem Kabinett erklärt, »wenn die Russen sich uns nicht anschließen wollen, dann sollen sie eben zur Hölle fahren«.

... und die ganze Welt »das amerikanische System übernehmen«

1946 versteifte sich die Haltung der USA gegenüber der Sowjetunion weiter. Man unterstellte ihr das Betreiben eines Dritten Weltkriegs und wollte ihr, so Truman am 5. Januar 1946, »eine eiserne Faust« zeigen. Die USA beendeten ab sofort ihre inoffiziellen Zusammenkünfte mit russischen Diplomaten, und bald darauf auch die in Potsdam beschlossenen Reparationsleistungen aus westdeutschen Demontagen. Kein Wunder, dass der Kreml im Gegenzug die Sowjetisierung Osteuropas immer rücksichtsloser betrieb. Hatten zunächst nur Albanien, Jugoslawien und Bulgarien kommunistische Regierungen, so dann auch Rumänien, Polen, Ungarn und zuletzt die Tschechoslowakei.

Washington aber ging es nun bloß noch darum, Amerika umzustimmen, das heißt, das gleiche Geschäft zu besorgen wie schon im Ersten und im Zweiten Weltkrieg: die Nation musste wieder kriegswillig gemacht und vor allem auch Westeuropa gegen Sowjetrussland mobilisiert werden.

Das amerikanische Volk aber, das nur mit Hilfe der Russen den großen Krieg gerade gewonnen, war 1945 keinesfalls bereit, die bisherigen Verbündeten plötzlich zu bekämpfen. Noch jetzt sprachen sich, laut einer Gallup-Umfrage, 55% der Bevölkerung für ein weiteres Zusammengehen mit Russland aus, darunter fast zwei Drittel aller gebildeten Amerikaner. (1918 hatten nur 2% die Anerkennung des Sowjet-Staates befürwortet.) Inzwischen war die Mehrzahl prorussisch gesinnt. Dies jedoch musste rückgängig gemacht werden.

So wurde Moskau fortwährend gereizt. Es sollte immer der Nein-Sager, immer in Opposition sein zu den edlen Zielen und Taten der USA, sollte immer unbeliebter werden.

In diesen Zusammenhang gehören: der Abwurf der Atombombe zwei Tage vor dem vereinbarten Einmarsch der Russen in die Mandschurei; die Ernennung eines US-Oberkommandierenden für Japan, ohne die Russen überhaupt zu fragen; die Deklaration von Potsdam, die man publizierte, bevor die Russen ihr Einverständnis gegeben hatten; die Einfügung der Artikel 51 und 52 in die am 26. Juni 1945 in San Francisco verabschiedete Charta der Vereinten Nationen, die man damals – im Opernhaus! – aus der Taufe hob. Und noch am selben Tag bliesen ihnen, wie der Präsident der Konferenz, Edward R. Stettinius, gleich klar erkannte, die Artikel 51 und 52 das Lebenslicht aus (kick the daylights out of the world organization).

Die Einfügung war das juristische Meisterstück von John Foster Dulles, der nicht von ungefähr den Ruf genoss, der beste Rechtsanwalt der USA zu sein; assistiert hatte ihm Senator Arthur H. Vandenberg (offiziell war Dulles der juristische Beirat). Der Text beider Artikel – voller Fußangeln, nur von Experten sofort zu verstehen – hob die restlichen 109 Artikel der Charta auf und bezweckte nichts anderes als die Isolierung der Sowjetunion und eine entscheidende Verschärfung der Spaltung zwischen den beiden Machtblöcken. L.L. Matthias nennt in seinem kaum genug zu empfehlenden Buch »Die Kehrseite der USA« das Werk von Vandenberg und Dulles den »coup d'état von San Francisco«. Legten die beiden Artikel doch den juristischen Grundstein für die »Veruneinten Nationen«, die Spaltung der Welt in zwei Teile.

Das aber genügte noch nicht zur »Umerziehung« des amerikanischen Volkes, dem man vordem beigebracht, sich »Uncle Joe« zu denken wie zumindest frühere christliche Generationen den lieben Gott sich gedacht, weise, gütig und mit großem Schnurrbart. Um eine breite antirussische Mehrheit zu erzeugen, bedurfte es einer besonders Aufsehen erregenden Aktion, wobei man sich des alten und eigentlichen Gegenspielers von Stalin bediente, der populären britischen Kriegsfurie Churchill, so konservativ im Übrigen, dass er wohl am liebsten die ganze Welt mit Kaisern und Königen bevölkert hätte.

Noch im Oktober 1944 zwar hatte Churchill in Moskau einen Toast auf »Marschall Stalin« ausgebracht, ihn »Stalin den Großen« genannt – freilich bald auch in einem Telegramm (das seine Memoiren nicht erwähnen) Marschall Montgomery angewiesen, die Deutschen zu bewaffnen, sollten die Russen die Elbe überschreiten. Bat er ja auch dringend den US-Präsidenten, keinen fußbreit besetzten Gebietes der UdSSR zu überlassen, obwohl doch die Begegnung der amerikanischen und sowjetischen Truppen an der Elbe, somit weit östlich von der in London vereinbarten Linie stattfand.

Im Augenblick seines höchsten Triumphes, während der Konferenz in Potsdam, durch eine Wahlniederlage von Labour zur Abdankung gezwungen, reiste der Brite im folgenden Frühjahr als Privatmann in die USA und heizte dort den Kalten Krieg an.

Es geschah in einer Rede am 5. März 1946 im Westminster College von Fulton, einer kleinen Stadt in Missouri, dem Heimatstaat Trumans, der Churchill eingeladen hatte und gemeinsam mit ihm per Bahn angereist war. In seiner Ansprache, in vier Erdteile und mehr als 40 Sprachen verbreitet, warnte der illustre Gast alle Welt »vor den zwei finsteren Mordbrennern ... – dem Krieg und der Tyrannei«. Zwar bekundete Churchill »viel Bewunderung für meinen Kriegskameraden Marschall Stalin«, zwar glaubte er »nicht, dass Sowjetrussland den Krieg wünscht. Was sie wünschen, sind die Früchte des Krieges ...« Doch das war schlimm genug, denn die wünschten auch andere. »Ein eiserner Vorhang hat sich über den Kontinent gesenkt«, rief Churchill. Und fiel auch weder hier, wie man oft meint, das Wort vom Eisernen Vorhang zuerst, noch in Churchills vertraulichem Telegramm an Truman vom 12. Mai 1945, sondern im Tagebuch von Hitlers Propagandaminister Goebbels, der es da gegen Kriegsende wiederholt gebraucht – Churchill hat es aufgegriffen und das weltpolitische Klima der nächsten Jahre entscheidend beeinflusst, selbstverständlich in Übereinstimmung mit der US-Regierung. Und verlangte er auch noch keinen »Kreuzzug«, längst hatte er gefordert, »den Sozialismus in der Wiege zu ersticken«, hatte er den von Labour erstrebten Sozialismus fast mit Kommunismus, ja, ein Leben bereits unter einer Labour-Regierung mit dem Dasein unter der nazistischen Gestapo gleichgesetzt.

Die Fronten waren gewechselt, und es schien, als habe man den Zweiten Weltkrieg nur beendet, um einen Dritten zu beginnen.

Neben Churchill auf dem Podium im Westminster College in Fulton saß seinerzeit US-Präsident Harry Truman. Und hatte dieser gerade, ganz in der Nachfolge seines dahingegangenen Chefs und Parteigenossen, Stalin noch geschätzt, zumindest so getan und geschwärmt: »I like Joe«, nun plötzlich war der für ihn der verhasste »son of a bitch«. Und ein halbes Jahr später hatte sich, nach einer neuen Gallup-Umfrage, die Nation umorientiert: statt 55%, die für Fortsetzung des Bündnisses mit Sowjetrussland plädierten, waren es jetzt nur noch 46, dann 38%. Stalin erklärte am 13. März 1946, eine Woche nach Churchills Rede, in der *Prawda*, es sei doch eigentlich nur ein geringer Unterschied, ob man, wie Hitler, die Hegemonie der Welt für die »arische« Rasse beanspruche oder für die »Englisch sprechenden« Völker ...

Die Akzente, die Churchill und Truman mit ihren Reden gesetzt hatten, bestimmten die Amerika-, die Europa-, die Deutschland-Politik, sie veränderten die Welt. Es war auf einmal, als stünde der Dritte Weltkrieg schon vor der Tür.

In Wirklichkeit fürchteten die USA nicht einen Krieg mit der Sowjetunion, nicht den »Eisernen Vorhang« oder den internationalen Kommunismus, sondern sie fürchteten – einen Erfolg der russischen Planwirtschaft. Dies gestand kein anderer als der Präsident der Vereinigten Staaten, Harry Truman, in einer Rede am 6. März 1947 in Texas. Wenn Amerika nicht handle, so sagte er, könne diese Planwirtschaft das Vorbild für das nächste Jahrhundert werden. Die USA müssten dann das gleiche System praktizieren, das freie Unternehmertum würde verschwinden und damit »unsere Freiheit«. Ergo, schloss Truman: »Die ganze Welt sollte das amerikanische System übernehmen, denn das amerikanische System kann nur überleben, wenn es das System der ganzen Welt wird«. Am amerikanischen Wesen soll die Welt genesen.

Ein ganz spezieller Schluck für ihre Kehlen

Das amerikanische Wesen ist das Geld: der Inbegriff des Yankee-Daseins. Natürlich erfasst dies nicht alles, aber das Wichtigste. Das, was stets Priorität hat; worüber, höheren Orts sozusagen, theoretisch zwar mancherlei steht, doch praktisch nichts, weder Gott noch Vaterland noch irgendwas.

Für ihre ungeheure Aufrüstung hatten die Amerikaner militärische, mehr jedoch wirtschaftliche Gründe. Deshalb traten auch viele jener, die das Geschwätz von der Gefahr aus dem Osten keinen Augenblick glaubten, für Aufrüstung und NATO ein. Derart konnte enorm verdient werden und wurde enorm verdient. Und gerade nach dem Verlust Chinas benötigte man Europa auch als Absatzmarkt. Der Verlust des chinesischen Riesenreichs aber seit der Flucht Tschiang Kaischecks samt seiner unfähig-korrupten Regierung 1949 nach Formosa (Taiwan), seit dem Sieg Mao Tse-tungs hatte die Öffentlichkeit in den USA nahezu unvorbereitet überrascht. Und er war umso größer, als nun nicht nur jeder amerikanische Einfluss in China ausschied, sondern auch im ganzen pazifischen Raum gefährdet schien.

In Europa aber begann jetzt nach dessen militärischer Eroberung die friedliche. Ein US-Konzern nach dem andern investierte in den zuvor zerbombten und zerschossenen Städten. Und die Rechnung, dass eine im Krieg ruinierte Wirtschaft schneller wächst als eine, die den Krieg so glänzend überstand, erwies sich als richtig, zumal auch die US-Banken von Anfang an mitspielten, deren Politik in Europa war: alte Investitionen retten, neue vornehmen. Ja, das Bankhaus Dillon, Read, setzte so sehr auf die Rentabilität seiner Anlagen im Nachkriegsdeutschland, dass es deutschen Industriebossen noch vor Kriegsende eine Privatanleihe von einer Milliarde Dollar (vier Milliarden DM) anbot.

Man gründete Filialen, baute Fabriken, erwarb Aktienmajoritäten. Man nahm Fusionen vor, kaufte ganze Betriebe, kaufte Bergwerke und Banken. Die Sache nahm einen ähnlichen Verlauf wie das frühere Vorgehen in Lateinamerika. Die Beherrschung der Alten Welt durch die Neue begann. Man schuf hundertweise Tochter- und Beteiligungsgesellschaften. Man überzog Westeuropa mit einem Netz wirtschaftlicher Einfluss- und Machtsphären, und alles geschah mit einem Tempo ohnegleichen. Ganze Branchen, die Mineralöl-, die Büromaschinen-, Landmaschinen-, die Kosmetikindustrie u.a. wurden von US-Firmen beherrscht. Selbst im kleinen Holland gab es schon im März 1960 nicht weniger als 105 Filialen der größten amerikanischen Gesellschaften. Noch in der Schweiz, deren Binnenmarkt für die US-Haie gewöhnlich nicht sehr attraktiv ist, existierten 1960 immerhin 320 amerikanische Firmen, 1961 etwa 400, 1962 schon 520.

Die US-Investitionen in Europa erreichten bereits Ende der fünfziger Jahre eine so Schwindel erregende Höhe, dass die Amerikaner den Plan der EWG, dies durch einen Kongress in Baden-Baden ans Licht zu bringen, erfolgreich in Bonn hintertrieben. Die *New York Times* bezifferte gleichwohl nach ihren mehrfach geprüften Angaben am 15. April 1963 die Gesamtanlagen der USA in Europa auf 44,8 Milliarden Dollar oder 179,2 Milliarden DM. Davon entfielen 64 Millionen DM auf militärische Investitionen.

Nicht nur die niedrigen Löhne lockten die Yankees. Auch die Regierungen hofierten die Sieger. In Holland durften amerikanische Firmen Grundstücke, Gebäude und Betriebseinrichtungen in den ersten zwei Jahren mit 70% abschreiben, innerhalb von drei Jahren den Rest von 30%. Sie konnten Grund und Boden zur Hälfte des Realwertes erwerben. Luxembourg gab den Grund für Betriebsbauten sogar umsonst. Nicht genug. Seine Regierung ließ Firmengebäude auf eigene

Kosten errichten, um sie den Amerikanern erst günstig zu vermieten, schließlich günstig zu überlassen.

Ähnlich großzügig kam Italien den Siegern entgegen. Oder die deutsche Bundesrepublik, wo bereits 1963 nicht weniger als 700 deutsche Firmen von US-Firmen kontrolliert worden sind. Deutsche Neugründungen wurden mehr als riskant bis unmöglich. Im Vorstand, in der Verwaltung so mancher US-Tochtergesellschaft in Deutschland sprach man schon damals englisch. War Stalins Erklärung, dass zwischen Nazideutschland und den anderen kapitalistischen Staaten nur ein »vorübergehender politischer« Dissens bestand, so falsch?

Die US-Anlagen in Europa, besonders im EWG-Bereich, nahmen Ende der fünfziger Jahre schon einen solchen Umfang an, dass die klassischen US-Investitionsländer Kanada und Lateinamerika dagegen abfielen. Die amerikanischen Wirtschaftsführer empfanden Europa fast als Kolonie oder, wie einer von ihnen 1958 auf einem Kongress in Washington sagte, als »ganz speziellen Schluck für unsere Kehlen« (our particular cup of tea).

Einst war's eher umgekehrt.

Die USA sind bis in die zweite Hälfte des 19. Jahrhunderts hinein in vielen Ländern Europas weder sehr bekannt noch sehr angesehen gewesen. Man kannte sie kaum besser als China, Südafrika oder Australien. Und bis ins 20. Jahrhundert hinein dachte man über sie in Europa fast ausnahmslos negativ, dachte darüber wie der berühmte englische Romancier D.H. Lawrence, der lange in New Mexico gelebt hatte: »Die Neue Welt bedeutet mir nichts«.

Es ist bezeichnend, dass es bis zum Zweiten Weltkrieg in ganz Europa nur drei Lehrstühle für Amerikakunde gab. Offenbar hatte man für US-Wertvorstellungen in der Alten Welt noch gar keinen Sinn entwickelt, kannte man die Höhe der Zivilisation in Übersee überhaupt nicht. Als dann aber die Massen der GIs über den großen Teich schwappten, »Camel« und »Lucky Strike« kamen, der Jazz und Rock und Pop, Giftgas und Atomsprengköpfe, kurz alles, was die Neue Welt der Alten an Kultur zu bieten hatte, da ließ sie sich rasch vom Sieger eines anderen und natürlich besseren belehren. Da beurteilte man plötzlich die USA fast ausnahmslos positiv. Zumal in Deutschland war man servil, devot, fast wie in einem Bananenstaat. Und wie man eben noch Hitler in den Hintern kroch, so nun den Amis. Die Politiker voran. »Wir alle sind Amerikaner«, rief ein sozialdemokratischer Bundeskanzler schließlich beim Empfang des Ehrendoktorhutes in Übersee.

Alles nahm man nach dem Zweiten Weltkrieg hier mit ausgestreckten Händen auf, alles von drüben, Soldaten, Bankiers, Fabrikanten, die Anleihen, Kredite, sogar ihre mildtätigen Spenden.

Der Marshall-Plan oder Die Kunst, sich selbst zu beschenken

Der Marshall-Plan ging auf den damaligen amerikanischen Außenminister und späteren Verteidigungsminister George Marshall zurück. Marshall, bei Beginn des Zweiten Weltkriegs Generalstabschef und militärischer Berater Roosevelts, war beteiligt an der Zerschlagung Mittel- und Südeuropas – und nach dem Krieg baute er es wieder mit auf. Erst Volltreffer auf Volltreffer, dann ein Bombengeschäft; ein Bombengeschäft aber auch schon zur Zeit der Volltreffer, ja schon davor. Dafür erhielt der General 1953 den Friedensnobelpreis – zusammen mit Albert Schweitzer! (Der eigentliche Vater des Marshall-Planes soll freilich Will Clayton gewesen sein, der stellvertretende Wirtschaftsminister.)

Außenminister Marshall hatte den Plan erstmals am 5. Juni 1947 in einer Rede an der Harvard-University vorgeschlagen, und am 3. April 1948 trat die Wirtschaftshilfe in Kraft, zunächst allerdings nur für die westeuropäischen Staaten. Seit 1950 wurde jedoch auch Westdeutschland einbezogen. Bald nämlich wandte sich Amerikas große Liebe dem ehemaligen Erzfeind zu. Die Deutschen konnten, zur Verzweiflung getrieben, den Sowjets in die Arme fallen und dann mit ihnen gemeinsam den Westen tödlich bedrohen. Also päppelte man gerade die Exnazis wieder auf, überaus erfolgreich und ganz selbstlos, aus purem Mitleid mit dem verführten Volk, dessen böse Führer man hängte; ein paar Teufel, fast an zwei Händen herzuzählen, worauf die blanke Unschuld zum Vorschein kam; harmlose Mitläufer allenfalls, Nachläufer, die nun gleich weiterlaufen konnten, sollten, mit denen sich das alte Spielchen einer flotten Aufrüstung, vielleicht eines flotten Aufmarsches, Einmarsches gar, wiederholen ließ. »Nach Ostland …« – nur diesmal eben im Dienst der guten Sache.

Waren die Russen Feinde, mussten die Deutschen Freunde werden. Und mit den Deutschen brauchte man weitere europäische Länder, am besten ganz Europa. Ganz Europa eine Abwehrfront, eine Aufmarschbasis. Auf jeden Fall aber ganz Europa ein Absatzmarkt für

US-Produkte, ein Absatzmarkt, größer als der eigene daheim. Über England drang man vor – das Trojanische Pferd der Überseeler, denen ja auch ein großer Teil des englischen Kapitals gehörte. Aber das konnte und sollte überall in Europa, in Westeuropa, so werden.

Man pumpte also zwischen 1948 und 1952 rund 13 Milliarden ins christliche Abendland: 3,1 Milliarden für Großbritannien, 2,6 Milliarden für Frankreich, 1,4 Milliarden für Italien, 1,3 Milliarden für Westdeutschland, 1,0 Milliarden für die Niederlande, um nur die Spitzenempfänger zu nennen. Mit humanitärer Hilfe hatte das so gut wie nichts zu tun, so gut wie alles aber mit geschäftlichen und machtpolitischen Bedürfnissen – selbst da wo man *nicht* langfristige Kredite dafür nahm, sondern sogar schenkte.

Für den US-Senator Arthur H. Vandenberg trug die Marshall-Plan-Hilfe »durchaus der harten Wahrheit Rechnung – ob wir sie mögen oder nicht –, dass die Eigeninteressen der USA, unsere nationale Wirtschaft und unsere nationale Sicherheit mit diesen Zielen untrennbar verbunden sind«. Man beachte die Reihenfolge: die Wirtschaft kommt zuerst (die Sicherheit dient eigentlich nur dem Geschäft). Auch in der Präambel des Plans stand schon, dass er »Macht und Stabilität« der USA auf westdeutschem Boden sichern sollte. Für Deutschlands Spaltung, seine Wiederaufrüstung, für die eventuelle Reservierung als Schlachtfeld segneten die Sieger die Besiegten, zogen sie sich heran, was sie brauchten. Und wenn kein riesiges Schlachtfeld, so jedenfalls ein riesiger Marktplatz. »Wir brauchen Märkte. Wir brauchen große Märkte, auf denen wir verkaufen und kaufen können«, bekannte der stellvertretende amerikanische Wirtschaftsminister Will Clayton, der auch privat als Geschäftsmann dabei seine Geschäftchen machen konnte. Denn schließlich treibt ein US-Amerikaner die Politik des Geschäftes wegen und nicht umgekehrt. Und natürlich treibt er sie nur für jene, die bereit sind, sich in seinem Sinn, für seine Sache, seine Geschäfte zu engagieren. So sagte Dean Acheson, seit 1949, dem Rücktritt Marshalls, neuer Außenminister, über das Auslandshilfeprogramm seines Staates: »Menschen, die unseren Glauben teilen, wollen wir helfen, weiterhin so zu leben, wie sie leben wollen.«

Doch wehe, wenn sie diesen Glauben nicht teilen! »Unser« Glaube muss es schon sein. Und »unser« Interesse. Und »unser« Profit.

Die deutschen Michels aber, als ausgehungertes Konsumgut, als potenzielles Kanonenfutter eingekauft, bekamen in Erinnerung daran

Jahrzehnte später noch glänzende Augen. Seinerzeit hatten viele nasse (auch nasse Hosen), schien es ihnen, als hätten sie das Heil der Welt geschaut. Und den Allerklügsten scheint es noch heute so. Wie sie vordem für Hitler waren, so nun für die neuen Herren. Und wie sie einst für jenen starben, millionenweise, so sind sie seitdem präpariert, für diese zu krepieren; dort für Arbeit und Brot, Blut und Boden, Kraft durch Freude, da für Kleider, Konserven, Mais und Trockenmilch – von der doch selbst ihre jetzige Nummer eins (viele meinen, gar noch eine Nummer davor) gezehrt. Und ist es nicht gut angeschlagen?

Ja: »… was unsere amerikanischen Freunde in der Stunde der Not für uns taten« – das taten sie für sich, Mr. Kohl.

Der italienische Sozialist Pietro Nenni nannte den Marshall-Plan »ein ökonomisches Instrument der Truman-Doktrin und der Wallstreet-Politik«. Der russische Außenminister Molotow geißelte ihn als imperialistische Verschwörung zur Versklavung Europas, was etwa auf dasselbe hinauslief. Jedenfalls sollte er alle europäischen Staaten umfassen, hätten die USA ihre Hilfe doch am liebsten auf ganz Europa ausgedehnt, vorerst. Aber nur 16 Staaten konnten zugreifen und wurden eher mehr als minder amerikanisiert. Am 20. Januar 1949 erweiterte dann Truman im vierten Teil seiner Antrittsrede die in Europa bereits so bewährte technische und finanzielle Hilfe auch auf die »unterentwickelten« Gebiete der Welt (dann feiner »Entwicklungsländer« genannt: erst hatte man sie – meist »Kolonien« – aufs Äußerste geschröpft; darauf, fortschrittlicher, das große Schröpfen zeitgemäß entwickelt). Natürlich sollte die Hilfe, die Entwicklung, auch dem Entwickelnden selbst etwas zugute kommen, ihm sogar, offen gesagt, zuerst und am meisten, denn sonst könnte er sich ja gar nicht, noch dazu so groß, entwickeln. Und flossen dabei auch Millionen um Millionen Dollar vor allem in die Taschen der Herrschenden vieler Entwicklungsländer, so war dies gewiss mit einkalkuliert. (Man braucht Verbündete – und wer herrscht viel Geld, um vor Bestechungen sicher zu sein.) Hauptsache die Rechnung im Ganzen ging auf. Ende 1959 hatten die diesbezüglichen Gesamtausgaben bereits eine Höhe von 72,5 Milliarden erklommen.

Leider konnte man nur einen Teil Deutschlands befreien. Zwar war dieser Teil zunächst größer, doch trat man dann Teile des Teils, die man schon in Händen hatte, rücksichtsvollerweise den Russen ab. So konnten sich da und im übrigen Mitteldeutschland seit dem 22. April

1946 die echten Sozialisten (SED) entfalten, darauf auch allerlei Enteignungsmaßnahmen, Bodenreformen etc. Schließlich gab es Währungsreformen hier und dort, und endlich war die Spaltung perfekt. Jede Seite hatte einen Brocken, und die Welt war sicherer. Sogar Deutschland war sicherer vor sich selbst – jedenfalls so lange, bis es sich wieder vereinigte.

Wünsche der Manufacturers und Truman-Doktrin

Hinsichtlich der Deutschland-Politik nach dem Zweiten Weltkrieg zeigten sich die Alliierten zunächst gespalten. Die einen waren gegen, die anderen für den Wiederaufbau des Landes. Jahrelang herrschte ein übles Durcheinander.

Ursprünglich wollte man Deutschland nach dem Krieg vollständig entmilitarisieren. Man wollte es zerstückeln und ganz klein machen, schon um selber, ungestört, ganz groß, noch größer werden zu können. Finanzminister Henry Morgenthau und sein Unterstaatssekretär Harry Dexter White hatten deshalb einen vorzüglichen Plan ausgearbeitet, der nicht von ihnen, sondern von zwei rassereinen Deutschen stammte, aber dann der »Morgenthau-Plan« hieß. Danach sollte Deutschland ein Bauernstaat werden – die Russen gaben wenigstens einen Arbeiter- und Bauernstaat vor –, und die Deutschen sollten, so Präsident Roosevelt, immerhin aus »Suppenküchen« ernährt werden. Menschenfreundlicher ging's kaum noch. Dann aber war den Amis ein solch großer Kartoffelacker an der Grenze zum Osten zu riskant. Die Revitalisierung des Ruhrgebiets und das Mitmischen dabei schienen Erfolg versprechender. So milderte man, stets zum eigenen Vorteil, versteht sich, den Morgenthau-Plan so lange, bis von allerlei Plänen, einer Art »Roosevelt-Plan«, einem »Churchill-Plan« und anderen Eingriffen schließlich die Direktive JCS 1067 übrig blieb, die Richtlinie für Eisenhowers Besatzungspolitik: Entmilitarisierung, Entnazifizierung und Aufteilung in vier Zonen. Zuletzt wollte Eisenhower »starke Alliierte«. Man erkannte die Nützlichkeit der Besiegten, konnte sie zum Puffer gegen die roten Teufel machen, zum »Bollwerk«, so McCloy, »gegen die Sowjetunion«: auch, wenn es denn sein musste, zum Schlachtfeld. Die Deutschen hatten Erfahrung in derlei, und diese Erfahrung ließ sich nutzen.

Ergo entstanden sowohl der »Eiserne Vorhang« wie die »Bundesrepublik Deutschland« zuerst in amerkanischen Köpfen. Das eine wie das andere ist ihr Erzeugnis. Die Amerikaner befahlen, die Deutschen führten aus: die »Währungsreform« im Sommer 1948, die Konstituierung des »Parlamentarischen Rates« im Herbst desselben Jahres, das »Grundgesetz« am 23. Mai 1949. Nichts geschah ohne Billigung der Sieger. Und Kurt Schumacher sagte selbstverständlich die Wahrheit, als er Adenauer den »Kanzler der Alliierten« nannte, worauf sich ein Sturm der Entrüstung erhob, wie immer nach dem Aussprechen einer unangenehmen Tatsache.

Ein Befürworter der Demontage Deutschlands war zunächst der erste Militärgouverneur und frühere Stellvertreter General Eisenhowers, General Lucius D. Clay. Aber die amerikanische Geschäftswelt war anderer Auffassung und hatte ihre Leute natürlich auch in der Militärverwaltung. Ihre Wirtschaftsabteilung leitete damals General William H. Draper, vordem Unterstaatssekretär im US-Kriegsministerium. Der General, jetzt eine Art Wirtschaftsminister für Deutschland, vertrat die Interessen der Bank Dillon, Read & Comp., deren Vizepräsident er einst gewesen, wobei er 1944 sogar in eine Anklage des Generalstaatsanwalts verstrickt war, die man jedoch für alle Zeiten niederschlug. Anders als Clay wünschte er selbstverständlich, wie die amerikanische Industrie überhaupt, die Aufrüstung Deutschlands. Clay aber wollte eher seinen Abschied nehmen, »als dem Ansinnen der Manufacturers zu entsprechen«. Doch als sich Amerika fürs Aufrüsten entschied, nahm Clay seinen Abschied nicht, sondern beugte sich dem Mammon und vollzog die Wünsche der Manufacturers.

Clay war dem Druck mancher Seite ausgesetzt, auch dem eines guten Bekannten General Drapers, dem von McCloy, Unterstaatssekretär im Kriegsministerium, Berater mehrerer Präsidenten, schließlich selber Hochkommissar in Deutschland und ohne Zweifel der kompetente Mann, der besonders die Interessen Rockefellers wahrnahm, darüber hinaus aber enge Kontakte zu fast allen großen US-Banken hatte, wie er denn selbst, ehe er Hochkommissar wurde, Präsident der Weltbank gewesen ist.

Noch bevor Marshall seine Hilfe gestartet, waren schon die Türkei und Griechenland in einen gewissen Dollargenuss gekommen: die Türkei zu 150 Millionen, Griechenland zu 250 Millionen Dollar – und beide Staaten banden schließlich als Stützpfeiler der NATO, 26 Divisionen des Warschauer Pakts.

Auf der Türkei ruhte Stalins Auge wegen der großen strategischen Bedeutung der Dardanellen für Russland. Und in Griechenland, wo Churchill in einer dreißigtägigen Straßenschlacht in der Athener Innenstadt alle antimonarchisch eingestellten Gegner hatte niedermetzeln lassen, tobte seit 1944 der offene Bürgerkrieg, bekämpften sich rechte und linke Gruppen. Da England offensichtlich überfordert war, griff Harry Truman ein.

Am 12. März 1947 erschien er, im blauen Zweireiher, vor dem Kongress, dessen Sitzung, wie üblich, mit Gottes Beistand begann: »Mit Deinem Segen, Herr, brauchen wir weder Entscheidungen zu fürchten noch vor Taten zurückzuschrecken«. Darauf verkündete der Präsident in die gespannte Ruhe sein nachmals »Truman-Doktrin« genanntes Glaubensbekenntnis. »Ich glaube, dass es die Politik der Vereinigten Staaten sein muss, jedes freie Volk, das sich der Unterjochung durch bewaffnete Minoritäten oder äußerem Druck widersetzt, zu unterstützen … Ich glaube, dass unsere Hilfe in erster Linie in einer wirtschaftlichen und finanziellen Unterstützung bestehen sollte, die für die Aufrechterhaltung der wirtschaftlichen Stabilität und der politischen Ordnung entscheidend ist … Die Saat des Totalitarismus wird durch Elend und Not genährt. Sie gedeiht und wächst in dem schlechten Boden der Armut und der Konflikte. Und sie geht auf, wenn die Hoffnung des Volkes auf ein besseres Leben gestorben ist. Wir müssen diese Hoffnung am Leben erhalten.«

Dass er selbst die Saat totaler Menschenverachtung durch zwei Atombombenabwürfe eindrucksvoller als jeder vor ihm ausgestreut, hätte er kaum geglaubt. Wallstreet-Bankier Bernard Baruch aber sagte: »Täuschen wir uns nicht, wir sind heute mitten in einem Kalten Krieg«. Das Wort, das schon aus dem Beginn des Zweiten Weltkriegs stammte, als sich Deutsche und Franzosen noch abwartend gegenüberlagen und die Franzosen von einer »drôle de guerre« oder »guerre froide« sprachen, das Wort setzte sich jetzt ebenso fest, wie die Sache sich schon festgesetzt hatte. Mit Recht sah Baruch die Welt bereits »mitten« in diesem Krieg.

Sein Auftakt aber war die Propagandalüge, die Russen hätten die Welt und Deutschland in zwei Teile gespalten. In Wirklichkeit hatte Dulles im Frühjahr 1945 durch Einfügung der Artikel 51 und 52 in die UNO-Charta die Spaltung schon vorbereitet. Denn die US-Industrie wollte das Geschäft mit Europa, mit Deutschland, wollte die Wiederaufrüstung, also mussten die Russen verteufelt werden. Und sie wurden verteufelt, ob sie nun eine Teufelei begangen hatten oder nicht, doch besonders natürlich, wenn ihnen ein Fehler unterlaufen war. Alles Einlenken half dann nichts.

Zum Beispiel kam die russische Berlin-Blockade – die 277 000 Flüge der Angloamerikaner und 2 500 000 Tonnen Versorgungsgüter in Bewegung setzte – der antirussischen Propaganda natürlich sehr entgegen. Die Russen erkannten dies auch rasch und bemühten sich um Beilegung des Konflikts. Doch den Yankees war er willkommen, sie spielten ihn absichtlich hoch. Und ihre Medien mussten offenbar über die russische Verhandlungsbereitschaft schweigen. Gerüchte darüber kursierten längst, ja gehörten, so schreibt am 6. Mai 1949 die konservative Wochenschrift »U.S. News & World Report«, 1948 »zu den Tagesgesprächen in Washington; aber Präsident Truman und sein Secretary of State Acheson versicherten immer wieder, dass die Russen kein Zeichen zur Verhandlungsbereitschaft gegeben hätten, und Presse wie Rundfunk, in Amerika wie Europa, wiederholten diese Behauptung unermüdlich«. Noch am 22. April ließ Truman erklären, die Sowjets hätten »keine Fühler ausgestreckt«. Ganz offensichtlich täuschte der Präsident sein Land und die Welt, zog er die Blockade absichtlich in die Länge, um die Sowjets zu belasten, um gegen den bösen Feind noch mehr auf- und wettrüsten zu können.

Das einzig wirklich große Unrecht, das Stalin, rein vertragsrechtlich gesehen, beging, war die Verschiebung der westpolnischen Grenze bis an die Oder-Neiße-Linie, was gegen die Potsdamer Vereinbarungen verstieß. Doch dies beiseite, hat sich Stalin, ohne Zweifel einer der größten Despoten der russischen Geschichte, meist beinah pedantisch korrekt an die Absprachen mit den westlichen Verbündeten gehalten, und zwar selbst wenn sie sich gegen seine Interessen richteten.

Doch die Russen mussten stets die Bösen sein

In Wirklichkeit war es nichts als eine üble Verleumdung, wenn der amerikanische Abwehrchef Allan Dulles, der Bruder von John Foster Dulles, behauptete, die Sowjets dachten 1945 »nicht an Frieden«. Denn sie konnten in Anbetracht aller Umstände überhaupt nichts anderes brauchen als Frieden – sehr im Unterschied zu gewissen Kreisen der USA. Und meinte Dulles auch, die Sowjets ventilierten nur,

»wie sie unseren gemeinsamen Sieg und ihre militärischen Besatzungszonen am besten für weitere kommunistische Eroberungen ausnützen könnten«, so trifft auch dies, zumindest zunächst, nicht zu. Dagegen stimmt seine Behauptung, für die Kommunisten gehe »im internationalen Verkehr Macht vor Recht«. Es stimmt aber ebenso für die USA, wie ihre Geschichte in erschreckender Scheußlichkeit von Anfang an zeigt. Und gerade im 20. Jahrhundert haben die Vereinigten Staaten weit mehr Länder besetzt als die Sowjetrussen und dabei widerlicher geheuchelt, als das Staaten üblicherweise tun. »Macht vor Recht« ist das Prinzip aller Weltmächte. Anders wird man nicht Weltmacht. Anders kann man keine bleiben. Weltmächte sind, wie schon der hl. Augustinus wusste, große Räuberbanden. Aber hier geht's nun einmal um die USA.

Gewiss saßen die Russen »im Herzen Europas fest«, wie seinerzeit auch Churchill klagte und vor Knechtschaft warnte und schon wieder, kaum war der Krieg ein Jahr zu Ende, forderte, eher zu sterben, als sich der Tyrannei zu beugen. Aber waren denn nicht die Angloamerikaner die Bundesgenossen der Sowjets bisher? Und sind sie es nicht gern, nicht dankbar gewesen, selbst Churchill, selbst amerikanische Konservative? Und hatten nicht USA und England schon 1944 in Jalta die russische Vorherrschaft in China, in Osteuropa begründet? Hatten sie nicht das Durchhalten der Sowjets, ihre Offensiven gefördert? Ihnen nicht Milliarden Dollars an militärischer und wirtschaftlicher Hilfe gegeben, gerade weil sie siegen wollten, um jeden Preis, auch um den des russischen Vormarsches, des immer weiteren Vormarsches, des zu weiten zuletzt?

Natürlich logen sie der Welt vor, die Sowjets verdankten ihre Siege nur amerikanischer Hilfe. Tatsächlich aber war diese Hilfe bis Stalingrad sehr gering. Und auch danach erreichte sie nie auch nur zehn Prozent der russischen Eigenproduktion. Tatsächlich stellten die Russen ca. 91% aller Panzer, 92% aller Flugzeuge, 95% aller Artilleriegeschosse, 98% aller Geschütze und 100% aller Gewehre selber her.

Und natürlich haben die Russen vor allem den Krieg gewonnen, mehr als die übrigen Alliierten zusammen, haben besonders die Russen uns und Europa von Hitler befreit, so wie sie schon einmal Napoleon besiegt und Europa befreit haben. Und natürlich hatten sie auch weitaus am meisten Verluste, die größten der bisherigen Weltgeschichte. 1710 Städte waren vernichtet, mehr als 70 000 Dörfer, 70 000 Kilometer des Eisenbahnnetzes, 4100 Eisenbahnstationen,

427 Museen (von insgesamt 992), 40 000 Krankenhäuser, 43 000 Bibliotheken, 44 000 Theater, Klubs und Kulturräume, 84 000 Schulen und Forschungsinstitute; zusammen wurden 6 Millionen Gebäude verbrannt oder zerstört und 25 Millionen Menschen obdachlos.

Die Verluste der Zivilbevölkerung konnten nie festgestellt werden, betrugen aber allein in Leningrad ein Mehrfaches aller amerikanischen Verluste während des gesamten Zweiten Weltkriegs! Selbst Edward R. Stettinius, Roosevelts letzter Außenminister und zuvor Leiter der Heereslieferungen, erklärte die russischen »Gegenleistungen« für die amerikanische Waffenhilfe als so überragend, dass sie »weit jenseits aller Möglichkeiten liegen, sie mit Maßstäben wie Dollar oder Tonnen zu messen«.

»... im Herzen Europas«, jammerte Churchill. Aber schließlich hatten die Amerikaner den Sowjets 1945 noch Gebiete überlassen, die sie selber schon besaßen, große Gebiete und ganz kleine Plätze, wie im Harz, als sie allzu generös die Voraussetzungen dafür schufen, dass die Russen mit dem Sputnikstart die technische Führung der USA in Frage stellten, überrundeten.

Damals hatten Teile der 3. US-Panzerdivision am 11. April 1945 bei Nordhausen die »Mittelwerke« erreicht, das Herz der deutschen V2-Fabrikation. Sie fanden nicht nur riesige Raketen, die deutsche »Wunderwaffe«, abschussbereit vor, sondern auch sonst alles unversehrt in gigantischen, peinlich sauberen Anlagen der größten unterirdischen deutschen Waffenfabrik. In einem ersten Sonderbefehl zwar sollte dies offenbar viele Milliarden Dollar schwere Beutegut natürlich sichergestellt werden. Doch ein zweiter, von einer »sehr hohen Dienststelle« ausgehender Befehl instruierte den technischen Experten Major Hamille, »dass Nordhausen zur russischen Zone gehören würde und dass alle Dokumente und Gegenstände für die Sowjets an Ort und Stelle gelassen werden sollten«. In einem weiteren Befehl verfügte der Oberkommandierende Eisenhower: »Alle Fabriken, Anlagen, Werkhallen, Forschungsinstitute, Laboratorien, Versuchsanstalten, Patente, Pläne, Zeichnungen und Erfindungen müssen intakt und in gutem Zustand für die alliierten Vertreter zur Verfügung gehalten werden«.

Einiges requirierte Major Hamille nun zwar auf eigene Faust. Doch staunten die Russen Stein und Bein über die Großzügigkeit ihrer Verbündeten, als sie das Erbe von Nordhausen unversehrt antraten. Ein Sowjetoberst lachte schließlich laut und meinte: »Das alles haben uns die Amerikanski geschenkt! Aber in zehn Jahren werden sie weinen!« Und der Oberstleutnant Taranakov rief: »Was für Idioten diese Amerikaner sind!«

Die Amerikaner hielten damals ihre Heere von Berlin ab, von Prag, von Wien, um den Russen den Vortritt zulassen. Sie wichen 250 Kilometer auf einer Breite von 650 Kilometern zurück. Und so saßen die Sowjets zuletzt von Bulgarien und Rumänien über Ungarn, die Tschechoslowakei, Polen bis hinauf ins Baltikum. Natürlich hatte Stalin dort überall Regierungen nach seinem Gutdünken eingesetzt und ohne Amerika zu fragen – das sich im Übrigen im Westen nicht anders verhielt und, wo immer es Macht hatte, nur Regierungen seines Vertrauens zuließ. Doch waren all die von den Russen kontrollierten Länder nicht vielmehr Schutzwall für sie als Aufmarschbasis? Die Russen haben nie einen Ausfall gemacht. Und ein russisches Geheimdokument, das dem englischen Intelligence Service im Herbst 1947, ein halbes Jahr also etwa nach der Truman-Rede vom 6. März in Texas, in die Hände fiel, nannte als das »wichtigste Aktionsfeld der russischen Politik« den Vorderen Orient. Man erkannte die Ölfelder in Persien, Arabien, im Irak als Schwachstelle der USA und wollte hier den Kalten Krieg aufnehmen.

Gewiss verweigerten die USA nun schon eine von den Sowjets angestrebte Anleihe von mindestens 10 Milliarden Dollar, hatten zunächst aber weder etwas gegen die Demontage deutscher Industrieanlagen noch gegen den völkerrechtswidrigen Einsatz deutscher Kriegsgefangener in der UdSSR, noch gegen eine Entschädigung Polens für die Abtretung Ostpolens an die Sowjetunion, noch gegen die Austreibung von immerhin 6,5 Millionen Deutschen aus Osteuropa, erfolge sie nur »in ordnungsgemäßer und humaner Weise«.

In Kürze freilich waren nicht mehr die Braunen die Bösen, sondern die Roten. Dabei wusste die amerikanische Führung aber immer, dass die Sowjetrussen keinen Krieg mit ihr wollten. Nie sah sie sich in all diesen Jahren auch nur irgendwie ernsthaft bedroht. Nicht als ihr Generalstab, bereits im Frühjahr 1944, den Dritten Weltkrieg erwog, einen Kampf auf Leben und Tod »zwischen Gut und Böse«. Nicht 1945, als sie, im Alleinbesitz der Atombombe, diesen weiteren Weltkrieg schon vorbereitet hat. Nicht in den folgenden Jahren. Im Gegenteil. Man gab durchaus zu, dass die UdSSR »keine unmittelbare Gefahr« bedeute, dass ihre Wirtschaft, ihr Arbeitskräftepotenzial, »vom Krieg ausgelaugt« sei, weshalb sie sich »in den nächsten Jahren auf den inneren Wiederaufbau und begrenzte diplomatische Zielsetzungen konzentrieren« werde.

Amerikanische Regierungsdokumente bekunden solche Überzeugungen und die Memoiren bekannter Politiker. Wie Churchill 1946 sagte: »Ich glaube nicht, dass Sowjetrussland den Krieg wünscht«, so telegraphierte im selben Jahr einer der besten amerikanischen Diplomaten, der Historiker George F. Kennan, aus Moskau (wo er ab 1952 Botschafter war), die Sowjetmacht gehe, im Gegensatz zu Hitlerdeutschland, »keine unnötigen Risiken« ein; sie sei nicht »auf Abenteuer« aus und »gemessen an der westlichen Welt insgesamt ... bei weitem schwächer«.

Noch 1949, als die Amerikaner bereits 400 Flotten- und Luftstützpunkte in aller Welt errichtet hatten und die Vereinigten Stabschefs in ihrem Kriegsplan »Dropshot« vom 19. Dezember schon damit rechneten oder wenigstens vorgaben, damit zu rechnen, dass im »Laufe der Zeit« das steigende Militärpotenzial der Sowjets »den Krieg von ihrem Standpunkt aus als weniger gewagt erscheinen lasse«, meinten sie: »Ein dritter Weltkrieg wird vom Kreml wahrscheinlich als die aufwendigste und am wenigsten wünschbare Methode zur Erreichung des grundlegenden Ziels angesehen«.

Viele erkannten dies, aber wollten oder konnten, durften es nicht sagen, je höher sie standen, desto weniger. Und doch hatte 1947 Handelsminister Henry A. Wallace, von 1941 bis 1945 Vizepräsident der Vereinigten Staaten, den Mut, den antisowjetischen Kurs zu kritisieren, hatte er die Redlichkeit zu bekennen: »Für mich liegt die Kriegsgefahr viel weniger im Kommunismus als im Imperialismus«. Ein einziger Entrüstungssturm fegte ihn beiseite. (Ehrlichkeit zahlt sich in der Politik nur in jenen seltenen Fällen aus, wo sich Unehrlichkeit nicht auszahlen würde.)

Die Zeitschrift *Newsweek* schrieb 1948, es sei das Ziel der amerikanischen Strategen, »den Ring der Luftstützpunkte um Russland zu schließen und ihn dabei so lange immer kleiner und enger zu machen, bis die Russen ersticken«. Doch die US-Nachkriegspolitik hat immer und unentwegt die Russen der Aggressivität beschuldigt und sich als »defensiv« bezeichnet. In Wirklichkeit war es (aus vielen Gründen) eher umgekehrt.

Ein erst Jahre später, 1964, bekannt gewordenes Dokument ist hier erhellend. Im Januar 1950 nämlich beauftragte Präsident Truman den Außen- und Verteidigungsminister, »eine erneute Überprüfung unserer Ziele in Frieden und Krieg und der Auswirkung dieser Ziele auf unsere strategischen Pläne vorzunehmen ...« Das Ergebnis dieser Zwischenbilanz verschiedener Stellungnahmen, enthalten in der Dokumentenreihe Nr. 68 des Nationalen Sicherheitsrates (National Security Council 68 Series: NSC-68) – nach Außenminister Dean Acheson »eines der großen Dokumente in unserer Geschichte« –, prägte maßgeblich den Kalten Krieg. Es weist einmal mehr die USA als seine Initiatoren aus und macht sie verantwortlich für die Geschichte der fünfziger Jahre. Fordert es doch gegenüber der Sowjetunion weiterhin »kühne Angriffsfreudigkeit« *(bold aggressiveness)* – übrigens zwei Monate vor Beginn des Korea-Kriegs. Ja, das NSC 68 fordert nicht nur »kühne Angriffsfreudigkeit«, sondern erkennt auch die militärische Überlegenheit der Russen in sämtlichen Waffen, außer Atomwaffen, an.

Warum aber, wenn sie aggressiv waren, nützten das die Russen nicht aus? Wegen der atomaren Überlegenheit der Amerikaner? Doch die Amerikaner besaßen nach dem Krieg gar keine Atombomben mehr, wenn auch offizielle Persönlichkeiten mit »Dutzenden und Dutzenden« von solchen Bomben Russland und die Welt blufften, so dass nicht wenige Nationen angesichts dieser Macht und der Legende von der »russischen Gefahr« das atlantische Bündnis mit den USA eingingen. Dabei pfiffen es dort bald die Spatzen von den Dächern, und natürlich wussten dies auch die Russen: Amerika hatte nur drei Atombomben besessen, zwei wurden über Japan abgeworfen, das größte Kriegsverbrechen der bisherigen Geschichte, die dritte verschwand spurlos mit einem Kriegsschiff auf der Fahrt nach der Insel Tinian im Pazifik. Erst im Lauf des Jahres 1948 kamen die Amerikaner in den Besitz weiterer Nuklearwaffen. Doch zu ihrer Bestürzung zündeten die Russen 1949, fünf Monate nach Gründung der NATO, ebenfalls eine (selbst von US-Experten noch nicht erwartete) Atombombe, worauf ein gesteigertes Wettrüsten begann, das der Korea-Krieg noch angefacht hat.

13. KAPITEL

Von Korea nach Vietnam

Der Koreakrieg …

Korea, seit langem ein bevorzugtes Objekt amerikanischer Außenpolitik, war durch die vernichtende Niederlage Chinas im Krieg gegen Japan 1895 »unabhängig«, nach Japans neuerlichem Sieg 1905 auch über Russland vier Jahrzehnte vom Sieger besetzt, schließlich 1945 durch die Konferenz von Potsdam abermals »unabhängig« geworden. Im August und September okkupierten die Sowjetunion den Norden, die USA den Süden des Landes.

Die russlandfeindliche US-Politik führte aber auch hier zum Zerwürfnis. 1948 bricht das Land in zwei feindliche Teilstaaten diesseits und jenseits des 38. Breitengrades auseinander, im Süden am 15. August 1948 in die Republik von Korea, im Norden am 9. September in die Demokratische Volksrepublik Korea. Es kommt, durch beide Seiten, zumal aber durch das diktatorische Regime Südkoreas unter Syngman Rhee, zu ständigen Grenzprovokationen, und nach fortgesetzten militärischen Konflikten an der Demarkationslinie fallen am 25. Juni 1950 nordkoreanische Truppen in Südkorea ein und überrennen es weithin in zwei Monaten.

Präsident Trumann reagiert rasch. Schon am 27. Juni 1950 befiehlt er den Einsatz von See- und Luftstreitkräften, am 30. Juni den Einsatz auch von Bodentruppen. Ein kleines, mehr symbolisches Kontingent der Vereinten Nationen unterstellt sich kurz darauf dem US-Oberbefehlshaber General Douglas MacArthur. Gleichwohl bestreitet Truman, dass die USA im Kriegszustand seien, und erklärt, es handle sich um eine Polizeioperation im Auftrag der UNO. Und am 30. November droht er mit dem Einsatz der Atombombe; schließlich hatte er als einziger Staatsmann der Welt praktische Erfahrung damit.

Mindestens zweimal erwog damals der Präsident, nach seinem eigenen Tagebuch, einen Atomkrieg gegen Sowjetrussland und Rot-China. Man müsse, notierte er, ein auf 10 Tage befristetes Ultimatum stellen und bei Ablehnung »sämtliche Häfen und Städte ausradieren«.

»Dies bedeutet umfassenden Krieg. Es bedeutet, dass Moskau, St. Petersburg, Mukden, Wladiwostok, Shanghai, Port Arthur, Dairen, Odessa, Stalingrad und jede Produktionsstätte in China und in der Sowjetunion vernichtet werden müsse«. Und zu den Waffenstillstandsverhandlungen in Korea schrieb Truman am 18. März 1952 ins Tagebuch: »Ihr akzeptiert entweder unsere fairen Vorschläge, oder ihr werdet vollständig zerstört«.

Inzwischen wogte die Polizeioperation (u. a. mit 424 000 Marineinfanteristen) auf der einen, der Krieg auf der anderen Seite furchtbar hin und her. Die Nordkoreaner sollen schauerliche Massaker verbrochen, die USA Bakterien eingesetzt haben. Bei einer Gegenoffensive überschreitet MacArthur – unter Missachtung der bisher gewahrten Containment-Politik – den 38. Breitengrad, erobert fast ganz Nordkorea und dringt im Oktober/November bis zum Yalu an der Grenze von China vor. Der amerikanische Oberbefehlshaber glaubt sogar, den Fluss ohne wesentlichen Widerstand überschreiten zu können, wird aber im Januar 1951, unter Beteiligung von Hunderttausenden mehr oder weniger freiwilliger Rotchinesen, in einen überaus verlustreichen, teilweise in jämmerliche Flucht ausartenden Winterkrieg verwickelt und bis auf den 38. Breitengrad zurückgeworfen.

Der ehrgeizige General schlägt Truman nun eine Verschärfung und Ausweitung des Kampfes vor. Der Präsident, der doch keine Neigung hat, die »Polizeiaktion« zu einem Dritten Weltkrieg eskalieren zu lassen, widerstrebt. Der General, nicht unbekannt durch seine Renitenz, versteift sich, geht in die Öffentlichkeit, und Truman enthebt ihn am 11. April 1951 seines Postens. Dies ruft in den USA, besonders im Asia First-Kreis, eine derartige Erregung hervor, dass man davon spricht, Truman vor ein Gericht zu stellen und MacArthur zum Präsidenten zu machen. 78 000 Telegramme sollen ins Weiße Haus geflattert sein, angeblich 20 zu 1 für MacArthur. Doch nach einiger Zeit klugen Abwartens kümmert man sich kaum noch um ihn.

In Südkorea treibt indes Präsident Syngman Rhee weiter zu einem totalen Krieg. Auch er möchte die Chinesen nebst Anhang wieder über den Yalu zurückgeworfen sehen, notfalls durch den Einsatz von Atomwaffen. Das amerikanische Volk aber hatte den Koreakrieg bald satt, mutete er doch fast wie ein Rückfall in die Zeit des Kolonialismus an. Nahezu zehntausend Meilen war das Schlachtfeld entfernt. Das Transportwesen hatte sich als unzulänglich erwiesen. Die amerikanischen Jagdflugzeuge waren der russischen MIG-15 nicht gewachsen. Keine einzige dieser Maschinen wurde abgeschossen, vielmehr bekannten US-Piloten öffentlich, es sei Selbstmord, den Kampf damit aufzunehmen. (100 000 Dollar Belohnung winkten jedem Koreaner, der eine MIG 15 »hinter den amerikanischen Linien landete«.) Die Panzer made in USA freilich operierten zunächst gut – aber nur solange es nicht regnete. Dann versanken sie.

Die USA konnten den Koreakrieg nicht, wie üblich, mit der Kapitulation oder der völligen Niederlage des Feindes beenden. Nach einer Feuerpause begannen im Juli 1951 langwierige Friedensverhandlungen, die endlich am 27. Juli 1953 in Panmunjom zur Unterzeichnung eines Waffenstillstandsvertrags führten, der den Frontverlauf als Defacto-Staatsgrenze bestätigte.

Die Verluste waren beträchtlich. Und hatten sich auch 15 Mitgliedsstaaten der Vereinten Nationen schwach am Krieg beteiligt, die Hauptverluste trafen die Hauptbeteiligten. Die USA: mehr als 33 000 Tote, 100 000 Verwundete. Dazu, auf südkoreanischer Seite: 70 000 Gefallene und 500 000 getötete Zivilisten. Die Nordkoreaner und Chinesen hatten zwei Millionen Tote, darunter 400 000, die an kriegsbedingten Krankheiten umgekommen sind.

Die USA aber stützten und schützten weiter den Diktator Syngman Rhee (1948–1960) und seinen antikommunistischen Polizeistaat stalinistischer Prägung. Jeder Versuch der Opposition, dies Schreckensregiment durch ein parlamentarisches System zu ersetzen, wurde brutal erstickt. Eine Armee von Schnüfflern durchschwärmte das Land. Ungezählte Tausende verschwanden ohne reguläres Gerichtsverfahren in den Kerkern. Man terrorisierte Studenten und Arbeiter, setzte Gas gegen sie ein, und die US-Truppen standen sozusagen Gewehr bei Fuß, um auch noch die übelsten Aktionen dieser Despotie zu decken.

… und eine kleine Konjunktur

Was immer auch der Koreakrieg tatsächlich war, ein »Stellvertreterkrieg«, ein »Testkrieg«, ein Drittes, Viertes, er bekam nicht nur entscheidende Signalwirkung für Europa, für eine europäische Streitmacht, die westdeutsche Wiederaufrüstung, sondern er belebte auch kräftig die heimische Wirtschaft durch große Kriegsaufträge. Das Militärbudget kletterte von 13 Milliarden Dollar 1950 auf 43,9 Milliarden Dollar 1952. Je mehr Materialmassen man verbrauchte, je mehr man verpulverte, desto höher stiegen die Kosten – auf über 22 Milliarden Dollar – und die Konten. Natürlich nicht alle.

Die Zahl der Arbeitslosen, während des Zweiten Weltkriegs auf Null gesunken, hatte sich unter Truman bereits wieder auf vier Millionen erhöht. Und wie der Marshall-Plan, die »Hilfen« für »unterentwickelte« Länder, das heißt ihre Materialbestellungen, den USA aus einer bereits bestehenden Rezession heraushalfen, so bescherte ihnen der Koreakrieg eine ungewöhnliche Konjunktur, umso erwünschter, als die so genannte Truman-Ära innenpolitisch allerlei zu wünschen übrig ließ.

Der Präsident hatte sich stark in der Außenpolitik, im Kalten Krieg, engagiert und indirekt sich wohl auch selbst gelobt, pries er seinen Außenminister Marshall als »The greatest living American« und dessen Nachfolger, Außenminister Dean Acheson, als einen der größten Außenminister aller Zeiten. Innenpolitisch aber gab es kaum Erfolge; eigentlich erstaunlich nach den gigantischen Weltkriegsgewinnen, zumal auch jetzt die Wirtschaft noch gedieh. Immerhin war von 1946 bis 1953 das Nationaleinkommen um 37%, das persönliche Einkommen, nach Abzug der Steuern, um 20% gewachsen.

Aber das Nationaleinkommen kommt bekanntlich der Nation nicht in gleicher Weise zugute. Die Kaufkraft kennt Unterschiede. Nach einer Feststellung des Federal Reserve Board hatten 1950 sechs von zehn US-Familien im Jahr weniger als 5000 Dollar Einkommen. Und war selbst diese Einkommensverteilung noch immer etwas weniger schlecht als vordem, so ging es doch auch jetzt, die Arbeits- und völlig Mittellosen einmal beiseite, jenen wieder am schlechtesten, denen die Reichsten ihren Reichtum gerade verdankten. Und es ist einfach schamlos, allen fortbestehenden krassen Einkommensgrenzen zum Trotz von einem »Gleichgewicht« oder »erträglichen Gleichgewicht« zu sprechen.

Noch in den ersten Nachkriegsjahren kam es – wie schon 1919! – zu einer Welle großer Streiks. Bereits im Januar 1946 streiken Hunderttausende; am 15. Januar 200 000 Elektriker bei General Electrics, am 20. Januar 750 000 Stahlarbeiter. Insgesamt befanden sich rund 1,6 Millionen Arbeiter im Ausstand – die größte Streikbewegung seit 1919.

Aber die Löhne hinken nun mal, milde gesagt, den Lebenshaltungskosten nach, die steil und rasant, die fast inflationär steigen, bis 1948 um rund 50%. So streiten die Tarifparteien, bekämpfen sich Arbeitgeber und -nehmer mit Statistiken, die jeweils das Gegenteil beweisen. Am 4. Dezember wird die Gewerkschaft der Bergarbeiter (United Mine Workers) zu einer Zahlung von 3,5 Millionen Dollar wegen Missachtung gerichtlicher Verfügungen verurteilt. Und am 23. Juni 1947 verabschiedet der Kongress, allerdings gegen Trumans Veto, ein scharf gewerkschaftsfeindliches Gesetz mit Zweidrittelmehrheit, als Taft-Hartley-Act bekannt.

Der Erlass, der nun jahrelang eine große Rolle spielt, macht einige der wichtigsten Errungenschaften der unions rückgängig. Er verbietet die zwangsweise Gewerkschaftszugehörigkeit (closed shop). Er verbietet auch die Subvention politischer Parteien durch Gewerkschaften, deren Führer überdies schwören müssen, nicht KP-Mitglied zu sein, denn die Kommunistenfurcht durchgeistert immer mehr das Land und wird bald zu Exzessen führen. Das Gesetz zwingt die Gewerkschaften zur Vorlage ihrer jährlichen Rechenschaftsberichte beim Arbeitsminister. Es gibt auch den Unternehmern das Recht, bei Vertragsverletzungen und Streikschäden auf Ersatz zu klagen. Es ermächtigt den Präsidenten bei Streikbeschlüssen eine »Abkühlungszeit« (cooling off periods) von 60 Tagen zu verhängen. Die Gewerkschaften sprechen von einem »slave labor law«, einem Sklavenarbeitsgesetz.

1947 nimmt der Präsident auch die Eisenbahnen unter seine Kontrolle und zwingt die Arbeiter verfassungswidrig zu einer gütlichen Einigung. Und 1952 will er – jetzt allerdings vergeblich – das gleiche Manöver zur Vermeidung eines Streiks in der Stahlindustrie wiederholen.

Indes war Trumans Zeit allmählich abgelaufen. 1948, kurz bevor man am Broadway Arthur Millers »Death of a Salesman« aufführte, hatte man Roosevelts Vize am 2. November wiedergewählt, zur allgemeinen Überraschung. Die Meinungsumfragen waren ziemlich vernichtend, die Medien fast geschlossen gegen ihn. Die »Chicago Daily Tribune« hatte schon eine Ausgabe mit seinem Scheitern gedruckt: DEWEY SCHLÄGT TRUMAN. Selbst seine Freunde sagten: »Harry, Sie können nicht gewinnen …« Bald aber drängten die Republikaner, zwanzig Jahre, seit 1933, fern gehalten vom höchsten Amt, mächtig nach vorn. Sie versprachen aufzuräumen mit allen Schäden, vom Kommunismus in der Regierung bis zum Haushaltsdefizit, alles, alles sollte besser werden. Nicht durch einen kleinbürgerlichen Bankrotteur diesmal, nein, durch den strahlenden Sieger des Zweiten Weltkriegs, den »Ritter ohne Furcht und Tadel«.

Dwight D. Eisenhower hatte Europa von der Hitlertyrannei mit befreit, die uns freilich die USA mit aufgehalst. Eisenhower, seine Freunde und Helfer haben fast zweieinhalb Millionen Tonnen Bomben auf Europa geworfen und so schätzungsweise 300 000 deutsche Zivilisten, besonders Frauen und Kinder, ermordet, 780 000 verletzt und verkrüppelt, 7 500 000 obdachlos gemacht. Eisenhower und seine Befehlsempfänger haben deutsche Kriegsgefangene massenhaft verhungern und verdursten lassen, wenn es auch nicht, wie auf kanadischer Seite behauptet, mehr, sondern weniger als eine Million waren – angeblich »nur« 56 000 in US-Lagern zu Tode Misshandelte; was immerhin Stephen E. Ambrose, Direktor des »Eisenhower Center« an der Universität von New Orleans, zugab, der auch versicherte: »Amerikanische G.I.s und ihre Offiziere waren fähig, fast so brutal wie Nazis zu verfahren.«

Nun, fast? Man braucht doch an Hiroshima nur, an Nagasaki, Korea, Vietnam oder den Golfkrieg zu erinnern … Ja, die Amerikaner praktizierten Nazimethoden, als man die noch gar nicht kannte, als es die Nazis noch gar nicht gab. Als gegen Mitte des 19. Jahrhunderts ein Beauftragter des geschäftliche Expansionen betreibenden Cornelius Vanderbilt in Nicaragua getötet worden war, zerstörten deshalb US-Kriegsschiffe den Hafen von Greytown. Ein Beispiel unter vielen (auch in diesem Buch). Man denke nicht zuletzt an das Ausrotten der Indianer. Nazimethoden: doch durch diese ganze Geschichte, von Anfang an! Es war auch der Oberkommandierende Eisenhower, der ungezählte – verbündete – Russen, Angehörige jener Armeen, die vor allem den Krieg gegen Hitler gewonnen haben, als »unerwünschte Personen« ihrem Henker Stalin ausliefern ließ.

All dies aber und das doch etwas reichlich blutige Gewerbe des Strategen beiseite, war Dwight D. Eisenhower eine eher schlichte, eher redliche, konziliante Natur, ein echter »Kansas farmer boy«. Freilich einer, der es auch verstand, sich umwerben zu lassen. Der etwa, ganz wie die Papstanwärter bis heute, geschickt verbreiten ließ, keinerlei Ambitionen zu haben. Der es auch von Mal zu Mal verwarf, Präsidentschaftskandidat zu werden, weder der Demokraten noch der Republikaner, oh nein; endlich aber, genug umworben, doch durchblicken ließ, zwar nach wie vor keine Nominierung anzustreben, den Amerikanern aber das Recht einzuräumen, »mich im nächsten Juli vor eine Aufgabe zu stellen, die meinen jetzigen Verantwortungsbereich überschreiten könnte«. Auch wenn Eisenhower Gedrechseltes nicht schätzte, kam's nicht schon ganz gut heraus?

Und da ihm sein Heidentum den Weg ins Weiße Haus doch kaum erleichtert hätte, war er immerhin Realpolitiker genug, sich taufen zu lassen, als er republikanischer Präsidentschaftskandidat wurde. Und nach seiner Taufe zögerte er nicht, in einer Rede die Wendung zu benutzen: »Gott, was immer man darunter verstehen mag ...« Und hatte sich damit ganz ehrlich und korrekt doch ausgedrückt. So wie es seiner und einer Natur eben entsprach, die dem demokratischen Gegner Adlai E. Stevenson, dem Gouverneur von Illinois, einem brillianten Kopf, intellektuell so gewaltig unterlegen war – schon dies Grund genug, Eisenhower zu wählen.

»I like Ike«, plärrten die Massen den lächerlichen Wahlslogan der Republikaner und wählten den jovialen General und Zweiten Weltkriegssieger, wählten ihn mit großer Mehrheit. Denn wer will sich von einem »egghead« führen lassen (außer allen eggheads – doch eggheads, höhnte Joseph Alson, der Republikaner, wieviele eggheads gibt es schon? Und das schlug sich am Wahlergebnis nieder).

Allmählich aber fiel sein völliger Mangel an eigenen Ideen auf. Kein Wunder, hatte er doch alles, was er konnte, schon im Krieg verpulvert – eine Art Hindenburg in USA. Man vermisste Führungsqualitäten, sollte indes nicht ungerecht sein. War es nicht besser, dass er einst Armeen in den Tod gejagt, statt künftig vielleicht ganze Völker?! Und ahnten die Massen nicht, dass dieser General genug hatte vom Krieg, und nicht nur, weil er ihnen, mehr als einmal im Wahlkampf, das Ende des Koreakriegs versprach, auch alsbald selber nach Korea flog und über die Schlachtfelder wandelte im Schnee – und vielleicht nicht bloß, weil alle Feldherrn gern auf Blutgedüngtem wandeln, ihrer Hinterlassenschaft? »I like Ike«, schrien sie.

Höheren Orts konnte der Präsidentschaftskandidat – er müsste kein Politiker gewesen sein – natürlich ganz anders auftreten und etwa gerade seinerzeit vor dem Senat beteuern, er würde, brächte ihm das in einem Verteidigungskrieg (!) Vorteile, die Atombombe werfen lassen. Wie jeder wahre Politiker vermochte er eben mal so, mal so zu reden; nicht wie es – nur das nicht – die Sache erforderte, sondern die Zuhörerschaft, die Situation. »I like Ike«, kreischten die Massen. »We want Ike«, brüllten sie, entzückt von Ike, hell entzückt. Wer einzig und allein Sicherheit will, konnte Ike auch sagen, der soll ins Gefängnis.

(Als wären nicht gerade die amerikanischen Gefängnisse die unsichersten der Welt!) Und Ike lächelte breit. Er konnte breiter lächeln als die meisten. Das gefiel den meisten. Und er konnte Golf spielen, er war ein Sportfan.

Hatte er ein Programm? Aber gewiss. Sein Programm war der Weg genau zwischen den so genannten Rechten und Linken – unter den Rechten, natürlich. »Das große Problem des heutigen Amerika«, sagte er, »ist die genaue Verfolgung des Mittelweges.« Wie so viele Vorgänger (und Nachfolger) auf seinem Stuhl liebte er die einfachen, klaren, die goldenen Worte.

Die Regierung nahm ihm weitgehend sein Außenminister ab.

Gott, wofür hat man denn einen Außenminister?!

Sein Außenminister war John Foster Dulles. Er hatte Eisenhower zum Präsidenten und der Präsident ihn zum Außenminister gemacht – ja, Dulles war Außenminister schon, bevor er es wurde: einer der Hauptakteure der Konferenz von San Francisco, der Anführer der antirussischen Front spätestens seit Kriegsende, der Mann, der seine Außenpolitik selber – mit einem Ausdruck kommunistischer Herkunft – »am Rande des Krieges« nannte.

Danach war sie.

Mit John Foster Dulles am Rand des Krieges

John Foster Dulles war zunächst Anwalt einflussreicher Banken, großer Aktiengesellschaften sowie mehrerer europäischer und amerikanischer Regierungen. Er leitete die International Nickel Company, eine New Yorker Bank und, in den zwanziger Jahren, die North American Holding Company, die seinerzeit größte amerikanische Holding-Gesellschaft – nicht als Einzige der von Dulles betreuten Firmen gerichtlich belangt, wobei er im letzten Moment abspringen konnte.

Dulles gehörte auch zu den Anwälten der Bank Dillon, Read & Co., die faschistische Kommunen Italiens finanziert und den Vereinigten Stahlwerken in Deutschland anfangs der zwanziger Jahre 125 Millionen Dollar kreditiert hatte. Dulles wurde darauf Generalanwalt der IG-Farben AG, des größten deutschen Konzerns. Auch vertrat er die Interessen des deutschen Bankhauses von Schroeder in den USA, einer Bank, die durch Hitlers Beziehungen zu Thyssen öffentlich bekannt geworden ist. Und Dulles nahm auch die Interessen des faschistischen

Diktators Franco wahr, als dieser von den USA die Freigabe einer beschlagnahmten Summe von zehn Millionen Dollar verlangte.

John Foster Dulles, der mit faschistischen Ideen sympathisierte, war nicht nur der Sohn eines Geistlichen (wie schon sein Vorgänger, Bischofssohn Dean Acheson, den er seit 1951 offiziell beriet), er war auch Mitglied des Vorstands einer religiösen Vereinigung, aus der die Union aller protestantischen US-Kirchen hervorging. Er begünstigte Hitler und hätte viel lieber dessen Sieg über die Russen gesehen als den ihren über ihn. Und er wünschte die Neutralität der Vereinigten Staaten im Zweiten Weltkrieg.

Als Dulles Außenminister wurde, starb Stalin. Ein Schlaganfall am 1. März führte am 5. März zum Tod. Zu seinem Nachfolger hatte er Malenkow nominiert. Im gleichen Jahr wird Innenminister Berija amtsenthoben, wegen Hochverrat verurteilt und hingerichtet. 1955 zwingen Malenkow politische und wirtschaftliche Fehlschläge zum Rücktritt. Jetzt übernimmt das Gespann Chruschtschow/Bulganin die Führung, das die Politik der friedlichen Koexistenz proklamiert. Entstalinisierung, eine gewisse Entspannung deutet sich an. Die Sowjets stimmen auch der Unterzeichnung eines Friedensvertrages mit Österreich zu.

Doch während Chruschtschow aus der Sackgasse starrer stalinistischer Machtpolitik heraus – und eine Koexistenzpolitik anstrebt, sieht Dulles darin nur ein Schwächemanöver und dirigiert die westliche Welt in eine neue Sackgasse starrer Machtpolitik hinein. Dulles war verbohrt und fleißig; eigentlich eine ganz deutsche, eine sehr schlechte Mischung.

Als warmer Befürworter der nuklearen »Abschreckung« setzte er anstelle von Trumans Eindämmung sowjetischer Macht das Konzept des atomaren Vernichtungsschlages (Massive Retaliation), wofür es verschiedene Gründe gab, waffen- und truppentechnische, finanzielle, nicht zuletzt aber den schon fast pathologischen Antikommunismus, dem Dulles mit wahrhaft sektiererischem Starrsinn frönte – wie sein Freund Adenauer, der ja gleichfalls geistlichen Kreisen nahe stand, ihnen seinen Stuhl sogar verdankte. Für die im April 1955 in Bandung tagende Konferenz der 29 neutralen Völker hatte Dulles so wenig übrig wie für die ganze unter der Führung von Nehru, Tito, Nasser stehende Bewegung des »Neutralismus« überhaupt. »Entwicklungshilfe« wollte er nur jenen Staaten geben, die sich auch klar zur »freien Welt« bekannten.

Am eklatantesten scheiterte er damit in Ägypten bei Nasser, der zunächst Washingtons Wohlwollen genoß, dann aber durch seine Ostkontakte sich missliebig machte, worauf die CIA an seinem Sturz zu arbeiten begann. Die Verschwörung misslang, doch zog Dulles am 19. Juli 1956 die amerikanische Assuan-Anleihe an Ägypten zurück, die USA unterbrachen auch ihre langjährigen Getreidelieferungen, führten sie dann zwar zu ungünstigeren Bedingungen fort, setzten Nasser indes unter Druck, stellten politische Bedingungen und drohten ihm schließlich vor Ausbruch des israelisch-arabischen Konflikts mit der Intervention der VI. Flotte, sollte er die Feindseligkeiten eröffnen.

Dulles verkannte die Situation völlig, hielt Nassers Politik für bloßen Bluff und die Sowjetunion zur Gewährung einer großen Wirtschaftshilfe gar nicht imstande. Nasser verstaatlichte darauf am 16. Juli den Suezkanal, um mit den Kanalgebühren selber seinen Staudamm zu finanzieren. Und Dulles entglitt die Führung des Westens, zumal in den Staaten wieder einmal Wahlkampf war. Briten und Franzosen gingen, im Bund mit Israel, militärisch gegen Nasser vor. Und die Russen nutzten das Durcheinander, um brutal den ungarischen Aufstand niederzuwerfen. Gewalt hier wie dort. Die Geschlossenheit des Westens war angeschlagen, ebenso seine Glaubwürdigkeit, sein Ansehen. Dulles aber stand als Außenpolitiker Ende 1956 »vor einem Scherbenhaufen« (Angermann).

Instruktiv sind auch die US-Dollarhilfen für den Iran, dessen Erdölvorkommen immerhin 13% der Weltvorkommen ausmachen. Anfang der fünfziger Jahre hatte der Großgrundbesitzer und Führer der »Nationalen Front«, Ministerpräsident Mohammed Mossadegh (1951–1953), die Anglo-Iranian Oil Co. verstaatlicht, und am 2. August 1953 erhält er bei einem Volksentscheid nicht weniger als 99,4% der abgegebenen Stimmen. Da freilich war ein Staatsstreich fällig. Die USA, stark am Öl des Landes interessiert, schürten die Gegenrevolution, sodass der Schah von Persien, Reza Pahlevi, wieder an die Macht gelangte, gestützt durch die Vereinigten Staaten und geschützt von »Savak«, dem damals vielleicht grausamsten Staatssicherheitsdienst der Welt.

Die Schah-Polizei hatte in den vierziger Jahren US-General Schwartzkopf, einer der Hauptagenten der CIA, neu organisiert. Er begünstigte jetzt auch den iranischen Polizeigeneral Zahedi. Und er schürte und führte den Umsturz an, gedeckt durch den Leiter des CIA, Allen W. Dulles, Chef des amerikanischen Nachrichtendienstes in Europa (Bern) während des Zweiten Weltkriegs und besagter Bruder des Außenministers.

Der erste Chef der 1947 gegründeten CIA, Admiral Hillenkoetter, erwies sich als unfähig. Er versagte bei so bedeutsamen Ereignissen wie der Explosion der russischen Atombombe oder dem Ausbruch des Korea-Krieges und trat zurück. Auch sein Nachfolger General Bedell Smith, ein ehrlicher Draufgänger, war dem neuen Geschäft nicht gewachsen. Die Amerikaner erwarten, klagte er, unsereiner müsse Gottes und Stalins Gedanken lesen können. »Sie glauben, man sei imstande zu prophezeien: Nächsten Dienstag um 17 Uhr 32 bricht der Krieg aus.«

1953 löste ihn Allen Dulles ab, der jahrzehntelange Erfahrungen im Geheimdienst hatte. Er verstärkte den politischen Einfluss der CIA. Er legte dem Präsidenten Tag für Tag einen streng geheimen Bericht mit den wichtigsten Informationen vor und konnte auch, wann und wo immer es ihm nötig erschien, den Präsidenten durch Privattelefon oder persönlich erreichen. Eisenhower schreibt selbst: »Jeden Tag beratschlagte ich mit den Vertretern des State Departments, des Verteidigungsministeriums und der CIA und las die Berichte unserer Vertreter an Ort und Stelle, die mit den Anhängern des Schahs aktiv zusammenarbeiteten.«

Dies aber war vor allem die CIA unter General Schwartzkopf, der den »spontanen Aufstand« organisiert und finanziert und dabei Bestechungsgelder von über zehn Millionen Dollar verteilt hatte, besonders an die Armee. Derart stürzten dann die »Iraner« Mossadegh am 19. August, dem sie doch noch am 2. August mit 99,4% der Stimmen ihr Vertrauen bescheinigt hatten. »Während der ganzen Krise«, schreibt Eisenhower wieder selbst, »hatte die amerikanische Regierung alles Menschenmögliche zur Unterstützung des Schahs getan.« Und während sie dem nun jahrelang eingesperrten Mossadegh vorher jedes Geld verweigerte, gab sie jetzt dem Iran unter General Zahedi – dem eine fingierte Wahl, eine grauenhafte Farce, auch noch den Anschein demokratischer Legalität verlieh – allein im Jahr des Umsturzes annähernd 85 Millionen Dollar, schickte aber in den folgenden Jahren, bis 1961, fast eine Milliarde Dollar. Und schon 1957 berichtete das Repräsentantenhaus in einer Beschwerde von Hunderten von Millionen Dollar, von denen man »unmöglich« genau sagen könne, »wohin diese Gelder geflossen seien«. Einiges ließ sich doch eruieren. So waren für den Bau eines Staudamms mehrere Millionen

Dollar vorgesehen. Alles aber, was dafür geschah, war, dass man »auf dem Papier den Verlauf einer Straße in der Nähe des vorgesehenen Ortes nachzeichnete« – was schon drei Millionen Dollar kostete.

Im Iran saß nun vorläufig General Zahedi im Sattel, seit je ein übler Spekulant, eine »entsetzliche Kanaille«, so der britische Konsul John Gault, hatte Zahedi doch im Zweiten Weltkrieg insgeheim mit Hitlerdeutschland kollaboriert. Nun schreibt Eisenhower: »Telegraphisch sende ich General Zahedi meine Glückwünsche« und notiert am 8. Oktober seinen Vorsatz, General Zahedi »zugleich finanziell und mit klugen Ratschlägen« beizustehen. Alles angeblich zur Bekämpfung des Kommunismus, tatsächlich alles wegen des Öls. Der ad hoc getätigte Zusammenschluss der US-Erdöl-Gesellschaften verstieß zwar gegen die Anti-Trust-Gesetze. Doch ein Sondererlass des Justizministeriums, gestützt »auf die Bedürfnisse der Vereinigten Staaten hinsichtlich ihrer nationalen Sicherheit«, schützte die Erdölgesellschaften vor gerichtlicher Verfolgung.

Die USA selbst aber schützte John Foster Dulles. In Abkehr von Trumans Containment-Politik, die er als eine rein negative und daher zum Fiasko verdammte Politik ansah, propagierte er seine Strategie des »Roll-back«. Die sowjetischen Untermenschen sollten überall, wo es angängig war, zurückgedrängt, die Sowjetunion selbst durch einen ganzen Gürtel von Militärbasen bedroht werden, um sie notfalls atomar zur Strecke bringen und alle Unterdrückten befreien zu können, soweit dann noch vorhanden. Für diese Politik der Stärke, dies flotte Taumeln »am Rand des Krieges« (on the brink of war) hatte Dulles in einem schöpferischen Anfall die Bezeichnung »Brinkmanship« geprägt. Natürlich wollte Dulles nicht unbedingt Krieg. Im Gegenteil. Wie sein Chef wünschte er herzlich, jedem ein guter Nachbar zu sein – jedem, der auch selbst ein guter Nachbar war. Doch die Welt war böse, böse war sie, und das war das Problem.

John Foster Dulles blieb zeitlebens, tief durchdrungen von seiner Mission, um nicht zu sagen seinem Evangelium. Doch obwohl er unerschütterlich und fromm, in bester Absicht ringsum hetzte (auch in des Wortes wörtlicher Bedeutung, denn er besuchte 47 Länder, eine runde halbe Million Meilen dabei im Flugzeug rasend), blieb es bei dem ihm so verhassten Status quo. Alles aber, was antikommunistisch war und sich einspannen ließ, wurde vor Dulles' Wagen gespannt, wobei man jetzt den Verbündeten statt durch »Wirtschaftshilfe« mehr und mehr durch Militärhilfe beizustehen suchte, damit sie sich, Sinn solcher Hilfe, selber beistehen konnten und nicht alle, eigensüchtig, aus nacktem Egoismus, Hilfe von den selbstlosen USA erwarteten. Noch ein so korruptes und unfähiges Regime wie das von Tschiang Kai-check hat Dulles fortwährend aufgewertet, was natürlich den Ausgleich mit Rotchina blockierte. Vor allem aber wurden die einstigen Hauptfeinde, Japan und Deutschland, remilitarisiert.

Opportunist Adenauer nutzt eine US-Werbeagentur

Nur ein Jahr nachdem die US-Militärregierung im März 1946 das »Gesetz zur Befreiung von Nationalsozialismus und Militarismus« erlassen, nannte der US-Generalstab die Wiederaufrüstung Deutschlands notwendig. So steht in einem streng geheimen Dokument der Vereinigten Stabschefs vom 9. April 1947: »Die potenziell stärkste Militärmacht dieses Gebietes ist Deutschland. Ohne deutsche Hilfe könnten die übrigen Länder Westeuropas kaum so lange den Armeen unserer ideologischen Gegner widerstehen, bis die Vereinigten Staaten ausreichend große Streitkräfte mobilisiert und ins Feld geführt haben, um ihnen eine Niederlage zu bereiten ... Der wirtschaftliche Wiederaufstieg Deutschlands ist daher vom Standpunkt der Sicherheit der Vereinigten Staaten von vorrangiger Bedeutung«.

Verhandlungen über die Wiederaufrüstung der Bundesrepublik begannen, bereits zwei Jahre vor deren Gründung, in Washington, im Winter 1948/49 mit deutschen Generälen. Glaubte das Pentagon doch, dass in Westeuropa allein Deutschland eine wirklich schlagkräftige Landarmee aufzustellen vermöge. Die *U.S.News*, mit hervorragenden Beziehungen zum Pentagon, berichteten darüber am 19. August und 2. Dezember 1949 und schrieben u. a.: »US-Generäle können es nicht öffentlich aussprechen, aber geben es in privaten Gesprächen zu, dass der Wiederaufbau einer deutschen Armee bereits ›in the cards‹ ist ... Die Generäle sehen keine Möglichkeit, im Westen 40 Divisionen gegen Russland aufzustellen, ohne heftig auf das verfügbare Menschenmatenial und die militärischen Erfahrungen Deutschlands zurückzugreifen ...«

Die deutschen Generäle stimmten im Winter 1948/49 in Washington den dortigen Wiederaufrüstungswünschen zu. Und von nun an kommandierten die Amerikaner die Militarisierung und setzten die Deutschen nachweislich unter Druck. Beispielsweise drohte man bei

Nichterfüllung mit Einstellung der Marshallplan-Hilfe. Doch verkettete man überall finanzielle Hilfeleistungen mit militärischen Forderungen. Es war Prinzip, vor allem ein Prinzip der Dulles-Politik. »Kein Land der Welt erhielt auch nur eine halbe Million Dollar«, betont L.L. Matthias, »wenn es sich nicht verpflichtete, dafür gewisse militärische Zugeständnisse zu machen, sei es durch Waffenkäufe in den Vereinigten Staaten, durch pachtweise Überlassung eines Flugzeugstützpunktes, durch Abtretung eines Geländes für Abschussrampen atomarer Geschosse oder für die Stationierung amerikanischer Truppen. Amerikanische Kredite oder Anleihen mussten bezahlt werden. Man begnügte sich nicht, wie in vergangenen Zeiten, mit Garantien und Zinsen. Man ließ sich die finanzielle Hilfe doppelt und dreifach bezahlen«.

Mit offenen Armen nahmen die Yankees Generäle auf, die noch wenige Jahre zuvor Hunderttausende deutscher Soldaten Hitler ans Messer geliefert und sie selbst blutig bekämpft hatten. Andererseits lieferten auch die deutschen Offiziere ihre »Osterfahrungen« gern dem US-Generalstab aus, der einfach alles brauchen konnte: von Reinhard Gehlen, Chef der Abteilung »Fremde Heere Ost«, der nun (Jahre bevor er Präsident des Bundesnachrichtendienstes wurde) mit seiner ganzen Einheit zum bisherigen Feind übertrat und mit dessen Spionagedienst ein Abkommen schloss (worin es wörtlich heißt, dass man »nach Osten aufklärt bzw. die alte Arbeit im gleichen Sinne fortsetzt«), bis zur Gestapo-Hyäne von Lyon, Klaus Barbie, der jetzt so »vorzüglich« für die USA gearbeitet hat, dass sie den viel bewährten Kriegsverbrecher im März 1951 über Genua nach Bolivien in Sicherheit brachten. (Noch ungezählten anderen, selbstverständlich, wurde derart zur Flucht verholfen, auch durch weitere Menschenfreunde, vor allem durch den Vatikan.)

Geradezu gierig stellten die Staaten Hitlers Mörder in ihren Dienst, und das »verfügbare Menschenmaterial ... Deutschlands«, das sie benötigten, lieferte ihnen mit schöner Beflissenheit der »Kanzler der Alliierten«. Denn wie das ostdeutsche Marionettenensemble in Pankow Moskaus Direktiven erfüllte, so im Westen, in Bonn, der katholische Kanzler die Wünsche Washingtons, der USA, wo er übrigens, vielleicht als erster ausländischer Staatsmann, für sich eine Werbeagentur nutzte.

Schließlich konnte der Mann der ahnungslosen Nation jenseits des großen Wassers allerlei altes Neues über sich melden. Zum Beispiel:

Ich habe als Oberbürgermeister Kölns 1917 versichert, die Stadt werde »untrennbar mit dem Deutschen Reich vereinigt« sein »und sich stets als Glied des deutschen Vaterlandes fühlen«.

Ich habe 1919 proklamiert: »Entweder wir kommen direkt oder als Pufferstaat zu Frankreich …«

Ich habe im Winter 1932/33 erklärt, »dass nach meiner Meinung eine so große Partei wie die NSDAP unbedingt führend in der Regierung vertreten sein müsse.«

Ich habe 1934 in einem Brief an Hitlers Innenminister meine Verdienste, meine jahrelangen Verdienste für die Nazipartei betont. Ich habe die Partei des Führers schon in der Weimarer Repubik »immer durchaus korrekt behandelt« und ich tat das im »Gegensatz zu den damaligen ministeriellen Anweisungen«! Ich bin ein Paradebeispiel für alle Beamten.

Nach dem Zweiten Weltkrieg wurde ich, natürlich als Widerstandskämpfer, Oberbürgermeister von Köln. dann zwar von den britischen Behörden »wegen Unfähigkeit« bald wieder entlassen. Aber wie Harry Truman mit einem kleinen Krimskramsgeschäft bankrott machen und doch Präsident der Vereinigten Staaten werden konnte, so stieg auch ich, der infolge »Unfähigkeit« entlassene Kölner Bürgermeister, zum deutschen Bundeskanzler auf, mit besonderer Hilfe, wie ich hinzufügen möchte, der römisch-katholischen, der allein wahren Kirche.

Während Konrad Adenauer aber alsbald mit aller Intensität die geforderte Wiederaufrüstung betrieb, belog er – er müsste denn kein Politiker gewesen sein – systematisch die Deutschen, was schlicht unumgänglich war, weil die meisten einfach genug hatten vom Krieg, weil sie schon jeder Uniformknopf unausstehlich anstank, geschweige mehr. Die Wiederaufrüstung war, wie er, Adenauer, selbst zugeben musste, trotz »aller Anstrengungen der Bundesregierung … im deutschen Volk sehr unpopulär«. Also machte er sich zum Sprecher des deutschen Volkes und redete mit jener Entschiedenheit, die Politiker immer bekunden, wenn sie lügen, »prinzipiell gegen eine Wiederaufrüstung der Bundesrepublik Deutschland«, »strikt gegen die Remilitarisierung der Bundesrepublik«.

»Eine Aufstellung von militärischen Streitkräften in Deutschland wünschen wir nicht, wir haben genug vom Krieg« usw.

Kurz, Adenauer war so pazifistisch wie Wilson bis 1917. Oder Roosevelt bis 1941. Oder wie Konrad Adenauer 1919. Und wie er fast alle Nazis, außer jenen, die nun mal in Nürnberg gehängt worden waren, wieder in Dienst nahm, wie er die Justiz mit hohen Nazirichtern, das Auswärtige Amt mit hohen Nazidiplomaten nur so überschwemmte, so eben auch die neue alte Truppe mit Nazigenerälen und -admirälen. Fast alle kamen sie wieder, nur jetzt natürlich nicht mehr für das Böse, sondern für das Gute wirkend. Sie alle hatten sich gewandelt, alle, ganz von innen her, wahrhaftig. Siehe, alles ist neu geworden ...

Wirklich, war es ein Wunder, dass Kanzler Adenauer, einmal von Vizekanzler Erhard gefragt, ob er denn das ganze deutsche Volk und seine Interessenvertreter für korrupt halte, prompt die Gegenfrage stellte, ob Erhard etwa glaube, dass dem nicht so sei ...

Ein Staat kann nicht besser als seine Führung sein, jedenfalls nicht so lange, bis er das Gegenteil beweist.

Adenauer bemühte sich nun, päpstlicher zu sein als der Papst. Als hochgedienter Knecht machte er sich dem Herrn gefällig. Und während er eine Rüstungsbeschränkung nach der andern beseitigte, während er unentwegt Angst suggerierte, unentwegt drohte mit dem Menetekel der bolschewistischen Gefahr – wie schade, dass wir die Höhe seines Kontos nicht kennen –, lehnte er jedes Disengagement, jede Veränderung des Status quo, zum Beispiel in Berlin, starrsinnig ab, ein Zustand, den selbst Eisenhower »anomal und gefährlich« nannte.

Dafür harmonierte der deutsche Kanzler umso besser mit den US-Außenministern. Hatte er schon zu dem Bischofssohn Dean Acheson, der Trumans Containment-Politik betrieb, ausgezeichnete Beziehungen, so noch bessere zu dessen Nachfolger. Dulles und Adenauer, das waren zwei Seelen aus einem Stoff, verbohrte Antikommunisten mit einer starken Affinität zu Leuten wie Mussolini, dem Adenauer 1929 telegraphiert hatte, sein Name werde in goldenen Buchstaben in die Geschichte der katholischen Kirche eingetragen ... Für Hitler allerdings hatte der Beauftragte der US-Banken, Dulles, mehr getan als der Oberbürgermeister von Köln je hätte tun können.

1955 trat die Bundesrepublik Deutschland der NATO bei, worauf die Sowjetunion am 14. Mai mit den so genannten volksdemokratischen Ländern Albanien, Bulgarien, Ungarn, DDR, Polen, Rumänien und Tschechoslowakei ein eigenes Militärbündnis, den Warschauer Pakt, schloss. Auf beiden Seiten entwarf man neue Pläne für den Kriegsfall. In den USA wurde Eisenhower 1956 wieder zum Präsidenten gewählt. Es gab weiterhin schwere Rassenprobleme, gab Rassenkrawalle, in Clinton, Tennessee, in Little Rock, Arkansas, in New Orleans. Im Süden besuchten erst etwa 7% der farbigen Kinder integrierte Schulen. Es gab auch wieder eine Rezession, die eine Arbeitslosigkeit von mehr als viereinhalb Millionen zur Folge hatte. Doch kam es auch zu echten sozialen Hilfen, wie am 25. August 1958 zum Präsidenten-Pensionsgesetz, das den ausscheidenden US-Präsidenten ein wenigstens finanziell gesichertes Alter garantierte.

Eine Gipfelkonferenz platzt

Am 7. März 1957 hatte der Präsident vom Kongress die Ermächtigung erhalten, jedem Staat im Mittleren Osten wirtschaftlich und militärisch zu Hilfe zu eilen, der die USA darum ersucht: die so genannte Eisenhower-Doktrin. Ihr gemäß intervenierte er denn auch gleich im Sommer 1958 mit 5000 Marine-Infanteristen und 10 000 Fallschirmjägern im Libanon, um dort die »Ordnung« wiederherzustellen, die da bis heute nicht herrscht. Im selben Jahr unterbrach die UdSSR für sechs Monate ihre Atomversuche, nahm sie aber wieder auf, da weder die USA noch Großbritannien ihre Versuche einstellten.

Eisenhowers ganze Außenpolitik hing an Dulles. »Wenn Foster etwas zustoßen sollte«, sagte er, »wo könnte ich jemanden finden, der fähig wäre, ihn zu ersetzen?« Als Dulles 1959 an Krebs starb, machte der Präsident Christian Herter zu seinem Nachfolger, und die Welt lief weiter wie vordem.

Am 6. April 1959 schlägt die Sowjetregierung eine kernwaffenfreie Zone im Pazifik und in Asien vor, am 30. Mai eine atomwaffenfreie Zone auf dem Balkan und im Adriaraum, ein Vorschlag, der am 25. Juni wiederholt, von Washington aber schon im Juli abgelehnt wird. Gleichwohl eröffnet Vizepräsident Nixon noch im selben Monat eine Nationalausstellung der USA in Moskau. Ja, nachdem schon im Januar einer der sowjetischen Spitzenpolitiker, Mikojan, in die Staaten gereist war, folgte im September Chruschtschow selbst. Der Besuch, als Höhepunkt der amerikanischen Entspannungspolitik betrachtet, löste ein riesiges Propagandaspektakel aus. Doch die Gespräche mit Eisenhower in Camp David ergaben nichts als Unverbindlichkeiten. Und während die Medien euphorisch den »Geist von Camp David« feierten, stellten die USA ihr erstes Raketen-Atom-U-

Boot, »George Washington«, fertig, schickten sie »U2«-Spionageflugzeuge in den sowjetischen Luftraum.

Wenige Monate darauf, am 1. Mai 1960, als die »entspannte« Welt bereits gespannt auf die in Paris stattfindende Gipfelkonferenz wartete, tauchte am Roten Platz in Moskau neben dem schon vier Stunden lang wohlgelaunt und winkend die Parade abnehmenden Nikita Chruschtschow der Verteidigungsminister Malinowski auf und raunte ihm ins Ohr: über Swerdlowsk sei eine US-Maschine vom Typ U2 abgeschossen und der Pilot gesund gefangen genommen worden. Fast gleichzeitig wurde der CIA bekannt, ein Aufklärungsflugzeug mit dem Piloten Powers werde vermisst.

Chruschtschow wartete erst vier Tage und gab dann den Abschuss bekannt, sagte aber kein Wort über den Piloten. Eisenhower tappte prompt in die Falle. Er log, der abgeschossene Powers hätte einen meteorologischen Auftrag zu erfüllen gehabt. Der Pilot des »Wetterflugzeugs«, sagte er, habe infolge »Sauerstoffmangels« möglicherweise »irrtümlich sowjetischen Luftraum verletzt«. Am 7. Mai offenbarte der Kremlboss bei einer Sitzung des Obersten Sowjets den Genossen triumphierend das »Geheimnis«, wollte aber fairerweise Eisenhower immer noch zugutehalten, »dass der Präsident keine Ahnung hatte«. Doch als dieser selbst öffentlich die Verantwortung für ein »so schäbiges Spionagefiasko« übernahm, als »erstes Staatsoberhaupt der Weltgeschichte« (S. de Gramont), rief Chruschtschow in Moskau: »Dieser Plan hat die Zustimmung des Präsidenten. Das ist einfach unerhört!«, und höhnte später: »Wenn der Präsident nicht mehr Präsident ist und Lust haben sollte, für uns zu arbeiten, können wir ihm, denke ich, die Stellung als Leiter eines Kindergartens anvertrauen, bestimmt würde er den Kindern nichts zuleide tun. Aber es ist gefährlich, einen solchen Mann ein Land regieren zu lassen …«

Eisenhowers ungeschicktes Verschleierungsmanöver schien Chruschtschows Ironie noch mehr als seinen Zorn zu reizen. Er ließ am 16. Mai 1960 die seit Jahren angestrebte Gipfelkonferenz platzen und machte die in Camp David ausgesprochene Einladung Eisenhowers zu einem Staatsbesuch in der Sowjetunion in der für ihn typisch rüden Art rückgängig. Und der gedemütigte Präsident rief in Paris: »Dieser Chruschtschow ekelt mich an.«

Die Eisenhower-Administration erwies sich innen- wie außenpolitisch immer mehr als Misserfolg. Das Kabinett bestand, wie man sagte, »aus elf Millionären und einem Rohrleger«, einem Labour leader, dem Vorsitzenden der Röhrenindustriegewerkschaft, Martin Durkin, der indes nicht zufällig schon 1953 wieder zurücktrat. Die Vertreter der Großindustrie, G. M. Humphrey, Hanna-Gesellschaft, C. E. Wilson, General Motors, (»was gut für das Land ist, ist auch gut für General Motors und umgekehrt«), John Foster Dulles und die übrige republikanische Millionärsclique, das war eine Regierung der Wirtschaft für die Wirtschaft, und so wurde trotz oder wegen der »Eisenhower Prosperität«, an der am wenigsten die Farmer partizipierten, aus den meisten Wahlversprechen wenig oder nichts. Und am schlechtesten ging es, wie stets, den Schwarzen.

Im Fernen Osten ließ die Regierung einen Krisenherd neben dem andern zurück, in Kambodscha, Laos, Südvietnam. im Vorderen Orient stand es nicht gut. Zu Kuba hatte man am 3. Januar 1961 die diplomatischen Beziehungen abgebrochen und noch die Invasion in der Schweinebucht vorbereitet. In Peru, in Venezuela, in Panama kam es zu antiamerikanischen Demonstrationen, nicht zuletzt während einer Besuchsreise des Vizepräsidenten Nixon.

Eisenhower wollte keinen Krieg, ja, er konnte gelegentlich erklären: »Jedes Gewehr, das feuert, jedes Kriegsschiff, das vom Stapel läuft, jede Rakete, die abgeschossen wird, bedeutet Diebstahl an jenen, die hungern und frieren und nicht genährt und gekleidet werden«. So wollte er schon gar keinen Weltkrieg. »Der einzige Weg, den Dritten Weltkrieg zu gewinnen«, sagte er, »ist, ihn zu verhindern.« Und als England, im Bund mit Frankreich und Israel, wegen der Suez-Kanal-Krise Ägypten bekriegte, pfiff Eisenhower Premierminister Anthony Eden, seinen einstigen Weltkriegsverbündeten, telefonisch zurück: »Anthony, du musst verrückt geworden sein« – wobei ihn freilich (auch) wirtschaftliche Gesichtspunkte bestimmten.

Eisenhower war zwar gegen stets neue und kostspieligere Rüstungsmaßnahmen, gegen den aufgeblähten Militärhaushalt. Doch allein in den acht Jahren seiner – sparsamen! – Regierung gaben die USA für so genannte Verteidigungszwecke 350 Milliarden Dollar (1,4 Billionen DM) aus.

Bevor Eisenhower sich ins Privatleben zurückzog, warnte er eindringlich vor den Gefahren des militärisch-industriellen Komplexes, den er zuvor doch selbst gefördert. Er warnte vor dem »Gewicht dieser kombinierten Macht« und sagte in seiner Abschiedsrede an die Nation am 17. Januar 1961: »Bis zum Zweiten Weltkrieg hatten die Vereinigten Staaten keine Rüstungsindustrie. Amerikanische Pflug-

Fabriken konnten ... (eventuell) auch Schwerter schmieden ... Wir sind gezwungen gewesen, eine umfangreiche und bleibende Rüstungsindustrie aufzubauen ... Wir sind uns der unbedingten Erforderlichkeit einer solchen Entwicklung bewusst. Aber wir dürfen nicht die schweren Implikationen vergessen, die diese Entwicklung mit sich bringt ... Wir müssen uns hüten ... vor dem military-industrial complex ...«

Der militärisch-industrielle Komplex

Die Symbiose der militärischen, industriellen und finanziellen Macht der USA ist umfassend und beherrscht so gut wie alles, vom FBI und CIA bis zu den Medien, Hochschulen und Kirchen. Eng verfilzt, verfügt die Führung dieses Komplexes fast allein über den Staat, über ein so ungeheueres Potenzial wie kein anderes Land der Welt.

Das US-Verteidigungsministerium beschäftigte bereits in den fünfziger Jahren einige fünf Millionen Menschen und besaß ein geschätztes Eigentum von 160 Milliarden Dollar (damals 640 Milliarden DM). Der Kommissionsvorsitzende des Berichts über diese und weitere Angaben nannte seinerzeit das US-Verteidigungsministerium »unter allen Aspekten bei weitem die größte Organisation der Welt«, sehr viel größer als selbst die katholische Kirche. Auch nach Eisenhower war »eine Rüstungsindustrie größten Ausmaßes« geschaffen, waren »31,2 Millionen Männer und Frauen direkt in den Verteidigungseinrichtungen (Defense Establishment) beschäftigt«, wurde jährlich mehr für die militärische Sicherheit ausgegeben »als das Netto-Einkommen aller großen Gesellschaften der Vereinigten Staaten zusammengenommen.«

Zwei Drittel des Verteidigungshaushaltes fließen in die private Industrie. Dabei werden Jahr für Jahr auch noch Rüstungsprodukte ans Ausland geliefert, für tausende Millionen Dollar. Kriegsmaschinerie und Industrie sind also untrennbar verflochten. Hunderte von Kongressabgeordneten dienen auch der Industrie, viele auch der Rüstungsindustrie, ja, sie sind deren Interessenvertreter oft mehr als die des Staates. Viele Senatoren, viele Generäle, Admiräle scheinen überhaupt Politik und Militär bloß als Sprungbrett in die Industrie zu benutzen, ins eigentliche Leben, dorthin, wo der Dollar rollt und wo sie durch entsprechende Aufträge sich vorher schon eingeführt, sozusagen eingekauft haben. Unter Reagan sollen höhere Regierungsmitarbeiter durchschnittlich nur zwei Jahre tätig gewesen sein, bevor sie ins Geschäft überwechselten, das im Grunde schon die Politik für sie war.

Doch ist der Wechsel von der Politik in die Wirtschaft oder umgekehrt in den USA seit langem selbstverständlich. So wurde der Hohe Kommissar in Deutschland nach dem Zweiten Weltkrieg, John McCloy, Präsident der Ford-Stiftung, wurde der Präsident der Rockefeller-Stiftung, John Foster Dulles, Außenminister, ebenso der Präsident der Rockefeller Stiftung, Dean Rusk. Der Stabschef Eisenhowers im Zweiten Weltkrieg, General Walter Bedell Smith, war danach US-Botschafter in Moskau, Chef der CIA und Unterstaatssekretär, saß aber anschließend bis zum Ende seines Lebens auf einem Direktorensessel der mächtigen United Fruit Co. und fungierte gleichzeitig noch als Vizepräsident der American Machine & Foundry Co. sowie einer ihrer nuklearen Firmen.

Besonders das Verteidigungsministerium wird wegen der riesigen Aufträge, die es vergibt, gern mit Industriekapitänen besetzt, einschließlich seiner Spitze. So war Trumans Verteidigungsminister James V. Forrestal Präsident der Bank Dillon, Read & Co. gewesen. Und Eisenhowers Verteidigungsminister Charles E. Wilson war der einstige Präsident von General Motors. Derart saßen in den US-Ministerien der fünfziger Jahre eine Fülle früherer Industriemanager, darunter nicht weniger als 18 vielfache Dollarmillionäre.

Noch häufiger als der Wechsel von der Politik ist wohl der vom Militär zur Wirtschaft. Denn die großen Firmen bekommen vor allem dadurch Aufträge vom Pentagon, dass sie ehemalige hohe Offiziere in ihre Chefetagen setzen. So wurde General Doolittle, vor der japanischen Kapitulation Kommandeur der 8. Air Force, Vizepräsident der Shell Oil. General Wedemeyer, Befehlshaber der US-Streitkräfte in China, wurde Präsident der Luftfahrtgesellschaft AVCO. General Ridgway wurde nach dem Koreakrieg Präsident des Mellon Institute of Industrial Research. Admiral Radford wurde Präsident der Philco Corporation, Admiral Carnay Präsident der Werften Bath Iron Works, Admiral Kirk Präsident der Mercast Gesellschaft, General Quesada Vizepräsident bei Lockheed usw. Allein diese Luftfahrtfirma hatte bereits in den sechziger Jahren 21 einstige Admiräle und einen Brigadegeneral als Mitarbeiter, die General Dynamics schon Ende der fünfziger Jahre 187 ehemalige Militärs in ihrem Personal, darunter 27

Generäle und Admirale, die auch noch ein ehemaliger Armeeminister dirigierte. Dabei waren laut einer 1960 veröffentlichten Senatsuntersuchung unter 24 aktiven Reserveadmiralen nicht weniger als 15, die seit ihrer Ernennung keinen einzigen Tag aktiven Dienst geleistet hatten.

»Das Losungswort in der Geschäftswelt heißt«, schrieb die Zeitschrift *Business Week*, »sehen Sie zu, wie sie zu einem General kommen«. Freilich, nicht jeder General taugt für das Höhere. Viele nähme man wohl nicht geschenkt. Doch auch das Militär will leben, zumal in den oberen Rängen. So werden zwei Schiffe (kleine inbegriffen) bereits von einem Admiral kommandiert, 24 Generäle befehligen eine Division, und in den Gesamtstreitkräften trifft ein Offizier auf 6,5 Soldaten.

Doch wie die Industrie dem Militär dient, so das Militär wieder der Industrie. Es propagiert ganz offenkundig die heimischen Rüstungsfirmen, es fördert US-Waffenverkäufe ins Ausland. Vor einem Ausschuss des Repräsentantenhauses bekannte General Robert Wood 1964: »Wir laden Offiziere anderer Länder ein, um ihnen das militärische Gerät vorzuführen, das sie kaufen könnten. Dann haben wir ein Programm, um sie im Gebrauch gewisser Waffen und Ausrüstungen zu schulen, in der Hoffnung, dass sie dies kaufen werden. Es handelt sich in der Tat um eine Absatzförderung«.

Indes ist das, was abgesetzt wird, und zwar vor allem an die eigene, weitaus am meisten belieferte Seite, oft weder das Neueste noch das Beste. Denn diese Industrie will längst nicht so sehr produzieren als verkaufen, will weniger Neues machen als Altes losschlagen. Ihr ganzes Kalkül gilt dem Absatz. Dabei ist sie anhänglich. Sie trennt sich von einem Modell nicht, schreibt L. L. Matthias, bis die verwendeten Maschinen amortisiert sind. »Gab das Verteidigungsministerium Aufträge für neue Waffen, so redeten sie den Militärs entweder ein, dass die alten leicht verbessert werden könnten, oder warteten mit der Produktion für die neuen Modelle, bis die Maschinen für die alten anfingen rückwärts zu laufen. Man glaubte, den Aktionären eine vorsichtige Geschäftsführung schuldig zu sein. Das hatte manchmal tragische Folgen. In den ersten beiden Jahren des Zweiten Weltkriegs stürzten Hunderte von Fallschirmspringern zu Tode, weil die Zugleine an den Schirmen versagte.«

Gefallen für das Rentabilitätsprinzip.

Vom Zweiten Weltkrieg bis zum Vietnamkrieg lieferten US-Firmen, aus Schlamperei, aus purer Profitgier, versagende Gewehre, Pistolen, Torpedos, Torpedos, die auch, originell immerhin, krumm durchs Wasser zogen, kurz, sie lieferten schlechte, unbrauchbare »Rüstungsgüter«, von verrosteten Schiffspanzerungen bis zu defekten Flugmotoren.

Doch hält man im militärisch-industriellen Komplex zusammen. Die Interaktion floriert. Eine Hand wäscht die andere. Erst stehen die Politiker der Wirtschaft bei, bedecken sie in Skandalen. Dann revanchiert sich die Wirtschaft. So rettete George Smathers, Senator von Florida, das Unternehmen »Aerodex« vor der Anklage der Airforce, durch schlechte Arbeit die US-Piloten zu gefährden. Danach gab Smathers sein Senatorenamt auf, trat bei »Aerodex« ein, wo man ihm – neben jährlichen Zuschüssen für seine Anwaltskanzlei in Washington – für 20 000 Dollar »Aerodex«-Aktien im Wert von 435 000 Dollar verkauft hat.

Doch solche Geschäfte beweisen im Land des Geschäfts bloß, dass man sein Geschäft versteht. Anrüchig? Anrüchig ist im Bereich dieses Komplexes im Grunde nur eins: der Pazifismus. Er ist der eigentliche Feind, Feind Nummer Eins. Der auswärtige Feind, auch und gerade der schlimmste, ist im Grunde ein Freund, ein Bundesgenosse gewissermaßen, zumindest einer, von dem man lebt, ohne den man kaum leben, kaum größer, noch reicher werden kann, einer, dessen Aufrüstung und Macht man zur Rechtfertigung eigener Aufrüstung und Macht geradezu braucht, auch zur Forderung nach Gehorsam, nach Anpassung, Unterordnung, nach »Verantwortung«, obwohl und gerade weil man nirgends verantwortungsloser gegenüber dem Ganzen, der eigenen Volksgemeinschaft wie der Völkergemeinschaft, denkt und handelt als innerhalb dieses militärisch-industriellen Komplexes. Wer seine Kreise stört, wer seine Kreise, denn mehr scheint kaum noch möglich, zu stören sucht, wird vernichtet.

Unternahm Kennedy, der dem warnenden Vorgänger folgte, einen solchen Versuch?

Kennedy oder Der »Ruf der Trompete«

Der bald zum Heroen, fast zur Legende hochstilisierte John F. Kennedy, der charismatische Führer der Nation, hatte sich bei einer Wahlbeteiligung von fast 69 Millionen Bürgern mit einer hauchdünnen

Mehrheit von rund einhunderttausend Stimmen gegen den Republikaner und Vizepräsidenten Eisenhowers, Richard M. Nixon, durchgesetzt.

Das Managerzeitalter begann nun auch in die Politik zu drängen, sie zu prägen, und beide, Nixon wie Kennedy, waren, bei allen Unterschieden, seine ersten, so damals Eric Sevareid, komplett standardisierten Produkte: adrette, glatt verbindliche Organisatoren, ehrgeizig, gerissen. opportunistisch, niemandem mehr als dem eigenen Aufstieg verpflichtet.

Am meisten arbeitete für Kennedy wohl das Geld seines Vaters, nach Präsident Roosevelt, dessen enger Mitarbeiter der Bankier, Reeder und Botschafter (in London) Joseph P. Kennedy zeitweise war, »das größte Ekel, das je auf Gottes Erdboden herumlief«. Joseph Kennedy wollte den Sohn um jeden Preis zum Präsidenten machen, dafür jedoch keinen Dollar mehr als nötig investieren – Spötter führten darauf den knappen Wahlsieg zurück. Jedenfalls hat Vater Kennedy seinen unbändigen Ehrgeiz auf die Seinen übertragen, den Sinn fürs »Gewinnen«, den Gedanken, dass ein Kennedy nie Zweiter sein dürfe. Und mit Hilfe seiner Millionen bestach der Sprössling alles, was sich bestechen ließ – und was ließe sich da nicht bestechen. »In der amerikanischen Politik ist alles zu kaufen«: Richard Lamm, Professor und Gouverneur des Staates Colorado. Bestach hoch verschuldete oder einfach geldgierige Politiker, weiße Politiker und schwarze Politiker. Er führte seinen Wahlkampf, so Historiker Thomas Reeves, »mit zynischer Manipulation der Sachfragen und zügellosem Geldaufwand, mit Wahlbetrug und Mafia«. (Man erinnere sich daran, dass im Land der unbegrenzten Möglichkeiten, nach Frank Fahrenkopf, dem Vorsitzenden der Repuplikanischen Partei [1987], selbst Bewohner »leerer Häuser«, ja »Leichen bei Wahlen ihre Stimme abgeben«).

Hilfreich war Kennedy ohne Zweifel auch eine Erfindung, die er nicht als Schriftsteller machte – der er ursprünglich hatte werden wollen (bis er wohl erkannte, dass Ruhm in der Literatur nicht zu kaufen ist) –, sondern als Politiker; eine Erfindung, die er zumindest weitergab: das Märchen von einer »Raketenlücke«. Diese Lücke bestand zwar nicht, nicht im Geringsten. Doch immer, wenn man in den Staaten die Rüstung hinaufkatapultieren will, entdeckt man eine Lücke. Einst war es eine »Panzerlücke«. Und nun stellte Kennedy die »Raketenlücke« im militärpolitischen Teil seines Wahlkampfes in den Mittelpunkt. Jahrelang hatte man von dieser Lücke geredet, hatte man behauptet, die Russen besäßen in absehbarer Zeit bei den Interkontinentalraketen einen Vorsprung von 4:1. Kennedy selbst hatte die »Lücke« schon 1958 beschworen, eine Gefahr, so sagte er, »die tödlicher ist als alle Gefahren, die wir jemals in Kriegszeiten bestanden haben«. In Wirklichkeit besaß man damals eine Raketenüberlegenheit von 3:1, bei den schweren Bombern sogar eine Vorsprung von 10:1. Die Rüstung wurde gleichwohl weiter forciert. Im Übrigen war die »Lücke« ein erfolgreicher Wahlkampfschlager. Und kaum ist Kennedy Präsident, erklärt sein Verteidigungsminister, die »Raketenlücke« beruhe auf falschen Schätzungen.

Zum Sieg verhalf Kennedy sicher auch seine Intelligenz, sein Elan, überhaupt – er war der erste im 20. Jahrhundert geborene US-Präsident – seine Jugend, die Gegner Nixon ihm gerade vorwarf. Das Geld, das Strahlen, die Wachheit, die spröde Ironie, die Energie, seine Tricks und Lügen, seine forschen Improvisationen, eine gewisse Aufgeschlossenheit selbst für Soziales, ja, noch die durch die Medien hochgespielte (bescheidene) Attraktivität seiner Frau, all dies half zusammen, das Rennen gerade noch vor dem Konkurrenten zu machen.

Doch noch der auf fast tausend Seiten die »tausend Tage« seines Chefs bewundernde Arthur M. Schlesinger, militärischer Geheimdienstleiter während des Krieges, Historiker und Sonderberater im Weißen Haus, findet bei Kennedy (»kühl, gefasst und souverän, ein Sohn Irlands und Harvards«) doch überall auch »eine Prise ›Mache‹«. Freilich meint der Chronist, jeder Politiker müsse »ein wenig bluffen, und Kennedy war ein Politiker, der entschlossen war, Präsident zu werden. Er war bereit, so manchen Trick anzuwenden, Menschen und Situationen auszunützen, Begeisterung zu markieren, ja sogar sich anzupreisen«.

Kennedy – braun, gestählt, fast wie eine Sportnatur wirkend – hatte schon mehrere Operationen hinter sich, eine defekte Wirbelsäule, eine Staphylokokken-Infektion, zeitweise Krücken, zeitweise eine Stahlscheibe, Fieber über 41 Grad, Anämie, chronische Krämpfe, das linke Bein zwei Zentimeter kürzer, er trug Einlagen in den Schuhen, einen Stützgürtel, hatte die Sterbesakramente schon empfangen, sein Lieblingsgedicht war von Alan Seegers und hieß: »I have a Rendezvous with Death …«

Nun brachte der junge Präsident nicht nur äußerlich »frischen Wind« in die dumpfe, stagnierende Atmosphäre der zu Ende gehenden Eisenhower-Administration. Außenpolitisch war die Regierung keinen Schritt vorangekommen, innenpolitisch die Passivität zum Greifen. Jetzt kamen viele neue Männer, neue Köpfe, Menschen oft ganz anderen Schlages als vordem, viele Professoren, zum Beispiel, geschwätzig diskutierend, ideenbewusst; junge, lässige, lakonische Leute auch, zynisch und interessant. Eisenhower aber war alt, abgekämpft – »ein furchtbar kalter Mensch«, sagte Kennedy. Seine Golfpartner seien lauter reiche Leute, die er erst »seit 1945« kenne, und »niemand ist seinen alten Freunden so wenig treu wie Eisenhower.« Der Kalte, Untreue seinerseits nannte Kennedy den »kleinen Gernegroß« – öffentlich erschienen beide Arm in Arm.

Es gab genug Narren und gibt sie noch, die Kennedys junge Regierung Kraft aus einer Neubesinnung ziehen sahen auf die wahren Werte amerikanischer Existenz. Was aber waren, sind diese Werte, die Standardphrasen Demokratie, Freiheit und der ganze pseudoliberale Quark einmal beiseite?

Kennedy suchte (doch wer da schon suchen muss!) für seine Wahlkampagne »eine unverwechselbare Note«. Er wollte sich »unterscheiden« von seinem Rivalen. Und dann wollte er – sein »spezifisches Thema« – Amerika wieder in Bewegung setzen. Und er bewegte es auch, vor allem verbal.

Das amerikanische Volk, sagte er, sei »über das gegenwärtige Treibenlassen unseres Staatsschiffes beunruhigt«. Man werde aber »die Vereinigten Staaten wieder in Bewegung setzen«, werde »dieses Land in den sechziger Jahren vorwärtsbringen ...« »Die alte Welt ist im Wandel begriffen«, sagte er. »Die alte Ära neigt sich ihrem Ende zu. Die alten Methoden genügen nicht mehr.« »Wir sind eine neue Generation.« Er sagte, »nicht alle Probleme sind gelöst«, die Zukunft sei »voller Gefahren, aber auch voll strahlender Hoffnung«. Die Zukunft, sagte er, werde »völlig anders sein«. Das allgemeine Erwachen setze »mehr Energie frei« als selbst »die Spaltung eines Atoms«. »Krieg und Frieden«, sagte er, »der Fortschritt dieses Landes, die Sicherheit unseres Volkes, die Ausbildung unserer Kinder, Arbeitsplätze für Männer und Frauen, die arbeiten wollen, der Ausbau unserer Rohstoffquellen – das Bewusstsein, eine Nation zu sein, das Bild, das die Nation der Welt darbietet, ihre Macht, ihr Prestige und ihre Zielsetzung – das alles ...«, das alles und noch viel mehr sagte er. »Ich kandidiere für die Präsidentschaft, weil sie Mittelpunkt des Handelns ist«. Und vom neuen Amerika, von seiner Kraft, seiner Begeisterung hänge es ab, »ob auf die Dauer Licht in der Welt regiert oder

Dunkelheit …« Kennedy bekannte sich zur globalen amerikanischen Mission, er sprach vom »Ruf der Trompete«, die Lasten eines langen Kampfes zu tragen, »jahraus und jahrein«. Er rief: »Lasst uns den amerikanischen Kontinent von neuem in einen Schmelztiegel revolutionärer Ideen und Taten verwandeln – ein Tribut an die Macht der schöpferischen Energien freier Männer und Frauen – ein Beispiel für die ganze Welt, dass Freiheit und Fortschritt Hand in Hand gehen.«

Lauter Phrasen.

Und dafür hatte er einen Stab von Redenschreibern schon im Wahlkampf und dachte, als geborener Manager, natürlich an weitere, falls die bisherigen »im Lauf der Zeit vielleicht ermüden und keine Ideen mehr haben könnten …«

Allmächtiger! – Ja, auch der war natürlich mit von der Partie bei Kennedy, dem Katholiken. »Vor Ihnen und vor Gott dem Allmächtigen« (aber nach den US-Gewaltigen erst!) »habe ich den feierlichen Eid geleistet …«, sagte Kennedy am Tag seines Einzugs ins Weiße Haus – und setzte die Welt in Bewegung.

Einmal hatten sie schon – nun wer wohl? – »die Siedler« natürlich in Bewegung gesetzt. Jawohl, »die Siedler« hatten einst die Grenze »5000 Kilometer weit« verschoben, hatten »ihre Sicherheit, ihre Bequemlichkeit und manchmal sogar ihr Leben« geopfert, »um hier im Westen eine neue Welt aufzubauen … Ihr Motto war nicht ›Jeder für sich!‹, sondern ›Alle für die gemeinsame Sache!‹«

Der Indianer-Genozid als Vorbild! Raub über 5000 Kilometer! Alles für die gemeinsame Sache. Jawohl. Kennedy kämpfte dafür schon in einer seiner ersten außenpolitischen Aktionen, wenn nicht seiner ersten überhaupt, kämpfte weltweit dafür mit seinem »Hilfsprogramm«. Man nannte es »Lebensmittel-für-den-Frieden-Gesetz«. Das klang gut. In Wirklichkeit war es nichts als eine alte Sache unter neuem Namen, das Gesetz 480 zur Entwicklung und Unterstützung des Absatzes landwirtschaftlicher Produkte von 1954, intern unter der Bezeichnung »Überschussverwertung« bekannt, genau richtig zwar, jetzt aber menschenfreundlicher benannt. Es ging nun nicht mehr darum, mehr oder weniger unerwünschte landwirtschaftliche Überschüsse der USA im Ausland abzusetzen, sondern vielmehr »Amerikas landwirtschaftliche Kapazität in größtmöglichem Umfang zur Befriedigung menschlicher Bedürfnisse in der ganzen Welt und zur Förderung der Weltwirtschaftsentwicklung einzusetzen«.

Das wundervolle Gesetz, »die Alchimie des 20. Jahrhunderts«

(Hubert Humphrey) half tatsächlich allen: es rettete die Armen vom Hungertod, statistisch wirkte es sich freilich nicht aus, und, dies wirkte sich aus, nachweislich, es beseitigte die Überproduktion, es verringerte die Lagerkosten, es erhöhte die Einnahmen der Farmer, es erhöhte sogar durch die Auflage, den Nahrungsmitteltransport auf US-Schiffen vorzunehmen, die Einkünfte der Schifffahrt. Denn immerhin erreichten die Lieferungen während der Kennedy-Zeit einen Wert von fast 1,5 Milliarden Dollar im Jahr.

Alles für die gemeinsame Sache. So hatte Kennedy natürlich auch bei seiner Regierungsbildung gedacht und erst mal seinen Bruder ins Justizministerium gesetzt. Hatte der doch schon die Säuberungsaktionen McCarthys unterstützt, des größten Kommunistenjägers der USA im 20. Jahrhundert. Hochrangige Politiker und Militärs wurden dabei den irrsinnigsten Vorwürfen ausgesetzt, wurden nach Herzenslust gedemütigt, verleumdet, verklagt, hinweggefegt, die Exzesse besonders vom hohen katholischen Klerus geschürt, am meisten und längsten von Kardinal Spellman. Und Robert Kennedy saß sogar im Stab des berüchtigten »Committee«.

So aktiv er aber damals war, so zurückhaltend verhielt er sich jetzt, als die weißen Amerikaner die Schwarzen jagten oder die Regierung Kennedy, so Historiker Kenneth O'Reilly, »Krieg gegen ihre eigenen Bürger führte«, mit dem Einsatz von Bundestruppen, Hunderten von Verletzten, vielen Tausenden von Verhafteten. Schließlich war die Welt in Bewegung zu setzen in einem Land, in dem noch zu Beginn der zweiten Hälfte des 20. Jahrhunderts in Telefonbüchern Namen der Schwarzen durch ein umzirkeltes C (coloured) gekennzeichnet, Speise- oder Kaufhäuser, Hotelschilder mit der frohen Botschaft geschmückt waren: »No negroes, no jews, no dogs«.

Just aber zu einer Zeit, als bei Bürgerrechtsdemonstrationen noch immer Schwarze beinah Tag für Tag geschlagen wurden, als man sie – doch hatte man es je anders gehalten? – peitschte, lynchte. als man Bomben in Negerheime warf, da verlautbarte aus dem Justizministerium: »Es ist fraglich, ob das Recht, nicht verprügelt zu werden, durch die Bundesverfassung oder durch ein anderes Bundesgesetz geschützt ist«. Zwar hatte man zunächst wirklich versucht, die Täter der Justiz zuzuführen. Doch dann erklärte Justizminister Robert Kennedy selbst: »Ich habe nachts nicht schlaflos gelegen und mir Sorgen um die Schwarzen gemacht«. Schließlich wollten die Kennedys nicht weiße Wählerstimmen einbüßen, mochte man im freiesten Land der

Welt noch so empörend frei schikanieren, ermorden, auch Martin Luther King, den Bürgerrechtsführer, dessen Telefon Präsident Kennedy durch das FBI abhören ließ.

In gute, die Welt wandelnde Hände kam auch das Finanzressort, in die des Douglas Dillon, eines Republikaners, des Sohnes von Clarence Dillon aus dem die europäischen Faschisten finanzierenden Bankhaus Dillon, Read & Co., eines Mannes somit, der das volle Vertrauen der Wallstreet besaß und die Millionen springen ließ. »Was das Land im kommenden Haushaltsjahr braucht, ist das größtmögliche Defizit, das den Ausländern keine Angst macht – sagen wir 5 Milliarden«, verkündete Finanzminister Dillon gleich, denn man steckte schon wieder in einer Rezession, und es ist klar, wem die Milliarden zugute kamen. Auch propagierte er alsbald einen Steuerkredit, ebenfalls zugunsten der Geschäftswelt natürlich.

Und auch unter Verteidigungsminister Robert McNamara zeigte sich: »Die alten Methoden genügen nicht mehr.« So wurde die Strategie der »massiven Vergeltung« der Dulles-Ära abgelöst durch die 1957 von Kissinger konzipierte Strategie der »flexiblen Erwiderung« (Flexible Response), wobei als wirkungsvollere Reaktion, als weitaus effektivste Form der Kriegsführung, der begrenzte atomare Konflikt empfohlen wurde, die amerikanische »Vergeltungsfähigkeit«, also die Erhaltung der nuklearen Superiorität, um »lokale Kämpfe zu unseren eigenen Bedingungen zu führen«, das heißt, um Staaten gegebenenfalls atomar erpressen zu können.

Im Übrigen genügten die bisherigen Armeebestände und Vernichtungspotenziale längst nicht mehr. Die »verwendbare Macht« war McNamara viel zu klein, ja, es war überhaupt keine Möglichkeit gegeben, die Streitkräfte »zu vernünftigen Zwecken« einzusetzen. Also rüstete man atomar weiter und konventionell. Das Raketen-, das Polaris-Unterseebootprogramm wurde beschleunigt und ausgeweitet, ebenso das Zivilverteidigungsprogramm, überhaupt die herkömmliche Heeresmacht modernisiert. Vor allem befahl Kennedy, als wichtigste Militärreform »unsere Lufttransportkapazitäten zu vergrößern«. Dies sollte »die Fähigkeit unserer konventionellen Streitkräfte besser gewährleisten, schnell und den jeweiligen Umständen angemessen, zu jedem beliebigen Zeitpunkt auf jedes Problem, in jedem Gebiet der Erde zu reagieren«.

In einer Sonderbotschaft an den Kongress forderte der Präsident zusätzlich 650 Millionen Dollar für den Verteidigungshaushalt. Und nur wenige Monate später, um ja für jeden »Eventualfall« gewappnet zu sein, nochmal zusätzlich 3,5 Milliarden Dollar, die Hälfte der Summe für sofortige Beschaffung von Waffen und Ausrüstung, zur Fütterung der Rüstungsindustrie und Dämpfung der bösen Russen. Denn war die Zukunft nicht »voller Gefahren, aber auch voll strahlender Hoffnung«?

Die ersten hundert der tausend Tage Kennedys waren noch gar nicht ganz vergangen, da lieferte er ein glänzendes Beispiel für jene Bekämpfung des Krieges, der Tyrannei und der Armut, die er in seiner Antrittsrede am 20. Januar 1961 verkündet hatte.

Das Schweinebucht-Desaster

Lateinamerika war nach 1945 für die USA ins Abseits, fast in Vergessenheit geraten, durch die Europa-Konjunktur und das Geschäft im Koreakrieg – selbst das kommunistische Jugoslawien hatte bis 1960 mehr Geld von den Vereinigten Staaten erhalten als ganz Lateinamerika zusammen.

Das war nicht immer so, wie wir wissen. Seit langem bildeten Mittel- und Südamerika das alleinige Jagdrevier der USA. Seit langem haben sie mittels der Monroe-Doktrin, des Roosevelt-Ergänzungsartikels, der Dollar-Diplomatie, der Politik des »big stick« und der »guten Nachbarschaft« in Lateinamerika investiert und es mit all ihren Investitionen, Krediten, ihrer Wirtschafts-, ihrer Entwicklungshilfe, jämmerlich geschröpft, seine Rohstoffe ausgebeutet, seine Menschen verelendet, sodass Lateinamerikaner Vizepräsident Nixon mit Steinen bewarfen, bespien.

Gibt man Kredite, so, als guter Samariter, mit der Auflage, vom größten Teil des Geldes amerikanische Waren zu kaufen, deren Preise man dann bald kräftig zu erhöhen pflegte. Beispielsweise brachten im Jahr 1960 für Lateinamerika 194 Millionen Dollar Staatskredite 641 Millionen Dollar private Gewinne ein; 1962 ebendort 587 Millionen Dollar Staatskredite, 761 Millionen Dollar private Gewinne, 1964 447 Millionen Dollar Staatskredite, 895 Millionen Dollar private Gewinne. Man sieht: sichtbarlich ruht Gottes Segen auf guten Taten. Insgesamt holten die USA zwischen 1959 und 1965 aus Lateinamerika für 1251 Millionen Dollar neuer Investitionen 5297 Millionen Dollar Gewinne heraus. Und aus Asien im selben Zeitraum für 1374 Millionen Dollar neuer Investitionen 6528 Millionen Dollar Gewinne. Auch hier segnete Gott wieder deutlich den Samariterdienst. Insgesamt übersteigen in dieser Zeit in Lateinamerika und Asien die Gewinne die Investitionen um 9200 Millionen Dollar. Die Vereinigten Staaten von Amerika bereichern also, indem sie angeblich den armen Völkern helfen, nur sich selbst und machen die Armen noch ärmer.

Natürlich schufen und schaffen die USA in all den von ihnen kontrollierten Ländern auch gewisse Verbesserungen. Doch was sie stets so lauthals, mit großen humanitären Gesten, Sendungsbewusstsein, mit Missionseifer im wörtlichen und noch weit mehr im säkularisierten Sinn verbrämten, kommt vor allem, wenn nicht oft ausschließlich, ihnen selbst zugute: Der Ausbau der Infrastruktur, die ihnen gemäße Formierung des Rechtslebens, der Politik, der Sicherheitskräfte, all das soll ihren Investitionen, Anlagen, ihren »Entwicklungskrediten« nur Stabilität garantieren, nur ihr Geld vermehren. Die heimgesuchten Völker werden derart bloß ausgenommen. In aller Regel. Mit aller Routine. Und mit allen Phrasen. Denn ein gewisses Dekorum sucht man stets zu wahren. Doch hat »kein Amerikaner, der über Macht verfügt«, wie Lateinamerika-Expertin Penny Leroux sagt, »je versucht herauszufinden, was die lateinamerikanischen Massen wünschen«, und sie fügt hinzu, »und solange die großen Konzerne die Lateinamerika-Politik bestimmen, wird dies auch keiner tun.«

Nun, Präsident Kennedy schaffte Abhilfe. Denn er wusste, nein, sprach es aus (was alle wissen): »Die Kluft zwischen Nordamerika und Lateinamerika wird hinsichtlich des Lebensstandards und des Reichtums hier und der Armut dort immer größer statt kleiner.« Und gar kein Zweifel, an wem dies lag. So mussten die USA es sich auch »gefallen lassen«, so Kennedy wieder selbst, »dass unsere früheren ›guten Nachbarn‹ unseren Vizepräsidenten anspuckten«.

Doch jetzt eben wollte er, John F. Kennedy, der Besieger Nixons, Signale setzen, ein gutes Beispiel geben, »ein Beispiel für die ganze Welt«, wollte er den amerikanischen Kontinent »in einen Schmelztiegel revolutionärer Ideen und Taten verwandeln«. Unter Ausschluss selbstverständlich der übrigen Welt. »Lasst jede andere Macht wissen, dass die Hemisphäre beabsichtigt, Herr im eigenen Haus zu bleiben«. Und schlug schon am 13. März allen lateinamerikanischen Staaten eine »Allianz für den Fortschritt« (Alliance for Progress) vor. Und schon am 17. April befiehlt er die Invasion in der Schweinebucht – schließlich hatte man »Herr im eigenen Haus zu bleiben …«

Kuba, seit langem von ihm ausgepowert, war nach Abschaffung seiner Verfassung 1940 durch Fulgencio Batista y Zaldivar immer tiefer in Not geraten – in schöner Verbundenheit mit dem »großen Bruder« im Norden, der zumindest, doch keinesfalls nur, mit lateinamerikanischen Despoten besonders gern kollaborierte, wie diese mit ihm. Gleich und gleich gesellt sich gern.

Die Vereinigten Staaten waren die wirtschaftlichen Profiteure Kubas. Sie kontrollierten 36% seiner besten Ländereien, 37% seiner Zuckerproduktion, 90% der Bergbauindustrie, fast die ganze Energieversorgung, das Kommunikationssystem und den Tourismus. Die bestürzende Ungleichheit seiner Besitzverhältnisse trieb das Inselvolk einfach zur Revolution. Das haben Jean-Paul Sartre oder C. Wright Mills, die Kuba kurz danach besuchten, richtig gesehen.

Am 1. Januar 1959 floh Diktator Batista ins Exil, und am 13. Februar übernahm der einstige Rechtsanwalt Fidel Castro das Amt des Ministerpräsidenten und regiert noch heute, trotz mehrerer Mordanschläge, wofür Mafia-Boss Meyer-Lansky angeblich schon 1959 eine Million Dollar reserviert haben soll. Castro verstaatlichte ausländische Firmen und sozialisierte alle größeren kubanischen, auch sämtliche Banken. Er verbesserte, unterstützt durch seinen Mitkämpfer, den argentinischen Arzt Ernesto »Che« Guevara, in kürzester Zeit die sozialen Verhältnisse. Er beseitigte die Korruption, die Arbeitslosigkeit und weitgehend den Analphabetismus, was Kennedy gelegentlich bestaunen konnte. Dabei arbeitete Castro mit den Kommunisten zusammen, ohne der Kommunistischen Partei beizutreten. Und er schloss mit Russland und China Wirtschaftsabkommen.

Nach US-Untersuchungsausschüssen hatte das Schweinebucht-Unternehmen Richard Nixon angeregt. Vorbereitet wurde es (nachdem Eisenhower im März 1960 die Ausbildung von Exilkubanern für den Guerillakampf gegen Castro befohlen) von CIA und Mafia, auch zum Teil von der Mafia bezahlt. Die Konzeption änderte sich jedoch; statt Guerillaeinschleusung bevorzugte man allmählich eine amphibische Invasion, einen direkten Angriff durch Landung an der kubanischen Küste. Dafür bildete man in Guatemala etwa 1500 Kubaner aus, denen die amerikanischen Offiziere aber erzählten, sie seien nur ein kleiner Teil, ein Zehntel der gegen Castro geführten Streitkraft. In Wirklichkeit waren die USA fest entschlossen, sich nicht offen zu beteiligen.

Die Regierung Eisenhower hatte für die »Eventualplanung« 13

Millionen Dollar abgezweigt, die Sperrung des noch offenen kubanischen Zuckerkontingents für 1960 verfügt und schließlich am 3. Januar 1961 die diplomatischen Beziehungen zu Kuba abgebrochen. Über den geplanten Angriff wurde Kennedy erstmals im November 1960 durch CIA-Chef Allen Dulles unterrichtet. Eisenhower hatte empfohlen, die Anti-Castro-Guerillakräfte »bis zum Äußersten« zu unterstützen, die »Anstrengungen fortzusetzen und zu beschleunigen«. Und Kennedy ermunterte zum Weitermachen, forderte dann auch als amtierender Präsident dazu auf, erklärte aber, nachdem man jede Geheimhaltung aufgegeben, in einer Pressekonferenz: »Unter keinen Umständen wird eine Intervention von Streitkräften der Vereinigten Staaten in Kuba erfolgen.«

Immerhin bombardierten vor der Invasion in der Schweinebucht (Bahia de Cochinos) im Morgengrauen des 17. April 1961 US-Flugzeuge des Typs B-26 wichtige kubanische Flugplätze. Und als das kubanische Volk nicht, wie erwartet, gegen Castro aufstand, wohl aber 20 000 Mann Regierungstruppen mit Panzern und Artillerieunterstützung zur Küste vorstießen und die Angreifer in die Zange nahmen, da ließ Kennedy noch von dem vor Kuba liegenden Flugzeugträger »Essex« Düsenjäger ohne Kennzeichen in das Schweinebuchtgebiet starten, um einen B-26-Angriff aus Nicaragua zu decken.

Die ganze Aktion, stümperhaft geplant und ausgeführt, von der CIA gegenüber der Regierung nicht offen dargelegt, wurde bekanntlich ein einziges Fiasko mit schwerem Schaden für das Ansehen der USA in der ganzen Welt. C. Wright Mills telegraphierte einer Fair-Play-for-Cuba-Versammlung in San Francisco: »Kennedy und Co. haben uns wieder der Barbarei überantwortet …« Die Beliebtheit des Präsidenten bei seinen Landsleuten nahm jedoch zu. 82% standen jetzt nach einer Gallup-Umfrage hinter ihm. Es war einmalig. »Genau wie bei Eisenhower«, kommentierte er selbst. »Je mehr Unsinn ich verzapfe, desto beliebter werde ich.«

Nach Stimmen aus Kennedys nächster Umgebung wurde er vor allem durch den ihn weder vollständig noch korrekt unterrichtenden Allen Dulles eher widerstrebend in das Abenteuer gerissen. Weitere Landemanöver jedenfalls unterband der Präsident, der gegen eine Kollaboration seiner Geheimdienste mit der organisierten Kriminalität war und sich so tödlich mit dieser verfeindete. Als nach seiner Beseitigung sein Bruder Robert der Mafia den Kampf ansagte und gleichfalls ermordet wurde, begann man die Mafia in den USA wieder sehr zu schonen. Schließlich tätigt sie auch nur Geschäfte im Land des Geschäfts, noch längst nicht die größten (und vermutlich nicht einmal die schlimmsten, so schlimm sie sind).

Besser schnitt Präsident Kennedy bei der zweiten Kubakrise im nächsten Jahr ab.

Die große Kuba- und eine kleine Berlin-Krise

Im Sommer 1962 beschlossen Chruschtschow und Castro russische Raketen auf Kuba zu stationieren. Nun hatten zwar bisher die USA schon viele solche Basen im Ausland installiert, noch nie aber die Russen. Als verstärkte Aufklärungsflüge über Kuba im Herbst den Bau von Boden-Luft-Raketenbasen einwandfrei erwiesen, entschloss sich Kennedy schnell, die Raketen so oder so verschwinden zu lassen. Fieberhaft suchte das Weiße Haus nach einer Lösung und entschied sich für eine Seeblockade, um sowohl weitere Lieferungen zu verhindern als auch den Abzug bereits gelieferter Raketen zu erzwingen.

Am 22. Oktober brandmarkte Kennedy in einer Fernsehansprache an die Weltöffentlichkeit die Schaffung einer »nuklearen Schlagkraft gegen die westliche Hemisphäre«. Er verlangte mit aller Entschiedenheit die Beseitigung der Bedrohung, den Abbau der Rampen, appellierte an Ministerpräsident Chruschtschow, »diesen Weg zur Weltherrschaft aufzugeben«, und verhängte eine »Quarantäne« (ein milderer Ausdruck für Blockade, die eigentlich schon als Kriegshandlung gilt) für alle Waffenlieferungen nach Kuba.

Es war die gefährlichste politische Krise in der zweiten Hälfte des 20. Jahrhunderts. Die ganze Welt befand sich in Erregung, man stand am Rand eines amerikanisch-sowjetischen Krieges. Bertrand Russell, der britische Philosoph und Nobelpreisträger für Literatur (1950), nannte Kennedy »ruchloser als Hitler« und drahtete ihm: »Wir wollen keinen Massenmord … Stellen Sie diesen Wahnsinn ein.« Chruschtschow bat er um weitere Entspannungsbemühungen und telegraphierte ihm: »Wir setzen unsere größte Hoffnung in Ihre fortgesetzte Nachsicht!«

Der Kreml, durch die schnelle Entdeckung der Raketenbasen offensichtlich überrascht, gab seinen Willen zu einer friedlichen Regelung deutlich zu erkennen. Die in Kuba zunächst befindlichen sowjetischen Schiffe ändern ihren Kurs und drehen ab. Chruschtschow schreibt einlenkend an Kennedy. Dieser begrüßt postwendend »die Bekundung Ihres Wunsches, eine rasche Lösung zu suchen«. Chruschtschow macht zwei Angebote zum Abbau der Raketenbasen, entweder keine Landung auf Kuba oder Entfernung der amerikanischen Raketenbasen in der Türkei. Kennedy entscheidet sich für das Erste. Er verzichtet auf eine Invasion und bietet die Beendigung der Quarantäne an. Chruschtschow antwortet, dass die Waffen, »die Sie als offensiv bezeichnen«, abgebaut und in die Sowjetunion zurückgebracht werden. Kennedy stimmt dieser Rückzug begreiflicherweise sehr zufrieden. Es ist der 28. Oktober, ein wunderschöner Sonntagmorgen, der richtige Tag, meint er, »um am Abend ins Theater zu gehen – wie Abraham Lincoln.«

Ein Jahr später kam es zu einer neuen Berlin-Krise.

Es war ein fast unscheinbarer Vorfall, der freilich erkennen lässt, dass Kennedys gefährlichste Gegner kaum in Moskau saßen. Nicht zufällig gingen nach seiner Ermordung auch in Russland die Fahnen auf Halbmast. Noch nie zuvor war dies beim Tod eines westlichen Staatschefs geschehen. Doch es hatte sich allmählich herausgestellt, Kennedy war nicht vom Schlag der Truman und Dulles, die seit dem Zweiten Weltkrieg, eineinhalb Jahrzehnte lang, eine Politik am Rande des Krieges führten, bereit dazu, auch das Inferno eines Nuklearkrieges in Kauf zu nehmen, mit immer grauenhafteren Vernichtungsmöglichkeiten.

Suchte Kennedy wirklich Entspannung? Wirklich eine Beendigung jener von den USA seit 1945 betriebenen Politik, die nur mit einem globalen Fiasko enden konnte?

Es gibt Anzeichen dafür. So schrieb er am 10. Oktober 1962 an Chruschtschow: »Wir sollten nachdrücklich um die Frage bemüht sein, ob wir uns nicht auf umfassendere Maßnahmen der Abrüstung einigen und sie möglichst bald realisieren können. Die Regierung der Vereinigten Staaten wird bereit sein, diese Fragen in aller Kürze und im konstruktiven Sinne zu besprechen ...« Und wenig später, am 14. Januar 1963, bekennt er in seiner Botschaft an die Nation: »Wir erstreben keinen weltweiten Sieg einer Nation oder eines Systems, sondern einen weltweiten Sieg des (vernünftigen) Menschen. Der heutige Erdkreis ist zu klein, die Waffen sind zu vernichtend und die Wirren zu verderblich, um einen anderen Sieg zuzulassen.«

Es blieb auch nicht bei Worten. So unterzeichneten die Außenminister der UdSSR, der USA und Großbritanniens ein allerdings schon jahrelang vorbereitetes Abkommen über die wenigstens teilweise Beendigung der Kernwaffenversuche unter Wasser, über der Erde und im Weltraum. Der Vertrag, der freilich unterirdische Versuche ebenso ausklammert wie das Problem der Kontrolle, wurde am 5. August in Moskau geschlossen und trat am 10. Oktober in Kraft.

Just an diesem Tag aber, als das Teststopp-Abkommen in Washington ratifiziert, somit ein wichtiger Schritt zur Entspannung getan worden war, geschah ein zwar kleiner, doch weltweites Aufsehen erregender Versuch, Kennedys neue Politik zu stören.

Am 10. Oktober bewegte sich eine Kolonne von zwölf amerikanischen Lastwagen mit etwa sechzig Mann auf der Autobahn von Frankfurt nach Berlin. Doch an der Kontrollstelle Marienborn stoppten sie die Russen und ließen sie nicht weiter. Es bestand nämlich ein von allen Seiten beobachtetes Gewohnheitsrecht, wonach wenige Wagen, etwa fünf, formlos passieren durften, bei mehr aber die Hinterklappen heruntergelassen werden mussten, damit die Russen die Begleitmannschaften zählen konnten. Diesmal aber weigerte sich der kommandierende US-Offizier, dem üblichen russischen Ersuchen zu entsprechen, er würde sonst seines Kommandos enthoben werden.

Die gesamte westliche Presse tobte am nächsten Tag gegen die Russen. »Sowjets brechen Vereinbarungen.« »Neue Berlin Blockade.« Kennedy war diskreditiert. Und das wollte man. Seine Verhandlungen mit Russland, seine Entspannungsbemühungen sollten gestört werden. Der Präsident erwartete im Weißen Haus gerade den sowjetischen Außenminister Gromyko, als ihn sein eigener Außenminister Rusk über den Zwischenfall von Marienborn unterrichtete. Der Präsident soll geschäumt haben vor Wut. Dann gab er durch einen direkten Telefonanruf beim amerikanischen Oberkommando in Westdeutschland die Anweisung zur augenblicklichen Beilegung des Zwischenfalls, wobei man das »Gesicht« zu wahren wusste, angeblich eine Anregung Kennedys selbst. Die Mannschaften stiegen aus, biwakierten am Straßenrand, konnten dabei von den Russen gezählt werden und setzten, zwei Tage später, ihren Weg nach Berlin fort.

Was stand dahinter?

Der Zwischenfall in Marienborn war eine gewollte Provokation der Generäle im US-Hauptquartier, insbesondere des Generals Lucius D. Clay. Er war als Organisator der Luftbrücke bei der Berlin-Blockade 1948 in Deutschland gefeiert und weit hinaus berühmt geworden. Er war ein entschiedener Gegner der Entspannungspolitik. Und er war ein entschiedener Gegner Kennedys. Ja, man versuchte sogar, Clay als Gegenkandidaten zu Kennedy für die Präsidentschaftswahlen 1964 aufzustellen. Hinter diesem auch von deutscher Seite unterstützten Unternehmen stand ein hundertköpfiges Komitee, das der einstige US-Abgeordnete Hamilton Fish anführte, den schon vor dem Zweiten Weltkrieg und während dieses Krieges Hitler benutzt hatte. Dass Kennedy durch seinen Gegenschachzug den Marienborner Zwischenfall so schnell und elegant in den Griff bekam, erregte nicht wenige Kreise in Deutschland und den USA: im Pentagon, FBI, in der CIA, nicht zuletzt natürlich in der Finanzwelt und Industrie. Kennedy, schrieb die *Herald Tribune*, habe vor den Russen kapituliert und derart »das Herz jedes amerikanischen Bürgers zum Bluten« gebracht.

Im nächsten Monat wurde er ermordet.

»... wie Abraham Lincoln«

Kennedy – und vielleicht spricht nichts so für ihn – hatte viele Feinde, mächtige Feinde, und Feinde auf der ganzen Welt, die erbittertsten aber wohl in den Vereinigten Staaten. Wer hat ihn umgebracht?

Die Mutmaßungen darüber, die Spekulationen, Theorien, die Bücher reißen nicht ab; bereits in den sechziger Jahren waren es allein in den USA schon mehr als fünfzig.

Man hat behauptet, die CIA habe ihn gekillt, da er sich mit Fidel Castro versöhnen wollte. Doch man behauptet auch, Castro ließ Kennedy ermorden, weil Kennedy Castro ermorden lassen wollte, gleich nachdem das Abenteuer in der Schweinebucht gescheitert war. Andere führen die Meucheltat auf den Teamster-Gewerkschafts-Boss Jimmy Hoffa zurück, wieder andere auf das FBI, auf die Mafia, die Exilkubaner, die texanischen Ölbarone, auf die Polizei von Dallas, das militärische Establishment, auch auf ein Komplott mehrerer Staatsinstitutionen, der Rechtsradikalismus wird genannt, der sowjetische Geheimdienst, Rassenfanatiker werden beschuldigt, Kommunisten. Ja, wäre nicht sogar Präsident Johnson, der Nachfolger, motiviert gewesen, wie es die Satire *MacBird* in Erinnerung an den schottischen König Macbeth suggeriert, der seinen Vorgänger Duncan I. beseitigt hat?

Lyndon B. Johnson, zwei Stunden nach dem Attentat im Präsidentenflugzeug als neuer Präsident vereidigt, setzte eine Woche später eine Sonderkommission unter dem 73jährigen Obersten Bundesrichter Earl Warren zur Klärung der Hintergründe von Kennedys Ermordung ein. Der *Warren Report* – 900 Seiten in der Originalausgabe nebst 26 Anhang-Bänden – wurde unter zeitlichem (wohl auch sonstigem) Druck erstellt und ist bekanntlich alles andere als lückenlos oder gar stichhaltig, auch wenn ihn die Weltpresse sogleich weithin und uneingeschränkt und natürlich auch meist ungeprüft akzeptiert hat.

Dabei war es doch schon seltsam, dass Earl Warren in einer Pressekonferenz noch während der Arbeit seiner Kommission erklärte: »Das Beweismaterial wird vermutlich zu Ihren Lebzeiten nicht veröffentlicht werden, und ich meine das ernst… Es ist eine Sache der nationalen Sicherheit.« Erinnert dies nicht etwas an den Fall Lincoln, an den so manches doch im Fall Kennedy erinnert? Ließ man nicht damals schon Papiere verschwinden im so genannten nationalen Interesse?

Die siebenköpfige Warren-Kommission war auch keinesfalls unparteiisch, war viel zu sehr mit Männern in hohen und höchsten Positionen besetzt. Nicht nur mit dem Republikaner Gerald R. Ford, dem späteren Präsidenten, sondern auch mit dem Rockefeller-Vertrauten und Weltbankchef McCloy, ja, mit einer so sinistren Figur wie dem einstigen CIA-Direktor Allen W. Dulles, den Kennedy von Anfang an hatte feuern wollen, ohne es freilich zu wagen. Schon an dieser Besetzung mag es liegen, dass Bertrand Russell den Bericht, noch ohne ihn zu kennen, als »erbärmlich untauglich«, als »schandbares Machwerk« disqualifiziert hat.

Der *Warren-Report* kommt zu dem Ergebnis, dass Oswald der alleinige Mörder war und von keinerlei Konspiration zwischen ihm und anderen Personen oder Mächtegruppen zur Beseitigung des Präsidenten gesprochen werden könne; was jedoch viel weniger bewiesen als behauptet wird. Es kommt hinzu, dass die Kommission den Zeugen, die ihre Version vertraten, mehr Glaubwürdigkeit geschenkt hat als anderen. Es kommt hinzu, dass die Kommission sehr häufig von Berichten der Dallas-Polizei, der CIA und des FBI abhing, die sämtlich selbst in den Mordfall verstrickt waren, auch in Oswalds Ermordung, die weder das eine noch das andere verhindert, aber alles darauf abgestellt haben, Oswald zum Sündenbock zu machen, obwohl man bis heute nicht einmal ein auch nur halbwegs überzeugendes Motiv für ihn vorweisen kann.

Die zuständigen Behörden führten 27 000 Vernehmungen durch, doch der ganze Fall steckt voller Ungeklärtheiten, Mystifikationen, Verdunkelungen. Schon der angebliche oder wirkliche Mörder Lee Harvey Oswald ist eine Figur wie aus einem Superthriller: ein einstiger amerikanischer Marinesoldat mit deutschem Namen, der in die Sowjetunion zieht, in Minsk die Tochter eines KGB-Obersten heiratet, nach zweieinhalb Jahren zurückkehrt, hier eine »Starthilfe des State Department« bekommt, überhaupt laufend aus den USA (mit kleinen Beträgen) finanziert wird, auch als Arbeitsloser dauernd Geld hat, auch ständige Kontakte hat mit dem FBI, auch kurz vor dem Attentat in Dallas FBI-Agenten trifft und wahrscheinlich selbst ein FBI-Agent war.

Dass der angebliche oder wirkliche Mörder, offenbar nur, um ihn für immer verstummen zu lassen, bald darauf selbst ermordet wird, ist nicht im Geringsten merkwürdig. Sehr merkwürdig aber, dass ihn die deshalb gewarnte, und zwar gleich dreimal gewarnte Polizei von Dallas nicht besonders geschützt hat. Dass Oswald in einem 30 Stunden langen Verhör trotz Folterungen bis zuletzt beteuert, nicht auf den Präsidenten geschossen zu haben, ist vielleicht nicht so merkwürdig. Aber ist es nicht wirklich merkwürdig, dass keinerlei Aufzeichnungen über das Verhör bestehen? Natürlich ließ sich die Warren-Kommission Bericht erstatten. Doch ihr 900 Seiten umfassender Report enthält darüber nur sieben magere Seiten, obwohl die langen, pausenlosen Vernehmungen im Beisein nicht weniger Kriminalisten aus Dallas, Leuten des Sicherheitsdienstes, Ermittlungsbeamten des FBI wohl mehr hätten ergeben müssen.

Noch heute möchten viele, dass der Mörder Kennedys auf eigene Faust gehandelt habe, dass er nichts anderes gewesen sei, so erst noch unlängst eine große deutsche Wochenzeitung, als »ein ganz gewöhnlicher Spinner«. Aber es spricht vieles dafür, und die meisten Menschen sind inzwischen davon überzeugt, dass Oswald Agent in fremdem Auftrag, dass der Mord nicht die Tat eines Einzelnen war, so wenig wie Oswalds Ermordung nur die von Jack Ruby, sondern dass dahinter jeweils mehrere standen, dass alles auf ein Komplott zurückgeht. Das FBI hat aber gerade diesen dringenden Verdacht kein einziges Mal geäußert. Im Gegenteil, es hat ihn immer wieder zu entkräften versucht. Ja, Widersprüche und Fehlangaben durch FBI und Polizei sind so auffallend, dass die Vermutung naheliegt, sie verheimlichten etwas.

Schon vor Jahrzehnten wurde von L. L. Matthias ebenso eindringlich wie einleuchtend gezeigt, dass dieses Attentat unmöglich ein Einzelgänger begangen haben könne, ein Sonderling. »Es muss ein politisches Komplott gewesen sein, zu dem sehr machtvolle Persönlichkeiten gehört haben; es wäre sonst in dem aufweisbaren Umfang, mit der Polizei von Dallas und dem FBI im Vorspann, nicht möglich gewesen... Historiker werden vielleicht zu einer späteren Zeit die Möglichkeit haben, festzustellen, dass das Verhängnis am 10. Oktober zu rollen begonnen hatte. Es war der Tag des showdown, der Kraftprobe von Marienborn. Kennedy siegte am 10. Oktober. Dreiundvierzig Tage später, am 22. November, siegten seine Feinde.«

Ist es aber Zufall, dass man am seltensten unter den Feinden des Präsidenten gerade jenen Kreis nannte, der weitaus der mächtigste war: das Big Business? Natürlich ist Kennedy kein Gegner des Großkapitals gewesen. Er hatte schon im Wahlkampf 1960 die Beschleunigung des Wirtschaftswachstums als »das vordringliche innenpolitische Problem« erklärt, ja betont, die Wirtschaft müsse jährlich um 5% wachsen; wusste er doch, nur zu gut, dass er mit ihr »im selben Boot« saß.

Freilich, die mächtige Stahlindustrie hatte er in die Knie gezwungen, den Kampf um den Stahlpreis gewonnen. Und war auch Barry Goldwaters Behauptung, Kennedy versuche »zu sozialisieren«, lächerlich, sein Interesse an Mindestlohn, Arbeitslosenunterstützung, Sozialversicherung war bekannt. Er sprach auch von der Armut Amerikas, und zwar, als erster Präsident der USA, von der Größe dieser Armut. Ebenso verabscheute man seine gelegentliche Arroganz gegenüber der Geschäftswelt, für seinen Vater lauter »Schufte«, für ihn selbst »tatsächlich eine üble Bande«. Nun, ein Multidollarmillionär konnte da vielleicht etwas nassforscher auftreten. Ein wenig erinnert er, nicht nur in diesem Zusammenhang, an F.D. Roosevelt, dessen Innenpolitik er bewundert hat. Aber war Kennedy nicht etwas zu kritisch? Zu hochmütig auch? Seine Gegner rächten sich durch einen inszenierten Preissturz an der Börse: der größte Kursfall an einem Tag seit dem Börsenkrach von 1929. Nach der Attacke gegen U.S.Steel wollte man so der Nation eine bevorstehende Wirtschaftskrise, den »Vertrauensschwund« signalisieren.

Kennedy, kein Zweifel, war am meisten in den Kreisen der Industrie und Großfinanz verhasst, überall, wo man Abrüstung fürchtete. Man nannte ihn »geschäftsunfreundlich«, gar einen »Sozialisten«.

Und man hasste ihn aus ähnlichen Gründen, wie man Franklin Roosevelt gehasst hatte. Beide kannten neben der Privatwirtschaft wenigstens am Rande noch so genannte Staatsinteressen. Beide waren reich und intelligent, während ihre Gegner häufig nur reich gewesen sind. Besonders in den Südstaaten verübelte man Kennedy seine Einstellung zum Rassenproblem. Manche hängten dort Riesenpuppen mit seinem Gesicht und einem Strick um den Hals aus dem Fenster.

Wenige Stunden vor dem Dallas-Attentat brachten die *Dallas Morning News* eine ganzseitige schwarzumrandete Anzeige, die unter der Schlagzeile »Willkommen Mr. Kennedy in Dallas« eine Reihe unverschämter Fragen an ihn stellte. Nach der Ermordung veröffentlichte *Life,* die meistgelesene Zeitschrift der Welt, einen Nachruf auf Kennedy von fünfzig Zeilen, darin überdies nur den Eindruck seiner Gebrechlichkeit erweckend; nichts Positives. Und auf dem Titelblatt prangte nicht etwa der tote Präsident, sondern der Nachfolger Lyndon B. Johnson. *Time* verhielt sich nicht sehr viel anders. Jedenfalls war man, wenn schon keine Last, so doch ein Risiko los, wenn schon keinen Dolch im Herzen, so doch einen Dorn im Fleisch.

Die amerikanischen Präsidenten leben, wie fast alle Politiker der Welt, einschließlich der Päpste, von ihrem Amt. Nicht mehr im Amt, erinnert man sich eher früher als später kaum noch an sie. Nur die wenigsten gehen – und bleiben; was übrigens auch noch nichts heißt, außer Schlimmes oft, Schlimmstes. Doch wie auch immer: wer kennt heute noch einen Madison, van Buren, Harrison, wer kennt Tyler und Taylor, Polk und Fillmore, Pierce, Buchanan, Hayes, Garfield, wer Cleveland, Arthur, wer Taft oder Harding? Wer erinnert sich noch deutlich selbst an Ford und Carter, Präsidenten der letzten zwanzig Jahre? »Mehr als anständiges Vergessenwerden mit einer hübschen Pension ist nicht zu erhoffen« (E. Fawcett/T. Thomas).

Vor diesem Schicksal haben die Schüsse von Dallas John F. Kennedy bewahrt.

14. KAPITEL

Vom Vietnamkrieg bis zum Krieg am Golf

Vietnam, das »Land des Südens«, an der Ost- und Südostküste Hinterindiens gelegen, ging aus dem Bestand von Französisch-Indochina während der japanischen Besetzung im Zweiten Weltkrieg hervor. Die erst nationalistische, dann kommunistische Bewegung der Viet Minh befreite durch ihre Revolution 1945 große Landesteile von den Besatzern und der mit diesen verbündeten französischen Administration. Am 2. September konstituierte sich die Demokratische Republik Vietnam unter Präsident Ho Chi Minh, bereits gegen Mitte dieses Monats aber setzte der Gegenangriff der Franzosen ein, unterstützt von Großbritannien, Nationalchina und den USA, die ab 1950 die Kriegskosten Frankreichs bis zu 80% finanzierten. Nach schweren Verlusten wird der immer blutigere Formen annehmende Indochinakrieg 1954 durch die Genfer Ostasienkonferenz beendet. Vietnam bricht – man erinnere sich an Korea – in zwei Teile auseinander, wobei Süd-Vietnam unter das Regiment von Ngo Dinh Diem gerät.

Diem hatte sich von 1950 bis 1953 als Laienbruder in einem katholischen Kloster der USA auf seine Helden- und schließlich Märtyrerrolle vorbereitet. Von kirchlichen und politischen Kreisen empfohlen, wird er 1954 Ministerpräsident, 1955 Staatspräsident Süd-Vietnams. Er schanzt jetzt, gut katholisch, sämtliche Schlüsselpositionen der eigenen Familie zu; sein Bruder Monsignore Pierre Ngo Dinh Thuc, der Erzbischof von Hué, flüchtet später nach Rom. Er selbst, dem Vize-Präsident Johnson »bewundernswerte Qualitäten« attestiert, »aber wenig Kontakt zur Bevölkerung« (da er sie schamlos ausbeutete), wird viele Jahre von den USA gestützt und hochgehalten. Allmählich aber kompromittieren diese die terroristischen Exzesse, die Konzentrationslager, Kerker, Menschenjagden des einstigen Klosterbruders derart vor der ganzen Welt, dass Präsident Kennedy die Ermordung des südvietnamesischen Regierungschefs – sie erfolgt am 1. November 1963, drei Wochen vor seiner eigenen – zumindest absegnet, wenn nicht, wie oft behauptet, selbst befiehlt.

Schon Eisenhower hatte Diem die Unterstützung seiner Regierung versprochen »beim Aufbau« gegen alle »Subversion oder Aggression« der bösen Kommunisten. Und schickte ihm auch Jahr für Jahr durchschnittlich 300 Millionen Dollar zur Stärkung.

Noch mehr aber engagierte sich Nachfolger Kennedy, den das Vietnam-Problem zuletzt mehr als alles andere in Asien beschäftigt hat, ja, er heizte das Feuer dieses Krieges mehr als jeder andere an, und seine nächste Umgebung schürte es mit. Vizepräsident Johnson (in Vietnam, Formosa, Thailand im Frühjahr 1961) war voller Optimismus, empfahl die Stabilisierung der Lage, ein massives Engagement, lasse sich da doch überall »ein gesundes System« schaffen, um »der kommunistischen Flut zu widerstehen und sie zurückzudrängen«. Und auch für Verteidigungsminister Robert McNamara, von Kennedy besonders geschätzt, deutete bei seiner Vietnam-Visite 1962 alles darauf hin, »dass wir diesen Krieg gewinnen.«

So schickte bereits Kennedy ganze Scharen von »Militärberatern« – man spricht von 20 000 – nach Süd-Vietnam, darunter viele Veteranen aus dem Korea-Krieg, dazu »die Waffen des modernen Krieges, von der Schreibmaschine bis zum Hubschrauber« (Schlesinger). Und natürlich kämpften diese Berater bereits mit der südvietnamesischen Armee.

Lyndon B. Johnson oder »Gott segne Euch!«

Politisch war das amerikanische Engagement in Vietnam die unmittelbare Folge des Dulles-Konzepts, wonach in der gespaltenen Welt die USA den jeweils »freien« Teil gegen den kommunistischen zu verteidigen hatten. Dahinter aber stand ihr Führungsanspruch oder, mit Kennedy, »der uns zu Recht gebührende Platz an der Spitze einer weltumfassenden Bewegung«, stand das globale Ziel der US-Strategie, wenn schon zunächst nicht Handels-, so doch Handlungsräume zu gewinnen und sie gegen alle sozialistischen oder kommunistischen Gesellschaftsordnungen zu verteidigen und, wenn möglich, zu vergrößern.

Im Grunde ist der Vietnamkrieg nichts als ein Paradebeispiel neokolonialistischer Politik. Die US-Präsidenten beschwören dabei mit vielen großen, stets sofort die Welt umrundenden Worten ihren natürlich ganz uneigennützigen Kampf für Freiheit, Demokratie, Selbstbestimmung, für die Sicherheit des Westens, die Ehre der Nation, und nicht zuletzt für die Steigerung des Wohlstandes der armen Länder. In Wirklichkeit brachten sie diesen Bomben, Granaten und Gift, einen unheimlich hinterhältigen, brutal-dreckigen Krieg. Und während dieser Krieg gerade unter dem neuen Präsidenten Johnson stets größere Ausmaße annimmt, lügt er im Wahlkampf gegen den republikanischen Senator Goldwater 1964 das Blaue vom Himmel herunter: »Gewisse Leute wollen den Konflikt ausweiten; sie fordern von uns, dass wir amerikanische Soldaten hinausschicken, damit sie die Arbeit der Asiaten tun... Gewisse Leute erklären, dass wir Nordvietnam bombardieren müssten ... Wir werden weder nach Norden noch nach Süden gehen ... Wir werden keine amerikanischen Soldaten Tausende von Kilometern weit fortschicken, damit sie die Arbeit der asiatischen Soldaten tun.«

Alles erstunken und erlogen.

Johnson schickte bald Hunderttausende. Und er wusste dies genau. Hatte er doch bereits zu Beginn seiner Regierung eine Eskalierung geplant, ja, in diesem Sinn schon als Kennedys Vizepräsident gewirkt. Auch wurde bereits die Bombardierung Nord-Vietnams vorbereitet, schon am 1. Februar 1964 der Operationsplan 34 A erstellt, der heimliche Attacken vorsah: größer im Umfang und militärischer. Zur offensichtlichen Provokation des Gegners ging US-Zerstörer »Maddox« auf ein 34 A-Unternehmen. Und im August 1964 gelang im Golf von Tonking dann auch der intendierte Zwischenfall, der ein verstärktes Vorgehen in Vietnam begründen musste.

Nach Berichten wurden die »Maddox« sowie ein weiterer Zerstörer, die »C. Turner Joy«, am 2. August in internationalen Gewässern von nordvietnamesischen Schnellbooten angegriffen. Dabei verschwieg aber die Regierung dem Kongress die Provokation. Am 4. melden die Schiffe Gefechte nach Washington, das mit Luftangriffen auf Marinebasen in Nordvietnam antwortet. Am 5. August ersucht Johnson den Kongress dringend um die Verabschiedung einer gemeinsamen Resolution über die Ostasien-Lage. Ohne jede genauere Prüfung, zu der man verpflichtet war, billigten bereits am Vormittag des 6. August der Senatsausschuss und der Ausschuss für die Streitkräfte mit nur einer Gegenstimme den Antrag des Präsidenten, die so genannte Tonking Gulf Resolution, »alle notwendigen Schritte einschließlich des Einsatzes der bewaffneten Gewalt« gegen die »Aggression« zu unternehmen. Am 7. August stimmten der Senat mit 88 gegen 2 Stimmen und das Repräsentantenhaus mit 416 gegen null Stimmen zu. Kein Politiker hatte sich auch nur halbwegs gründlich informiert, jeder der Befürworter, so gut wie alle, dem Präsidenten einen Blankoscheck ausgestellt, der den Bürgerkrieg in Vietnam allmählich immer mehr in einen großen internationalen Krieg verwandelt. Man vertraute der Zurückhaltung Johnsons umso mehr, als dieser ja gerade in einer Wahlkampagne dem amerikanischen Volk beteuert hatte, es wäre ein Fehler, verstrickten sich die USA in einen größeren Krieg. Konsequent kritisierte er seinen Gegenkandidaten Barry M. Goldwater, der eben diesen Krieg vorschlug. Und er selbst führte ihn! (Und gewann am 3. November die Präsidentschaftswahlen mit 43,1 Millionen gegen Goldwater mit 27,1 Millionen Stimmen.)

Nun aber volle Kraft voraus.

Am 8. Februar 1965 befiehlt Johnson den ersten Luftangriff auf Nord-Vietnam, am 13. Februar die ständige, die systematische Bombardierung, wobei er erklärt: »Was Amerika unternommen hat, wurzelt in dem tiefen, lebendigen Quell der moralischen Pflicht.« Denn die ganze Blutrunst wurde von einem unentwegten Schwall widerlicher Phrasen begleitet. Von permanenter Heuchelei. Und stets lief das alles, wie gesagt, rund um den Erdkreis. Und natürlich lief alles auch immer mit Gott. »Gott segne Euch!«, rief Johnson gütig, väterlich, besorgt, als er im Februar 1968 Soldaten »auf das Schlachtfeld« schickte …

War das geheuchelt? Aber nein. So gut, so fromm war er. Hatte er doch schon zu Beginn seiner Vizepräsidentschaft bekannt: »Wenn wir uns von den Gewaltherrschern dieser Zeit unterscheiden wollen, wir, die wir heute im Dienst der freien Menschen stehen, dürfen wir nie einen Trennstrich ziehen zwischen der Macht, die wir besitzen, und Gott, der tief in unseren Herzen ruht.« Es war der 1. Februar 1961, der Tag, an dem man – Grund zur Ergriffenheit, zum Gottvertrauen genug – die erste Interkontinental-Rakete (ICBM), made in USA, abgefeuert hatte, 4200 Meilen weit. Jetzt schrieb man 1965, jetzt hatte man, Gott sei gedankt, schon mehr als 800 Interkontinental-Raketen mit einer Reichweite von 6300 Meilen und einem knappen halben Stündchen Reisegeschwindigkeit – ein gutes Gefühl, wahrhaftig. Ja, man konnte schon etwas auftrumpfen jetzt, konnte Gott *noch* mehr vertrauen. Konnte etwa 14 000 Soldaten in die Dominikanische Republik jagen, um eine weitere Regierung des Teufels zu verhindern.

Konnte auch den Teufeln in Vietnam die Zähne zeigen und den Bombenbefehlen vom Februar etwas Marine-Infanterie folgen lassen.

Gleichwohl, die Lage verschlechtert sich laufend.

Nun, was tut man? Man befiehlt im Juli die Erhöhung der Streitkräfte auf 125 000 Mann. Das verschlingt etwas Geld. So nötigt der Präsident die »Volksvertreter« mit falschen Lagebeurteilungen zum Bewilligen immer weiterer Milliarden zwecks Fortsetzung des Kampfes für Freiheit und Frieden. Und für die Menschenrechte. Der Kongress genehmigt vorerst einmal 2,4 Milliarden Dollar und sieht freundlicherweise für 1966 12 Milliarden Dollar vor. Nützt's nichts, so nützt's doch dem Geschäft. Je mehr Soldaten man schickt, desto teurer wird die Sache. Und Ende des Jahres 1967 kämpfen bereits 486 000 Amerikaner in Vietnam.

Am 8. Januar 1967 kommt es zu einer 19tägigen Großoffensive der Invasoren im Iron Triangle nordwestlich von Saigon; das gesamte Gebiet wird bis zur Unkenntlichkeit verwüstet. Doch ein Jahr später beginnt die groß angelegte, sich monatelang hinziehende Tet-Offensive der Nord-Vietnamesen mit schweren Verlusten für die USA. Noch bevor der Angriff ganz beendet ist, erklärt Präsident Johnson, sich nicht mehr um das Präsidentenamt zu bewerben.

Während all dieser Jahre aber, indes eine riesige Industriemacht, hochmonopolisiert, mit einer aufs modernste ausgerüsteten Militärmaschine ein rüstungsmäßig und waffentechnisch ebenso weit unterlegenes wie moralisch überlegenes, beinah lächerlich kleines Volk vergebens auf die Knie zwingen, vergebens unterjochen will, kämpft man auch noch gegen die Bürger im eigenen Land. Mit Polizei und Geheimdienst, mit der National Guard, mit Tausenden von Fallschirmjägern kämpft man blutig die Unruhen und Aufstände der Schwarzen nieder. So werden bei Rassenkrawallen im August 1965 in Los Angeles 35 Menschen getötet, 4000 festgenommen, für 40 Millionen Dollar Schäden angerichtet; im Juli 1967 in Newark/New Jersey 26 Menschen massakriert, 1500 verletzt; im gleichen Monat noch in Detroit 40 Menschen umgebracht, 2000 verletzt, etwa 5000 verlieren durch Brand und Gewalttätigkeiten ihre Wohnung. Im nächsten Jahr wird am 4. April der Bürgerrechtler und Friedensnobelpreisträger Martin Luther King in Memphis/Tennessee ermordet, worauf in den Farbigenvierteln von 125 Städten schwere Tumulte ausbrechen. Und am 5. Juni erschießt man auch, nach einem Wahlsieg über McCarthy, in Los Angeles, Robert Kennedy.

Hatte Johnson nach fünf Jahren die Nase voll? Es war aussichtslos für ihn. Nicht so aber für einen, der 1953 schon Vizepräsident, doch noch immer nicht ganz zum Zug gekommen war, um seine Fähigkeiten sozusagen uneingeschränkt in den Dienst der Nation stellen zu können.

Mafioso Nixon?

Ein so lange in so hohen Positionen zum Wohl der USA ringender Mensch hatte natürlich auch die vermögendsten, die ehrenwertesten Helfer.

Zum Beispiel seinen engen Freund, den US-Multimillionär und internationalen Finanzbetrüger Robert L. Vesco (in Deutschland auch durch seine einst mit Vize-Kanzler Erich Mende verbundene Kapitalgesellschaft IOS bekannt). Der anhängliche Nixon ließ den hoch vermögenden Kriminellen, der gute Kontakte zur Mafia hatte (etwa zu dem für Heroinhandel zuständigen Mafiaboss Santo Trafficante jun.) nicht nur durch seinen Justizminister John Mitchell aus dem Schweizer Gefängnis St. Antoine holen, sondern ließ auch alle gegen Vesco anhängigen Untersuchungen wegen Waffen- und Drogenhandels einstellen. Wofür ist man Präsident, herrgottnochmal! Ergo wurde auch ein Agent der US-Drogenabwehr DEA, der den Präsidentenfreund Vesco des Heroinschmuggels beschuldigt und entsprechende Nachforschungen betrieben hatte, kurzerhand gefeuert und eine Senats-Untersuchung dieses Vorgangs durch das Weiße Haus gestoppt. Im Übrigen: »Immer dann, wenn die Beziehungen zwischen Nixon, CIA, der Drogenabwehr DEA, Vesco und der Mafia einmal Gegenstand der Untersuchungen waren, kam es zu zahlreichen und plötzlichen Todesfällen« (J. Roth/B. Ender). Sind ja auch in wenigen Jahren nach Kennedys Tod angeblich »mindestens 13 Personen, die auf die eine oder andere Weise einen unerwünschten Blick hinter die Kulissen von Dallas erhascht hatten, eines gewaltsamen Todes gestorben oder unter verdächtigen Umständen aus dem Leben geschieden« (Joachim Joesten).

Richard Nixon war seit langem eng mit der Mafia verbunden. Schon 1946 wurde seine Kandidatur für den Kongress von einem der besten Mafia-Anwälte mitfinanziert. In den fünfziger Jahren bekam er äußerst preisgünstig Grundstücke von der Mafia in Miami. Auf

Kuba, zeitweise eine Hochburg für Drogenhändler und Glücksspieler, besaß Nixon Anteile an den von der Mafia neu gebauten und kontrollierten Spielcasinos, die er auch besuchte. Ferner hatte Nixon zu der Mafia auf den Bahamas Kontakt. Als Präsidentschaftskandidat war er dort 1968 Ehrengast bei der Eröffnung einer ihrer Spielbanken. So erstaunt es wohl kaum, dass zu den ersten Amtshandlungen von Präsident Nixon (einem rabiaten Judenhasser, dessen Antisemitismus hinter den Hetztiraden eines »Stürmer« und Streicher nicht zurückstand) die Entfernung des Staatsanwaltes Robert Morgenthau gehörte. Hatte dieser doch, mit der Verbindung des organisierten Verbrechens zu Politikern befasst, maßgebliche Mafia-Finanziers des Nixon-Wahlkampfes entdeckt, die jede Menge krummer Geschäfte betrieben. Dagegen wurde ein Nixon-Spezi, der Präsident der Transportarbeitergewerkschaft »Teamster«, Jimmy Hoffa, der u. a. wegen seiner durch Robert Kennedy aufgedeckten Beziehungen zu Mafia-Boss Meyer-Lansky 13 Jahre ins Gefängnis musste, 1961 von Präsident Nixon begnadigt.

Andererseits darf nicht verschwiegen werden, dass Präsident Nixon auch eine ganze Mafia-Organisation, gemeinsam mit dem französischen Präsidenten, kaltblütig zerschlug, nämlich die französische mit ihrer Hochburg in Marseille – ein Konkurrenzunternehmen der ehrenwerten Gesellschaft von Meyer-Lanski in Miami. Dieser bekam nach Liquidierung der französischen Rivalen eine Art Monopol im Drogenhandel, und innerhalb von vier Jahren stieg der Drogenverbrauch in den USA um das Doppelte.

Sein innenpolitisches Engagement, um es mal so zu sagen, hindert Nixon natürlich nicht am außenpolitischen.

Trotz des zumindest verbal intendierten Übergangs von der »Konfrontation zur Kooperation« (Nixon) war man doch so eifrig wie je auf die »Eindämmung sowjetischer Expansion« bedacht, unterstellte man der anderen Seite Gleichgewichtsverletzung, Stabilitätsgefährdung und dergleichen. Kurz, die antisowjetische Politik bestand selbstverständlich fort. Die USA bauten in den frühen siebziger Jahren 429 Militärbasen sowie fast 3000 Einrichtungen geringeren Ausmaßes in 30 Staaten. Dort standen 1 Million Soldaten, ohne die in Vietnam. Außerdem leisteten sie Militärhilfe in 43 Ländern; 1971 betrug sie 2,35 Milliarden Dollar. All dies diente besonders der Einkreisung Russlands. Nach dem Konzept von Nixons Sicherheitsberater und (zweitem) Außenminister Henry Kissinger musste der »Gegner« in eine Lage gebracht werden, »aus der er sich nur durch den totalen Krieg herausziehen kann, während wir ihn gleichzeitig durch die Überlegenheit unserer Vergeltungsfähigkeit davon abhalten, diesen Schritt zu tun.« Nixons (erster) Verteidigungsminister Melvin Laird sprach fein von der »globalen amerikanischen Führungsrolle hin zum Frieden«.

Diese globale Führungsrolle hin zum Frieden zeigte sich auch immer wieder beim Krieg in Vietnam. Stets von neuem signalisierte Nixon eine gewisse Friedensbereitschaft, berief er etwas zurück, zog er etwas ab, schränkte etwas ein – und forcierte dann von Mal zu Mal den Krieg. Zu dieser Taktik drängten ihn vor allem, wenn nicht allein, die zunehmenden Friedensagitationen des amerikanischen Volkes.

Schon bei seiner Antrittsrede muss Nixon vor Kriegsgegnern in Schutz genommen werden. Im November demonstrieren 25 000, im Mai nächsten Jahres 100 000 Menschen gegen das Blutbad. In Kent/Ohio und in Jackson/Mississippi werden sechs pazifistische Studenten von »Ordnungshütern« erschossen.

Nixon laviert also.

Im Juni 1969 kündet er den Abzug von 25 000 Soldaten an, Ende Juli die Erhaltung des amerikanischen Atomschirmes und die Fortsetzung militärischer Hilfe in Südostasien. Im November verheißt er den allmählichen Abzug aller US-Streitkräfte aus Vietnam. Im Sommer 1970 weitet er den Krieg in Kambodscha und in Laos aus, um endlich »ein gesundes System«, mit seinem Vorgänger zu sprechen, gegen die Kommunisten durchzusetzen, die indes ständig stärker werden. Als im Mai 1971 die Anti-Vietnam-Demonstrationen kulminieren, beordert die Nixon-Administration 2000 Soldaten mit scharfer Munition ins Schatzministerium, um dessen drohende Besetzung zu verhindern. 1972 macht Nixon versöhnliche Besuche in China und Russland; zeitlich dazwischen lässt er die Luftangriffe über Nord-Vietnam massieren, besonders auf Hanoi und Haiphong, auf die Eisenbahnlinien, auf wichtige Verkehrswege und -mittel, auch werden jetzt alle nordvietnamesischen Häfen vermint.

Dann beginnt der Wahlkampf. Nixon befiehlt die Einstellung der Luftangriffe, und sein Sicherheitsberater Kissinger kündigt den Abschluss eines Waffenstillstands an. Und obwohl der demokratische Gegenkandidat, Senator McGovern, die Nixon-Regierung als die korrupteste in der Geschichte der Vereinigten Staaten angreift (vielleicht doch etwas zu viel der Ehre), siegt Nixon haushoch – und Kissinger stellt gleich darauf seine Waffenstillstandsverhandlungen ein, und

Nixon befiehlt die bisher schwersten Bombenangriffe auf Hanoi und Haiphong.

Der Krieg freilich war längst auf der ganzen Welt, nicht zuletzt in den USA selbst, immer mehr ins Zwielicht geraten. Trotz enormer technischer Überlegenheit konnten sie nicht siegen, sie mussten ihre Truppen allmählich zurückziehen und steckten eine demütigende Niederlage ein. Zwischen ihnen, Nord- und Süd-Vietnam sowie der provisorischen Revolutionsregierung von Süd-Vietnam kommt es am 27. Januar 1973 zum Waffenstillstandsabkommen von Paris. Und bis zum 29. März ist der US-Truppenabzug aus Vietnam im Wesentlichen beendet.

Die Verteidiger der Menschenrechte

Es war kein anderer als der amerikanische Kardinal Francis Spellman, der seinerzeit als Armeebischof schrie, die Amerikaner verteidigten in Vietnam die Sache Gottes, der Gerechtigkeit und der Zivilisation. Es war kein anderer als dieser Kardinal, der den totalen Krieg, die Ausradierung von Hanoi forderte, der rief »Weniger als Sieg ist undenkbar«. Es war dieser so sehr mit der Wallstreet verbundene Kirchenfürst, der das vietnamesische Inferno als »heiligen Kampf« feierte, als »Kreuzzug«, und die Soldateska seines Staates als »Soldaten Christi«; der Brandreden hielt, dass sich sogar, das heißt etwas, Washington betroffen zeigte. Kein Wunder, ist der Prälat doch wie kaum ein anderer von Anfang an in diesen grauenhaften Krieg verstrickt. Er war es, der den Katholiken Diem schon frühzeitig, nämlich 1954, an den Senator John F. Kennedy »verkaufte«, sodass dieser vor jeder Nachgiebigkeit in Vietnam warnte. Er war es, der mit Dulles unter anderem die durch das Genfer Abkommen vorgesehenen freien Wahlen verhinderte. Und er war es schließlich, der Kennedy, als der dann Präsident geworden, dazu brachte, aktiv mit Soldaten in Vietnam einzugreifen.

Insgesamt standen in Vietnam 2,6 Millionen Amerikaner. Dazu kommen noch 0,7 Millionen US-Soldaten, die Krieg in Südostasien und dessen Gewässern führten. Entsprechend sind die Verluste. Allerdings nicht so sehr auf amerikanischer Seite, wo man so genannte Kriegshandlungen spätestens seit dem Ersten Weltkrieg vor allem mit Material erledigt, wo man mit Masse totschlägt, mit Technik. Im Grunde mit Geld. Wie ja auch für das Geld.

Die Verluste der Amerikaner in Vietnam werden mit 56 221 Toten und 303 605 Verwundeten angegeben. Außerdem verloren sie 3705 Flugzeuge und 4867 Hubschrauber.

Die Süd-Vietnamesen hatten schon wesentlich mehr Gefallene, etwa 200 000, da man die Verbündeten großzügig vorgehen ließ – im Kampf. Übrigens auch die eigenen Schwarzen. Obwohl sie nur 11% der männlichen US-Bevölkerung zwischen 18 und 29 Jahren ausmachten, waren in Vietnam mehr als 21% der US-Gefallenen Schwarze! Auch bei ihren Krawallen in den Staaten starben und sterben ja immer mehr Schwarze.

Ihre oft so großsprecherischen Weißen kämpfen nämlich nicht gern im Krieg; an sich ein gutes Zeichen. Das war schon im Korea-Konflikt so, der nach dem Militärexperten der *Herald Tribune* mit ganzen »Regimentern« begann, »die flohen, bevor der Kontakt mit dem Feind aufgenommen war«. Und das kannte man auch schon aus dem Zweiten Weltkrieg, wie jeder weiß, der das Pech hatte, dabei sein zu müssen. Ein government issue, ein GI, machte von seiner Waffe nicht gern Gebrauch. Ein aktiver US-Oberst, der nachmalige General L.S.A. Marshall, hat sich damit im Zweiten Weltkrieg befasst und beweist mit seitenlangen Fakten: »Das beste Resultat, das nur ganz hervorragende und besonders angriffsfreudige Kompanien erreichten, war, dass *ein* Mann von vieren kämpfte ... Die Dinge lagen so, dass während eines Kampfes von hundert Mann an der Front durchschnittlich nur fünfzehn von ihrer Waffe Gebrauch machten ...«

Auf nordvietnamesischer Seite sah es etwas anders aus. Da wusste man, warum man Krieg führte und wofür, und wurde eben vom Material der anderen erschlagen, nicht von ihrem Mut. (Die Gesamtkosten der US-Aggressionen werden auf 135 bis 140 Milliarden Dollar geschätzt). So gab es da mehr als 2 Millionen Tote und 2–3 Millionen Verwundete. Und viele Millionen Flüchtlinge.

Vor dem Krieg hatten hohe US-Militärs geprahlt, Vietnam in die Steinzeit zurückzubomben. Tatsächlich warfen sie ein ungeheueres Vernichtungspotenzial auf das Land. Die Masse der eingesetzten Bomben und Raketen übertrifft die des Zweiten Weltkriegs um das Dreifache. Allein auf das kleine Laos haben die USA, bis sie 1973 ihre (militärisch erfolglosen) Bombardements einstellten, über zwei Millionen Tonnen Bomben für 7,2 Milliarden Dollar abgeladen, ein Drittel mehr als im Zweiten Weltkrieg auf Deutschland. Dabei bombardierten sie sowohl Laos wie Kambodscha, auch Vietnam selbst, ohne jede Kriegserklärung, unter völliger Missachtung des Völkerrechts und der »Genfer Konvention«. »Für mich hat die Rechtsfrage in dieser Sache keine Bedeutung«, sagte der seinerzeitige Botschafter der USA in Saigon, Henry Cabot Lodge. Klar: Rechtsfragen gelten vor allem im Frieden – und auch da meist bloß für kleine Gauner.

Insgesamt wurden im Vietnamkrieg 7,5 Millionen Tonnen Bomben abgeworfen. Und die meisten Lufteinsätze waren nackter Terror – Flächenbombardements. So sagte General Johnson, der Heeres-Stabschef: »Wir gehen rücksichtlos vor, wie eine Dampfwalze, und bombardieren ausgedehnte Gebiete, nicht auf Grund genauer Nachrichten ausgewählte Ziele.«

Die amerikanischen Bomben und Granaten haben unterschiedslos alles zerstört, Schulen und Krankenhäuser, Kirchen und Pagoden, historische Denkmäler und die landschaftliche Schönheit Vietnams.

Dabei operierte man gern, wofür war man fortschrittlich, mit Novitäten. Vor allem mit Brennbarem. Zum Beispiel mit Phosphor, weißem Phosphor mit hoher Hitzeentwicklung, die einen Menschen bis auf die Knochen verascht. Oder mit Napalm; ein leicht entzündbares, vor dem Einsatz meist mit Benzin gemischtes Pulver, das Temperaturen bis zu 2000 Grad entwickelte. Zeitweise warf man monatlich 50 Millionen Liter Napalm ab, die 10 000 qkm Land zu einer feuerverheerten Wüste machen konnten. Man verwandte auch Thermintenbomben, die Temperaturen bis zu 3000 Grad erzeugten. Allein viele Hunderttausende von Kindern wurden derart getötet, verwundet, verbrannt, Gesichter und Körper oft schrecklich vom Feuer zerfressen, für immer entstellt.

Man verschoss auch den »canister«, einen Behälter mit Eisensplittern. Oder den »beehive«, den Bienenkorb, eine Granate mit Hunderten von Eisenpfeilspitzen von der Länge einer normalen Heftklammer, die in den Körper eindrangen, und zwar so tief, dass die Wunde sich nach dem Eindringen wieder schloss. Diese »Waffen« wurden serienmäßig in einer Fabrik in San José bei San Francisco hergestellt.

Man benutzte auch Gewehre, die weit schlimmere Wirkungen hatten als die verbotenen Dum-Dum-Geschosse. Vor dem von Bertrand Russell und Jean-Paul Sartre initiierten Vietnam-Tribunal sagte ein US-Soldat aus: »Als ich eines Tages während eines Schusswechsels aus kurzer Entfernung mit einer M 16 schoss, traf ich einen Mann in die Brust. Wie weggemäht wurde der Körper förmlich durch die Luft geschleudert und flog in einem Gleitflug drei bis vier Fuß über der

Erde, bis er an einen Baum prallte. Unnötig zu sagen, dass die Brust des Mannes völlig zerfetzt war … Mit dem M-16-Geschoss kann man die Kriegsgesetze nicht umgehen; es hat eine bedeutend stärkere Wirkung als das verbotene Dum-Dum-Geschoss.«

Gefangene sollten eigentlich gar nicht gemacht werden. So sagte der amerikanische Zeuge David Tuck vor dem Vietnam-Tribunal: »Unsere Offiziere hatten uns gesagt, es habe keinen Sinn, Gefangene zu machen, ausgenommen nordvietnamesische Offiziere … Wir hatten den Befehl zu schießen und keine Gefangenen zu machen. Diese Anweisung war allgemein gültig und betraf vor allem das systematische Abknallen verwundeter Feinde. Für viele unserer Offiziere war das ein leidenschaftlich betriebener Sport. In ihren Augen ist ein toter Vietnamese ein guter Vietnamese.« Hier bricht die alte Tradition der Indianerkiller wieder durch: Nur ein toter Indianer ist ein guter Indianer! »Eine Zeit lang war es in der 173. Luftlandebrigade üblich, den toten Feinden nach dem Kampf die Ohren abzuschneiden, um ein Souvenir zu haben. Im 1. und 14. Regiment der 25. Division, der 3. Brigade, war es das Gleiche; eine vorübergehende Manie. Derjenige, der die größte Anzahl von Ohren besaß, wurde als Weltmeister im Vietkongkillen betrachtet und hatte hinterher im Basiscamp Anspruch auf Freibier und Whisky.«

Gefangene wurden besonders bei Verhören geschunden. Schläge waren die Regel. Häufig folterte man elektrisch (etwa unter Verwendung des Feldtelefons), auch und gerade die Geschlechtsteile. Auch viele Frauen wurden elektrisch gefoltert, ungezählte vergewaltigt, unterschiedslos alte Frauen, Schwangere, junge Mädchen, viele unter 15 Jahren. In manchen Provinzen starb ein Fünftel der Vergewaltigten, nachdem sie Soldaten nacheinander missbraucht hatten. Man trieb Bambuskeile unter die Nägel der Opfer. Man quälte sie auch zu Tode. Man warf sie aus fliegenden Hubschraubern. Es kam sogar vor, vereinzelt, dass man sie vergaste.

Folterungen waren keine Einzelfälle, sondern geschahen massenweise und auf die unterschiedlichste Art. Der amerikanische Vietnam-Soldat Donald Duncan berichtet über ein Verhör: »Ein Mann mit gebrochenem Bein wurde herangeschleppt. Man hatte ihn mit elektrischem Leitungsdraht gefesselt, mit einem dünnen plastikumhüllten Metalldraht, der sich tief ins Fleisch eingrub. Die Soldaten schleppten ihn bis in die Mitte des Dorfes.

Dort begann der Chef des ›Einschüchterungskommandos‹, ihn zu verhören, allerdings ohne Erfolg. Verhören: das heißt, der Offizier brüllte ihm die Fragen ins Gesicht, während ein Soldat sein gebrochenes Bein mit Fußtritten malträtierte, und zwar so heftig, dass schließlich die Knochen zum Vorschein kamen. Ein Leutnant zog ein Messer, eine Waffe, die alle amerikanischen *marines* bei sich tragen und die sich besonders bei den Spezialeinheiten großer Beliebtheit erfreut. Der Leutnant begann, mit diesem Instrument den Körper des Gefangenen zu bearbeiten, und er machte sich ein Vergnügen daraus, mit der Spitze des Messers Linien über Brust und Bauch des Vietnamesen zu zeichnen, ohne das Fleisch tief aufzuschneiden. Der Gefangene brachte kein Wort heraus, und schließlich, wie vorauszusehen war, streckte ein Messerstich ihn zu Boden. Das besagte Messer hat eine Länge von immerhin zwanzig Zentimetern. Es grub sich tief in den Körper ein und durchbohrte den Magen. Dann sprang ein anderer Kompaniechef auf das arme Opfer, das schon im Sterben lag, und tobte sich an ihm aus. Er riss ihm die Gallenblase heraus und schwang sie wie eine Trophäe über den Kopf seines Opfers. Wochen später trug er sie noch immer in einem kleinen Plastikbeutel wie einen Talisman um den Hals.«

Nazimethoden?

Hitlers SS hatte Lidice vernichtet – in Vietnam hat man »ganze Ortschaften ausgetilgt« (Egon Larsen).

Eine Art tschechoslowakisches Lidice oder französisches Oradour wurde im Vietnamkrieg das Dorf My Lai. US-Leutnant William L. Calley metzelte befehlsgemäß mit seiner Soldateska die Bewohner des völlig soldatenfreien Ortes nieder: 347 Zivilisten, darunter viele Kinder und Mädchen, die die US-Heroen erst noch vergewaltigten, wurden sämtlich massakriert und ihre Hütten niedergebrannt. Um zur Barbarei auch noch die Heuchelei zu bringen, steckte man den Oberschlächter Leutnant Calley (der selbst ein zweijähriges Kind, das schreiend aus einem Leichenhaufen krabbelte, mit einem Meisterschuss beruhigte) drei Tage in ein Militärgefängnis, worauf ihn Präsident Nixon amnestierte und er bald in den USA ein viel bewunderter, viel besungener, viel beschenkter und mit Heiratsanträgen eingedeckter Inhaber eines Juweliergeschäfts geworden ist. Ehre wem Ehre gebührt. Denn schließlich kämpfte Calley im Dienst der guten Sache und der freien Welt. In Deutschland erschienen die von ihm autorisierten Selbstaussagen 1972 unter dem Titel *Ich war gern in Vietnam.*

Doch wir, wir Deutschen, waren wir nicht auch in Vietnam? Und gleichfalls gern vielleicht? Und mit Gewinn ein bisschen? Mit großen Kriegsgewinnen gar? Sollten wir uns nicht erinnern? Die Spitzen unseres Staates doch fordern es, die mit und ohne Gnade der späten Geburt, der Bundeskanzler, der Bundespräsident, verlangen immer wieder: nicht wegzuschauen stets, nicht »aus der Vergangenheit uns zu stehlen«, vielmehr »aufzuarbeiten« diese Geschichte und selber unseren Beitrag, unseren besseren Beitrag zu leisten.

Also leisten wir ihn.

Ein deutscher Beitrag zum Vietnamkrieg

Der Indochinakrieg wurde auch chemisch und biologisch geführt, mit den verschiedensten Giften, mit flüssigen Gasen und festen Gasen, mit Gasen, die sich erst beim Entströmen aus dem Behälter in Gase verwandeln. Mit massivem Einsatz von CN (Chloro-Acetophenon) zum Beispiel, von CS (Ortho-Chloro-Benzal-Malononitril), von DM (ein Chlorhydrat von Phenarsazin oder Adamsit). Nach vietnamesischen Angaben wurden 1963 durch so genannte Entlaubungsmittel, Herbizide, 320 000 Hektar Land zerstört, 1964 schon 500 000, 1965 bereits 700 000 Hektar.

Eines der bekanntesten dieser Chemikalien war das in den sechziger Jahren in den USA entwickelte »Agent Orange«. Mit Dioxin verseucht, mit hoch giftigen Substanzen, wurde es in solch ungeheueren Mengen zur Entlaubung des Dschungels, zum systematischen Ruinieren der Felder, der Dörfer eingesetzt, dass der US-Chemiewaffenhersteller Dow Chemical, Midland, bereits 1964 in »Lieferschwierigkeiten« kam. Da sprang ein deutsches Unternehmen in die Bresche, der Chemie-Konzern Ernst Boehringer, Ingelheim.

An der Spitze dieses Unternehmens aber stand seinerzeit der spätere Präsident des Evangelischen Kirchentages und ehemalige Präsident der Bundesrepublik Deutschland Dr. Richard von Weizsäcker – keine wichtige Entscheidung fiel ohne ihn. Der deutsche Waffenproduzent half dem amerikanischen Chemiewaffenhersteller Dow Chemical aus, er lieferte ihm »ein modernes Verfahren zur Herstellung von Zutaten für den Kampfstoff ›Agent Orange‹«. Und je mehr Boehringer-Gift auf Vietnam niederging, desto mehr stieg Boehringer in Ingelheim auf. »So lange der Vietnam-Krieg andauert, sind keine Absatzschwierigkeiten zu erwarten«, beschrieb man optimistisch die Lage in der Firma. »Tatsächlich ging unter Weizsäcker die Weiterentwicklung des Hauses Boehringer steil nach oben. Der offizielle Hauptlieferant für ›Agent Orange‹, Dow Chemical in Midland/Michigan, lobte den ›großartigen Kooperationsgeist‹, den der Boehringer-Konzern zeigte.«

So steht in der Strafanzeige des früheren Mannheimer Amtsgerichtsdirektors Rudolf Deichner vom Dezember 1989 gegen Bundespräsident Dr. Richard von Weizsäcker wegen »Beteiligung an Völkermord« und anderen Straftaten, in einer Anzeige, die seitdem deutsche Staatsanwaltschaften, eher weniger als mehr, darf man vermuten, beschäftigt.

Tanker auf Tanker mit »Agent Orange« wird in den sechziger Jahren ins Mekongdelta verschifft und dann das Gift, Millionen Tonnen Gift, aus der Firma »C.H. Boehringer Sohn Weizsäcker« über Hinterindien versprüht, auf Vietnam, Laos, Kambodscha verregnet, aus B-52 oder C-123 und C-130 Bombern, aus Hubschraubern, Transportmaschinen. Bei gutem Wetter und nur leichtem Wind fliegen diese Maschinen mit Aufklärer und Begleitschutz in den schönen Stunden von Sonnenaufgang bis acht oder neun Uhr in etwa hundert Meter Höhe über das Land und verteilen das Gift, den deutschen Beitrag, die Gottesgabe aus Ingelheim am Rhein, von »C.H. Boehringer Sohn Weizsäcker«, weithin über Dschungel und Obstplantagen, über Ackerland und dicht besiedelte Gebiete, über Hunderte von Dörfern, über Reis und Mais, Zuckerrohr und Maniok, über Kartoffeln, Wassermelonen, Bananenstauden, Pfeffersträucher. Alles wird weithin vernichtet, verheert, die Ernten verdorren – ach ja, warum nicht wieder mal eine Aktion, eine Sammelaktion der Evangelischen Kirche BROT FÜR DIE WELT mit einem beeindruckenden Aufruf des Ex-Kirchenpräsidenten, des Bundespräsidenten jetzt, edel-souverän und mit markanter Mimik ...?

Oh, wir kennen sie, die schönen Reden, die alle protestantischen Studiendirektorinnen Deutschlands verzaubern: »Wir müssen teilen lernen« – »Jetzt ist eine unerhörte Gemeinschaftsleistung nötig« – »Die Notstände gehen uns alle an« – aber den einen vielleicht doch etwas weniger und den anderen doch etwas mehr, zumal einen Bundespräsidenten mit so großer Verantwortung? Und nicht so kleinem Vermögen? Oder meinen Sie nicht?

Gift? Ja, Millionen Tonnen auf das »Land des Südens« und die angrenzenden Länder. Gift, Gift. »Agent Orange« mit den modernen

Zutaten aus Ingelheim, hinaus und hinab, auf den Ba Lai-Fluss, den Bin Hai-Fluss, den Re-Fluss, in Bäche und Kanäle hinein und fort mit dem Wind, die Fische infiziert, die Rinder, die Schafe, das Wild, gezählte und ungezählte Tausende von Tieren getötet. Büffel, Ochsen, Schweine kläglich zugrunde gerichtet. Und allein in zwei Jahren, von Mitte 1965 bis Mitte 1967 Hunderttausende von Menschen vergiftet, ihnen Lungenödeme angehängt, Magen- und Darmerkrankungen, Fehlgeburten, hohes Fieber, anhaltende Durchfälle – und Todesfälle auch, manchmal Frauen besonders, Kinder und Greise. »Zehntausende von Menschen wurden von dieser chemischen Keule getötet.« Ja, wie wäre es mit einem Staatsbesuch, einer Good-will-Reise, nach Kambodscha vielleicht, Laos, Vietnam, fast friedliche Länder jetzt? Und Frieden doch auch zu Hause, Friedhofsruhe mitunter. Im endlich stillgelegten Chemie-Werk »C.H. Boehringer in Hamburg-Billbrook« zum Beispiel – »Krebs, Bronchitis, Selbstmord – Die Fabrik des Todes«, mehr als 20 Selbstmorde unter den Mitarbeitern und über 130 »elendiglich an Krebs und Leukämie Verstorbene« – bis zum 6. Juli 1990.

Aber doch nicht nur dies daheim. Nein, auch ein beruhigendes Vermögen, relativ stattlich, in dreistelliger Millionenhöhe, allein bei Bosch ein 100-Millionen-Aktienpaket, und Beteiligungen auch anderwärts, man könnte sie nennen. »Wir müssen teilen lernen …«

Aber auch vorsorgen freilich für die Zukunft!

Nicht nur heute noch schrecklich verkrüppelte, behinderte Kinder, körperlich und geistig ruiniert. »Die Notstände gehen uns alle an …« »Agent Orange«: »Das Gift wirkt über Generationen hinaus«, so eine große deutsche Wochenzeitschrift 1989. Und noch lange wird es, wird er weiter wirken, weiter leben. »Agent Orange«-Folgen in vietnamesischen Glasbehältern: »menschliche Föten mit Zyklopenaugen, ohne Arme, ohne Beine, ohne Hälse, mit Riesenköpfen …«

»Ich habe mir meinen Weg selber erarbeitet.« So der Wegbereiter. Und das Allensbach-Orakel in christlicher Verbundenheit: »Kein Schatten auf dieser Gestalt.«

Überrascht es?

Nun, ich hatte das, gedruckt schon, wenn auch in Kleinstauflage, alles in Händen. Doch schrieb ich dem Autor und erhielt unter dem 13.7.1992 »en prompte réponse: In Sachen vW bin ich nie juristisch belangt worden. Ich habe mir dieserhalb alle Mühe gegeben – siehe auch Anlage vom 8.4.92 – Schweigen im Walde. – In der Hauptkirche FHH am 3.10.91 auf 5 m Entfernung im Beisein von Bundesministern, Ministerpräsidenten, Staatssekretären usw. dreimal das Wort »Mörder« ins Gesicht (in Verbindung mit »Völker-«, »Arbeiter-« und »Giftgas-«) ... Die BRD hat einen Präsidenten – der das Forschen in seiner Vergangenheit fürchtet und dieserhalb eben auch juristische Schritte.«

Nixons Ende, Ford und die CIA

Während der künftige Präsident der Bundesrepublik Deutschland so in allen Ehren nach oben schritt, glitt Präsident Nixon jetzt schnell von oben herab. Inzwischen nämlich hatte ihn die so genannte Watergate-Affäre eingeholt, jener kleine Einbruch von fünf als Klempner verkleideten Spezialisten der Republikaner in das demokratische Wahlkampfhauptquartier im Washingtoner Watergate-Hotel, nur um ein paar Wänzchen anzubringen. Lieber Himmel, wie oft das wohl passieren mag, in den besten politischen Kreisen, auf allen Seiten. Und noch ganz andere Dinge! Wir wollen die Bagatelle, von den Medien hochgespielt, auf sich beruhen lassen. (Wir wär's denn mit etwas Hochspielen jetzt des deutschen Edelmanns? Doch man wird noch etwas warten müssen; bis 1994 vielleicht. Längstens bis zum Staatsbegräbnis.)

Nixon hatte einfach Pech gehabt. Und sein Vizepräsident Spiro T. Agnew auch. Er musste zurücktreten, um der Anklage der Bestechung zu entgehen; man bestrafte ihn nur wegen Steuerhinterziehung, kaum ein Kavaliersdeliktchen.

Und der Lobbyismus, das Bestechungswesen blühten stets in Washington. Einige Jahre früher verteilte ein Vertreter von Gulf Oil, nach eigenem Geständnis, in Washington Hunderttausende von Dollars an die Politiker. Und 1973 erhielten mehr als ein Dutzend führender Industrieller Geldstrafen wegen illegaler Wahlkampfspenden. Riesige Kapitalien wechseln im politischen Leben die Hände – über und unter dem Ladentisch. Das alles gehört zum Geschäft. Parlamentarier werden häufig so bezahlt. Der Skandal einer südkoreanischen Bestechungsaffäre, wobei man sich Kongressabgeordneten mit Pelzen, Geld, Juwelen, kostenlosen Flugreisen und üppigen Schmausereien empfahl, führte schließlich 1974 zu einer gesetzlichen Unterbindung von Wahlkampfspenden fremder Staatsbürger. Das alles, wie gesagt.

gehört dazu. Und auch Wanzen gehören zur heutigen Zeit. Auch menschliche.

Nixon hatte einfach Pech gehabt. Er weigerte, er wand sich, heuchelte, leugnete, log, er gab andere preis. Doch ein Amtsenthebungsverfahren (impeachment) leitete den Anfang seines Endes ein. Stück für Stück gibt er nach, am 8. August 1974 auf. Am nächsten Tag setzt Vizepräsident Ford als 38. Präsident der Vereinigten Staaten die Geschichte fort.

Gerald R. Ford (1974–1977) war persönlich wohl einer der einfachsten, bescheidensten Präsidenten seines Landes, das Gegenteil fast eines Schauspielers; nur etwas allzu hölzern. Und als Redner nicht besser als Eisenhower. »Wenn Lincoln heute am Leben wäre«, versicherte Ford einst einem Auditorium, »würde er sich im Grabe umdrehen« – gut gesagt, wirklich. Lyndon Johnson erschien Ford »so dumm, dass er nicht zur selben Zeit gehen und furzen kann«.

Solche Menschen verfolgt gern das Pech, im kleineren wie im großen. Als Kambodschaner den amerikanischen Frachter »Mayaguez« entführten und die 39köpfige Besatzung angeblich auf einer Insel im Golf von Siam festhielten, ließ Ford die Insel durch ein Bataillon der Marines stürmen. 38 Soldaten starben dabei – die Besatzung war schon früher freigelassen worden.

Auch innenpolitisch standen die Dinge nicht gut für den redlichen Ford, der sich mühte, das durch Watergate lädierte Ansehen der Regierung aufzubessern. Der Krieg in Vietnam war zu Ende (Ford selbst befahl im April das Ausfliegen der letzten noch in Saigon verbliebenen Amerikaner), das große Rüstungsgeschäft war auch dahin, die Rezession wieder da, die Arbeitslosigkeit, immerhin 8,5%, und die Preise steigen gewaltig.

Wacker versuchte der Präsident aber, indem er unter Rockefeller, seinem Vice, einen Untersuchungsausschuss einsetzte, wenigstens die kriminellsten Praktiken der CIA einzuschränken; zumindest im Inland, wo sie am unangenehmsten waren, zumal wenn sie bis zu Attentats-Planungen auf ausländische Politiker gingen.

Die Macht der CIA war unter Allen Dulles ständig gewachsen. Die Organisation hatte nicht nur fast so viele offizielle Vertreter im Ausland wie das State Department, sondern sogar einen wesentlich höheren Etat (wenn er auch noch nicht einmal halb so hoch war wie der Haushalt des Pentagons für dessen Nachrichtendienst).

Die CIA arbeitet nach den Worten ihres Chefs Colby mit »verdeckten Operationen«. Colby sieht darin eine »Auswahlmöglichkeit« der USA »zwischen diplomatischem Protest und der Entsendung der Marines«. Diese Auswahlmöglichkeit umfasst nun wirklich alles mögliche; die Ausbildung fremdländischer Polizei und Truppen gehört ebenso dazu wie Wirtschaftsboykott oder direkte Sabotage (in Kuba etwa Verbrennung der Zuckerrohrfelder, Verbreitung der Schweinepest, Versenkung nach Kuba fahrender Schiffe), Militärputsche ebenso wie organisierte Verbrechen, die Ausarbeitung ganzer Mordlisten, auf denen unter vielen anderen auch prominente Staatsmänner standen.

So beteiligte sich die CIA 1960 am Sturz des im Kongo demokratisch gewählten Ministerpräsidenten Patrice Lumumba und trieb ihn in den Tod.

Sicherheitshalber, sozusagen, sandten die USA gleich zwei Gangster. Der CIA-Doktor Sidney Gottlieb (»Joe from Paris«) sollte ihn so vergiften, dass der Mord wie ein natürlicher Todesfall aussah. Und für den CIA-Spitzel »WI ROGUE«, einen Bankräuber, bestellte der weitere CIA-Agent Devlin von Zaire ein »Gewehr ausländischer Herkunft mit Teleskop und Schalldämpfer« aus Washington. Und in der Botschaft von Zaire, wo man den Blutplan ausheckte, wirkte seinerzeit auch Frank Carlucci, der spätere Verteidigungsminister Reagans. Rolf Winter berichtet weitere geplante Mordanschläge der »Weltführungmacht«, etwa auf den radikalen Moslem Scheich Fadlallah; auf Fidel Castro (inzwischen schon nahezu einem Dutzend Attacken entgangen) mit Hilfe einer vergifteten Zigarre, eines vergifteten Tauchanzugs; auf einen Präsidentschaftskandidaten der Philippinen, dem man Gift ins Getränk mixte, weil er die amerikanischen Militärbasen beseitigen wollte. »Man weiß von CIA-Bubenstücken in einer solchen Fülle, dass ernsthafte Zweifel erlaubt sind, ob denn wohl GPU und KGB selbst zu ihren infamsten Zeiten in Moskau ähnlich aktiv und perfide waren.«

1963 wurde der irakische Staatspräsident Kassem mit Hilfe der CIA entmachtet und ermordet – er hatte die »Iraq Petroleum Company« in Gemeineigentum überführt. In Chile stürzte man ein Jahrzehnt später Salvador Allende, den ersten frei gewählten marxistischen Präsidenten Lateinamerikas, und trieb ihn mit Hilfe einer Militärjunta unter Pinochet in den Tod. Dabei spielte nicht nur der von Papst Wojtyla so geschätzte und geförderte Geheimbund »Opus Dei« eine beträchtliche Rolle, sondern auch CIA-Geld, nicht zuletzt der CIA-Agent und belgische Jesuit Roger Vekemans, der mit zig Millionen Dollar Allendes Regierung »destabilisiert« hatte. Mit ausdrücklicher Begünstigung durch Washington übernahm darauf der miese Pinochet die Macht.

Geradezu ein Witz ist es, ein grotesk-makabrer freilich, den sogar ein Kongress-Geheimbericht geißelt, dass die CIA, die den Drogenhandel bekämpfen sollte, wichtigste Drogenhändler unterstützt, ja, dass man unter ihrer Obhut Rauschgiftanbauflächen vergrößert, sogar ein eigenes Rauschgiftsyndikat aufgebaut hat, um durch den Erlös auf dem Schwarzen Markt Waffen für lateinamerikanische Guerillaverbände einzukaufen, die missliebige Systeme ruinieren sollen. Der 1975 in Mexiko-City verhaftete Boss einer Drogenbande, Alberto Sicilia, erklärte unter Folter, Agent der CIA zu sein. Er schleuste nach Schätzungen der US-Drogenbehörde wöchentlich Rauschgift im Wert von 3,6 Millionen Dollar in die Staaten und trug bei seiner Festnahme außer drei gültigen Pässen verschiedener Nationalität zwei Schweizer Kontobücher mit einem Guthaben von 260 Millionen Dollar im Jacket.

Die Sympathien der USA gehören in Lateinamerika deutlich den Diktaturen. weil sie ihre Interessen respektieren. So stand man wohlwollend Somoza in Nicaragua gegenüber, Perez Jimenez in Venezuela, Batista auf Kuba, Rojas Pinilla in Kolumbien, Odria in Peru, Stroessner in Paraguay. Ihre Gegner verdächtigt man gewöhnlich des Kommunismus und glaubt so, Grund genug zum Eintreten für die Despoten zu haben. Als die USA 1961 in San Domingo die Diktatur ermöglichten, veröffentlichte das State Department die Namen von »dreiundfünfzig kommunistischen Persönlichkeiten, die man verdächtigte, nach der Macht greifen zu wollen«.

Zu den Aufgaben der CIA gehört sogar die ideologische Bearbeitung, die Überwachung der Propaganda, die Kontrolle der Massenmedien etc. Dabei dient ihr zur zeitweisen Tarnung eine weitere Bundesbehörde, die eigens zur Verbreitung von US-»Gedankengut« in der Welt geschaffen wurde, die United States Information Agency (USIA). Die Methoden sind vielfältig. Das reicht vom weltweiten Propagieren ganz bestimmter Bücher unter dem Einsatz von Millionen Dollar – Intelligenz ist käuflich, wie fast alles – bis zur Manipulation von Studenten, Finanzierung von »Studienreisen« für Professoren, Intellektuelle und nackter Bestechung von Journalisten und Autoren, die ihre Namen unter äußerst fragwürdig fabrizierte und zensierte Werke setzen. Die *New York Times* schrieb am 9. Februar 1967: »Es ist weitgehend bewiesen, dass Bücher immer mehr als Propagandamittel verwandt werden, dass einflussreiche Leute Bücher zensieren, die sie für gefährlich halten oder die ihnen unangenehm sind, und dass sie, ohne es zuzugeben, die Abfassung von Büchern in Auftrag geben und überwachen.« Auch die Universitäten werden einbezogen, erhalten Gelder von der CIA, erst recht natürlich von der Regierung; manche Hochschulen sind sogar durch Lobbies in Washington vertreten. Auch so manche Beförderung von Wissenschaftlern, so manche Karriere von Redakteuren hängt damit zusammen. »Der CIA, die Ford-Stiftung und andere Institutionen«, so Jason Epstein 1967, »haben einen ganzen Apparat Intellektueller geschaffen und finanziert, die aufgrund ihrer orthodoxen Stellung im Kalten Krieg ausgesucht wurden.«

Im November 1976 unterlag Präsident Ford bei einer Wahlbeteiligung von nur 54,4% ziemlich knapp seinem demokratischen Gegner, dem früheren Gouverneur von Georgia.

Präsident Carter

Präsident Jimmy Carter (1977–1981), dem Kenner den höchsten Intelligenzquotienten seit F.D. Roosevelt attestierten, war ein reborn christian und einst baptistischer Prediger in Sonntagsschulen gewesen, der ganz offen über seine Bekehrung sprach. Wenngleich er Glaubenstreue mit kaltem politischem Kalkül verbinden konnte, traf er doch einige ethisch respektable Entscheidungen.

Noch am Tag seines Amtsantritts amnestierte der Präsident 10 000 Amerikaner, die während des Vietnamkrieges sich dem Dienst entzogen hatten. Atomwaffen verabscheute er tief, was auch seine Entscheidung gegen die Neutronenbombe beeinflusste. Ja, er blieb reserviert gegenüber der Entwicklung friedlicher Atomenergie – im AKW Three Mile Island, bei Harrisburg/Pennsylvania, kam es 1979 zur bisher gefährlichsten Krise – und förderte den Ausbau alternativer Energiequellen. Erstmals wurde (1977) ein Energieministerium errichtet. Carter legte ein 10-Jahres-Energieprogramm vor. Und zur Unterstützung der Armen wollte er sogar die gigantischen Gewinne der Ölgesellschaften besteuern, ein wahrhaft frommer Wunsch.

Innenpolitisch sah es weiterhin nicht eben rosig aus. Das Wirtschaftswachstum verlangsamte sich, die Preise stiegen an, die Steuern, die Inflationsrate kletterte auf 11,3%. Und der Dollar sank. Carters wiederholtes und natürlich besonders populäres, auch vor Senatoren und Abgeordneten gemachtes Versprechen einer 50 Dollar Steuerrückzahlung für jeden Amerikaner konnte nicht gehalten werden. Noch beträchtlich mehr schädigte ihn der Bankenskandal seines Budget-Direktors, Bert Lance, eines Bankiers und persönlichen Carter-Freundes, den er schließlich fallen lassen musste. Carter, der Baptist, der Moralapostel, dessen Religion ein strenges Leben nach der Bibel befahl, galt vielen nun, wohl zu Unrecht, als Heuchler. Seine Popularitätskurve fiel innerhalb weniger Monate um 26 Prozent. Und Versuche einer Lösung des Energieproblems, das er als erster amerikanischer Präsident erkannte, trugen so wenig zu seiner Beliebtheit bei wie neue Rassenkrawalle. Allein in Miami wurden im Mai 1980 immerhin 16 Menschen umgebracht, 370 verletzt und Sachschäden im Wert von 100 Millionen Dollar angerichtet.

In der Außenpolitik erzielte Carter mehrere Erfolge: den Abschluss der Verträge über den Panama-Kanal; das Abkommen von Camp David, das die Annäherung zwischen Israel und den Arabern ermöglichen sollte; die Normalisierung der Beziehungen zu China. Und gegenüber dem despotisch-korrupten Somoza-Regime in Nicaragua ging er auf Distanz, was die oppositionellen Sandinisten unterstützte.

Dagegen stand er weiterhin zum Schah von Persien, was ihn die Präsidentschaft kosten sollte.

Am 8. September 1978, dem schwarzen Freitag von Teheran, schossen Soldaten des Schahs Hunderte, wenn nicht Tausende von Moslems nieder, Khomeini-Demonstranten. Präsident Carter bot aus Camp David dem Partner Unterstützung an. Doch am 16. Januar nächsten Jahres wird der Schah gestürzt und am 1. April die Islamische Republik ausgerufen. Die Beziehungen der USA zu ihr verschlechtern sich ständig. Am 1. November kommt es in Teheran zu schweren antiamerikanischen Demonstrationen von Hunderttausenden vor der amerikanischen Botschaft. Am 4. November besetzen sie demonstrierende Studenten und nehmen 60 Botschaftsangehörige als Geiseln fest. Präsident Carter geht mit diversen Sanktionen vor, schickt im Februar auch Kriegsschiffe und Marineinfanterie und bricht am 7. April die diplomatischen Beziehungen ab. Am 25. April aber misslingt der Versuch, die Geiseln nach einem Landeunternehmen durch eine Blitzattacke zu befreien.

Als Carter das Scheitern in Teheran vor den Fernsehkameras am frühen Morgen des 26. April 1980 eingestehen musste, war sein politisches Schicksal im Grunde entschieden. Peinlicher als alles bei diesem ganzen Vorgang wirkte vielleicht das Versagen auf einem Gebiet, auf dem die Amerikaner seit langem sich am stärksten fühlten, dem der Technik: drei von acht Hubschraubern fielen bereits zu Beginn der Aktion wegen technischer Defekte aus. So überwies Carter schließlich für die Freilassung der 52 Amerikaner 12 Milliarden Dollar aus eingefrorenen iranischen Konten. Doch als die Geiseln eintrafen, war er schon nicht mehr im Amt.

Der Hollywood-Präsident

Kurz nach seinem Einzug ins Weiße Haus ließ Ronald Reagan (1981–1989) ein Portrait von Calvin Coolidge aufhängen, dem 30. Präsidenten der USA, für viele ihrer Historiker ein ausgemachter Faulpelz, ein typischer Repräsentant des, wie er selbst sagte, »Tu wenig«-Regierungsstils. »Nero fiedelte, während Rom brannte«, höhnt H. L. Mencken. »Coolidge schnarcht nur«. Reagan bewunderte ihn und installierte ein Coolidge Konterfei anstelle eines Truman-Portraits. Er hätte auch das Eisenhowers wählen können, der gleichfalls durch ein beträchtliches Defizit an Fleiß auffiel und Freizeit kaum minder zu schätzen wusste.

Von seinem geistigen Zuschnitt her war der neue Präsident gewiss nicht respektabler als jener unvergessliche Spießer F. Babbit aus Sinclair Lewis satirischem Roman.

Reagans Vater war irischer Katholik, ein nach der großen Depression von 1929 arbeitsloser Alkoholiker. Der Junge las die populären Knabenromane von Horatio Alger (1834–1899), kaum alle wohl, waren es doch etwa 130 (mit einer Auflage von mehr als 20 Millionen); Bücher, die den Selfmademan der christlich-kapitalistischen Gesellschaft hochleben ließen. Danach war jeder selbst seines Glückes Schmied, war der Reiche in aller Regel besser als der Arme, und der Staat brauchte sich nicht um die Wohlfahrt seiner Bürger zu kümmern. Das alles war recht amerikanisch gedacht und hinterließ offensichtlich ebensolche Spuren bei Reagan wie die ganze puritanische Erziehung des Autors – ein Ungeist, der den Präsidenten dann im Bund mit Papst Johannes Paul II. für die Keuschheit der Welt kämpfen ließ, für eine neue Prüderie, eng an der Seite auch rigoros bibelgläubiger US-Fundamentalisten, deren Kreuzzug für ein »sauberes Amerika« selbst Bücher wie James Joyce' *Ulysses* oder Mark Twains *Huckleberry Finn* immer öfter zum Opfer fielen. Was war das auch neben Horatio Alger! Mit ihm mag letztlich noch Reagans Kampf gegen die Abtreibung zusammenhängen und gegen die Pille (»Pille nur mit Daddys Wille«).

Der small-town-boy aus dem tiefen Mittelwesten verdiente während seines Studiums als lifeguard, als Bademeister und Rettungsschwimmer, sein Geld. Er wurde Sportreporter bei der lokalen Radiostation in Des Moines, spielte schließlich nach Probeaufnahmen in Südkalifornien lebenslang zweitklassige Rollen als ein zweitklassiger Schauspieler – und brachte Hollywood-Kollegen zur Zeit des McCarthy-Terrors um ihre Existenz.

Seine ökonomisch-politische Karriere begann Reagan in den fünfziger Jahren als »Unternehmensbotschafter« für General Electric und stieg zum Gouverneur von Kalifornien auf, stets gefördert von jenen reichen und superreichen kalifornischen Konservativen, die dann vor allem auch die Innen- und Wirtschaftspolitik des Präsidenten beeinflussten, das so genannte Küchenkabinett: der Autohändler Holmes P. Tuttle, der Immobilienmakler William A. Wilson, der Ölproduzent Henri Salvatori, der Verleger Walter H. Annenberg, der Bierbrauer Joseph Coors oder der Besitzer einer gigantischen Drugstore-Kette, Justin W. Dart. Auch die Schlüsselpositionen der Reagan-Regierung wurden fast ausschließlich mit millionenschweren Industriellen, Börsenmaklern, Managern besetzt, seine Spitzenpolitiker Caspar Weinberger und George Shultz kamen von der multinationalen Baufirma Bechtel in San Francisco.

Reagan war bekannt für sein Glück, seine Gefallsucht und seine Faulheit. Er verachtete das Aktenstudium und ließ sich über das Wichtigste in Kurzmemoranden unterrichten. Die Trägheit freilich sah das Volk, sah die Welt nicht – obwohl sie ihm doch im Gesicht stand. Dafür sah man: Reagan ging geschickt mit den Medien um und wusste sich vor der Kamera zu bewegen, jeder Zoll zwar kein König, aber ein Schauspieler. Das liebt die Welt, die bekanntlich betrogen werden will. Der Präsident kam ihr in Haltung, Gestik, Mimik und in Worten, in schlichten Worten, entgegen. Und nicht zuletzt vertraute er so unerschütterlich dem eignen eng begrenzten Horizont, dass er dieses Vertrauen auf einen Teil der Menschheit, zumal der amerikanischen, auszustrahlen verstand. Obwohl er und weil er Millionen von Armen und Ausgebeuteten krass betrog, galt er vielen als netter Mensch, a good guy, den man trotz seiner Schwächen sympathisch findet, zumal er seinen unbezweifelbaren Charme spielen ließ, wo immer es möglich und wünschenswert war.

Bei Pressekonferenzen freilich, vor den Fernsehkameras harten Fragen ausgesetzt, konnte der Hollywood-Präsident in peinliche Situationen rutschen und auch sonst Antworten finden, die dem deutschen Präsidenten Lübke seligen Angedenken auch hätten entschlüpfen können, ob es nun ahnungslose Äußerungen über Öl oder die Arbeitslosen waren oder was immer. Er konnte am Ende seines ersten Präsidentenjahres verkünden, er habe einer Million Amerikaner neue Arbeitsplätze verschafft, obwohl es in Wirklichkeit 100 000 Arbeitslose mehr gab als im Jahr zuvor. Und in Brasilien brachte er bei einem Staatsdinner einen feierlichen Toast auf den Gastgeber Präsident Figueredo und das Volk von Bolivien aus – als Lübke Amerikas wirklich kaum unterbewertet.

Ronald Reagans »lebenslange Neigung zum Übertreiben« ist ebenso bekannt wie sein »extrem großzügiger Umgang mit Fakten«. Und beides schlug sich in einer Politik nieder, die, mit der Kunsthistorikerin Debora Silverman von der University of California in Los Angeles zu sprechen, »auf Public Relations, Imageproduktion und die Verschleierung der Vergangenheit« aufgebaut war.

Beim außenpolitischen Engagement des Präsidenten sah es ganz so aus, als wollte er Wild-West-Filme auch in der Weltpolitik spielen: ein Hollywoodmime, der das Weltende auslösen kann – als ging's um den Schluss eines Gangsterstücks. Zumindest haben Analysen des Politologen Michael Regin gezeigt, wie sehr Reagans einstige Filmrollen auf seine Persönlichkeit und Ideologie abgefärbt haben. Den Amerikanern – und Reagan scheint in vieler Hinsicht doch wohl ein typischer –, geht es ihnen nicht oft wie den Lesern von Felipe Alfaus Roman *Das Café der Verrückten* (und wie manchen Personen darin): sie wissen nicht mehr, was Image und Authentizität, was Fiktion und Wirklichkeit ist?

Gegenüber der Sowjetunion ging Reagan, kaum im Amt, sofort auf scharfe Konfrontation, wobei er freilich im Grunde nur deren von den USA seit Jahrzehnten betriebene Verteufelung fortsetzte. Für Reagan waren die sowjetischen Führer Kriminelle, imstande, »jedes Verbrechen zu begehen, zu lügen und zu betrügen«, wie er offenherzig bekannte; die Sowjetunion war »in der modernen Welt das Zentrum allen Übels«. Und auf einer Tagung amerikanischer Evangelisten rief er zum Gebet auf für all jene, »die in der totalitären Finsternis leben«. Scheute er sich doch nicht, einem Reporter der *Los Angeles Times* im Wahlkampf 1980 zu erklären, die Sowjets seien »Monster«, und ihre Gottlosigkeit sei es wieder, die »ihnen weniger Respekt vor der Menschlichkeit und dem menschlichen Wesen einflößt«. Die Sowjetunion, das »Reich des Bösen«, wollte der Schauspieler auf dem Thron »auf den Müllplatz der Geschichte« kippen.

Hatte er die Macht dazu? Er hatte sie. Ein Mann wie er ...!

»Die menschliche Rasse ist sehr elastisch, Senator ...«

Unter der Reagan-Bush-Administration arbeiteten über 30 000 US-Industrieunternehmen und mehr als 6,5 Millionen Amerikaner für den »militärisch-industriellen Komplex«. Unter Reagan/Bush wurden dafür an jedem Arbeitstag mehr als 50 000 Lieferkontrakte von den Bevollmächtigten des Pentagons und der Waffengattungen unterschrieben und Tag für Tag fast 900 Millionen Dollar dafür ausgegeben.

Denn es musste Geld kosten, viel Geld!

Gegen Ende der achtziger Jahre hatten die USA 360 Militärbasen in Übersee. Und jährlich investierten sie dort über 1,5 Milliarden Dollar in neue Militäranlagen.

Aber die Militäranlagen hatten dem Dollar zu dienen – und dann allenfalls noch ein bisschen umgekehrt. Doch die Priorität stand fest. Viel kosten, viel verschlingen musste alles.

Allein der Unterhalt der US-Air-Force verschlang in den achtziger Jahren eine größere Summe, als ganz Lateinamerika, Afrika und Asien (mit Ausnahme Japans) für Kindererziehung ausgeben konnten.

Die Yankees dagegen geben viel für Kindererziehung aus, selbst noch für die Erwachsenen, weil sie noch nicht so erzogen sind, wie heute Kinder erzogen werden.

In der Reagan-Bush-Zeit bekamen da und dort Vierzehnjährige schon Waffenausbildung. Sie zogen zu Kriegsspielen ins Gelände, in gewissen Schulen stets in Uniform, mit militärischen Dienstgradabzeichen, auch die Mädchen – Nazimethoden? 200 Millionen Kriegsspielzeuge wurden Jahr für Jahr an amerikanische Kinder verkauft.

Doch nicht die Jugend nur, fast die ganze Gesellschaft wurde vom Militär fasziniert, das ganze Land beinah zu einer Art Militärarsenal – nicht im Dienst übler Kampf- oder Kriegshysterie, oh nein, es diente dem militärisch-industriellen Komplex. Das andere war eher ein Nebenprodukt, das man, gar nicht ungern, buchstäblich in Kauf nehmen konnte.

Zumindest in den ersten Jahren der Reagan-Bush-Administration standen in den USA rund zwei Millionen Menschen unter Waffen, davon 170 000 Frauen. Etwa ein Drittel der Kampfverbände aber befindet sich in der Regel im Ausland: in Europa, in der Karibik, im Bereich des westlichen Pazifik, des Indischen Ozeans. Weiß man doch, wie oft man da schon zu operieren hatte, immer wieder, in Mittelamerika, in Kuba, im Libanon, im Persischen Golf, im Iran, Irak, in Libyen, in Vietnam? Nach Ermittlungen der Historiker B.M. Bleichman und Stephen S. Kaplan intervenierten die USA mit militärischem Einsatz in den ersten dreißig Jahren nach dem Zweiten Weltkrieg weltweit in 215 Fällen.

Trotz der gewaltigen Kriegsmaschinerie aber, trotz des größten Militärapparates der Welt, der jeden Punkt des Planeten entweder »schützt« oder bedroht, trotz des zeitlichen Vorsprungs bei der Produktion der meisten stets schrecklicheren Waffen, eines Vernichtungspotenzials, wie es die Welt noch nie gesehen, schwätzten sie ihr immer wieder ihre Unterlegenheit vor, entsetzten sie die Nation und die Verbündeten, ihre »Freunde«, mit klaffenden Lücken, Lücken bei dieser, bei jener Waffe, eine Lücke in der Panzerwaffe gab es, eine »bomber gap«, eine »missile gap«, eine Unausgewogenheit bei den Raketen – entsprechende Lügen ihrer Präsidenten und Propaganda am laufenden Band. »Die Wahrheit ist«, log Reagan 1982, »dass die Sowjetunion in der Tat eine definitive Überlegenheit besitzt …«

Der Zweck des Dauergeschwätzes von all den »Lücken«, den »Ungleichgewichten«, dem Vorsprung oder doch bald drohenden Vorsprung der Russen war es, das irrsinnige Rüstungsgeschäft immer mehr in die Höhe zu jagen. 1940 hatte man dafür zwei Milliarden Dollar ausgegeben, 1945 schon 86 Milliarden, 1970 bereits 104 Milliarden, inzwischen sind es 300 Milliarden.

Sagte ich irrsinnig? Wie leichtfertig. Denn all dies musste sein – ein Erfordernis der Verantwortung einfach. Waren doch alle US-Streitkräfte, Heer, Marine, Luftwaffe, Marineinfanterie, stets beinah kriminell schlecht ausgerüstet, wie die Rüstungsindustrie wusste. Sie alle hatten über kurz oder lang (aber öfter über kurz) veraltete Waffen und mussten immer wieder neu bestückt werden. Und wird ein im Verteidigungsbereich so ahnungsloser Mann wie Caspar Weinberger Verteidigungsminister, musste der militärisch-industrielle Komplex ihn natürlich beraten, sorgfältig beraten, aus seinen Erfahrungen heraus. Und wirklich konnte man seine Bedürfnisse derart plausibel machen, dass Weinberger dem Kongress Anfang 1981 einen Fünfjahresplan zur Wiederaufrüstung in Höhe von insgesamt 1,5 Billionen Dollar präsentierte.

Man sollte meinen – auch wenn da noch etwas reduziert werden musste – das reicht. Aber nein, ermittelte das Pentagon doch bei der Kontrolle von 774 Rüstungspreisen immerhin 365 grobe Preisüberschreitungen mit einem Gesamtwert von 788,9 Millionen Dollar. Und das Überschreiten nimmt in jüngster Zeit ständig zu. So stiegen die staatsanwaltlich verfolgten Betrugsfälle von 770 im Jahr 1984 auf 1421 im Jahr 1986. Dazu kamen im selben Zeitraum noch 511 staatsanwaltliche Bestechungsdelikte.

Die Rüstung und Überrüstung, die eine Eskalation aufzuweisen hatte, wie sie nur unter Wahnsinnigen möglich scheint, da sie längst reichte, den Planeten mehrfach in die Luft zu jagen, war freilich vernünftig, dachte man nur an das Geschäft dabei. Und gewisse, und zwar die maßgebenden Kreise dachten ganz offenbar nur an das Geschäft, das immer astronomischere Summen einbrachte, wobei sich, bizarr genug, nicht auch die Waffen im gleichen Maße mehrten. Rolf Winter hat gezeigt, dass die erste Reagan-Bush-Regierung für 75% mehr Geld für die Air Force nur 8% mehr Flugzeuge erhielt; für 91% mehr Geld für Raketen nur 6% mehr Raketen; für 147% mehr Geld für die Panzerwaffe nur 30% mehr Panzer.

Ein Skandal? Aber nein. Es hing und hängt damit zusammen, dass, was wir alle kennen, alles einfach immer teurer wurde und wird, laufend, laufend, was hier nur die so genannte AMRAAM-Rakete, eine »Fortgeschrittene Mittelstrecken-Luft-Luft-Rakete« veranschaulichen soll. 1977 bezifferte man den Stückpreis in Washington auf 45 000 Dollar, 1981 stieg der Preis schon auf 115 000 Dollar, bis 1984 kletterte er auf 305 000 und 435 000 Dollar, schließlich kosteten die ersten 90 Raketen pro Stück 871 000 Dollar – und noch 1989 trafen nur die allerwenigsten dieser Raketen überhaupt ihr Ziel, wohl das Beste, was man von ihnen sagen kann – aber irgendwohin trafen und treffen sie natürlich doch.

Also, man muss sich über Wasser halten. Man muss sich nach der Decke strecken. Und so hält man sich und streckt sich. Und je mehr man verdient, desto weniger zahlt man natürlich im Verhältnis dem Staat. Das dürfte weithin in der Welt zwar ähnlich sein. In den USA aber zahlten Rüstungsriesen mit Hunderten von Millionen, ja mit Milliarden Dollar Reingewinn in den ersten vier Jahren der Reagan-Regierung überhaupt keinen Cent Einkommensteuer: zum Beispiel »Lockheed« mit 1,7 Millarden Dollar Profit, »Boeing« mit 2,1 Milliarden Dollar Profit, »General Electric« mit 9,6 Milliarden Dollar Profit.

Aber leider: nur vier Jährchen lang. Warum nicht länger? Ja, das fragt man sich. Warum nicht stets? Versteht man, weshalb so viele Präsidenten schon lehrten: je weniger Staat, desto besser? Weshalb Reagan schon in seiner Rede zum Amtsantritt sagte, der Staat sei »nicht die Lösung, der Staat ist das Problem«?

Gut gesagt, Sir.

Und versteht man jetzt auch, warum die Sowjetunion immer böser, immer stärker, immer überlegener wurde – obwohl sie es doch längst nicht (mehr) war?

Im selben Jahr, als Präsident Reagan log, in Wahrheit besitze die Sowjetunion eine definitive Überlegenheit, im selben Jahr, am 29. April 1982, beantwortete sein Verteidigungsminister Weinberger vor dem Senatsausschuss für auswärtige Angelegenheiten die Frage, ob er lieber über das sowjetische oder das amerikanische Atomarsenal verfügen würde: »Auch nicht einen Augenblick würde ich irgend etwas tauschen, denn wir haben einen unerhörten technologischen Vorsprung.«

So war es. Und der sowjetische Verteidigungsminister Dimitri Ustinow sagte denn auch mit allem Recht ein Jahr darauf: »Sehen wir uns doch an, wer wirklich der Initiator des Wettrüstens ist. Die Frage sei gestattet, wer als Erster eine Atomwaffe geschaffen und sie gegen die Bevölkerung von Hiroshima und Nagasaki angewandt hat? Wer als Erster Tausende von Bombenflugzeugen als Träger für Kernwaffen gebaut und damit begonnen hat, Interkontinentalraketen in Massen zu produzieren und zu stationieren, sowie die Zahl der atomar angetriebenen U-Boote mit ballistischen Raketen an Bord zu vergrößern? Wer war der Erste bei der Ausstattung ballistischer Raketen mit individuell gesteuerten Mehrfachsprengköpfen? Wer hat mit der Produktion der Neutronenwaffe und der binären chemischen Waffen begonnen? Wer versucht, das Wettrüsten auf den Weltraum auszudehnen?«

Gleichwohl haben die USA systematisch die Hysterie, den »Kalten Krieg«, die panische Angst vor den Russen geschürt, die in Wirklichkeit immer mehr zu Tode gerüstet wurden, wie sich inzwischen drastisch genug gezeigt hat. Und Ronald Reagan konnte im Bewusstsein dieser ungeheuren Überlegenheit im Weißen Haus zwischen Suppe und Hauptgericht gelassen einen »begrenzten atomaren Schlagabtausch« in Europa ventilieren, ohne dass ihm der Appetit verging. Warum auch? Sein Abrüstungsexperte, Eugene Rostow, beurteilte 1981 bei einer Anhörung im Senat das Überlebensrisiko optimistisch. Er zögerte keinen Augenblick, in diesem Zusammenhang das Aufblühen Japans nach dem amerikanischen Nuklearangriff zu erwähnen, ja, erklärte dem ziemlich verblüfft nachfragenden Senator: »Die menschliche Rasse ist sehr elastisch, Senator Fell.«

Mit CIA und Mafia

Alles nahm größere Dimensionen an unter Reagan, alles wuchs. Und was am raschesten im Staatsapparat wuchs, war die CIA: 1500 neue Mitarbeiter wurden eingestellt. 1987 belief sich der Personalstand der CIA auf 16 000 Mitglieder und der Etat auf 25 Milliarden Dollar. Eine solche Organisation musste einfach den einstigen Kino-Wildwest-Helden besonders anziehen.

Zum Chef des Human-Unternehmens ernannte Reagan seinen Freund William Casey. Im Zweiten Weltkrieg hatte dieser alliierte Spionageoperationen hinter der deutschen Front geleitet und war später an den Börsen Wall-Streets reich geworden. Reagan erweiterte seinen Einfluss als Spionagechef, indem er covered actions, geheime Kommandoaktionen, unter Carter fast in Misskredit geraten, wieder als Routinesache der US-Außenpolitik ansah. Ja, der Präsident hatte bald ein solches Faible für derlei mehr als anrüchige Operationen, dass Caseys Stellvertreter, Admiral Inman, die Segel strich und in die Privatwirtschaft ging.

Die Regierung Reagan-Bush ließ die CIA in rund 60 Staaten konspirieren und dabei jährlich etwa 600 Millionen Dollar für covered actions verpulvern, vor allem, um missliebige Regierungen zu erschüttern, in Dutzenden von Fällen.

Zum Beispiel tat Präsident Reagan alles, um die Sandinisten Nicaraguas zu stürzen. Die CIA finanzierte nicaraguanische Exilgruppen und bereitete einstige Somoza-Anhänger in Florida und Honduras militärisch auf Invasion und Bürgerkrieg vor. Und während bald im Dschungel an der Grenze zwischen Honduras und Nicaragua eine Freiwilligenarmee stand, destabilisierte man auf verschiedenen Wegen das Land im Innern.

Während man die Revolutionäre in Managua, die Sandinisten, bezichtigte, ihre Revolution nach Honduras auszudehnen, verwickelte man das benachbarte Honduras in eine Gegenrevolution mit dem Ziel, diese nach Nicaragua zu exportieren. Die CIA kaufte Söldner, warb argentinische Offiziere an, nicht wenige Nazis darunter. Sie verteilte in Nicaragua Gebrauchsanweisungen für das Umbringen der dort herrschenden Linken. – Nazimethoden? Der Internationale Gerichtshof in Den Haag verurteilte die USA 1986, weil sie, entgegen dem Völkerrecht, nicaraguanische Häfen vermint, den Handel Nicaraguas behindert sowie gegen eine ganze Reihe von Verpflichtungen und Verträgen verstoßen hatte.

Aber die Welt ist böse, böse. Man musste sich sichern. In sechs Amtsjahren des Präsidenten Reagan gab man allein für den Ausbau der elektronischen Spionage in aller Welt rund 100 Milliarden Dollar aus.

Und wie stand es mit der Mafia? Oh, bestens, bestens. Man hatte sie fest im Griff. Hatte regen Kontakt, auch und gerade natürlich im nächsten Umkreis des Präsidenten. Nein, man ließ sie nicht aus dem Auge. Dazu war man ja schon beruflich verpflichtet. Etwa Reagan-Freund und CIA-Direktor William Casey. Aber auch Reagans Arbeitsminister Raymond Donovan hatte nachweisbare Mafia-Kontakte und wurde beschuldigt, zum Wahlkampf des Präsidenten 600 000 Dollar beigesteuert zu haben, die aus Mafia-Quellen stammten. Doch Geld stinkt nicht, und Untersuchungen gegen das Gewerkschaftsgangstertum reduzierte Donovan drastisch.

Ronald Reagan selbst traf sich als Präsidentschaftskandidat (am 27. August 1980) privat mit Mafia-Vertretern, Führern der Teamster-Gewerkschaft, mit Roy Williams und Jack Presser. Die berüchtigte Gewerkschaft der Fernfahrer, auch von Richard Nixon schon lange gefördert, wird von Gambino, dem »Paten einer New Yorker Familie«, kontrolliert und soll Milliardenbeträge an die Mafia abzweigen. U.a. wird der Kennedy-Flughafen von dieser Vereinigung systematisch geschröpft. »Jedes Jahr lassen die Fahrer des Syndikates auf Anordnung der Familie Güter im Wert von Milliarden Dollar verschwinden. Das FBI schätzt, dass mehr als ein Drittel der wertvollen Güter auf dem Kennedy-Airport unterschlagen werden – elektronische Geräte, Juwelen, Pelze, Nahrungsmittel – und in die Hände der Mafia fallen« (M. Monestier). Das Treffen Reagans am 27. August 1980 mit dem Vizepräsidenten der Teamster, Roy Williams, diente der Mobilisierung der Gewerkschaftler im Wahlkampf, den er auch »ganz sicher mit finanzieller Unterstützung der Teamster-Gewerkschaft« geführt hat.

Ronald Reagan ist dankbar. Freunde lässt er nicht im Stich. Und so galt einer seiner ersten Besuche als Präsident der Teamster-Gewerkschaft. Von dort holte er sich ja auch seinen Arbeitsminister Donavan. Und schon bald nach der Wahl 1981 wurde Williams Präsident der Teamster, und Reagan lud ihn sogar zu einer Top-Level-Wirtschaftskonferenz ins Weiße Haus. Freilich war Williams derart belastet, dass er noch im selben Jahr zurücktreten und den Präsidentenstuhl Jack Presser überlassen musste, dem anderen Verbindungsmann zur Mafia und seiner offenbar in jeder Hinsicht würdig. Trotz laufender Fahndungen, Beschuldigungen, Beweise und Verurteilungen aber ging »die Freundschaft zwischen der Reagan-Administration und der Mafia-kontrollierten Gewerkschaft nicht in die Brüche.« Vielmehr wird »immer dann, wenn der Kongress oder Gerichtsbehörden die Kooperation der Regierung bei Untersuchungen gegen die Gewerkschaft benötigen, diese prinzipiell nicht gewährt« (J. Roth/B. Ender). Im Gegenteil. Offiziell und öffentlich stützte man Beschuldigte. Ja, das Reagan-Bush-Gespann begann damit, keine neue Operationen gegen das organisierte Gangstertum zu erlauben. Nicht genug, man kürzte wesentlich die Etats gerade jener Stellen, die vordem die gelenkte Kriminalität besonders wirksam bekämpft hatten. Dies alles stand in einem augenfälligen Kontrast zu Jimmy Carters Verhalten, bei dem zumal die Teamster-Gewerkschaft vier Jahre lang abgeblitzt war. Aber schließlich wurde Carter auch nicht mehr Präsident.

Sonstige Leistungen

Man kann gegen Reagan sagen, was man will, es hatte alles großen Stil. Und Geld war schließlich dazu da, um ausgegeben zu werden.

Schon die – ihm freilich nur zu angemessene – theatralische Inszenierung seiner Amtseinführung als Präsident wurde ein 16-Millionen-Dollar-Schauspiel. Ein Lehrer an öffentlichen Schulen, vergleichsweise, verdiente um 1980 höchstenfalls 16 000 Dollar im Jahr, in manchen Staaten sogar weniger; in Mississippi etwa nur 11 000 Dollar jährlich. Nancy Reagans Garderobe, wieder nur zum raschen Vergleich, eigens für die Inauguration geschneidert, kostete 25 000 Dollar. Und zur Amtseinführung Reagans 1985, als der Präsident das Ideal des altruistischen, für seine Überzeugung kämpfenden Amerikaners beschwor, mit großer Geste dazu ein paar sentimanetale Verse zitierte und aufrief, »die Wirtschaft zum Motor unserer Träume zu machen«, da verschlang die Garderobe der First Lady 46 000 Dollar.

Aber Nancy Reagan hatte überhaupt Sinn für Ausstattung. Und sollte sie den Amerikanern nicht zeigen, wie man sich kleiden, wie man wohnen konnte, wenn man diesen Sinn eben hatte, diesen Geschmack? So schmückte sie das Präsidentenschlafzimmer im Weißen Haus mit kostbaren Erlesenheiten. Etwa mit einem riesigen französischen Rokokospiegel. Oder mit einer handbemalten hauchzarten chinesischen Tapete. Gleich zu Beginn der Amtszeit erwarb sie auch ein altchinesisches Porzellanservice für 200.000 Dollar – na was denn! Und eine Juwelensammlung für das Weiße Haus. Ja, während Nancy Reagan einer, wie nur Missgünstige meinten, Neidische, doch etwas aufwendigen Selbstinszenierung frönte, einer Passion für große Auftritte, abendliche Galas, während sie rubin- und diamantenbehängt, in immer neuen Roben erschien, in bodenlangen Nerzen, handgearbeiteten, edelsteinbesetzten Schuhen, in einem schwelgerischen Luxus, der feudale Epochen fast verblassen lässt, da propagierte der Präsident die alten amerikanischen Werte persönlicher Leistungs- und Risikobereitschaft als Voraussetzung für den Aufstieg und unternehmerische Gewinne, predigte er die Ideologie vom wohlverdienten Erfolg.

Debora Silverman bemerkte damals »historische Parallelen zur Endphase des Ancien régime«. Das klingt kritisch. Aber ist es gerecht? Man konnte schließlich nicht immer nur arbeiten, nur schuften für das allgemeine Wohl. Und begann man nicht auch zu sparen, sofort, denn irgendwo und irgendwie musste ja damit begonnen werden? Ja, sofort wurde jetzt der Bundesetat für Sozialprogramme und Schulspeisungen um 41 Milliarden Dollar gekürzt. Das war doch schon mal ein Happen. Und zwei Jahre nach Reagans Amtsantritt waren von den 230 Millionen Amerikanern nach der offiziellen Statistik mindestens zwei Millionen obdachlos, und mehr als 30 Millionen lebten unterhalb der Armutsgrenze. Am Ende von Reagans erstem Amtsjahr gab es eine Arbeitslosigkeit von fast 9 Prozent und ein geschätztes Haushaltsdefizit von 100 bis 150 Milliarden Dollar. Während Präsident Reagan prahlte, die USA wieder zur »Number one« der Welt gemacht zu haben, erwies eine auf 36 Statistiken der Weltbank und der UNO gestützte Untersuchung der »University of Pennsylvania«, dass die USA im Hinblick auf die »Lebensqualität« erst an 27. Stelle standen und damit hinter allen verglichenen europäischen Staaten!

Reagan, dessen Vater einst selbst die staatliche Wohlfahrt in Anspruch genommen hatte, kürzte von Mal zu Mal die staatlichen Sozialleistungen. Die Folgen waren entsprechend. Es gab noch mehr Arme und noch mehr Todesfälle unter den Armen. Und noch mehr Hunger. Nach einer allgemein anerkannten Definition des Begriffs »Hunger« hungerten in Ronald Reagans zweiter Amtszeit in den USA, dem mit Abstand reichsten Land der Welt, acht Millionen Erwachsene und zwölf Millionen Kinder. Zu diesem Ergebnis kam ein »Hunger in den Vereinigten Staaten« betitelter sachlich-kühler Bericht des renommierten Wissenschaftsblattes *Scientific American*. Obwohl das Übel, schrieb *Scientific American*, in den 70er Jahren praktisch beseitigt gewesen sei, ist es »durch Kürzungen der Bundesregierung zurückgekehrt.« Und 33,4 Millionen der US-Bürger lebten nach der amtlichen Sprachregelung in Armut. Doch während die Armut der 20% ärmsten US-Bürger zwischen 1978 und 1987 noch um acht Prozent zunahm, wuchs auch der Reichtum der reichsten 20% US-Bürger noch um 13%. Und damit hatte man schließlich wieder den Ausgleich. (So ganz wohl freilich fühlen sich selbst die Reichen kaum. Oder warum schützen sie sich und ihre Einrichtungen durch doppelt so viele Privatpolizisten, wie die Kommunen, die Bundesländer und die Regierung zusammen Polizisten unterhalten?)

Bringen wir den Rest kurz hinter uns.

Der Konkursverwalter

Muss man George Bush noch charakterisieren? Ihn, der Reagans persönliches Theater acht Jahre lang als Vizeregisseur mitveranstaltet hat? Einen Mann, dem noch in der zweiten Hälfte des 20. Jahrhunderts Menschen mit dunkler Haut als eine Zumutung erscheinen? Der noch 1964 bei der Senatswahl in Texas dafür eintritt, Schwarze von öffentlichen Einrichtungen der Weißen auszuschließen, von ihren Hotels, Restaurants, Theatern etc.? Der als Vizepräsident der Vereinigten Staaten eine Geldstrafe für Steuerhinterziehung erhält?

Das alles zeigt doch nur, dass er ein »regular guy« ist, ein ganz gewöhnlicher sogar, auch wenn er – mit einem »Ethikberater« – den Präsidentenstuhl drückt nach einer Wahl, die rund 700 Millionen Dollar verschlang. Und unter den 60 Personen, die danach ins Außenministerium zogen, befanden sich 47, die Bushs Wahl finanziert hatten, aber von Außenpolitik nichts verstanden, manchmal gar nicht daran interessiert waren, wie die Grundstücksmaklerin Della Newman, die Botschafterin in Neuseeland wurde, doch sogar zugab, nicht einmal den Namen des neuseeländischen Ministerpräsidenten zu kennen.

Seit mehr als eineinhalb Jahrhunderten kauft man sich in den USA in die Politik ein, seit Einführung des »spoils-system«, (Beutesystem), der Protektion für Parteizwecke, durch Präsident Jackson, den Indianerkiller 1829. Die Posten von Ministern oder Botschaftern können hier bis heute durch Geld eingenommen werden. Warum nicht? Hauptsache es ist da. Und es ist da, sehr sogar, immer mehr. Aber bei wem? Gerade während der Regierung Bush/Reagan, während der achtziger Jahre wurden die ärmsten Amerikaner noch ärmer, ein Zehntel verlor noch 10%, die Millionäre aber verdienten 2184% mehr. Und allein in den letzten Jahren, in der Zeit, als der Reagan-»boom« nahtlos in das Bush-Desaster überging, zwischen 1986 und 1989, da machten immerhin 630 US-Banken bankrott, andere schleppten sich so hin, an sich ja alles nichts Neues in dieser Geschichte. Aber der Schaden, den diese Banken bei Bushs Antritt angerichtet, belief sich auf 285 Milliarden Dollar. Bankexperte Edwin J. Gray sprach damals von »der verbreitetsten und rücksichtslosesten Ära des Betruges in der Geschichte des amerikanischen Bankwesens«.

Kein Grund indes zur Erregung. Solche Summen schreibt man da doch Jahr für Jahr in den Schornstein. Denn Jahr für Jahr gehen der amerikanischen Nation durch Korruption im US-Geschäftsleben 200 Milliarden Dollar verloren. Und diese Expertenschätzung ist nach anderen Experten noch weit untertrieben. Übereinstimmung besteht nur darin, dass im »militärisch-industriellen Komplex« die Gaunerei am größten ist. Dass zwei Drittel der 500 größten Unternehmen wegen wiederholter Verbrechen vorbestraft sind. Und wer legte schon für das restliche Drittel seine Hand ins Feuer!

Die Korruption ist allgemein in den Staaten und grassiert wie die Pest. Sie entziehe sich praktisch jeder Kontrolle, erklärt Soziologe Joseph Bensman von der New Yorker »City University«. »Füchse sind damit beschäftigt, die Hühner zu bewachen.«

Spät genug, wahrlich, breitet sich – übrigens auch bei uns, den Amerikanisierten – eine große Politikverdrossenheit aus. 1990 versagten sich bei den Bundeswahlen zwei Drittel der stimmberechtigten US-Bevölkerung dem Volksentscheid. Und genau ebenso viel, 66%, halten nach einer Umfrage damals die Politiker für korrupt.

»Füchse sind damit beschäftigt, die Hühner zu bewachen ...«

Kurz nach dem Bankenkrach bekannte Bush, »stolz auf den Kapitalismus« zu sein, denn: »Der Kapitalismus ist der Stolz der Welt«. Und so bietet er ihn »aller Welt als Beispiel an«.

Just in jenem Jahr, da Bush sein Kapitalismus-Bekenntnis ablegte, betrugen die Schulden der US-Unternehmen 1 800 000 000 000 Dollar. Dabei hatten sie sich allein unter Reagan/Bush mindestens verdoppelt. Der Staat selbst stand dahinter natürlich nicht zurück. Im Gegenteil. Und derselbe Staat, der nach dem Zweiten Weltkrieg der reichste der Welt war, war während der goldenen Ära Reagan/Bush bereits der größte Schuldner der Welt. Seine Passiva beliefen sich im April 1989 auf 2 775 874 961 565 Dollar und stiegen von Tag zu Tag um 722 Millionen Dollar an. 1991 hatte er bereits weit über drei Billionen Dollar Verbindlichkeiten, 1993, schätzt man, werden die Staatsschulden die vier Billionen Grenze überschreiten, sodass die Regierung jährlich allein zum Begleichen der Zins-Schuld 300 Milliarden Dollar aufbringen muss.

Die Schulden der US-Bürger beliefen sich im September 1990 auf 3 214 512 688 472 Dollar.

Ja, viele Gründe, um stolz auf den Kapitalismus zu sein – und auf die Füchse, die die Hühner bewachen ...

Während Bush regiert, gibt es in den Vereinigten Staaten von Amerika 30 bis 40 Millionen Analphabeten; gibt es mehr Obdachlose als dort zuvor in Jahrzehnten; hat die stolze Nation mehr Arme als ganz Spanien Einwohner. Während Bush regiert, wird in den Vereinigten Staaten mehr Rauschgift verbraucht als irgendwo sonst auf Erden; sitzen vergleichsweise mehr Menschen hinter Gittern als in jedem Staat, der darüber Statistiken bietet; sind die USA alles in allem mit über zehn Billionen Dollar höher verschuldet als jedes andere Land der Welt. Lauter Weltrekorde, Mr. Bush.

Und der einzige Grund, warum man sie nicht schnell vergessen wird – siehe S. 330 –, ist der traurigste.

Der so genannte Golfkrieg

Welchen Grund hatte der Konkursverwalter zum Krieg? Der wichtigste war wohl sein Wandeln am Rand des Konkurses, eines Abgrunds, sehr viel größer, als die vorigen Andeutungen ahnen lassen. Auch sein persönliches politisches Defizit ließ sich dabei etwas aufpolieren, hielt dies auch nicht lange an. So gesehen, begann er zu früh. Grundsätzlicher betrachtet, sollte vielleicht der Ost-West-Konflikt durch den Nord-Süd-Konflikt ersetzt, vermutlich auch eine Art Präzedenzfall für NATO-Attacken außerhalb des Paktbereiches geschaffen werden. So absurd es klingt, am Rande könnte auch der Bibelapostel Billy Graham, seit langer Zeit mit Bush befreundet, seine apokalyptischen Armaggedon-Gespinste (Apg. 16,16) im Kopf des Präsidenten angesiedelt haben; fähig ist dieser dazu. Erst gegen Ende November führte Bush selber ein bisher unerwähntes Motiv in die Debatte ein, Saddam Husseins Entwicklung einer Atombombe.

Man unterschätzt Saddam Hussein, den irakischen Staatspräsidenten, als »Revolverhelden« natürlich gewaltig; man verzerrt ihn grotesk durch den Vergleich mit einem »Frankensteinschen Monstrum«, klassifiziert ihn als »Mörder«, »Totschläger« wohl richtig, und überdimensioniert ihn enorm durch Vergleiche vieler Ahnungsloser und Opportunisten mit Hitler und Stalin (Bulloch/Morris). (Wäre er letzteres, warum ließ man ihn leben, nach so viel Aufwand? Die Antwort liegt nahe, um ihn ein zweites Mal bekriegen zu können).

Sicher ist, dass der eine Präsident den anderen hereingelegt hat, auf so billige Weise, dass man fast Saddam Hussein mehr gram sein könnte als dem Betrüger. Eine Woche vor Iraks Angriff, am 25. Juli 1990, ließen die USA durch ihre Botschafterin im Irak, April Glaspie, den Iraker in Sicherheit wiegen. Wörtlich sagte sie, laut *ABC News* und *New York Times*: »Herr Präsident, ich will Ihnen nicht nur versichern, dass Präsident Bush bessere und tiefere Beziehungen mit dem Irak wünscht, sondern er will auch, dass der Irak zum Frieden und zum Wohlstand im Nahen Osten beiträgt. Präsident Bush ist ein intelligenter Mann. Er wird keinen Wirtschaftskrieg gegen den Irak erklären«. Und über den Grenzkonflikt zwischen Kuwait und Irak (der Kuwait nie als Staat anerkannt hatte, folglich auch die Grenze nicht) sagte die Botschafterin wieder wörtlich, »dass diese Frage Amerika nichts angehe. James Baker hat unsere offiziellen Sprecher angewiesen, diese Instruktionen zu betonen.«

Derart beruhigt, fiel Saddam Hussein eine Woche später in Kuwait ein. Bush hüllte sich acht Tage in Schweigen. Dann forderte er den bedingungslosen Rückzug. Darauf gab es eine Menge Friedensbemühungen, Vermittlungsvorschläge, selbst von manchen Seiten, von denen man sie nie erwartet hätte, wie von der des Papstes.

Aber die USA wollten den Konflikt. Die USA? Nicht einmal der Kongress wollte ihn zunächst, geschweige die Nation. Also das alte Problem: wie kriegt man sie herum?

Die Kuwaitis betrauten nun für mehr als zehn Millionen Dollar die New Yorker Firma Hill & Knowlton, das größte amerikanische PR-Unternehmen (ihr Vizepräsident war zuvor Büroleiter von George Bush) und ließen zuerst einmal herausfinden, was die Amerikaner am meisten verabscheuen. Es war Babymord. Nun engagierte man ein fünfzehnjähriges kuwaitisches Mädchen, Nayirah, delikaterweise die Tochter des kuwaitischen Botschafters in den USA. Sie hatte mit eigenen Augen das Grässliche gesehen. »Ich sah die irakischen Soldaten. Sie kamen mit Gewehren ins Krankenhaus und haben die Babies aus den Brutkästen geholt. Die Brutkästen haben sie mitgenommen und die Babies auf dem kalten Boden sterben lassen. Es war entsetzlich.« Der Chirurg Dr. Issah Ibrahim bestätigte: »Die Babies zu begraben, das war am schlimmsten. Ich selbst habe 40 Neugeborene beerdigt, die von den Brutkästen geholt worden waren.«

Die grauenhafte Brutkastenstory mit 312 gestorbenen Babies, diese wohl scheußlichste Tat von Saddams Soldateska, schockierte und empörte die Welt. Vom US-Rechtsausschuss bis zu Amnesty International war man zutiefst betroffen, angewidert, aufgewühlt. »Die Babies wurden aus den Brutkästen gezogen und wie Feuerholz auf dem Boden verstreut«, berichtete, leidzerquält, George Bush. Und Nayirah, von dem New Yorker PR-Unternehmen offenbar besonders gut geschult, kam kaum von der Sache los: »Es war entsetzlich. Ich musste die ganze Zeit an meinen neugeborenen Neffen denken, der zu dieser Zeit vielleicht auch schon gestorben war.« Noch ein Opfer.

Unter dem Eindruck des Scheußlichen entscheidet sich zwei Tage später der UN-Sicherheitsrat für militärische Gewalt gegen den Irak. Und auch der Kongress sieht jetzt »die Zeit gekommen, die Aggression dieses gnadenlosen Diktators aufzuhalten, dessen Truppen schwangere Frauen aufspießen und Babies aus den Brutkästen reißen.« Mit knapper Mehrheit stimmt man für den Krieg.

Später geht man der Sache nach, forschen die Weltgesundheitsorganisation und Amnesty International in Kuwait, Ortsbesichtigungen, Besprechungen, mehr als ein Dutzend Ärzte werden befragt – nichts. Alles erstunken und erlogen. Doch der Zweck war erfüllt.

Nachdem die USA den achtjährigen Krieg Iraks gegen den Iran voll unterstützt, Saddam Hussein in jeder Weise gefördert und seine Verbrechen gegen die Kurden systematisch ignoriert hatten, bekriegten sie ihn nun. Dabei ging es im Grunde nicht, wie man immer wieder vorgab, um den Einmarsch in Kuwait, es ging schon gar nicht um sonstige Kriminalitäten Saddams, sondern es ging um das Öl, um seine Fördermenge, seinen Preis, um eine antiirakische Kreditblockade, wobei man neue Kredite von der Privatisierung der Ölindustrie des Irak abhängig machte. Es ging um das von den USA diktierte System der globalen Energieversorgung und damit letztlich darum, die Dritte Welt durch das Recht des Stärkeren unterzuordnen. Jeder Ausbruch Saddam Husseins aus der Dienerrolle war für den Weltherrscher nicht tolerierbar. Denn das hieß, mit den Worten des in Cambridge und Massachusetts lehrenden, international renommierten Noam Chomsky, »Befehle zu missachten, und damit war er ein Krimineller. Du darfst ein Schlächter sein und ein Schurke und ein Mörder, und das ist völlig in Ordnung, solange du dich an deine Befehle hältst.«

Saddam Hussein hatte bereits eine Woche nach seiner Invasion in Kuwait am 2. August 1990 einen Rückzugsvorschlag gemacht. Doch Bush wollte nicht Rückzug, er wollte Krieg. Er erklärte ganz glatt: »Es wird keine Verhandlungen geben«, und hat auch weiterhin alle ernst zu nehmenden Verhandlungsmöglichkeiten zwischen dem August 1990 und Mitte Januar systematisch sabotiert. Stattdessen setzte er ein gewaltiges Expeditionskorps, den wohl größten Truppenaufmarsch der USA seit dem Zweiten Weltkrieg in Bewegung, im Bunde dabei vor allem mit Großbritannien und Israel, und begann die »Operation Wüstensturm« mit flächendeckenden Bombardements, die einen Großteil der irakischen Industrie und Infrastruktur zerstörten, nicht zuletzt aber auch Saddams bäuerliche Truppen, Schiiten meist und Kurden, im Wüstensand begruben. Dagegen schonte man offensichtlich Saddams Eliteeinheiten, ihnen tat man, noch einmal mit Chomsky, »nicht viel, die ließ man sozusagen beiseite, weil sie später gebraucht würden, um die Volksaufstände niederzuschlagen.«

Die USA führten den Krieg »traditionell« und bakteriologisch, wobei der bakteriologische Angriff anscheinend mehr Opfer forderte als die gesamte Militäraktion. Nach Schätzungen sollen 70 000 bis 90 000 Menschen gestorben sein, »nachdem alles vorbei war.« Ja, man vermutet, dass diese Zahl noch steigen wird.

Man führte den Krieg nicht zuletzt mit einer totalen Zensur, einer zynischen Verharmlosung sondergleichen, einer ständigen Täuschung der Weltöffentlichkeit, mit frommen Phrasen auch. Und nachdem Präsident George Bush sein Versprechen eingelöst hatte, Saddam Hussein in den Arsch zu treten (to kick his ass), und über etwa 150 000 Leichen geschritten war, inszenierte man, spektakulär und dröhnend, mit Konfettiregen und Luftballons, weltweit übertragene »Siegesparaden« der »Helden«. Umso nötiger alles, als sich bei der größten Weltmacht aller Zeiten längst ein militärisches oder patriotisches Trauma eingenistet hatte. Denn trotz ihrer gigantischen Übermacht misslangen ihr die meisten kriegerischen Aktionen der letzten Jahrzehnte: in Korea konnten sie nicht siegen, in Laos, in Vietnam und Kambodscha wurden sie geschlagen. So war es nicht von ungefähr, dass das Washingtoner »Institute for Foreign Policy Analysis« der US-Militärgeschichte der letzten Jahrzehnte »eine Geschichte dauerhafter professioneller Unfähigkeit« attestierte. Dem entspricht auch immer deutlicher ihre ökonomische Geschichte. Nach Schätzungen von Experten der Yale-University sollen schon in absehbarer Zukunft allein japanische und deutsche Firmen mehr als ein Drittel der US-Industrie besitzen.

Das Einzige, was mich beim Niederschreiben dieser Chronik zwar nicht tröstet, doch etwas weniger trostlos stimmt, ist der Gedanke, dass eines Tages von ganz Washington und New York, von all den Städten des Westens und Ostens, des Nordens und Südens, dass von dieser ganzen grauenhaften Geschichte – schon der Name bedeutet Unglück, vielleicht noch am wenigsten für uns Menschen – nichts mehr da sein wird als Einsamkeit, als Wind, darunter nichts als Sauerampfer oder Macchia, als Gras.

Nachbemerkung

Vielen Autoren, Wissenschaftlern und Publizisten bin ich durch dieses Buch verpflichtet – zu vielen, um sie hier zu nennen. Besonders hilfreich aber waren mir u. a. die einschlägigen Arbeiten von E. Angermann, S. v. Nostitz, L.L. Matthias, A. Maurois, H. Scholl, G. Schomaekers, R. Winter.

Herzlich danke ich auch Hedwig Schaaf für das Schreiben des Manuskripts sowie Bärbel Deschner, Prof. Dr. Milan Petrović und Gabriele Röwer für das Korrekturlesen.